Amor e Renúncia

MARLY BERETTA OLIM MAROTE

Ditado pelo espírito
LONGÍNUS

1ª edição
1ª impressão
2007

Raio de Sol
Editorial

Direção geral: Edmilson Duran

Projeto gráfico: Verbo e Arte Comunicação
www.verboearte.com.br

Revisão de texto: Isaías Zilli

Ilustração da capa: Orly Wanders
orlyw@uol.com.br
www.orlywanders.zip.net

Colaboradores: Elizabete Aparecida Inglez Ono
Emerson Capelli
Neide Signorini

Longínus (Espírito).
Amor e Renúncia / Longínus; psicografado por
Marly Beretta Olim Marote. São Paulo,SP
Raio de Sol Editorial, 2007

1. Espiritismo 2. Psicografia 3. Romance Brasileiro

ISBN: 978-85-98736-15-0

CDD-133.93 2478

Índices para catálogo sistemático:
1. Romances espíritas psicografados: Espiritismo 133.93

1ª Edição - dezembro de 2007

Este livro foi psicografado em 1979, No Centro Espírita Nova Revelação

Raio de Sol
Editorial

Rua Protocolo, 394 – CEP 04254-030 – São Paulo – SP
Tel. (11) 6351.4168 – Fone/Fax (11) 6351.5333
edmilsonduran@uol.com.br / www.editoraalfabeto.com.br

Capítulo I

O nascimento de Lígia

Estamos em Roma. Transcorre o ano 75 da era cristã.

Temos diante de nós uma residência típica romana, dos abastados da época. Fachada, escadarias, colunas de mármore. Colunas retorcidas por onde sobem trepadeiras floridas exalando um aroma embriagador à atmosfera. Jardins com alamedas e cântaros cheios de flores precedem o prédio suntuoso. É a residência de Fábius Lêntulus, um remanescente do cônsul Públio Lêntulus Cornélius, casado com Lígia Alexandra.

Naquela manhã, Lígia Alexandra estava para dar à luz, para efetuar o parto. Fortes dores a acometiam, uma repulsa, mista com amor, esperava aquela criança que estava por nascer.

Após algumas horas de agonia, trazia à luz dos encarnados uma rechonchuda menina, a quem Fábius deu o nome de sua esposa Lígia.

Lígia Alexandra, chorosa, dirigiu-se ao esposo:

– Fábius, infelizmente não é um menino, como querias.

– Não faz mal, Lígia querida, é uma bela menina e, como a mãe, terá o nome Lígia. Pois eu te amo tanto, que quero ver em nossa filhinha a continuidade de tua vida. Nossa filhinha será bela como tu, podes estar certa, será alva, como estás vendo, possuirá os belos cabelos loiros cacheados como tu os possuis. Será a alegria de nosso lar e, com o passar dos tempos, verás quantas alegrias esse pequeno ser nos trará.

– Ah! Fábius, como és bom! Que os deuses permitam que realmente nossa filhinha tenha pela frente tudo isso que falas. Porém, não sei o motivo nem a causa, sinto por essa criança um amor muito grande, mas ao mesmo tempo um sentimento de culpa, como se a vida fosse um vendaval de paixões.

– É devido a tua pouca idade, minha querida, tens apenas quinze anos de idade e és mãe, preocupei-me bastante com tua gestação.

– Como se tu fosses velho e encarquilhado! Tens pouco mais do que eu, não tens ainda vinte anos, e tu te envaideces achando-me nova demais para ser mãe.

– Lígia, sabes que tive um sonho estranho essa noite. Sonhei que estavas à beira de um lago, onde um profeta falava de um Deus Uno. Eu estava contigo e logo depois partimos com uma caravana, mas que fomos assaltados e mortos em seguida. Vi uma mulher, antes de partirmos, atear fogo sobre si mesma. Tal cena deixou-me deprimido. Não sei, Lígia, porém, este sonho abalou-me sobremaneira.

– Isto que sonhaste é atribuído a um profeta que chamamos de Jesus de Nazaré. Deve ser a influência desta casa. Como sabes, aqui está enterrado o que restou de tua tia-avó Lívia. Não te deixes envolver por esses sonhos, sem motivo de ser. Levanta o teu modo de ser e fica certo de que é influência deste lar, meu querido.

Apesar do que Lígia falava, Fábius continuava a explanar sobre o sonho que tivera e que tanto o impressionara.

– Lígia – retrucou Fábius –, será que estamos certos venerando a tantos deuses? Será que não existe um Deus Supremo, um Deus Uno, Onisciente e Onipotente?

– Por Júpiter! – retrucou Lígia. – Tu, que sempre veneraste Pólux e Castor, os deuses gêmeos, estás agora a dizer bobagens à tia-avó materna? Deves ter-te impressionado, deveras. Vê se me entendes: o que te foi narrado, que a tia-avó foi devorada por leões famintos, que o teu tio-avô colocou numa urna as cinzas simuladas, a fim de efetuar os ritos da cerimônia fúnebre; que, anos mais tarde, um grego de nome Hermógenes, doou à família alguns ossos que, se supõe, pertenciam a Lívia, coisa esta que não sabemos ao certo: segundo teus primos, foi o crânio, o fêmur e não sei o que mais, e esses ossos estão enterrados no subsolo desta casa, no subterrâneo propriamente dito, junto com uma urna e as supostas cinzas dela. É a palavra desse grego, e não deves de forma alguma impressionar-te com isso. Teu tio-avô já não existe mais, para orientar-te quanto às provas que foram apresentadas a ele. Dizem que houve a apresentação das vestes esfarrapadas da serva Ana, com que Lívia havia trocado de vestes. Porém, quem nos garante que esse grego não apresentou realmente farrapos de Ana, porém pegou alguns ossos que lá estavam espalhados a fim de receber uma recompensa por parte do senador Públio Lêntulus Cornélius?

– Não digas isso, pois eu soube que o grego recusou qualquer recompensa, qualquer presente por nossa parte e apresentou, ainda, provas concludentes de que Lívia ficou diante da Tribuna do Imperador, esperando entrever a figura do marido idolatrado. Como podes pensar e ver coisas sob esse ângulo? Apesar de saber dessas coisas, não sonhei com isso. Sonhei, isso sim, com Jesus, à beira do lago Tiberíades, pregando amor, paz e harmonia. O que me contristou intensamente foi ver uma moça loira, de beleza admirável, ateando fogo em suas próprias vestes. Gritava, chorava, enquanto o fogo consumia-lhe as carnes. Sentia-me então culpado por aquela cena. Vi-te sorrir alegremente partindo e sei que não soubeste do ocorrido, caso contrário, conhecendo-te como te conheço, não irias proceder dessa forma. E uma coisa que me deixou curioso, Lígia, é que eu estava contigo, via-te, via a mim, e via o quadro dantesco da moça a suicidar-se. Que cena atroz. Logo após vi um senhor, desesperado, atirando-se numa fogueira e, em seguida, um outro querendo salvá-lo, que se viu também envolto pelas mesmas chamas. Foi tão real, tão real, como não podes calcular. O interessante é que me havia esquecido desse sonho. Somente quando nossa filha nasceu, quando ouvi o primeiro choro dela, é que me lembrei do sonho, e passou-me diante da retina, como se estivesse vendo, naquele momento, o espetáculo dantesco.

– Tu estás impressionado com o que te foi relatado, meu querido Fábius. E sensível como és, diante da alegria que sentiste com o nascimento de nossa filha, talvez te lembraste de algo por ti visto na infância, sei lá.

– Não, no meu sonho, quem governava então era Tibério, tendo Pilatos como procurador da Judéia. Quem veio depois de Glauco foi Nero – a quem foi atribuído o incêndio de Roma – e agora temos Vespasiano a nos governar. Como vês, não era atual como disseste até agora.

– Estás vendo, lembraste de Nero, do incêndio de Roma, e associaste com uma moça a arder no fogo. Como vês, sou coerente. Somente faltava tu fazeres um correlato entre nossa filha e esse sonho.

– Ah! Nossa filha me parece mais que um anjo enviado pelos deuses! Sinto uma afinidade, um amor tão grande por esse pequenino ser, que, se preciso fosse, daria minha vida por ela. Tenho a impressão de ter convivido com ela anos a fio, e não somente horas. Pequenino ser, fruto de nosso amor, adoro-te.

– Como, Fábius, mal nasceu a criança, mal a conheces e já nutres um amor tão grande? Olha que ficarei com ciúmes desse pequenino ser...

– Lígia Alexandra, não digas asneiras, teres ciúmes de tua própria filha?

– Não vês que estou brincando? Porém, te esqueceste de um pormenor, muito importante.

– Qual?

– Esqueceste que o pobre Agripa está a esperar-te há longo tempo a fim de levar-te à presença de Vespasiano? Quem sabe, devido à afinidade que Vespasiano nutre por ti, um dia chegues a ser um senador, como teu tio Públio Lêntulus?

– Fico contente com o cargo que possuo, junto a Vespasiano, com a confiança que o imperador deposita em mim.

– Não passas de um menino de recado – diz Lígia Alexandra a sorrir, demonstrando os belos dentes, emoldurados por uma boca perfeita, cujo carmesim delineava com perfeição os belos cabelos ondulados presos no alto, caindo-lhe em cachos nos ombros, entremeados com pérolas. Possuía um corpo delgado, porém os seios, devido à maternidade, empertigados, delineava o belo corpo.

Fábius, de pele clara, no entanto, possuía cabelos fartos castanho-escuros. Porte magnífico, musculoso. Formavam um belo par, harmonioso e feliz.

Lígia Alexandra, sorrindo, dizia:

–Vá, meu querido, não deixes Vespasiano esperar-te. Um imperador faz-se esperar, porém, não deve esperar por ninguém.

Fábius foi ao encontro de Agripa e, juntos, pegaram uma liteira, puxada por fortes cavalos.

Dessa forma nasceu Lígia, uma suicida em outra encarnação, cujo coração sensível de seu pai entreviu o desenlace de sua anterior encarnação. O que Fábius não sabia era o sofrimento pelo qual o pequenino ser teria de passar, devido à sua insanidade na encarnação anterior.

Capítulo II

A revelação do passado

"A vida na Terra
Com pagamentos de débitos tudo encerra;
O que fizeste outrora,
Terás de pagar agora."

O crepúsculo caía aos poucos sobre a lendária Roma. O lusco-fusco do entardecer dava um espetáculo esplendoroso aos que possuíam tempo de observar. O sol, pondo-se, emanava raios de luz avermelhada, rasgando a penumbra que começava a pairar. As flores exalam diversos aromas. Se um inspirado poeta visse tal espetáculo, por certo iria fazer uma bela poesia. Um pintor extasiado não iria conter-se e transportaria para a tela o quadro de rara beleza.

No jardim do belo casario romano encontrava-se Lígia Alexandra bordando, enquanto uma menina de dois anos brincava nas alamedas do belo jardim, assistida por uma preceptora e babá ao mesmo tempo. É Anna Petrousciscla, sob o pseudônimo de Babucha, a quem a pequenina Lígia, uma bela criança loira como a mãe, de cabelos encaracolados e macios, chamava de Bá.

– Bá – chamava a pequenina, venha até aqui. Veja, tem um bicho grande perto da flor.

Realmente, Babucha verificara que o bicho era enorme e nunca vira tal espécime. Possuía quase um palmo de comprimento, fora as antenas, que eram de cor esverdeada puxando para o cinza, a casca grossa.

Babucha pegou a pequenita e a levou para perto da mãe, que estava no final de outra gestação.

Com a voz grossa que possuía e com o ligeiro sotaque alemão, disse:

– Senhora, não se assuste, leve a criança para dentro, que eu vou tentar matar. Não sei se é inseto ou não, porém é enorme. Preciso de um pau.

– Leva a tocha que Agripa acabou de acender. Pode ser que o inseto voe, ou então tu o matarás com o fogo.

Babucha assim o fez. Pegou o bastão com a tocha e o atirou sobre o inseto. Este retorceu-se todo, queimando e estalando a casca.

A pequenita, como acometida de grande dor, pós-se a chorar e gritar:

– Ai, está ardendo. Tira minha roupa, tira.

Babucha ficou atônita. Lígia Alexandra mais ainda, porém, lembrou-se do que Fábius narrara-lhe quando do nascimento de Lígia.

O corpinho frágil da criança tremia todo, como se ela estivesse sendo queimada e sentindo dores lancinantes. Involuntariamente, a pequenita procurava tirar o lado direito de suas vestes.

Babucha era mística e possuía uma clarividência fora do normal, embora não soubesse do dom que possuía e nem sabia explicar. Então, falou por monossílabos:

– Precisamos fazer oferta aos deuses, senhora, pois estou vendo uma moça, jovem ainda, sendo devorada pelas chamas. A menina foi tomada por bruxaria, talvez pelo veneno que o inseto possuía. Peça ao senhor Fábius, que é tão devoto de Pólux e Castor, que faça as oferendas.

Lígia Alexandra lembrou-se então do sonho do esposo e relatou a Babucha, enquanto esta procurava acalmar a menina. No entanto, o que a pequenita sentia era a recordação da anterior encarnação. Ao ver o inseto retorcer-se de dor, reviveu, involuntariamente, o que havia sofrido.

Apesar do que Babucha dissera, a pequenita Lígia tremia e soluçava quando via fogo. Seu corpinho ficava tão abalado, sentia tão grande angústia, que, devido à tenra idade, não conseguia discernir o que se passava.

Lígia Alexandra ficava impressionada quando isso ocorria. Tinha a impressão de também reviver algo, de que ela se sentia culpada. Além do sentimento de culpa, dominava-lhe o ser uma angústia imensa, como uma pessoa que tivesse cometido uma falta gravíssima, devido a uma ganância desmesurada e desproporcional. No entanto, quando Fábius foi notificado do sucedido, pai extremoso que era, temeroso aos deuses, que considerava seres implacáveis, que castigavam os filhos a fim de regenerá-los, correu ao esconderijo da pequenita, afastou o criado, tomou-a e se pôs a conversar com ela, com ternura infinita.

Fábius falava sem sentir, não sabia discernir o que dizia, somente transmitia coisas que lhe afloravam à mente. Lígia Alexandra estarrecida olhava o semblante querido do companheiro, admirando seu porte, mas não compreendia o que sucedia.

Fábius balbuciava com ternura:

– Filhinha querida, quantas e quantas vezes tiraste tua vida com tuas próprias mãos? Agora sofres as conseqüências de teus atos tresloucados. Duas vezes o fizeste quando eu estava por perto e nada pude fazer para impedir-te. Já fui teu pai em outra vida remota e querias um amor impossível, e, ao impedir, tiraste tua vida, deixando-me a corroer-me de remorsos, sentindo um vazio imenso pela lacuna que deixaste. Ah! Anjo querido, como sofri, como me senti culpado por não entender que querias um verdadeiro amor, que sempre te foi negado. Em outra vida, querias também um amor impossível: quiseste o mesmo homem que te é afim; conseguiste, porém; isso era contrário às leis dos deuses e estes se vingaram; não agüentaste as represálias e as vicissitudes que tiveste de passar e acabaste extirpando tua vida com tuas próprias mãos, ateando fogo em tuas vestes. Eu estava próximo de ti, embora não tivesse autoridade sobre ti, por isso nada fiz para impedir-te, e estou agora incumbido de esclarecer-te nesta encarnação, evitando que cometas o mesmo sacrilégio. Filha de minha alma, meu querubim, terás de resgatar o que fizeste no passado; é minha tarefa esclarecer-te, a fim de que não decaias novamente e não estaciones em tua evolução espiritual. Portanto, filhinha querida, desde a idade tenra que possuis e até a hora de teu desenlace, procurarei infundir em tua mente que tens débitos a saldar e terás de saldá-los, quer queiras ou não. Agradeça aos céus que eu e tua mãe cumpramos com nossa missão. Sempre estarei ao teu lado amparando-te da melhor maneira possível. O que estás sentindo nada mais é do que reminiscência de um passado que não está longe. Auxiliar-te-ei o quanto os deuses permitirem.

Lígia Alexandra não compreendia as palavras do marido; pensava que ele enlouquecera.

Fábius retornou a si, sem, no entanto, recordar-se do que havia sucedido.

Enquanto falava, passava a mão na cabecinha loira de sua filha, enfiando os dedos nos cabelos anelados, sem saber que com isso transmitia fluidos benéficos ao pequeno ser. Porém, se naquele instante estivesse presente qualquer médium vidente, veria que ele estava emoldurado de luz e que essa luz aureolava seu corpo de maneira resplandecente. Fábius tivera, com o auxílio de mentores elevadíssimos, uma reminiscência de duas encarnações. No entanto, Lígia Alexandra não compreendia o companheiro, achando que ele estava enlouquecido.

Porém, a pequenita acalmara-se e agora dormia profundamente. Fábius teve a impressão de que adormecera, que passava por um torpor e ficou estarrecido quando a esposa lhe relatou o acontecido.

– Sabes, Lígia Alexandra, tive a impressão de que via diante de mim, como no sonho que tive quando Lígia nasceu, uma moça ateando fogo em suas vestes e, ao mesmo tempo, via uma outra moça loira, muito bonita, transmitindo-me forças, e talvez dando-me intuição para falar o que dizes que falei. É estranho, tudo pareceu-me um sonho. Farei uma oferta a Pólux e Castor, ainda hoje.

A partir de então, sempre que a pequena Lígia via o fogo ardendo começava a chorar, a gritar e a tremer convulsivamente, sendo que, na maioria das vezes, Fábius não se encontrava no ambiente doméstico.

Quando isso sucedia, Babucha levava a pequenita às catacumbas, no subsolo da casa, até o túmulo de Lívia, e incentivava a pequenita a abraçá-lo.

A pequena, sem saber o porquê, sentia alívio. Nisso, Hermógenes, que havia desencarnado recentemente e já possuía os conhecimentos esclarecedores, dava forças à pequenina, e esta, possuindo um pouco de vidência, via diante de si um moço grego de túnica branca, de tez clara cabelos avermelhados, ajudá-la a amenizar a tortura que a assolava. Somente não conseguia ver claramente o rosto do grego. Porém, sentia-se protegida por ele e dizia a Babucha:

– Bá, vê o moço que me está ajudando, como é bonito, e vê aquela luz grande perto dele, parece uma estrela de tão bonita!

Babucha, que às vezes via também, concordava com a pequenita, mas não falava nada para Lígia Alexandra, que estava por demais atarefada com o nascimento da nova criança a quem dera o nome Lídia.

Lígia Alexandra dedicava-se completamente a esse novo pequeno ser, esquecendo-se da pequena Lígia. Também não se conformava com os acessos que sua filha tinha e revoltava-se com o fato.

Sentia ciúmes do amor que Fábius dedicava à primeira filha, principalmente quando ficava a par dos acontecimentos que a acometiam.

Dessa forma, a pequenina Lígia, relegada pela mãe e adorada pelo pai, agarrava-se a Babucha cada vez mais, tornando-se, como ela, um tanto mística, cheia de crendices, de medo, porém de uma tenacidade e uma força fora do comum.

Assim se passara a infância de Lígia.

Fábius, no entanto, antes da erupção do Vesúvio, em 79, que soterrou as cidades de Pompéia e Herculano, conseguiu o que queria: era senador e possuía um cargo importante.

Após a erupção do Vesúvio, Agrícola, governador da Inglaterra, termina por conquistar de vez os romanos.

Agrícola teve uma ascendência modelar sobre os romanos e conservou Fábius no senado.

(Para provar isso, temos na História a biografia de Agrícola, escrita por Tácito, gênio literato, que teve como obras-primas *Histórias*, relativa aos anos 68 a 96 depois de Cristo, e *Anais*, dos anos 14 a 68.)

Lígia crescia. E apesar da influência de Babucha e ser mística, era uma criatura angelical, possuidora de um coração terno e amoroso.

Dedicava à sua irmã um carinho especial e, mesmo relegada pela mãe, que não suportava os ataques que ela dizia ser histéricos, não nutria revolta pela irmã, nem inveja. Esta, ao contrário, vendo que o pai mimava Lígia, nutria por ela um ciúme, quase ódio, que vinha de encarnações antigas.

Porém Lígia, sempre brincando, esquecia-se com freqüência das intrigas, das artimanhas que a irmã lhe preparava.

Possuía o gênio alegre e irrequieto do pai e queria ver todos contentes e alegres ao seu redor.

Pobre Lígia, mal sabia o que a esperava!

Capítulo III

A afinidade

"A vida sobre a Terra
Com pagamentos de débitos encerra.
Os afins terão de se encontrar,
Para juntos seus débitos saldar."

Lígia completara quinze primaveras e seu pai deu uma festa, a fim de apresentá-la à sociedade. Nesse dia, usava um vestido rosa-pálido, que combinava com a pele acetinada e rosada. Os cabelos loiros anelados, presos à moda grega, caíam depois em cachos, e um fio de pérolas os entremeava.

Desde cedo estava eufórica, contente. O vestido modelava-lhe o busto perfeito, caindo depois franzido logo abaixo. Vasto decote deixava entrever o belo colo.

Sua irmã Lídia morria de inveja, principalmente por ser mais nova do que Lígia e não poder participar da festa. Começou por tentá-la com frases hostis; porém, Lígia estava por demais contente para dar atenção à irmã e sorria sempre brincando. Lídia, inconformada, avançou sobre Lígia rasgando-lhe o vestido novo. Lígia pôs-se a chorar e já ia retribuir o que Lídia lhe fizera, quando seus olhos divisaram, no jardim, perto do caramanchão onde se encontrava um pequeno servo, um menino de aproximadamente uns sete anos, esfarrapado, de fartos cabelos negros e uns olhos enormes também negros, que denotavam uma tristeza enorme.

Tentou ir ao seu encalço, porém, o moleque fugiu, enquanto gritava:

– Não vale a pena chorar nem tampouco brigar, revida o mal com o bem, tem pena de quem te inveja, pois é um ser digno de dó.

Ágil, o moleque sumiu.

Lígia atravessou o jardim e deparou com seu pai, que, em altos brados, expulsava um homem de sua casa. O homem de nariz aquilino e olhos de águia o olhava com ódio, dizendo:

– Ainda me pagarás, Fábius. Não me queres ajudar em minhas transações, talvez ainda vais denunciar-me, porém, vingar-me-ei.

– Não, Demóstenes, somente não quero te ver mais em meu lar, mas não denunciar-te-ei. Quero apenas que pares com esse tráfico de escravos brancos. E nunca mais me ofereças crianças para satisfações sexuais. Sou homem suficiente para enclausurar-te, porém, não o farei se me prometeres nunca mais traficar escravos. Seres humanos não são vendáveis nem marionetes que podem ser utilizadas por indivíduos desprezíveis. Não és digno de pisares em meu lar. Vai-te, cão sarnento!

Lígia parou estarrecida, ainda com os olhos vermelhos de chorar.

Demóstenes saiu às pressas.

Fábius, ao ver a filha assustada, chamou-a:

– Meu anjo adorado, estás assustada a chorar por um verme gritar com alguém que não é digno de ser chamado de homem?

– Não, paizinho. Foi Lídia que rasgou meu vestido novo, e a festa logo vai começar.

– Deixa a Lídia, que eu a repreendo. Tua mãe a criou mal. Perdoa a todas as faltas. Eu, embora adore minhas filhas, quando estão erradas chamo-as à atenção.

– A mim não, não é, paizinho – disse Lígia a sorrir.

– Não, sapequinha? Pois experimenta desobedecer-me e verás!

– Eu não, depois que te vi gritando com aquele homem, vou ser tonta de contrariá-lo?

– Ah! Aquele homem... Não quero vê-lo mais. Chama-se Demóstenes. É um sujeito horroroso. Imagina que trafica com crianças, com escravos brancos! Apesar de ocupar alto posto no senado, eu poderei trancafiá-lo ou desterrá-lo, se quiser.

– Será que o menino que vi em nosso jardim veio com ele?

E Lígia contou o sucedido a seu pai.

– Sim, deve ter vindo.

– E por que não compras a criança?

– Porque estarei dando forças para ele continuar com o tráfico.

– Ah! Que pena. Eu o queria para mim.

– Lígia, podes ter o servo que quiseres, eu pagarei o soldo necessário, porém não um escravo, isso eu não quero em minha casa, apesar de todos possuírem alguns; quero acabar com isso. Vamos esquecer esse assunto. Olha, quando te comprei esse vestido rosa, comprei-te um branco ainda mais bonito, corre e verás em teu guarda-roupa, pois está lá. E como é belo!

Lígia saiu a correr, louca de alegria. Fábius foi ao encontro de Lídia e chamou-lhe a atenção no tocante ao vestido de Lígia. Lídia revoltou-se e negou tudo, dizendo que Lígia rasgara por si só o vestido, atribuindo-lhe a culpa, por odiá-la.

Fábius, no entanto, conhecia o temperamento das filhas. Enquanto Lígia, em determinados aspectos, era autoritária e teimosa, usava sempre de sinceridade, mesmo que a prejudicasse. Lídia, no entanto, procurava camuflar-se. Quando fazia uma arte, negava de tal modo, com tanta veemência, que quem não a conhecesse, acreditaria.

Dizem que se conhece a alma das pessoas através dos olhos, porém, Lídia dissimulava tão bem que era impossível fazê-lo.

Eram diferentes sob todos os aspectos, sob todos os ângulos. Criadas da mesma forma, com o carinho que Fábius sabia demonstrar, apesar de dedicar-se um pouco mais a Lígia, devido o mal que a acometia, não fazia diferença entre elas.

Fábius interpelou Lídia:

– Que fizeste em relação ao vestido de Lígia?

– Nada, papai.

– Eu te conheço, conheço teus méritos e teus defeitos, como conheço tua irmã. Não tentes enganar-me. Tu perdes, pela inveja que nutres por tua irmã, quando não devias agir desse modo. Devias, isto sim sentires pena, pois é possuidora da riqueza maior existente na Terra: saúde perfeita, tanto material como espiritual. Tua irmã, infelizmente não, sofre aqueles ataques psíquicos, que talvez, devido à tenra idade e possuindo alma sensível, ao presenciar o inseto contorcer-se em dor, tomou-a para si; isto explicou-me o médico que a assiste, pois não existe outra explicação. Porém, graças aos deuses e com nossas ofertas, nossas orações, conseguimos afastar essas convulsões já por dois anos. Tenho fé que, com o tempo, elas não se repetirão. Mas, voltando ao antigo assunto: Por que ages assim, minha filha?

– Ela não é doente, é louca e usa disso a fim de conseguir maior atenção de tua parte. Ela quer somente estar perto de ti. Mamãe já notou isso e sente raiva quando ela simula ataques para emocionar teu coração sensível. Tu te esqueces que nós existimos e dedicas grande parte do tempo a ela. Não sentes por nós o que sentes por ela.

– Não digas isso, Lídia. Eu vos amo igualmente; no entanto, procuro suprir o abandono a que tua mãe a relegou, pois ela sim dedica-se exclusivamente a ti, esquecendo-se de Lígia. E agora, na puberdade, Lígia precisa mais do que nunca da mãe, como tu precisas também. Lídia, minha querida filha, não deves agir assim. Comprei também um vestido que mandei Babucha pendurar em teu armário, para fazer-te uma surpresa. Não foi somente de Lígia que me lembrei, porém, de ambas. Portanto, como vês, não dou preferência a ninguém.

– Ah! Paizinho, compraste um vestido para mim também?

– Sim, achas que eu iria esquecer-te? Dei primeiramente a Lígia, pois a festa é dela. Deveria, no entanto, tirar-te o vestido e dá-lo a Lígia, pois tu rasgaste o dela.

– Não fui eu – tornou a afirmar Lídia. – Foi ela mesma que rasgou de propósito, a fim de deixar-me mal. De que cor compraste-me o vestido?

– Branco – respondeu Fábius.

– Por que não rosa, como o dela?

– Porque achei que ficarias mais bela no vestido branco.

– Porém eu queria rosa também.

– Não tens jeito, Lídia, se eu tivesse comprado rosa querias um branco.

– O que Lígia irá vestir logo mais? – perguntou Lídia.

– Um vestido branco, como o teu.

– Então dizes que não tens preferência, no entanto, compraste dois para ela, e somente um para mim?

– Parece que eu já previa o que iria acontecer, por esse motivo comprei dois para Lígia. Não tenho preferência por nenhuma, mas deves convir que, em teu aniversário, ganhaste dois vestidos, com os seus respectivos adornos, enquanto Lígia ganhou um só. Achas que estou sendo injusto?

– Tens razão, papai, ganhei dois vestidos sim.

– Então, dá-me um beijo e vai para o teu quarto, e não voltes a fazer o que fizeste.

Lídia, no entanto, dirigiu-se ao quarto da mãe e foi queixar-se:

– Mãezinha – dizia em altos brados, – papai é injusto, acusou-me de rasgar o vestido de Lígia, quando eu não o fiz. Comprou dois vestidos para ela e somente um para mim. Ele gosta somente dela, esquecendo-se completamente de mim e de ti. Papai confessou-me que gosta mais de Lígia do que de nós, porque ela é doente. Acusou a ti de a relegares a um segundo plano, que és uma mãe ingrata e egoísta. Ah, mamãe! Fiquei tão triste por saber quanto injusto é papai, que não vê como te desvelas em prol de nós duas. Lígia é que se finge de doente, para atrair a atenção de papai e tomar todo o afeto dele.

Lídia dizia isso em altos brados, soluçando; no entanto, em sua face, não escorria sequer uma pequenina lágrima.

Lígia, que estava no quarto vizinho, ouvia tudo e sentia-se magoada profundamente. Com essa atitude abrira as portas e entidades malfazejas, que queriam assediá-la. Começou a tremer, a sentir o corpo arder do lado direito, via a cena dantesca a bailar-lhe diante dos olhos, aquela mulher arder em chamas.

Babucha, como que movida por força maior, foi levada ao quarto de Lígia e notou o que estava ocorrendo. Pegou-a imediatamente e levou-a ao subterrâneo, crendo que somente ali Lígia sentir-se-ia melhor.

Fábius também foi levado ao subterrâneo e, pela primeira vez, viu o que Babucha incentivava Lígia a fazer: abraçar o túmulo de Lívia. Conseguiu entrever a silhueta de Hermógenes, sentiu os fluidos dele, como que balsamizando o ar.

Hermógenes, toda vez que Lígia sentia-se mal e o mentalizava, atraindo-o para si, conseguia amenizar seu padecimento. Fábius aproximou-se de Lígia, afagando-lhe a cabeça e dizendo:

– Calma, filhinha querida, tudo passará. Tens um débito a saldar. Eu estava tão contente, pois já fazia tempo que não tinhas isso, não sei o que provocou-te esse mal-estar, pois estavas tão feliz ainda há pouco.

Lígia, aos poucos, devido a eflúvios benéficos vindos do Alto, melhorava sensivelmente. Ia falar do que ouvira da parte de Lídia. No entanto, ponderou que talvez iria provocar atrito entre seu pai e sua mãe e resolveu omitir o fato. Lembrou-se então do pequeno menino, que lhe dera um conselho, de retribuir o bem a quem tivesse lhe provocado o mal. Então, disse:

– Não foi nada, papai, talvez o fato de eu ter rasgado o vestido provocou-me isso.

– Foste tu que o rasgaste ou Lídia que rasgou teu vestido?

Lígia respondeu:

– Nem eu mesma sei, papai. Estávamos brincando, talvez eu mesma tenha rasgado nas roseiras, não sei.

– Graças aos deuses, pois eu já estava um tanto temeroso por saber que Lídia era tão egoísta.

Lígia sentia os eflúvios de Hermógenes, que a envolviam, e sentiu-se feliz por ver seu pai também sentindo-se assim.

Fábius disse-lhe:

–Vai preparar-te, pois tua festa já está se aproximando e logo os convidados estarão chegando.

Lígia abraçou o pai extremoso, limpou a face cheia de lágrimas e foi aprontar-se. Era tarde, o crepúsculo findava, a noite pronunciava uma lua clara e alva.

Noite enluarada, céu risonho, tudo para Lígia mais parecia um sonho. Seu vestido do mais fino linho, todo trabalhado com cordões de ouro, que lembrava muito o vestido de uma grega; de alvura resplandecente, deixava-a mais bela e mais pura que a virgem mais bela de Roma. Os cabelos entremeados com pérolas brancas, presos acima da cabeça e caindo em fartos cachos, davam-lhe uma beleza divinal. Sob a luz bruxuleante dos archotes (tipos de velas espalhados pelo salão e jardins), seu talhe delgado, perfeito, mais parecia de ninfa de inigualável beleza.

Lígia resolvera passear pelos jardins. A lua muito clara rasgava a escuridão da noite, dando a impressão de que emoldurava as alamedas em nuances prateadas. Estas, engalanadas pelas flores de diversas nuances, exalavam perfumes inebriantes impregnando o ar, quando a brisa as envolvia. De repente, Lígia deparou com a figura de um garoto.

– Desta vez não me escapas: que estás a fazer em meu jardim e como te chamas?

O menino, amedrontado, respondeu-lhe:

– Estou me escondendo, pois se o senhor Demóstenes me ver, com certeza há de castigar-me, já que saí para dar um recado de sua filha ao jovem Plínio, sem que ele soubesse. No entanto, eu o vi subindo a rua, fiquei com medo e escondi-me aqui. Irás acusar-me? Sei que é minha sina e não me revolto.

– Não, não vou acusar-te, não é do meu feitio, porém, dize-me teu nome.

– Eu não sei e nem tenho, cada qual me chama de uma forma. Cada dono que tenho me colocou um nome. O senhor Demóstenes chama-me de garoto levado, houve um que me chamou de Marcus, outro de Antônio, houve mesmo quem por chacota me chamasse de César, pois me disseram que eu mais parecia um rei grego. Portanto, senhora, não tenho nome.

– E mãe, tens ou tiveste? – perguntou Lígia.

– Se a tive, não a conheci. Desde a mais tenra infância fui escravo, passando de mão em mão.

– E não te revoltas?

Suave e terna luz espiritual envolveu o pequeno ser, que ali estava como para amparar Lígia nas dores que teria de passar. Espíritos benfazejos haviam colocado o pequeno ser em seu caminho para que ela sentisse em seu espírito a renúncia, o amor que emanava da pobre criança, para que esta não se assombrasse e tentasse novamente o suicídio.

Grande é o poder de Deus, que tudo faz para que seus filhos trilhem o caminho certo, apesar das dores que lhes corroem a alma.

O garoto respondeu:

– Não, às vezes quando sinto, não revolta, porém, desânimo, ouço uma voz suave a dizer-me:"Tem coragem, escolheste teu destino, escolheste as pessoas que querias ajudar, quiseste martirizar-te, a fim de domares teu gênio, pois eras considerado filho do trovão, já que eras agressivo, enquanto eu procurei infundir-te amor. Achas que destruíste papéis de vital importância, que distorceste minhas palavras de amor e paz e fizeste questão de reencarnar de novo na terra abençoada. Eu não tolhi teus desejos. Pediste e terás de cumprir até o fim tua missão. Pois, em verdade, em verdade te digo: aquele que souber renunciar, aquele que souber semear o amor logo no reino de meu Pai estará. Porém, não estaciones revoltando-te, queimando-te, irandote, que de nada valerá. Ora ao Deus Uno e Onipotente, e tuas forças serão dobradas. Se te fizerem algum mal, retribua com o bem, com o amor. Não sintas ódio, deixa a ira avassalar-te a alma. Renuncia sempre em prol de teus semelhantes. Fica alegre com a alegria dos outros e procura ajudar os que estão tristes".

– Então, não crê em nossos deuses e sim somente num único Deus? – perguntou Lígia.

– Sim, só num único Deus e em seu filho dileto na Terra.

– Falas de Jesus, o Nazareno, mas este não tinha nada de especial, pois morreu na cruz. Todos o repudiaram. Até mesmo minha tia-avó foi devorada pelos leões, por causa do Nazareno, e ele não salvou ninguém da fúria dos leões famintos. Mesmo assim achas que ele é o filho dileto de um Deus Uno?

– Sim, minha senhora, pois Ele morreu na cruz foi exatamente para dar-nos um exemplo de amor e humildade, foi para salvar-nos, e se as pessoas seguidoras morreram flageladas, dilaceradas pela voragem dos animais, ele mesmo deixou-nos escrito que "Há muitas moradas na casa de meu Pai", e "Meu Reino não é deste mundo". Como vês, os seguidores dele seguiram-no até o reino dos céus.

– Não te compreendo. Eu também tenho essas visões e tenho medo, muito medo. No entanto, não sei por que esse me avassala, e também por que, ao aproximar-me da tumba da minha tia-avó, sinto-me com forças. Quando meu pai se aproxima de mim, sinto-me revigorada. Às vezes tenho a impressão de que sou amparada por seres angelicais, que não querem ver minha decadência. Outras vezes, vejo um homem de cabelos cor de amêndoas, olhos azul-violeta, repartidos ao meio à moda nazarena, às margens de um lago, rio ou mar, não sei onde precisamente, a pregar. Outras vezes, vejo uma moça queimando no fogo, com as vestes ardendo em chamas, e ouço chamarem-na de rameira. Parece que enlouqueço, pois sinto isso em mim própria. Sinto parte de meu corpo consumindo pelo fogo. Isso é atroz. Depois vejo-me em lugares sombrios, sendo manipulada por seres horrendos; é um lugar tétrico, tenebroso, eu quero gritar, peço ajuda e, no entanto, somente vejo um corpo, o corpo daquela mulher queimada pelas chamas, a ser comida por vermes. É horrível, meu garoto, mas és tão criança, que talvez não me entendes, porém, vou dizer-te uma coisa: isso que te narrei, não consegui narrar na íntegra nem ao meu pai.

– Compreendo sim – responde o menino. – Essa moça deve ser a senhora mesma em outra vida. O homem pregando deve ser Jesus, o Nazareno. E todo suicida, após a morte, vê-se nas mãos de algozes no plano espiritual. E quando viste o corpo em decomposição, era teu próprio corpo corroído pelos vermes.

– Tu me estás deixando tonta, e hoje não posso ficar tonta, pois é meu aniversário, e teremos muitos convidados. Já que não tens nome, eu te darei um. Chamar-te-ei de Lúcios. E serás para mim uma luz a iluminar-me o caminho, e assim, Lúcios, eu te batizo em nome de teu Deus.

Lígia, rindo, sem saber a importância que isso tinha para o menino, pegou uma flor, colocando-a sobre a cabeça dele, no peito e, depois, em ambos os ombros, formando assim, inconscientemente, o sinal da cruz. Jogou a flor no chão, porém, Lúcios a pegou, beijando-a e guardou-a dentro de suas vestes.

– Espere um pouco, que vou ver se teu caminho está livre.

Constatou que a rua estava deserta e disse rindo para o garoto:

– Lúcios, vai embora correndo e deixa de ser o correspondente amoroso de Plínio, pois este eu conheço, já andou arrastando asas para o meu lado, é um mentiroso bajulador e não pode ver qualquer donzela que fica alvoroçado. Imagine que anda arrastando a asa para a minha irmã que é ainda uma criança?

– Porém, não me pareces muito mais velha do que ela e vi quando ela rasgou o teu vestido, e gritei-te para que retribuas o mal com o bem, o mal com amor.

– É difícil, Lúcius, não sou como tu. Deixo às vezes pisarem nos meus pés, porém quando não suporto a dor revido, estouro, como diz meu pai.

E ao lembrar-se do pai, Lígia pôs-se a rir.

– Estás vendo? Estás muito mais bonita com este vestido branco do que com o rosa. Não revidaste e Deus deu-te mais beleza.

– Ah, garoto, se isso fosse verdade, eu te beijaria.

– E é.

Lígia, com o temperamento impulsivo que possuía, abraçou Lúcius, beijando-o ternamente. Sentiu então emanações do Alto a envolver-lhe o ser, sentiu uma leveza que não sabia explicar. Lígia estava exultante. Mandou Lúcios embora e ficou pensando: será que seu pai convidara o belo rapaz que o acompanhava ao senado, o senador Cláudio? Sabia que era de origem grega por parte da mãe; no entanto, o senador Cláudio trazia nas veias o sangue dos Césares, pois era descendente de Cláudio, o imperador antes de Nero. Somente ao pensar no jovem, o coração de Lígia pulsava mais forte. Mal o conhecia, porém, o porte viril, os cabelos loiros jogados para trás, os olhos azul-violeta não lhe saíram da retina embevecida. Ele possuía porte de atleta, principalmente quando, nas corridas, dirigia a biga branca, adornada de dourado, puxada por dois cavalos brancos de portes majestosos, com aparatos dourados. Dirigia o carro com firmeza, os músculos tensos, com tal velocidade, fustigando os cavalos que o puxavam. Ao mesmo tempo, Lígia pensava: mesmo que fosse feio e defeituoso, aquele ser a atraía a tal ponto que não sabia explicar o porquê. Queria um bem enorme ao moço, sem saber que os afins se atraem. Viu Agripa passeando no jardim; lembrou-se de que ele fora portador dos convites que o pai fizera e perguntou a Agripa:

– Por acaso tu sabes se papai convidou o senador Cláudio, juntamente com seus familiares?

Agripa sorriu e perguntou:

– A pequena Lígia refere-se a Gláucius, o belo rapaz de quem a menina não tira os olhos?

– Como sabes disso, Agripa? Ah, já sei. Meu pai, conhecendo-me como me conhece, deve ter observado, e como tu és o confidente dele, naturalmente confiou-te o meu segredo. Somente espero que faças jus à confiança de meu pai e não espalhes isso ao outros.

– A pequena Lígia deve saber que tem em mim um aliado. Tu me trata como um ser à tua altura; porém, Lídia, tua irmã, pelo defeito que tenho na mão, imita-me, faz pouco de mim e, muitas vezes, até me mostra a língua.

– Não ligues, Agripa. Lídia é criança ainda e não faz por mal, ela gosta de ti, como eu também gosto.

– Não, Lígia, tu és diferente dela como a água do vinho.

– Vejo-te sempre na parte da cozinha, conversando com qualquer serviçal. Vejo-te às vezes quando sai à rua, dando amparo às crianças, até mesmo às negras, parece que tens uma preferência especial por essas. Vi-te ainda, às escondidas, dar uma casca de pão a um leproso, contrariando as ordens de teu pai, pois são considerados imundos.

– Eu te proíbo que contes isso a papai.

– De minha parte não; porém, Lídia também observava-te com ironia e com um sorriso sarcástico nos lábios.

– Meu Deus! Lídia?

– Sim. Não tenhas medo, pois teu pai não é contra ajudares a um lazarento. Apenas tem medo do contágio. Porém, devo-te contar um segredo.

– Diga-me logo, homem – pediu Lígia, ávida de curiosidade. – O que tens a dizer-me, dize logo e deixa os preâmbulos de lado.

– Creio que vou fazer suspense para aguçar mais a tua curiosidade.

– Não sejas mau, Agripinha, conta-me logo. Será que é o que estou pensando?

– Sim. Teu pai andou conversando com o senador Cláudio e parece-me que entraram em acordo quanto ao casamento da pequena Lígia e Gláucius, já que ambos parecem interessados um pelo outro.

Lígia pulou de contente.

– Meu pai me entende, meu paizinho me entende. Como sou feliz. Devo dar graças aos deuses.

Pegou Agripa, rodopiou com ele, numa alegria imensa a avassalar-lhe a alma e beijou-o na testa.

Fábius, chegando naquele momento e conhecendo o temperamento impulsivo da filha, falou:

– Que beleza, minha filhinha, beijando meu empregado de confiança? Que posso pensar disso?

Lígia e Agripa coraram.

Agripa gaguejou:

– Não, senador, a menina não o fez por mal, somente estava contente.

– Eu sei disso – disse Fábius a sorrir. – Eu os conheço bem.

– Pois bem, paizinho, se dei um beijo em Agripa, em ti te cobrirei de beijos.

– Ah, já sei, Agripa contou-te sobre o acordo com o senador Cláudio. Porém, não te iludas muito, dependerá do rapaz também. O senador Cláudio, como eu, respeita muito os sentimentos do filho. Dependerá, exclusivamente, de ambos se entrosarem, se acharem que são afins.

– Mas eu sou, garanto-te, papai querido. E eu te amo por proporcionar-me tal alegria.

– Estás alegre, e choras por quê?

– Não sei, tenho a impressão de que será uma felicidade pequena, efêmera, porém, isso me bastará, sei que me bastará. Preciso encontrar Babucha para contar a ela.

– E à tua mãe, não vais contar?

Lígia parou um pouco para pensar e disse:

– Depois, papai, depois que tudo for certo, já que depende de nós. Vou fazer de tudo para ficar bem bonita.

– Mais do que és, impossível.

– Tu és suspeito para falar, pois és meu pai.

– És bela de corpo e alma, filha adorada. Vai, porém, anda, não corra afoita qual gazela.

– Lígia saiu a correr, sem ouvir o que o pai lhe dissera, e após contar tudo a Babucha, colocou o peblo sobre o vestido branco (ou túnica), como era chamado na época, prendendo-o nos ombros com fivelas à moda grega, como era o bordado dourado da rica túnica de alvo linho, prendida por larga faixa. Mais parecia uma noiva em seus esponsais, sendo que o consorte tirava a faixa após o enlace.

– Estava radiante de beleza, quando entrou no grande salão todo adornado de flores brancas, caindo guirlandas desde o teto até o chão. O salão iluminado fartamente dava um aspecto luxuriante àquela festa.

A entrada de Lígia trouxe um"oh!"geral aos convidados, pois a beleza que irradiava dela partia de seu espírito, da alegria que sentia, embora ela pressentisse que fosse por pouco tempo.

Gláucius exclamou para o senador Cláudio, seu pai:

– É realmente bela, muito bela, acho que será a companheira ideal. Além de bela, possui os predicados essenciais de moral, próprios para uma mulher. Repares, meu pai, está vestida à moda grega, talvez para agradar-me. Além disso, possui grande dote, que virá aumentar o que já possuímos. Sim, pai, quero-a para mim, é bela, figura frágil, porém, parece-me de temperamento e fisicamente forte.

Enquanto isso, Lígia sussurrava a seu pai:

– Paizinho querido, se depender de mim, quero que concluas o que iniciaste. Veja, paizinho, como é belo, forte, viril. Além disso, no fundo de seus olhos tem-se impressão de possuir alma nobre e bondade em demasia. Sim, paizinho, sim, mil vezes sim!

Fábius encaminhou-se ao encontro do senador Cláudio, conduzindo sua filha pela mão, e entregou-a a ele. Cláudio recebeu-a e ofereceu a Gláucius.

Gláucius, vestindo também linho branco, trazia a túnica que ia-lhe até os joelhos, isenta de bordados. Sobre os ombros, trazia também a túnica tradicional entre os gregos.

Ambos, de mãos dadas, dirigiram-se para os sofás colocados à sua disposição. Deitaram-se sobre eles, e lhe foram servidos primeiramente finos vinhos, uvas e frutas diversas. Depois houve a apresentação de dança e os comestíveis próprios da época.

Lígia e Gláucius conversaram entre si, trocando já promessas e juras de amor. Ele lhe pediu que o acompanhasse até o jardim, para que pudessem conversar mais intimamente. Lígia o acompanhou, prazerosamente. Aqueles profundos olhos a atraíam sobremaneira. Passearam entre alamedas floridas e ficaram surpresos quanto às afinidades que os uniam. Lígia e Gláucius apreciavam as mesmas coisas, possuíam os mesmos gostos, os mesmos pensamentos; às vezes pareciam até que iam falar sobre as mesmas coisas. Ao voltarem ao salão, Fábius dirigiu-se a eles, dizendo:

– Aí estão os noivinhos em doce colóquio. Peço-te, Lígia, que distraias nossos convidados, tocando a harpa e cantando alguma coisa de tua autoria.

Lígia, envergonhada, queria retrucar, porém, o olhar de seu pai não admitia réplicas, nem que ela se recusasse. Tomando a harpa, repousou-a sobre os ombros e começou a dedilhar, tirando sons belos e harmoniosos. Enquanto isso, com voz a princípio um tanto indecisa e tremulante, depois com voz mais firme, entoou bela ária de amor, que enterneceu os ouvintes.

Fábius sentia-se feliz pelo comportamento da filha. Lígia Alexandra também estava contente e exuberante em sua bela túnica.

Ao acabar a ária, Gláucius, encantado, aproximou-se de Lígia e disse, dirigindo-se aos convidados:

– Meus amigos, quero anunciar o meu casamento com esta bela moça e espero que o senador Fábius, juntamente com meu pai, estejam de acordo com a decisão por nós tomada, já que ambos nos deixaram este encargo. Lígia, a mim confiada, será, se os deuses permitirem, a esposa querida e mãe de meus futuros filhos.

Houve aplausos gerais por parte dos convidados, que eram inúmeros.

Capítulo IV

Esclarecimento

Lígia, depois que terminou de tocar e cantar a ária de amor, recebeu inúmeros aplausos e felicitações dos convidados em geral. Porém, acercou-se dela uma jovem, dois anos mais velha, ruiva, de porte senhoril, esguia, pele alva, portadora de grandes olhos cor de mel, nariz arrebitado, tez clara, boca pequena. Ao cumprimentar Lígia, denotava uma grande tristeza no olhar, o que lhe chamou a atenção. Estava vestida com túnica rosa-claro, de belo linho enfeitado com alguns bordados prateados. Ao vê-las juntas, era difícil discernir qual das donzelas era a mais bela. Se uma chamava a atenção pelos cabelos ruivos e olhos melancólicos, a outra chamava a atenção pelos cabelos loiros, os olhos grandes castanho-esverdeados, boca pequena, porém, com lábios polpudos bem delineados, e sobretudo pelo olhar matreiro, que parecia sorrir sempre numa eterna alegria. Olhar esse de cuja retina nada escapa, principalmente naquela noite, em que transbordava de alegria, pois o que mais almejava, o sonho dourado que acalentava no âmago do ser, se concretizara.

A aproximação da moça proporcionou-lhe um arrepio que percorrera-lhe o corpo. No entanto, um misto de dor, de remorso e de amor avassalou-lhe o ser. Parecia-lhe rever uma amiga e, ao mesmo tempo, uma inimiga de passado longínquo. Aquela contradição de sentimentos deixou-a um tanto perplexa. Mas Lígia, extrovertida, que não sabia esconder sentimentos, foi logo perguntando-lhe:

– Posso saber como te chamas? Tenho a impressão de conhecer-te, embora não saiba de onde.

– Chamo-me Fúlvia Corppélius, sou filha do presto Marcus Corppélius.

– Seu pai é amigo do meu, então?

– Sim, embora não se visitem e nossas famílias não possuam conhecimentos mais amplos entre si, meu pai quer muito bem ao senador Fábius, e minha família dá-se com a família do senador Cláudio.

– Então conheces meu noivo, Gláucius?

– Sim, certamente, és uma jovem bela e afortunada, pois o tens como noivo e futuro esposo.

Ao dizer isso, Fúlvia teve os belos olhos cor de mel inundados de lágrimas prestes a cair. Isso não passou desapercebido a Lígia, que pensou: "Aí está uma jovem enamorada de Gláucius", e colocou-se na posição de Fúlvia. Se isso fosse ao contrário, talvez também seus belos olhos ficariam marejados de lágrimas. Lígia queria fazer algo para reverter a tristeza daquele olhar, e disse então:

– Conheces por acaso Plínio?

– Não – declarou Fúlvia.

– Pois vou apresentar-te, porém, cuidado, pois é um galanteador como não há nenhum igual em Roma. Não te deixes levar pela conversa dele. Talvez assim consigas espairecer essa mágoa que te avassala.

– Não estou magoada, apenas sinto forte dor de cabeça.

– Não vou desmentir-te; porém, vejo em teus olhos um misto de mágoa e dor. Vamos lá. Plínio é aquele rapaz vestido com túnica branca e que traz uma faixa vermelha sobre os ombros.

Assim, Lígia levou Fúlvia para a companhia de Plínio. Desse modo, os encontros de Lígia e Gláucius, cada vez mais entrelaçados, às vezes eram acompanhados de Fúlvia e Plínio. As duas moças então iniciaram uma amizade intensa e viram quantas coisas possuíam em comum. Gláucius começou a freqüentar mais assiduamente a casa do senador Fábius. Fúlvia, por sua vez, apaixonada por Gláucius, usava a desculpa de ver Plínio para freqüentar a casa do senador, estreitando os laços de amizade das famílias.

Flávius, irmão de Fúlvia, apaixonara-se por Lídia, irmã de Lígia; porém, esta era volúvel e nada queria com o rapaz. Todavia, tudo fazia para cativá-lo, assim como a Plínio e Gláucius. Lídia somente sentia-se feliz vendo-se rodeada de admiradores, e tudo fazia para tirar Gláucius de sua irmã. Astuta, quando Gláucius vinha visitar Lígia, procurava sempre colocar-se deitada num sofá fingindo dormir e colocando-se em posição provocadora.

Quando Lígia, levada pelo grande amor que avassalava seu ser, compunha qualquer melodia, Lídia adiantava-se e apresentava-a como se fosse de sua autoria. Quando Lígia transmitia suas composições, cantando com voz angelical, Gláucius ficava na incerteza de quem realmente era a autora.

Certo dia, Gláucius, indo à casa do senador Fábius, encontrou Lídia a fingir que dormia e pondo à mostra as pernas, de modo inconveniente.

Gláucius, não resistindo aos instintos próprios de homem, ajoelhou-se perto de Lídia, a fim de admirar-lhe melhor as pernas.

Fúlvia e Lígia, que vinham de um passeio pelas alamedas do vasto e maravilhoso jardim, viram de longe a cena. Lígia conhecia a fundo sua irmã e fez um sinal à amiga para que se mantivesse quieta, e aproximaram-se devagarzinho, pé ante pé, para melhor observar os dois. Fúlvia estava horrorizada; a própria irmã procurando conquistar o eleito do coração de Lígia. Apesar do grande amor que sentia por Gláucius, nunca teria coragem de fazer isso. Gláucius, no entanto, notando a presença de Lígia e Fúlvia dissimulou:

– Estou tentando decifrar o sonho de Lídia, pois parece-me que a ouvi balbuciar algo.

Lídia, espreguiçando-se, disse:

– Acordei sentindo uma mão apalpando-me.

– Não digas mentiras – falou Lígia rudemente. – Estamos há muito tempo a observar-te.

– Tu me pagas, Lígia – disse Lídia ruborizada, e saiu correndo.

Plínio, que tudo presenciava de outro ângulo do jardim, aguardava o momento oportuno para falar com Lígia, lançando suas redes.

Gláucius, um tanto sem jeito, dirigiu-se a Lígia, desculpando-se:

– Minha querida, estava de fato tentando ouvir o que Lídia estava murmurando em seu sono agitado.

Lígia respondeu severa:

– Não tentes enganar-me, Gláucius, sei que não estavas aproveitando-te da situação, tentando passar a mão em Lídia, porém, aproveitavas a oportunidade para observar melhor suas pernas. Eu quero um amor sincero, livre de mentiras. Não tentes enganar-me, de forma alguma, pois isto sim não irei perdoar-te. Lídia estava apenas fingindo, e não dormindo, como queria que supusesses. Eu conheço minha irmã, portanto, ambos não me enganam. Sejas franco, não irei zangar-me se disseres que estavas de joelhos a fim de melhor observar as pernas e a silhueta dela.

– Está bem, confesso minha fraqueza. Já que não permites que eu te mire, tenho de olhar para outras.

Fúlvia estava furiosa. Gláucius não era aquele homem que ela pensava que fosse.

E o moço continuou a falar:

– Até quando foste atravessar o riacho e tiveste de erguer a túnica até a altura dos joelhos, pediste-me que virasse o rosto.

– É claro, é evidente, pois olhavas-me de um modo, que me senti mal.

– Como és tola! Não serás brevemente minha esposa? Por que tanto recato? Creio que tens é pernas tortas, e não tão belas como as de Lídia.

Lígia, gênio intempestivo, temperamental, respondeu-lhe, erguendo a túnica:

– Queres ferir meus brios, achas que tenho pernas tortas, pois bem, então vê com teus próprios olhos.

Gláucius deu uma boa gargalhada com o temperamento de Lígia e disse:

– Consegui o que queria, irar-te e ver tuas belas pernas.

Fúlvia, no entanto, ruborizava intensamente. Plínio, atrás do arbusto, via a cena e rejubilava-se. Gláucius virou-se para Fúlvia, pois Lígia estava possessa de raiva por ter caído na armadilha, e disse:

– Talvez tu também tenhas pernas tortas.

Lígia adiantou-se:

– Tu usaste do argumento de que eu seria tua esposa, feriste meu amor-próprio. Porém, Fúlvia não tem pernas tortas, garanto-te, e nem será tua esposa.

Gláucius continuou a rir da ira de Lígia e disse-lhe:

– Vou conversar com o senador teu pai, para apressar nossos esponsais. Assim que conseguir um lugar no senado, poderemos realizar nosso casamento, o mais breve possível.

E saiu rindo.

Fúlvia, sem palavras para amenizar a ira de Lígia, somente disse:

– Os homens são todos iguais. Se tiverem uma chance, aproveitam da melhor maneira possível. Porém, estou decepcionada, como tu. Esperava que Gláucius, tão circunspecto, fosse diferente dos demais, mas vejo que todos são iguais. Ficaste decepcionada, Lígia, porque não tens irmãos, porém eu tenho Flávius, e sei como são os homens, pois o ouço conversar com os amigos. Eu tenho de ir-me, Lígia. Creio que Plínio não virá hoje, e faz-se tarde. Logo após o crepúsculo virá a noite e meu pai ficará bravo comigo se eu chegar tarde.

– Por que não esperas que Flávius venha buscar-te? – perguntou Lígia.

– Flávius, hoje, juntamente com meu pai, tem um negócio de grande responsabilidade para resolver. Embora papai tenha um amor enorme por ti, que não faz diferença entre mim e ti.

– Não vás ficar com ciúmes, Fúlvia, eu também quero muito bem ao juiz de direito, tenho por ele carinho especial. Tu sabes que, às vezes, no que se relaciona a Gláucius, eu não quero falar com meu pai, para não gerar atritos, então peço conselhos ao magistrado, teu pai.

– Sei, mas às vezes pergunto-me por que não desabafas com tua mãe?

– Olhe, Fúlvia, minha mãe somente tem olhos para Lídia, parece-me que tem ciúmes de mim com papai. Babucha, minha querida Bá, como a chamo, ouve-me com muito mais carinho do que minha mãe, porém, ela não possui o aprimoramento intelectual de teu pai. Ela é como meu pai, entende-me. Pena que não possuis mãe, porque há coisas que não posso comentar com meu pai, não por medo ou por vergonha: é que não quero proporcionar atritos entre ele e Gláucius. Poderia me orientar com ela. Gláucius é impetuoso, usa de artimanhas, e teu pai tem elucidado muito como comportar-me, para não cair nas malhas finas de Gláucius. Talvez seja porque o magistrado já possui uma certa idade, que me dá mais confiança em pedir sua orientação.

– Engraçado – observou Fúlvia, – no entanto, consigo extravasar mais meus sentimentos contigo e com teu pai, do que propriamente com o meu.

– É bom – respondeu Lígia, – pois poderemos trocar de pai de vez em quando. Creio que ambos possuem moral elevada para nos orientar.

– Tenho de ir-me. Despeças por mim dos teus, pois já se faz tarde.

Fúlvia foi embora. Lígia acompanhou-a até perto do portão principal do jardim. Plínio acompanhava, sorrateiro, Lígia. E quando a viu só, aproximou-se dando-lhe um susto.

– Plínio! Estavas aqui?

– Há muito tempo. Presenciei a cena de Gláucius. Por que não casas comigo?

– Eu te conheço, Plínio, não tentes lançar a rede sobre mim, pois não conseguirás nada.

– Então posso perder a esperança, pois nunca casarás comigo?

– Talvez, quem sabe – respondeu Lígia. – Quando a aranha deixar de tecer sua teias no intento de apanhar insetos, talvez nesse dia eu casar-me-ei contigo.

– Então nunca me casarei contigo?

– Como a aranha, teces tuas teias a fim de pegar incautos, principalmente mulheres, e nisso eu sou contra, pois o que almejo na vida é um amor sincero. Apesar do que observaste, creio que Gláucius ama-me sinceramente. O único mal de Gláucius é admirar as coisas belas, sem, no entanto, envolver-se em amores promíscuos, como tu.

Plínio, sempre gozador e loquaz, perguntou:

– E se eu te pedir de joelhos?

E postou-se de joelhos diante de Lígia. Esta ia retrucar, quando avistou Gláucius, que vinha vindo por uma alameda e já havia visto a cena. Lígia esboçou um belo sorriso contra a vontade, ao ver Gláucius antegozando o ciúme, pois, se ele a amasse deveras, naturalmente o sentiria ao ver um belo mancebo prostrado de joelhos a seus pés.

Plínio realmente era belo, com seu porte de adônis grego. Ao contrário de Gláucius, possuía olhos castanho-escuros, quase negros e cabelos da mesma cor, sedosos e anelados.

Gláucius, ao acercar-se, perguntou:

– Que é isso, Lígia?

– É que Plínio presenciou também a cena em que contracenavas com Lídia, e pensou que tudo entre nós se havia acabado. Pedeme a mão de joelhos. É incrível a coincidência dos destinos.

– Tu, Plínio, tiveste coragem de trair-me? Eu que te considerava um amigo. Não confio mais em ti.

Plínio aproveitou a deixa e disse:

– Lígia talvez não confie mais em ti, depois do que presenciamos.

– Não distorças as coisas, Plínio. Eu confio em Gláucius, pois conheço minha irmã. E, a partir de agora, considera-te pessoa não grata a esta casa, de minha parte. Não posso proibir-te a entrada, pois a casa pertence a meu pai, porém, peço-te que não me dirijas mais a palavra, pois estou farta de tuas conversas medíocres. Não sei como Lídia e Fúlvia suportam-te.

Plínio arfava de raiva por não conseguir seu intento, que era ver novamente as pernas de Lígia, e por saber que Gláucius retornaria, o que acabaria de vez com o namoro mal iniciado; mas haveria de vingar-se.

Gláucius envolveu Lígia pela cintura e perguntou:

– Ele não foi além? Pois, se viu minha cena e de Lídia, naturalmente deve ter-te visto, mostrando-me as pernas.

– Se foi ou não foi, não interessa mais. Sabes que nunca usarei de mentiras contigo Foi uma oportunidade que tive de terminar uma amizade que há muito me aborrecia. Porém, Gláucius, vieste para me ver ou para mirar Lídia e falar com o papai? Vamos aproveitar este fim de tarde e passear um pouco.

E lá se foram os dois amantes trocando juras de amor eterno, fazendo planos para o futuro.

Assim transcorria a vida amorosa de Gláucius e Lígia.

Lígia, no entanto, não esquecera do pequeno Lúcius. Há muito vinha insistindo para que o comprasse. Gláucius, no entanto, não gostava de Demóstenes e opunha mil desculpas, para não se encontrar com tal homem.

Lídia, sempre que podia, o provocava, a ponto de deixá-lo louco. Sempre a fingir que dormia, procurava desnudar-se defronte de Gláucius.

Certa vez, Lídia colocou uma túnica maior, cujo decote não parava no lugar, propositadamente, sabendo que Gláucius teria de passar perto do caramanchão todo florido. Arrumou-se toda, colocou-se deitada num sofá e, puxando o decote, deixou aparecer todo o belo ombro. Puxou a túnica, deixando entrever parte das pernas, e colocou-se de forma exuberante, de modo a atrair a atenção de Gláucius, como o fazia com Plínio.

No entanto, Lígia, antecedendo-se, pois esperava que a irmã lhe aprontasse mais uma, foi ao encontro de Gláucius, esperando-o no portão. Gláucius, entretanto, atrasara-se, pois fora chamado ao senado, já que seu nome havia sido indicado para senador.

Lígia encontrara Lídia naquela posição para atrair Gláucius.

Ficou irada, sacudiu a irmã, dizendo:

– Que pretendes fazer? Roubar-me o que mais quero no mundo? Não sei por que, Lídia, me odeias tanto. Tens inveja do que possuo, no entanto, tens mais do que eu, tanto em adornos, como vestimentas e tudo mais. Porque o que papai compra para mim, compra-o para ti também, porém, mamãe prefere comprar coisas para ti, e eu não tenho inveja disso. Sinto sim não ser amada por mamãe, como tu és, porém, aparatos são efêmeros. Se amasse realmente Gláucius, apesar de eu sofrer muito, e ele te amasse, eu renunciaria para que fossem felizes. Porém, tu queres tudo para ti. Queres todos os homens a teus pés, queres ser bajulada, mimada, queres ser o centro das atenções humanas. Por que, Lídia, se nunca fiz nada de mal para ti, por que me tratas assim?

– Tu é que queres o mundo a teus pés. Compões árias para teu amado, e no fim ele nem sabe quem as compõe, se és tu ou eu. Porque eu as mostro primeiro. Em quem ele deverá acreditar?

Em ti ou em mim? – e gargalhou.

– Ah! Então confessas que rouba minhas composições. Como és tola e banal. Se tivesses amor em teu coração, conseguirias também compor, e melhor do que eu. Somente o amor compõe e constrói. Francamente, tenho pena de ti por seres tão falsa, tão mesquinha, porém, a justiça dos deuses ainda recairá sobre tua cabeça.

Lídia saiu correndo, fazendo pouco caso das profecias de Lígia. No entanto, Lígia ficou amargurada e chorando. Um pequeno vulto vinha vindo ao seu encontro: era Lúcius.

Lígia esfregou os olhos com avidez, pois tivera a impressão que forte luz acompanhava o menino, emoldurando-lhe o corpo e acompanhando-o pelas alamedas do caminho percorrido.

– Lúcius, que fazes aqui? – perguntou Lígia espantada.

– Vim ver-te. Senti saudade de ti.

– Cresceste e estás mais magro, mas és belo, meu querido. Deixe-me cingir-te a fronte com esta fita de seda, que fiz para Gláucius – dizendo isto, colocou-a nos negros cabelos de Lúcius, e disse:

– A cor branca realça ainda mais os seus cabelos escuros. Vou dar-te. Farei outra para Gláucius.

Lúcius agradeceu em voz terna. Estava envolto por entidades de alto grau de evolução, que o circundavam de luzes, impelindo-o a falar.

– Estás triste e choraste, queres contar-me por quê?

Lígia mencionou o ódio que a irmã nutria por ela, e perguntava o motivo de tudo isso.

– Lígia, a vida na Terra é efêmera e tudo passa. Tens ataques, vês coisas que fizeste em outras vidas. Todos nós temos débitos a saldar, nunca esqueças isso. Se te ferem agora é porque feriste em outras vidas. Porém, deves angariar coragem para o que te aguarda. Deixa ao ímpio o seu caminho, e ao homem maligno seus pensamentos, e se converta ao Senhor, que se compadecerá deles. Torne tu a Deus, porque Ele é grandioso em perdoar. Não julgues, se não quiseres ser julgada. Bem-aventurado é aquele cuja transgressão é perdoada e o pecado coberto. Deixa a tua irmã, procura remodelar a ti própria, pois és devedora tanto quanto ela. Cada ato de transgressão às leis de Deus, cada negligência ou imperfeição recai sobre nós mesmos, endurecendo o coração, depravando a vontade e entorpecendo o entendimento, tornando-os não só menos inclinados a ceder às súplicas de Deus, como incapazes de o fazermos. Como a flor que se volta para o Sol, para que seus brilhantes raios ajudem a desenvolver a beleza e a sementeira, assim devemos volver-nos para o Sol da justiça divina, a fim de que a luz no céu incida sobre nós, e o nosso caráter seja desenvolvido à semelhança de Jesus.

– Tu e esse Jesus, não sei por que tens tanta fé nele. Minha tia-avó faleceu devorada por leões por causa Dele, e Ele nada fez para salvá-la.

– Não foi Jesus que matou tua tia-avó, não penses assim; foi a humildade dela que proporcionou isso. Tira isso da mente. Tua tia-avó pediu para vir sofrer o que sofreu, e não quero que penses que ela sofreu.

– Estás a dizer asneiras, Lúcius, pois o que queres dizer? Achas por acaso que, com os animais, na voragem que os acometia, a comer suas carnes tenras, ela não sentiu dor? Por acaso ela não era de carne e osso, não sentia dores?

– Não. A maioria, devido à fé que possuía, já era tirada do corpo antes mesmo de suas carnes serem comidas; portanto, não ajas dessa forma, encara a morte de outra maneira. Melhor seria, por acaso, cometer um suicídio? Não seria pior isso? Pensa nisso: é preferível sofrer aqui na Terra, que é um planeta de expiação, do que sofrer no umbral tenebroso as penas de um suicídio. Não achas isso, minha querida? Ser manipulada por seres que se aproveitam dos suicidas para usufruírem de seus fluidos vitais, servir de marionetes desses infelizes não é nada agradável. Que achas de tudo isso? Que me respondes agora?

– Não sei por que, porém, o que me dizes traz-me um temor enorme. Arrepia-me toda o que estás a contar-me, que já passei por tudo isso.

– Parece, não – respondeu Lúcius. – Tu sofreste, tu passaste por tudo isso, garanto-te.

– Não me digas isso – respondeu Lígia. – Isso é demais para minha compreensão. Achares que existe um Deus Uno, concordo contigo. Porém, achares que nasceremos de novo, isso é demais para mim. Como posso entrar no ventre de minha mãe e nascer de novo?

– O que é do espírito, ao espírito pertence; porém, o que é da carne perecerá, voltará ao pó, naturalmente; pois achas que é teu corpo que retorna? Achas que ficarias pequenina, que entrarias no ventre de tua mãe, para renasceres? Não, Lígia, é teu espírito que persiste, não o corpo. O Mestre, o meigo Cordeiro de Deus, foi bem explícito quanto a isso. Atenda ao chamado do Messias, recompõe tuas forças para que possas suportar as agruras, que vão avassalar-te a alma vacilante cheia de imperfeições. Todos nós temos o nosso lado bom, e nosso lado ruim. Jesus aqui veio na Terra, não para salvar os perfeitos, pois esses já há muito tempo partiram ao encontro do Pai. Ele veio para nos dar um exemplo de amor, de perdão.

– És boa, no entanto, quando a ira te avassala, és impetuosa, e transgrides as leis. Por isso terás que responder. Erraste na anterior encarnação, e terás de agüentar as conseqüências de teus atos. No entanto, não fugiste, saíste pela tangente. Não querendo suportar as conseqüências de teus próprios atos, ateaste fogo em tuas próprias vestes, e agora, em novo corpo, o espírito terá de explicar as faltas cometidas. Semeaste, e terás de colher, isto é inevitável, é a lei de ação e reação, é a lei da causa e efeito. Sei que irás responder-me que não te lembras de nada; porém, tudo que narro é verdadeiro e real, quer aceite ou não. Somente te peço, Lígia, que enfrentes a realidade com calma e me prometas que não cometerás suicídio novamente. Portanto, tem calma, e aceita tudo com resignação. Eu também escolhi a vida que tenho, a escravatura, para domar a ira que avassalava-me a alma insegura. Dizem que eu era bom, meigo, porém, não fui perfeito, deixei-me arrastar pela ira, que me acometeu. Principalmente porque destruí manuscritos importantes e valiosos, porque revoltei-me na ilha de Patmos, quando fui emergido em óleo fervente, e assim fiz o meu transpasse para a verdadeira vida que é a vida espiritual. Portanto, Lígia, aceita com resignação o que tu própria escolheste.

Lúcius saiu do transe um tanto apavorado, sem saber bem o que se havia passado.

Lígia ficou atordoada com o que ouvira, e, quando deu-se conta, o menino já havia desaparecido entre as alamedas do imenso jardim.

Gláucius chegou logo em seguida. Lígia tornou a pedir que ele comprasse Lúcius, sem, no entanto, relatar o que havia ouvido. Gláucius usou de uma artimanha:

– Como sabes, Lígia, o noivo terá de dar um presente à sua noiva no dia do casamento. Pois bem, eu dar-te-ei Lúcius de presente, quando fores minha, quando me pertenceres.

– Porém, falta tanto para nosso enlace, acha que irei agüentar todo esse tempo? Lúcius deverá ter agora, no máximo, dez anos de idade, achas que essa criança agüentará por mais tempo os maus tratos de Demóstenes? Achas que ele aguentará ser utilizado do modo como tem sido até agora?

Gláucius responde maliciosamente:

– Tudo dependerá exclusivamente de ti. Eu te disse que comprarei Lúcius quando me pertenceres, porém, isso não quer dizer que o terás em nossas bodas.

– Mas o que dizes, Gláucius?

– Estou dizendo-te a realidade, e a palavra de um senador não volta atrás.

– Então conseguiste. És finalmente um senador? Então pouco falta para o nosso consórcio, e livrarás Lúcius.

– Sim, o livrarei. Eu prometi e cumprirei minha parte, garanto-te. Então, não vejo por que estás com esse semblante triste e pesaroso. Vou falar com teu pai e ele decidirá quando serão as nossas bodas. Portanto, Lígia, não desanime e nem te revoltes.

Lígia atirou-se com amor nos braços de Gláucius. O casal resolveu pedir a Fábius que autorizasse o casamento. No caminho, nas alamedas floridas dos jardins, Gláucius pediu a Lígia:

– Por que não soltas teus cabelos? Gostaria de vê-los soltos e não presos como tu usas.

– Já que queres, eu o soltarei agora mesmo. Porém, eu os tenho crespos, por esse motivo os uso presos no alto da cabeça, caso contrário eles caem-me nos olhos. Todavia, se assim gostas, soltá-lo-ei.

E assim dizendo soltou-os, sacudindo a cabeça e deixando que os cabelos loiros anelados lhe caíssem sobre os ombros. Os poucos raios de sol, que vinham do poente, emitiam reflexos nos cabelos, deixando-os mais belos. Gláucius enfiou os dedos neles soltando-os ainda mais. Lígia parecia uma gata selvagem e disse a rir:

– Então, é por isso que os queres soltos, para despentear-me ainda mais?

– Gosto de ver-te assim. Embora despenteada, tu os tens colocados nos devidos lugares. Gosto de sentir a maciez dos cabelos entre meus dedos, principalmente como os teus, que os manténs sempre limpos, livres de qualquer essência, como certas damas têm o costume de usar.

– Ah, não! Mesmo que o quisesses, isso não faria: besuntar meus cabelos, isso não farei.

– Ficas mais selvagem com os cabelos desse jeito.

– Se queres, Gláucius, não os prenderei mais. Um trabalho a menos para mim.

Entraram enlaçados nos aposentos onde Fábius se encontrava.

– Até que enfim usas os cabelos como gosto, livres de quaisquer artifícios. Sempre pedi à tua mãe que os usasse dessa forma, mas ela nunca atendeu; pedi a ti também, porém, parece-me ser praxe as mulheres copiarem o modo de pentear-se umas das outras. Assim, filha querida, mais me pareces uma potranca selvagem.

Lígia ria, mostrando os belos dentes brancos.

– Ora, ora. Um diz-me que pareço uma gata selvagem, outro diz-me que pareço uma potranca. Cuidado, pois a gata arranha e a potranca dá coices.

– Sejas gata ou potranca, eu te dominarei – disse Gláucius.

– Pois seremos dois a domá-la, porque também pretendo domá-la de qualquer forma. Mas uma coisa te digo, Gláucius, não uses o cabresto muito curto, pois ela poderá arrebentá-lo. Dê uma folga de vez em quando para ela, pois se o retirares muito ela poderá arrebentá-lo e fugir de onde veio, e isso causará um mal enorme para o progresso dela mesma. Doma-a aos poucos, se quiseres ter uma potranca obediente. De vez em quando é necessário uns torrões de açúcar, para amansá-la. Porém não demasiado, porque poderá dar dores de barriga.

– Papai, estás falando de mim ou de algum de teus cavalos? Ages e falas como se estivesses falando de animal, e eu pensava que me amavas?

– É porque te amo que falo dessa forma.

– Pois eu não gosto de ser considerada um animal. E, de mais a mais, pai de uma potranca o que é?

– Um cavalo, porém, domado; não como tu, selvagem – respondeu Fábius a sorrir.

– Então terei de entrar na manada, caso contrário não poderei casar-me contigo – disse Gláucius a sorrir.

– Pois então, papai, Gláucius tem uma boa notícia. Apesar de ser garanhão novo, entrou para a manada de cavalos velhos do senado.

Fábius e Gláucius caíram na gargalhada.

– E tem mais papai, esse garanhão pretende relacionar-se com essa potranca selvagem e pede autorização. Como estamos falando de animais irracionais, não posso dizer-te que ele pretende consorciar-se comigo, porém, que pretende um acasalamento, para aprimorar a raça. Que dizes?

– Lígia – chamou com severidade Fábius, – tudo tem limite. Não permito que uses esse termo comigo.

– Como falas, quando procuras aprimorar a raça de teus cavalos árabes? Que vais fazer um consórcio, uma boda entre eles? Ou falas que vais procurar fazer um acasalamento? Pois como tu estás a comparar-me com uma potranca, coisa de que não gosto, estou usando os mesmos termos que usas com teus animais.

– Não te disse que deves saber como usas o cabresto, Gláucius? Cuidado, pois ela é selvagem mesmo.

– Tens razão, Fábius, porém, vamos mudar de assunto, pois este não está agradando Lígia, que já está ficando vermelha de raiva.

– Está bem, Gláucius, mas a novidade que queres dar-me, de que estás no senado, eu já sabia. Quanto ao consórcio, vou dizer-te uma coisa: tenho de viajar a Damasco, para resolver uns negócios sigilosos que estão em pauta e dependem de mim. Indiquei a ti para ficares em meu lugar no senado. Espero que correspondas à minha confiança de então.

– Podes estar certo de que corresponderei – responde Gláucius.

– Pois bem. No meu retorno efetuaremos as bodas pleiteadas pelos dois. Não sei quanto tempo lá permanecerei, porém espero retornar dentro de três a seis meses.

– Tanto tempo, papai! Tenho um pressentimento de que sem ti naufragarei, sentirei tua falta, sentirei que não terei a proteção que anseio em meu coração. Ah, paizinho, não me deixes sem teu amparo benéfico e benfeitor!

– Tu tens Gláucius para defender-te, e não será tanto tempo assim.

– Tive um sonho esquisito, paizinho, que preciso contar-te.

– Aqui estou para ouvir-te. E ao falar-me de sonho lembro que tive um esquisito. Sonhei que tinha um filho que sempre almejei, que tua mãe não pôde dar-me. Essa criança veio a mim trazida por um garoto grego e recebeu o nome de Marcus Július. Não é estranho esse sonho, Lígia? E eu o recebi porque sentia um vácuo enorme a avassalar-me a alma. Como se alguém tivesse partido, e esse pequeno ser iria preencher, em parte, esse vácuo. Porque ao perdermos alguém querido, nada e ninguém poderá preencher o que ficou vazio.

– Talvez seja eu que irei partir.

– Nem digas isso, Lígia, não concebo a vida sem ti – disse Fábius. – De mais a mais, tu és nova e possuis boa saúde. Aqueles problemas que tiveste não voltaram mais, talvez seja o amor que te transformou. Aliás, Gláucius, preciso contar-te o que assolou a Lígia desde criança e que agora, com teu amor, isso parou, mas tu deves estar a par.

E Fábius relatou o que acontecia com Lígia.

Gláucius sentiu um arrepio percorrer-lhe a espinha, conforme Fábius narrava-lhe o sucedido. Sentia como se houvesse participado das alucinações de Lígia; e enquanto Fábius descrevia-lhe as cenas, este tinha a impressão de ver Lígia num corpo diferente, com o fogo a consumir-lhe as carnes. Então, disse:

– Estranho. Conforme descrevias o que acontecia com Lígia, tive a impressão de reviver juntamente com ela essas cenas.

– Já conversei com teu pai a esse respeito – falou Fábius a Gláucius. – E ele respondeu-me que, ao conversar com algumas pessoas adeptas do Caminho, religião esta um tanto judaica, eles crêem num Deus Uno e que um tal de Jesus, o Nazareno, que morreu crucificado, e que pregou o amor, era em muito contrário às leis do antigo profeta Moisés, que apregoava uma lei de justiça de olho por olho, dente por dente. Jesus apregoava o perdão, o amor e, segundo esses seguidores, a alma em nós viventes não morre, somente o corpo. Que possuímos diversas vidas, que nascemos e morremos em inúmeros corpos.

– Papai deve, devido à idade, ter-se tornado um tanto senil – respondeu Gláucius.

– Não fales assim de teu pai, eu o adoro – disse Lígia.

– Sei que tens por ele bastante respeito. Mas, a quem adoras e de quem sinto inveja é do pai de Fúlvia. Sabes, Fábius, que ele é adepto dos homens do Caminho, e somente não é afeito publicamente devido à perseguição que estes sofrem? E já ouvi Lígia inquirindo-o diversas vezes sobre o assunto.

– Além de Fúlvia ser minha amiga, nutro por ela e por seu pai um estranho carinho. Por ele mantenho um amor filial, consigo extravasar o que sinto, e muito tenho perguntado sobre esse mal que me assola. Por ela sinto uma amizade grande e culpa por vê-la triste, não gosto de vê-la desse modo. Não sei se é pelo fato de ela não possuir mãe desde tenra idade e o pai ser alquebrado e velho; creio que logo partirá. Não sei dizer o porquê, porém queria que ela sorrisse sempre e não vivesse sempre quieta e nostálgica, como se a vida fosse um fardo pesado. É jovem, porém mais parece uma velha alquebrada, não tendo vontade de nada. Passa os dias por passar, não tem ânimo a pobrezinha. Seu pai disse que isso é devido a outras vidas que ela teve.

– Não sabia que eras ávida por saber das coisas desses novos adeptos do Caminho. Desde quando te interessas por isso? Quanto ao pai de Fúlvia, já estou com ciúmes de ti, pois se desejas alguns esclarecimentos, por que não os pedes a mim, que sou teu pai?

– Ah, papai! Papaizinho, ninguém irá suplantar a ti em meu coração. Somente fiquei curiosa desde o primeiro contato que tive com Lúcius e o menino abordou o assunto.

– Quem é Lúcius? – perguntou Fábius.

– O escravo de Demóstenes. Quanto a elucidar sobre a pregação de Jesus, ninguém como o pai de Fúlvia; temos a impressão de reviver com ele o que passou Jesus.

– Não creio que seja Ele o Messias aguardado pelos judeus – disse Gláucius. – Pois, caso contrário, ele teria se salvado e não teria sido crucificado.

–Vamos deixar o que não entendemos para trás, e vamos continuar com os nossos deuses, como Pólux e Castor, os deuses gêmeos, Diana, Júpiter, pois se ficarmos com um só, e este estiver ocupado, a quem recorreremos quando necessitarmos? – falou Gláucius a sorrir.

Fábius e Lígia riram-se com ele.

Fábius dirigiu-se a Lígia e perguntou-lhe:

– Querias contar-me teu sonho? Pois então conta-me teu sonho, potranca selvagem.

– Não me chames assim, senão não contarei nada, tenho um nome, que deverá ser usado.

– Está bem, Lígia, conta-me, então.

– Foi um pesadelo: um César, apunhalei-o pelas costas, e ele volveu seu olhar para mim de um modo que doeu-me até as entranhas e disse-me: "Até tu!" Olhei para mim e me vi como um homem com sangue gotejando do punhal, e senti remorsos. Depois me vi como mulher, ateando fogo nas vestes, porém, também com outro corpo, outro aspecto. No entanto, o que mais me impressionou foi ver-me como sou atualmente, porém, com o lado direito todo deformado, como os imundos, os leprosos, a quem damos às vezes uma casca de pão, a quem escorraçamos para que não nos contagiem os seus males. Depois vi-me sendo enterrada viva, sufocada.

– Isso não passa de sonho, talvez tenhas ingerido em demasia alimentos antes de deitar-se. Não és homem, és bem feminina, não possuis nenhuma doença, e vou proibir que aquele velho acometido de lepra se aproxime de casa, para não impressionar-te com a doença. Sei que, muitas vezes, dás alimentos às escondidas a ele, e isto eu não quero. Pois não quero que te aproximes dele. Dá essa incumbência à Bá, se tiveres dó.

– Porém, papai, às vezes Gláucius olha-me daquela forma de antes.

– Eu? – disse Gláucius.

– Sim, tu.

– Deixa para lá essas coisas loucas – disse Fábius, – e voltemos ao assunto primordial. Quando eu voltar, trataremos de tuas bodas. Os deuses abençoar-vos-ão.

– Os deuses, ou o Deus Uno? – perguntou Lígia.

– Tens grilo na cabeça, potranca? – inquiriu Gláucius. – Meu pai transmite o que ouve sobre esse Deus Uno, porém, não crê nele.

– O senador Cláudio não faz pouco nem menospreza esse Deus, como tu, o seu filho, o fazes – respondeu Lígia.

– Eu tenho a cabeça no lugar, e somente creio no que tenho certeza, no que aprendi desde criança e no que obtive até agora. Pois pedi a Júpiter, fiz minhas oferendas e consegui o que queria, o cargo no senado. Porém tu, Lígia, somente tens grilo na cabeça.

– Cuidado, Gláucius, eu conheço minha filha, aprontar-te-á alguma coisa.

E a conversa termina com os três rindo-se a valer.

CAPÍTULO V

Trama diabólica

"A vingança a nada nos leva,
A não ser a adquirir novos débitos na terra.
Se queremos nossos espíritos elevar
O primordial é esquecer e perdoar."

Transcorriam os dias. A partida de Fábius para Damasco aproximava-se.

Gláucius e Lígia viviam num mar de rosas que todos enamorados vivem. No entanto, Gláucius tinha sempre uma ponta de ciúmes.

Plínio, por seu lado, inconformado com a atitude de Lígia, que nunca mais lhe dirigiu a palavra, arquitetava um plano de vingança. Lídia, morrendo de inveja do amor e da felicidade da irmã, procurava um meio de vingar-se também.

Plínio, inúmeras vezes, tentou insinuar em Gláucius que tanto Lígia quanto Lídia eram jovens, como tantas outras da época, que não possuíam moral e viam no sexo não um complemento de um amor puro, porém o meio de extravasar os desejos do prazer, enganando os próprios pais.

Gláucius, que não queria crer nas palavras de Plínio, achando-o baixo e mentiroso; ardiloso, deixava, no entanto, as dúvidas pairando no ar. Diversas vezes experimentava Lígia, mas esta sempre o colocava em seu devido lugar, alegando que o casamento estaria próximo; mesmo quando, às vezes, esta pedia-lhe que comprasse

Lúcius, Gláucius insinuava que somente o compraria quando Lígia lhe pertencesse. Esta, no entanto, possuía uma moral íntegra, fora dos hábitos das jovens de seu tempo.

Plínio, vendo que nada conseguia com Gláucius, no intuito de desmanchar o namoro deste, resolve juntar forças com Lídia, a fim de juntos derrotarem Lígia.

Assim, certa vez, após Fúlvia ter ido embora, conversando com Lídia, disse:

– Logo comemorarás teus quinze anos e terás festa igual à que Lígia teve. Será que nessa data também ficarás noiva? Estarei entre os prováveis competidores à tua mão? Ou será somente Flávius o eleito de teu coração?

– Não sei se a minha festa será tão bela quanto à de Lígia. De minha parte faço questão de que seja melhor. Porém, como sabes, papai não admite que uma supere a outra, mas sente preferência por Lígia, isto é notório.

– De outra parte, tua mãe tem preferência por ti.

Lídia deu uma gargalhada e disse:

– Eu queria que ambos estivessem ao meu lado, e não ao lado de Lígia. Eu a odeio. Se pudesse, eliminá-la-ia com minhas próprias mãos.

– Por que esse ódio? – perguntou Plínio com sarcasmo. – Eu tenho raiva dela porque ela me menosprezou, faz pouco de mim. Porém, contigo eu nada vi que provocasse esse ódio.

– Mas eu a odeio, não sei por que, mas a odeio. Se pudesse, queria vê-la lá embaixo, desfigurada, horripilante, causando asco a quem a visse.

Plínio nunca vira tamanho ódio, principalmente entre irmãs. Sorrindo, acrescentou:

– Se pudesse, gostaria de vê-la no vale dos leprosos, com as carnes caindo aos pedaços, deformada pela doença inclemente.

– Isso é justamente o que eu queria. Mas como? Se eu fizer oferendas aos deuses, achas que conseguirei isso? Será que eles irão ouvir-me?

Plínio, astuto, viu-a chegando onde ele queria.

– Sei de uma outra forma de conseguires isso.

– Qual?

– Lembras-te de Ananias, aquele imundo, portador de lepra, para quem Lígia, às vezes, quando ele aparece na cidade à noite, sempre põe alimento no portão detrás da casa, num recipiente, para que os leve?

– Sei disso, e tenho raiva, pois ele poderá, se vier amiúde, transmitir-nos essa horripilante moléstia. Apesar de que ele usa os guizos para anunciar que está próximo, nos afastemos.

– Pois bem – falou Plínio. – Se quiseres, darei um jeito de falar com ele. Como sabes, essa gente sente-se feliz em transmitir a moléstia, e por umas moedas de ouro o convenceremos a tal feito.

– Mas como poderá ele transmitir?

– Dizem que pode ser pela saliva. Talvez cuspindo em algo que Lígia venha a comer poderá transmitir-lhe a doença.

– Não, quero que ele cuspa no rosto dela, quero que ele, se possível for, a beije quando ela estiver dormindo, como vi Gláucius beijando-a.

– Tu amas Gláucius?

– Não, eu o odeio, mas não posso assistir às cenas que os dois proporcionam.

– Pois bem, Lídia, se tu queres o faremos. Porém, terás de prometer-me que serás minha esposa.

– Tens tanto amor por mim?

– Serei sincero como foste comigo. Tenho amor por ti, e amor pelo teu dote.

Lídia gargalhou e disse:

– Então vou comprar-te. Porém, o que combinamos somente poderá ser feito quando papai partir, pois ele ama tanto Lígia que poderá, na hora, descobrir e frustrar nossos planos.

– Pois assim será feito – disse Plínio.

Juntos arquitetaram o triste destino de Lígia, infeliz suicida que terá de passar por esse plano sórdido, somente esperando que Fábius partisse.

Aproximando-se a data de partida de Fábius, estranho pressentimento apossava-se dele, tornando-o apreensivo e um tanto medroso. Ele tinha a impressão de que algo iria acontecer a ele e à sua querida filha Lígia. Um medo enorme de perdê-la avassaloulhe a alma.

Estranha coincidência: também as mesmas idéias se apossaram de Lígia. Todavia, nada iria acontecer sem a permissão do Alto.

Entidades translúcidas, de clara beleza, envolviam os dois seres interligados por laços fortes de um passado não muito longe. Ambos sofriam calados, sem demonstrar o que lhes ia no âmago de suas almas.

No dia da partida, Fábius chamou suas filhas junto a si:

– Lígia e Lídia, tenho um estranho pressentimento, que não consigo discernir bem, nem tampouco o que motiva esse pressentimento. Porém, aconteça o que acontecer, quero pedir-vos, do âmago do coração, que continueis amigas, lembrando que fostes geradas no mesmo ventre. Portanto, não vejo por que considerarvos inimigas. Ambas vivem digladiando-se, procurando um motivo para tirar a outra da vida. Procurais ver-se como irmãs verdadeiras, e não como inimigas. Às vezes tenho a impressão de que não são irmãs, porém, inimigas ferrenhas. Principalmente tu, querida Lídia, que tudo fazes para prejudicar tua irmã. Quero que vejas em tua irmã uma alma querida e nobre a ajudar-te nas veredas da vida. Filhas queridas, eu vos amo igualmente, não tenho preferência por ninguém nem por nada, embora às vezes o gênio de uma entristeça-me mais do que outra, pois eu vos amo do fundo do meu coração. Uni-vos pois, para ajudarem vossa mãe, que muito necessita das duas em minha ausência. Lídia, vai chamar tua mãe, pois quero falar com ela também.

Lídia saiu, Fábius enlaçou Lígia pela cintura, abraçando-a ternamente e disse-lhe:

– Filha de minha alma, cuida-te, tem cautela, não sei bem o que é, porém, meu pressentimento é relacionado contigo.

– Paizinho, paizinho querido, não me deixes, tenho a impressão de que estás despedindo-te de mim. Tenho a impressão de que nunca mais vou ver-te, vou abraçar-te, tenho a impressão de que vou perder-te para sempre. Pelos deuses, não vás, eu te imploro, não vás. Não me deixes sem teu amparo. Sem ti nada sou. Tenho Gláucius, é verdade, porém ele não é a mesma coisa que tu. Ah, paizinho! Queria que soubesses o que vai no interior de minha alma. Ah, pai, como te amo, e justamente agora, nesta hora me deixas, vais embora, deixas-me entregue à própria sorte. Paizinho, rogo-te novamente, não vás, não quero perder-te.

Fábius sentia a mesma coisa em seu interior. No entanto, se de um lado estava o amor pela sua filha, de outra estava o dever, a responsabilidade de um senador para com o país.

Fábius e Lígia estavam chorando abraçados, quando entraram Lídia e Lígia Alexandra no aposento. Ao depararem com aquela cena, entreolharam-se de uma maneira irreverente, que somente as duas entendiam. Fábius, adivinhando o pensamento de Lídia e conhecedor do temperamento repleto de ciúmes desta, procurou sanar a impressão de que gostava mais de Lígia do que da esposa e da outra filha.

Minhas queridas, a saudade já avassala minha alma antes da partida. Venham aos meus braços! – com o braço direito ficou segurando Lígia pela cintura e com o esquerdo abraçou a esposa e a Lídia ao mesmo tempo.

Abraçando as três, soluçava sem parar. Lídia fingiu um sentimento que estava longe de sentir, soluçava sem, contudo, derramar uma lágrima; conseguia dissimular sem, no entanto, conseguir plenamente, pois não conseguia verter lágrimas, lágrimas essas que Fábius vertia aos borbotões.

Lígia sentia que iria perder algo, mudando-lhe substancialmente a vida.

Todos, no final, acabaram chorando copiosamente. Fábius mandou atrelar o cavalo veloz e ia montá-lo, quando Lígia, de pronto, correu ao seu encontro, pedindo-lhe:

– Paizinho, não me deixes, por tudo o que mais queiras no mundo, não me deixes, suplico-te!

Virando-se para a filha, Fábius olhou-a mais uma vez e, entre as lágrimas a escorrer pela bela face, disse:

– Não posso, filha querida. Tenho de partir, pois o dever me chama. Os deuses amparar-te-ão.

Fábius ia já dar o sinal de partida para a comitiva que o acompanhava, quando olhou para Lígia e viu que ela estava com os olhos esgazeados, atônitos, como se fosse novamente dar-lhe o ataque que a acometia. De fato, Lígia via diante de si a cena dantesca da encarnação anterior em que ela se suicidara, consumida pelo fogo. Fábius apeou do cavalo e correu em direção da filha, sacudindo-a enquanto instintivamente pedia em alta voz:

– Lígia, rogo-te, não me deixes partir dessa forma, preocupado contigo. Reage, filha querida, não te deixes abater. Ó deuses! Eu vos imploro, a ti, Júpiter, aos deuses gêmeos que venero, Pólux e Castor, a ti, Diana, imploro-vos, ajudem-me, não permitam que novamente dêem aqueles ataques horríveis em minha filha.

No entanto, Lígia tinha os olhos voltados para um ponto indefinido. Tinha-se a impressão que enlouquecera.

Gláucius, que havia chegado há pouco e presenciava a cena, ficara estupefato. Enquanto isso, Fábius prostrou-se de joelhos diante da filha, orando e dizendo:

– Ó Deus de Lívia, tu por quem minha tia-avó deu a vida, tu que, segundo a visão dos adeptos do Caminho, tudo sabes e tudo podes, cura minha filha, rogo-te, não me deixes partir nesta agonia a avassalar-me a alma. Se os restos mortais de Lívia acalmarem minha filha, mostra-me, Senhor, o teu poder. É um pai que suplica por uma filha, que te incomoda e talvez traga reminiscências de uma outra vida de que os seguidores do Caminho tanto falam. Senhor, tenho a impressão de que vou perder minha filha! Mostra-me tua misericórdia para que eu cumpra o meu dever, como senador de confiança. Senhor, aqui está presente seu futuro esposo. A ele confio Lígia, mas, para que eu parta conformado, quero vê-la nesse instante livre de acessos. Tem misericórdia, Senhor!

Eflúvios do Alto desciam, como que ouvindo os rogos saídos do âmago do coração de Fábius, e rodeavam a todos da família, inclusive Gláucius e Babucha, que ali estavam presentes.

Babucha, mística que tinha um pouco de vidência, exclamava:

– O Deus de Lívia ouviu o senhor Fábius, ele ouviu sim, tenho certeza, pois uma garoa multicolorida está caindo sobre nós, não estais vendo a maravilha? Olhai, olhai, os olhos de Lígia estão voltando ao normal!

De fato, os olhos da moça e a expressão do rosto iam se tornando normais. Além dos eflúvios que vinham do Alto, emanados por espíritos benfeitores e iluminados, como Lívia, que ouvira os apelos veementes daquele pai, que lhe fez recordar o quanto pedira pela sua filha Flávia, o quanto sofrera nas peregrinações que fizera no intuito de melhorar o estado de saúde da menina. Lívia, no plano astral onde se encontrava, também se pusera de joelhos e implorava clemência do Alto.

Hermógenes, por sua vez, estava ao lado de Lígia dando-lhe forças para o que teria de enfrentar como suicida que houvera sido.

Lígia, voltando ao estado normal, serena, pacífica, disse a Fábius:

– Papai, não te aflijas, eu estou bem, somente triste por te ver partir, pois sabes que te adoro, te amo, e constrange-me o coração ver-te partir. Comecei sim a ver aquela cena horrível da mulher pegando fogo; no entanto, passou. Não consigo lembrar-me nem do rosto dela. Como vês, teus rogos foram ouvidos e agora sou eu que peço a esse Deus Uno que proteja a ti e a tua comitiva, no caminho que terás de percorrer. Que esse Deus te acompanhe até Damasco, dando-te proteção necessária, auxiliando-te no que tiveres de empreender e traga-te o mais breve possível ao nosso convívio. Pois fazes muita falta a mamãe, a Lídia e a mim, que não concebo a vida sem ti. Vai, pai querido, e que Deus, os deuses te abençoem.

Fábius beijou novamente os seus familiares e dirigindo-se a Gláucius, disse:

– Eu te confio essa filha querida. Quanto a Lídia, por ocasião de seu aniversário, em minha volta, terá o pretendente ao seu lado. Espero que seja o jovem Flávius, irmão de Fúlvia, pois esse jovem cativa-me como tu me cativaste, Gláucius.

– Pode ir, senador, eu tomarei conta de Lígia, embora, pelo visto, eu esteja em segundo plano, porque a verdadeira paixão de Lígia é o senhor seu pai, não é mesmo, Lígia?

– Não digas bobagens, sabes que te amo, não queiras comparar o amor filial com o amor que nos une. Este amor não exige remuneração quando amamos de verdade, como amo a ti. Tudo renunciarei se preciso for em teu favor para que sejas feliz. Agora, com papai é diferente; sinto-me protegida perto dele.

– Então achas-me um fracote, incapaz de zelar por ti? perguntou Gláucius.

Todos riram da espontaneidade de Gláucius, que quebrou algo que pairava no ar.

– Não te acho fraco, somente é que até agora amparava-me em meu pai. Espero, todavia, após o nosso consórcio, amparar-me em ti. Não é egoísmo de minha parte, porém, como mulher, sou considerada sexo frágil e preciso, portanto, de proteção, como mamãe sentiu-se protegida por papai. Nas ocasiões difíceis sempre teve um braço forte a ampará-la, um ombro amigo para chorar as mágoas. É o que mais almejo na vida, um amor sincero, isento de mentiras e de falcatruas, de enganos, de egoísmo, pois o egoísmo somente quer ser amado; no entanto, o amor procura amar e compreender, como papai o faz.

– Sempre papai, enfatiza Gláucius.

Lígia Alexandra, pela primeira vez, manifesta-se em favor de Lígia, sua filha:

– É uma verdade, Gláucius, em Fábius encontrei a alegria de viver, a felicidade por muitas mulheres almejada. Pois o considero um marido bom, fiel, respeitoso em todos os aspectos, nunca faltando com a verdade e a lealdade própria às de um esposo. Espero que minhas filhas tenham a sorte que tive.

Fábius abraçou a esposa e disse:

– Se falarem mais um pouco, eu mando o serviço às favas e fico em meu lar, que é um ninho de felicidade. Faz-se tarde e não quero atrasar-me. Até breve, meus queridos, até o meu retorno.

Montou o cavalo e com os olhos marejados de lágrimas, o esporeou, não voltando o rosto para os entes amados, evitando sofrer mais.

Lígia Alexandra conhecia bem o esposo e sabia o quanto era difícil para ele afastar-se do lar. Abraçou as filhas murmurando:

– Ali vai nosso tesouro. Que os deuses o acompanhem.

Gláucius aproximou-se de Lígia enlaçando-a pela cintura, notando que dos olhos dela rolavam grossas lágrimas; e a ouviu murmurar:

– Adeus, papai, adeus para sempre.

– Que estás a dizer? – pergunta Gláucius.

– Nada – responde Lígia, e virando-se para a mãe disse:

– Não te assustes, mamãe, não acontecerá nada a papai. Eu é que estou com uns pressentimentos tolos.

– Tolos mesmo – responde Lígia Alexandra com rapidez.

– Acho que tens grilos na cabeça – fala Gláucius.

– É a segunda vez que me diz isso, não perdes por esperar.

Capítulo VI

Sórdida vingança

"A dor e o sofrimento
São para o ser encarnado verdadeiro tormento,
Mas engrandecem o ser espiritual,
Burilando-o de maneira especial."

Passaram-se alguns dias. Plínio tentou falar com Ananias, o pobre velho portador do mal de Hansen, ou seja, a lepra, ou ainda, a doença dos imundos, como era chamada na época. Porém, Ananias negou-se, visto que queria o bem da moça que deixava embrulhada, à noite, uma casca de pão, ou mesmo alguns quitutes, que ele ingeria prazerosamente.

Reconhecia-a, dizia a Plínio, pelos cabelos soltos cacheados que usava, via-a de longe colocando os quitutes que ele somente à noite conseguia pegar.

Plínio levou ao conhecimento de Lídia o que Ananias lhe dissera.

Esta então premeditou um plano ardiloso: soltaria os cabelos e, após Lígia colocar os alimentos, tirá-los-ia. Se isso foi premeditado, logo foi executado.

Lígia colocava os alimentos, Ananias aproximava-se e via novamente o vulto, que ele imaginava ser da mesma pessoa, tirando os alimentos e soltando sonora gargalhada.

Isto o irritava tenazmente. Temperamento um tanto agressivo, sofria com os repentes daquela moça que julgava ser sempre a mesma pessoa.

Isso feito isso inúmeras vezes, irritou-o sobremaneira. Geralmente, os portadores da hanseníase eram revoltados contra tudo e contra todos, pois eram considerados a escória de uma sociedade e, o povo os apedrejava, temerosos de contágio. Quando relegados, tornavam-se verdadeiros animais sob todos os aspectos, principalmente com relação ao sexo. Todos os que caíam naquele vale eram utilizados como marionetes nas mãos dos doentes. Principalmente as mulheres eram tidas como tal.

Muitas pessoas bem-intencionadas evitavam o vale com medo do contágio, porque eles propositadamente faziam questão de transmitir a doença. Eram pobres criaturas revoltadas no campo material, que somente viam as pessoas diante de si como criaturas perversas, que mereciam ser contaminadas para sentir na própria carne os mesmos problemas que eles sentiam.

Ananias não fugia à regra. Assim sendo, revoltado com a façanha de Lídia, resolveu concordar com o plano de Plínio. Programaram assim para o dia seguinte o que fariam. Lídia daria a Lígia um sonífero, para que ela não se apercebesse do que se iria passar.

Assim o fez. Deu o sonífero à irmã. Um sono avassalador apoderou-se de Lígia, que tinha levantado cedo e atribuiu aquele torpor ao cansaço, conquanto fossem apenas nove horas da manhã. Daria um passeio. Sim, iria passear no jardim. Se assim pensou, assim o fez. No entanto, o sono gradativamente aumentava. Olhou para o sofá embaixo do caramanchão; sim, iria dar somente uma cochilada. Recostou-se e adormeceu.

Lídia e Plínio, que estavam à espreita, correram a buscar Ananias, que estava escondido atrás de um arbusto no jardim. Ananias aproximou-se de Lígia e ficou a olhá-la: como era bela e parecia tão dócil.

Ananias era um velho de aproximadamente setenta anos. Possuía cabelos brancos porém sujos, em desalinho, a cair-lhe sobre os ombros. Tinha uma barba espigada branca, mesclada de amarelo devido à sujeira a avassalar-lhe o corpo. Nos cantos da boca escorria-lhe uma baba viscosa. Era alto, magro, a mão encarquilhada deixava ver poucos dedos, cujos tocos agarravam-se a um bastão. Usava uma túnica que chegava-lhe até os joelhos, que de tão suja não era mais branca, porém, cinza. Tinha um aspecto pavoroso à primeira vista; no lugar do nariz, que lhe caíra devido à doença, viam-se somente dois buracos.

Lígia dormia de boca semi aberta. Ananias lembrou-se das gargalhadas que Lídia dera e que pensava fossem daquela moça. Ficou revoltado, e, ao invés de dar-lhe um beijo como Plínio e Lídia arquitetavam, escarrou-lhe na boca. Lígia, sonolenta, entreabriu os olhos, entreviu o velho Ananias e sentiu aquilo viscoso a deslizar-lhe pela garganta adentro. Tudo parecia-lhe um grande e feio sono, mais um pesadelo. Fechou os olhos e adormeceu. Assim, o plano de Lídia e Plínio surtiu o efeito desejado.

CAPÍTULO VII

Paixão desenfreada

"A vida é uma imensa campina.
A dor é o rio que passa dando bênção cristalina.
Agarrar-se à dor é carregar pesado fardo,
Que durante a existência não deixará um só pequeno marco."

Transcorridos alguns dias do triste evento, vamos encontrar Lígia de joelhos, quase que debruçada sobre os canteiros do jardim, e dando de vez em quando uns gritinhos, como possuída de medo, com um escrínio de prata nas mãos.

Agripa, ao passar, ouvindo isso parou, perguntando:

– Que fazes aí debruçada sobre a terra? Se teu pai estivesse aqui iria repreender-te, pois trazes a túnica e a faixa sujas de terra, como se estivesses engatinhando no solo.

– Cala-te, Agripa. Ao invés de falares como uma matraca, venha ajudar-me, pois quero pegar este grilo, mas tenho medo.

– Grilo, para que queres um grilo?

– Isto é um assunto meu. Queria saber se ele morde.

– Como irá morder se não tem dentes?

– Não amola, Agripa, eu sei que não tem dentes, porém não pica?

– Também não pica.

– Mas ele é duro, e quando vou tentar pegá-lo, alguma coisa me espeta. Será que é venenoso?

– É um pobre inseto, que não faz mal a ninguém, mas para que o queres?

– Se não é venenoso, se não pica, não morde, então quero que tu o pegues e o coloque neste cofrinho.

– O pobre inseto irá morrer.

– Não morre, Agripa, já coloquei algumas folhinhas aqui dentro, e a caixinha é toda furadinha. Coloquei até uma folhinha molhada, acaso ele tenha sede.

– Mas para que queres o animalzinho?

– Para fazer uma brincadeira. Vá, homem, pegue-o para mim.

Agripa acocorou-se, pegou-o sem a menor dificuldade, colocando-o no cofrinho.

– Puxa! – disse Lígia. – Há mais de uma hora que estou tentando pegá-lo sem conseguir. Tu és um amor – disse, depositando um beijo nas faces de Agripa.

– Creio que, pela ênfase, tu irás dá-lo de presente a Gláucius.

– Quase adivinhaste – disse Lígia a sorrir. – Obrigada, Agripa.

– Não deixes o pobre bichinho preso por muito tempo.

– Não, somente até amanhã cedo.

– E Lígia saiu cantarolando baixinho, com os cabelos em desalinho, parecendo mais uma gata selvagem. A saudade que sentia de seu pai havia sido esquecida com o plano que arquitetara. Esta era Lígia, temperamental, às vezes imersa numa grande tristeza, outras vezes avassalada por alegria transbordante e contagiante.

Vendo Babucha, enlaçou-a pela cintura e dançou com ela. A serviçal estava perplexa e perguntou:

– Até hoje pela manhã estavas triste, amargurada com a partida de teu pai, e agora estas alegre. Por que isso, menina?

– Amanhã vou passar o dia com Gláucius. Vamos fazer um passeio no campo, Bá, e eu o amo, eu o adoro!

– Cuidado, Lígia, cuidado, minha menina, pois tenho a impressão de que passarás por um crivo de dor.

Lígia, no dia seguinte, levantou-se alegre e feliz, pois era o dia esperado por ela. Lavou-se, colocou uma túnica de linho alvíssimo, uma faixa azul, ligada nos ombros por presilhas, penteou os cabelos, deixando-os soltos, como Gláucius gostava. Pegou um pequeno saco e dirigiu-se para o jardim, esperando Gláucius. Este conduzia um carro puxado por dois cavalos brancos, vestido de túnica branca e faixa encarnadas.

Quando olhou Lígia, seus olhos faiscaram de contentamento. Ela estava belíssima com a túnica azul-celeste, a faixa da mesma cor. Lígia trazia nas mãos uma fita de cetim, branca, que colocou na testa de Gláucius, amarrando seus cabelos, para que não ficassem revoltos ao vento. Gláucius, por sua vez, também colocou a fita nos cabelos de Lígia, prendendo-os, para que o vento não atrapalhasse quando corresse com o carro.

Era uma beleza ver o porte de ambos. Dava um espetáculo maravilhoso aquele par. Ambos altos: Lígia esbelta e loira. Gláucius possuía porte de um adônis grego, sem ser gordo, tinha uma musculatura fora do comum. Subiram na biga e Gláucius disse a ela:

– Segura-te, pois iremos voar. Estes belos cavalos árabes já ganharam muitas corridas, portanto, segura-te bem em mim, que iremos galopar.

Lígia agarrou aquele corpo musculoso e forte, e se deslocavam velozmente. A paisagem corria diante de seus olhos, sem que desse para perceber o galope intenso dos cavalos. Agarrados, gargalhavam com o tropel. A casa de Lígia ficava para trás, a campina vinha aproximando-se, o belo lago azul, que refletia o céu, crescia cada vez mais.

Chegando por fim ao lago, apearam. Lígia estendeu uma nívea toalha e depositou em cima a refeição frugal que levara no pequeno farnel.

Sentaram-se e ficaram a se olhar. Gláucius tornava-se cada vez mais audacioso e perguntou:

– Amas-me?

– Que pergunta, Gláucius, claro que te amo. Por que achas que não te amo?

– Por que foges, então?

– Eu te amo, quero-te bem, és para mim o rei que trouxe uma estrela-guia para minha vida. Amparaste-me, deste-me a luz para guiar a estrada de minha vida e ainda perguntas se te amo? Mesmo que tivesses um corpo disforme, amar-te-ia do mesmo jeito. És a estrela que me ilumina, cujos eflúvios cintilantes emolduram minha vida. És a mais bela gema existente sobre a Terra, porém, acho que tudo tem sua hora, sua razão de ser. Espere nossa bodas, pois aí então me terás.

Assim dizendo, pegou o cofrinho colocou-o sobre a nuca de Gláucius e soltou o grilo. O bichinho entrou pela túnica adentro de Gláucius. Lígia ria.

– Não disseste que eu possuía grilos na cabeça? Pois bem, tu o tens agora nas costas. Eu tinha diversos grilos na cabeça, tu, porém, tens um só nas costas e te estás torcendo todo.

– Ajude-me, Lígia, tira-me esse inseto daqui.

– Por que queres que eu tire. Tira-o tu mesmo.

– Não posso, Lígia, ele está a picar-me.

– Não, o grilo não pica, não morde, não é venenoso. Agripa falou-me que não tem perigo algum.

– Ah! Então, Agripa estava combinado contigo.

– Não, somente apanhou-me o grilo. Tira o cinturão de couro que ele cai – e Lígia gargalhava.

– Tu estás louca! Se tiro o cinturão, o inseto desce ainda mais.

– Problema teu, os meus grilos estão na cabeça e não me incomodam, porém, o teu incomoda-te bastante.

– Tu me pagas, Lígia, tu me pagas por essa brincadeira.

Não tendo alternativa, Gláucius tirou o cinturão de couro e o inseto caiu no chão. Lígia gargalhava, não aguentando mais, ao ver as peripécias do rapaz.

E vendo-se livre do inseto, falou a Lígia:

– Agora tu me pagas, vou agarrar-te.

Lígia saiu correndo como uma gazela, e Gláucius atrás. Lígia torceu o pé e caiu por terra. Assim, imobilizada, Gláucius a beijou e tirou a faixa que prendia a túnica.

– Não, Gláucius, não.Tudo tem o tempo certo – dizia Lígia gaguejante, porém, a paixão e o amor deram lugar à resistência.

Naquele dia, naquele instante, Lígia pertencera a Gláucius, sob aquele belo azul-celeste que refletia no lago. Assim, Lígia não opôs resistência à impetuosidade daquele amor. No entanto, Gláucius sentia no âmago do coração um remorso enorme, porque chegou a acreditar nas artimanhas de Plínio. Essas perguntas povoavam-lhe os pensamentos.

Pobre Lígia. Gláucius chegou a pensar que ela fosse como as demais moças da época. Abraçou-a ternamente e disse-lhe:

– Perdoa-me, meu amor, a minha audácia.

– Se tu estiveres errado, eu também o estou, pois quando um não quer, dois não praticam determinados atos. Não te recrimines. Assim que papai chegar comemoraremos nossa bodas. Portanto, nada de sentimento de culpa. Se houve um culpado, então seremos dois a responder por esse ato impensado. Eu te amo, Gláucius. Se não pudesse estar contigo, viveria à tua sombra, esperando uma migalha de teu carinho. Contentar-me-ia em ver-te, em ouvir-te, nem que fosse por um instante. O amor nada exige de remuneração e, se necessário for, isto sim é possível, deve-se ter a renúncia para ver-se o amado feliz e contente.

– Pois eu nunca renunciarei a ti, mesmo que não me queiras pertencer, portanto, espero que consiga domar esta potranca selvagem que existe dentro de ti.

– Pois já domaste-me há muito, muito tempo, desde o instante em que te vi. Meu querido Gláucius, como seremos felizes nos anos vindouros, creio que suplantaremos a felicidade de meus pais. Às vezes sinto-a como se fosse efêmera, passageira; no entanto, tenho a certeza de que não será, será eterna, até que a morte nos separe. Vou deixar esses meus maus pensamentos de lado e crer mais no dia de amanhã.

Lígia mal sabia que não eram somente presságios, mas fatos verídicos que se aproximavam. Gláucius, um pouco sem jeito, querendo sair daquela situação constrangedora, da qual sentia-se culpado, e querendo arejar os pensamentos, perguntou -lhe:

– Gostas de frutas silvestres?

– Claro que gosto, no entanto, espero que não me tragas nenhum grilo com os frutos.

– Não, por hoje chega de grilos, já houve muitas coisas que não deveriam ter acontecido. Espero que não atribuas as culpas a ti mesma, devido ao grilo que me puseste nas costas.

– Não, Gláucius, também não quero atribuir as culpas somente a ti.

– Conheço-te, Lígia, procuras confortar-me, no entanto tu estás remoendo por dentro.

– Realmente estou, porém, não da forma que achas.

–Vai, Gláucius, vai buscar os frutos silvestres que me prometeste.

Gláucius pegou um saco e saiu para quebrar aquele gelo que avassalava a alma dos dois.

Lígia, ao ficar só, prorrompeu em soluços e lágrimas. Não se conformava com o que acontecera. Ela fora culpada, pois se não trouxesse o grilo nada daquilo aconteceria. Pensou em sua mãe, no que lhe diria. Talvez ela visse em seus olhos o que lhe ocorrera. Talvez Lídia fizesse pilhérias com ela. E seu pai? Não conseguia nem pensar em como iria encará-lo, sentia-se impura, suja, uma rameira, parecia ouvir dizer isso à sua volta.

Se seu pai não tivesse viajado, Lígia não voltaria para sua casa. Não teria coragem de encará-lo, de olhar em seus olhos. Não, não podia, agradecia aos céus por ele ter viajado. A filha de Fábius, uma rameira, uma mulher qualquer! De seus olhos deslizavam grossas lágrimas, que defronte de Gláucius não conseguiria reter por mais tempo. E se caso assim o fizeste, atribuiria a ele a culpabilidade total do ato praticado. E ela não queria fazê-lo sofrer. Sim, era uma impura, uma suja, precisava se banhar, tirar de si, com um banho, aquela podridão que sentia.

Pedia aos deuses Pólux, Castor e Júpiter que a auxiliassem, ao Deus de Lívia que a ajudasse, que seu pai nunca a encontrasse naquele estado deplorável. Naquele momento, os anjos, querubins, os deuses romanos parecia que ouviam seu pedido. Fábius nunca mais veria Lígia. O Deus de Lívia, o Deus Uno, Onisciente e Onipotente a ouvia, Jesus, seu filho dileto, também ouvira seus rogos e enviara entidades benfazejas e em ascensão espiritual para auxiliá-la para que ela não tentasse novamente o suicídio, desta vez pelo afogamento.

Bem orientada espiritualmente, Lígia olhou para o lago, observou ao lado se havia alguém que pudesse vê-la. Não, não tinha ninguém que pudesse observá-la. Foi atrás de uma moita, tirou a túnica que lhe cobria o corpo, escondendo-a atrás da moita, e entrou no lago, a fim de procurar limpar-se da lama interior que sentia. Lígia mergulhava, parecia mais um peixe nadando.

Gláucius, no entanto, chegara trazendo os frutos silvestres. Ao ver Lígia no lago, imaginava-a nua. Sentiu um frenesi percorrer-lhe a espinha. Sentia ainda o corpo de menina moça ao encontro do seu, sentia seus seios firmes, imóveis, ao encontro de seu peito. O desejo avassalou-lhe novamente a alma. Sem pensar em quaisquer circunstâncias, tirou a túnica, deixando-a na beira do lago, mergulhando em seguida. Todo o sentimento de culpa saíra-lhe da mente. Somente pensava novamente no prazer que sentia.

Lígia, ao vê-lo ao seu lado desnudo, sentiu um arrepio. Não, duas vezes não. Não poderia aceitar aquilo mais uma vez. Se aceitasse teria a consciência pesada; sim, seria mesmo a rameira, apedrejada nas praças e vias públicas. Virou-se para Gláucius, dizendo:

– Não, Gláucius, não quero que me faças sentir a última das mulheres, não deixes que eu me sinta mais culpada do que estou.

– Mas nós vamos casar brevemente, não vejo motivos para repudiar-me, já aconteceu mesmo...

– Já aconteceu o que não deveria acontecer, e não vejo motivos para reincidir no erro.

Lígia sabia que, se Gláucius insistisse, dobrá-la-ia pela força e pelos argumentos, pois ela o amava sinceramente. Começou a nadar em direção à beira do lago e ele atrás. Enquanto nadava, começou a orar e pedir auxílio. Não queria decair mais ainda. Pediu até mesmo a Diana, a Vênus, que a auxiliasse, não deixando a paixão extravasar a alma ainda em flor. Fora ouvida ainda uma vez. Algumas bigas vindas de longe também procuravam aquele recanto maravilhoso, levantando enorme poeira ao seu redor, tal a velocidade dos cavalos.

Lígia ia mais uma vez brincar com Gláucius.

Ao chegar à beira do lago, divisara a túnica do noivo; aproximou-se e pegou-a no intuito de escondê-la. Gláucius percebeu isso e procurou correr. No entanto, as bigas aproximavam-se cada vez mais. Elas já podiam divisar os visitantes, tanto como eles poderiam vê-los também. Lígia escondeu-se atrás do arbusto e rapidamente vestiu-se, colocando até a túnica. Ficou pensando em Gláucius. Como faria para dar-lhe a túnica, sem que os outros vissem? Gláucius, imerso até o tórax, pedia a Lígia, como num sussurro:

– A minha túnica, não posso sair dessa forma, com tantos visitantes.

– Somente se me deres tua palavra de honra que me respeitarás e não procurarás vencer-me pela força, nem pela paixão.

– Prometo-te tudo o que quiseres, porém, tira-me desta situação. Vejas ali o senador Pompeu, juntamente com o senador Cornélius. Se me virem assim haverá muitos comentários no senado.

– Pois bem. Acerca-te desta moita, que ficarás acobertado.

Gláucius assim o fez. Ficou acobertado pela moita, onde conseguiu vestir a túnica sem que os visitantes o vissem.

Lígia, ainda em sussurro, disse-lhe:

– Fique quieto, temos de ficar escondidos até nossas túnicas secarem, pois os primeiros que aqui chegaram devem ter visto um homem e uma mulher banhando-se, mas não devem ter divisado nossas fisionomias.

– A tua talvez não, porque te escondestes logo, porém, a mim creio que sim, pois reconheci Pompeu e Cornélius – disse Gláucius.

– Eles são velhos e não possuem a vista aguçada como a tua. Não creio que te reconheceram.

– Lígia, escuta, está chegando mais gente, ouves o tropel dos cavalos?

– Sim, ouço, o pior é que deixamos nossos alimentos em cima da toalha, na qual está bordada minha inicial, com o brasão da família.

– Puxa, estamos numa encrenca. Vamo-nos arrastando até chegarmos perto de onde estão nossas coisas. Tu vais na frente, Lígia, porém, ergue tua túnica, pois molhada como está, ela ficará suja de terra e isto evidenciará o fato.

– Tu não perdes uma, Gláucius. Levantando a túnica ficarei com as pernas à mostra, e queres que eu vá na frente, não és nem um pouco bobo.

– Nem pensei nisso, somente pensei em proteger-te.

– Vou fazer de conta que acredito em ti – disse Lígia, engatinhando e segurando a túnica com uma das mãos, para que não arrastasse no chão, ficando assim com as pernas e os joelhos à mostra.

O que Lígia não pensava é que, molhada como estava, a túnica branca tornava-se transparente, e aderia ao corpo, tornando a forma das nádegas bem delineadas.

Gláucius ria-se do espetáculo que vislumbrava.

De vez em quando Lígia parava e o inquiria:

– Do que estás rindo? – perguntava à meia-voz. – Estás vermelho, segurando para não gargalhar, por quê?

– É que imagino se nos descobrem arrastando-nos que nem animais, o que não irão dizer?

– Que os deuses nos resguardem – respondeu Lígia, engatinhando mais depressa.

Chegaram perto de arbusto mais alto e mais espesso, onde havia grama e uma elevação de terra mais adiante.

– Gláucius – falou Lígia –, ficas aqui que eu vou até ali mais adiante esconder-me naquela elevação. Já estamos quase secos e próximos de nossa refeição. Se derem conosco é melhor que não nos vejam juntos.

Lígia então procurou uma brecha entre os arbustos, de modo que ficasse mais escondida, Gláucius arrastou-se até a pequena elevação e sentou-se pensativo.

Não havia passado nem cinco minutos e Gláucius deu um berro estrondoso, atraindo a atenção dos que ali se achavam. Ele havia sentado em cima de um formigueiro escondido pela grama. Pulava que nem uma perereca.

Cornélius e Pompeu se acercaram do local e depararam com Gláucius tentando livrar-se das formigas.

– O que estás fazendo, senador Gláucius? – perguntou Cornélius.

– Sentei em cima de um formigueiro – respondeu irado.

Pompeu e Cornélius se entreolharam e desataram a rir.

Lígia encolheu-se em seu esconderijo.

– Responda-me, senador, talvez eras tu que estavas nadando no lago? – perguntou Pompeu.

Gláucius respondeu:

– Sim, era eu, não vês que estou com os cabelos molhados?

– E quem era a mulher que mal pudemos vislumbrar, tal a rapidez com que se escondeu? Talvez uma de suas inúmeras admiradoras?

– Não, Pompeu, nem sei quem era, vim até aqui acompanhado da filha de Fábius – disse, alterando a voz para que Lígia o ouvisse – porém, a garota cismou que deveria catar frutos silvestres. Quando eu estava admirando o lago, vi um vulto de mulher e locomovime até lá, a fim de vê-la de perto, mas ela fugiu-me.

– Não perdes tempo, senador Gláucius, querias era aproveitarte da situação – disse Cornélius a sorrir.

– Não! Fui com o intuito de salvá-la, pois pensei que iria afogar-se – disse Gláucius, ao mesmo tempo em que se afastava com os dois do local, caminhando ao lado deles.

Lígia entendera o que Gláucius queria. Ele iria entreter os dois, enquanto ela se encaminhava ao encontro do saco com os frutos silvestres, depois apareceria como se tivesse vindo com os frutos, e teria de agir como se não soubesse de nada, o que era difícil para Lígia, pois nunca fora obrigada a mentir, a encenar qualquer coisa. Seu pai sempre dizia que a verdade deveria imperar sobre tudo, porém naquela situação deveria primeiramente pensar em seu pai e zelar pelo seu nome e o da família. Sentia-se pequenina e inferiorizada perante aqueles homens, que naturalmente iriam contar o fato para Fábius.

Ao pensar em seu pai, concluiu que não poderia dar esse desgosto a ele. Tomou-se de coragem e arrastou-se até onde estava o farnel. Lembrou-se dos cabelos que ainda estavam úmidos. Tirou a faixa do ombro e colocou-a sobre a cabeça, arrumando de tal maneira que quem visse pensaria que ela teria colocado propositadamente. Olhou para a túnica que ainda estava úmida. Pensou no que iria dizer. Olhou a paisagem. Sim, do lado esquerdo do lago havia uma mata, fingiria que tinha saído de lá e, descalça, com o saco numa das mãos e as sandálias noutra, viria pela beira do lago, como quem quisesse molhar os pés, assim os respingos na túnica iriam apenas denunciar que ela teria caminhado na água. Assim o fez.

Ao acercar-se de Gláucius, Cornélius e Pompeu, Ligia aparentava uma calma que não sentia, porém quem lhe olhasse dentro dos olhos saberia que estava mentindo, pois nesse momento ela não agüentava suportar o olhar de quem quer que fosse.

Gláucius inquiriu:

– Acaso te perdeste, Lígia?

– Sim, fiquei a observar os bichinhos da mata, principalmente uma borboleta, muito bonita e dourada, e depois não sabia mais voltar. Dei tantas voltas que fiquei cansada, tirei as sandálias e mergulhei os pés na água, para refrescar-me.

– Por que não tiras a faixa da cabeça e de volta do pescoço, assim arejas-te mais? – perguntou Cornélius.

– Não – disse Lígia ruborizada. – Estou com forte dor de garganta e o sol provocou-me também dor de cabeça. Acho melhor voltarmos, Gláucius, antes que a dor aumente.

– Sim, Lígia, acho melhor – respondeu Gláucius, e, virando-se para Cornélius e Pompeu, disse num sussurro:

– É melhor, de repente a dama do lago aparece e vejo-me em maus lençóis.

Cornélius e Pompeu fizeram um aceno com a cabeça, concordando, a sorrir. Lígia dobrou a alva toalha de linho, amarrou-a como uma trouxa com os alimentos frugais dentro, subiram na biga e partiram a galope.

Quando Lígia e Gláucius se afastaram, Pompeu e Cornélius comentaram:

– Moço de sorte. Arrumou uma moça casta, bela, com bom dote, e ainda encontra uma ninfa no lago e resolve ir ao seu encalço. Somente nós é que não tivemos essa sorte na juventude. Com uma menina tão pura, corre atrás de uma rameira qualquer.

– Não tem tanta sorte assim – comentou Cornélius. – Caso contrário não sentaria em cima de um formigueiro. Deve ter o traseiro a arder-lhe em brasa.

E ambos saíram rindo.

Gláucius e Lígia não trocaram uma palavra na volta. Estavam cansados, envergonhados e não sabiam o que dizer. Perto da casa de Lígia, esta irrompe numa gargalhada, que Gláucius assustou-se e puxou as rédeas dos cavalos, fazendo-os empinar, virando a biga, caindo ambos no chão.

Gláucius perguntou:

– Por que fizeste isso, Lígia?

– Lembrei-me que pulavas como um cabrito montanhês e deu-me vontade de rir; se sou potranca, tu és cabrito.

– Porque não foi em ti que as formigas subiram e picaram. É meu traseiro que está a arder não o teu.

Lígia Alexandra e Lídia estavam no jardim e viram o acontecido com a biga, por isso não estranharam o desalinho das vestes dos dois.

Gláucius despediu-se às pressas. Lígia baixou a cabeça ao dirigir-se à mãe e esta disse:

– Vá arrumar-te para a refeição. Estás horrorosa. Não precisas dizer nada, vimos quando caíram, tiveram sorte que os cavalos não disparassem a correr. Estou ensaiando Lídia para que toque melhor a harpa.

– Está bem, mamãe, vou banhar-me e descansar. Não quero comer nada, estou cansada apenas.

– Está bem – respondeu Lígia Alexandra.

CAPÍTULO VIII

Nuvens trevosas

"Eu vejo Deus nos lares dos que oram,
Nas faces dos que a pedir chamam.
Vejo Deus naqueles que perecem na dor,
E naqueles que procuram transmitir amor."

Depois daquela experiência, Gláucius tornava-se cada vez mais audaz, porém Lígia fazia-o lembrar da promessa que fizera, da palavra dada, contemporizando a paixão que dominava a ambos.

Babucha fora a única a notar que Lígia se modificara, que acontecera algo com ela. Às vezes procurava inquiri-la, no entanto, a moça, envergonhada, fechava-se em concha. Às vezes sentia vontade de desabafar-se com Fúlvia, mas o que a moça, criada nas mesmas normas de Lígia, iria pensar do assunto? Não, ninguém deveria saber. Enquanto isso, Fábius, a caminho de Damasco, ouvira falar sobre os homens do Caminho, ouvira falar sobre Paulo de Tarso, que se convertera ao cristianismo, vira doentes, cegos, paralíticos que sararam devido à fé que nutriam por aquele homem que morrera crucificado, dando exemplos de amor e de humildade.

Ouvia amiúde falarem do Sermão da Montanha, sobre a vida após a morte, tão apregoada. No entanto, não compreendia por que aquele homem que ressuscitara Lázaro, que dava visão a cegos, que fazia andar paralíticos, que limpava os imundos, que falava por meio de parábolas, demonstrando uma sabedoria fora do comum, não pudesse salvar-se a si mesmo, dando provas de seu poder sobrenatural e fora do comum. Não compreendia por que "perdoar não sete vezes, mas setenta vezes sete". Não compreendia por que seriam "bem-aventurados os aflitos", apesar de ouvir que ele apregoava sempre que o "reino Dele não era deste mundo". Não compreendia por que esse homem apregoava sempre que, quando "se fazia uma caridade, esta deveria ser sem ostentação", pois, que mal haveria em ajudar o próximo na frente de terceiros? Não compreendia por que "muitos os chamados, porém poucos os escolhidos". Não compreendia principalmente a "parábola dos trabalhadores da última hora", por que estes, se trabalharam menos, não deveriam receber igual aos que muito trabalharam; por que "deveriam abandonar pai, mãe e filhos", a fim de o seguir. Ouvia muitas explicações, porém, não as aceitava completamente, principalmente quanto à remuneração dos trabalhadores, e no tocante ao abandono do lar, que Fábius venerava acima de tudo.

Chegara a Damasco. A incumbência que tivera, de organizar uma nova diretriz no campo, de orientar a agropecuária, a agricultura, levaria bem mais do que o tempo previsto,de uns três meses. Agora via que teria necessidade de, no mínimo, seis a sete meses. Sentia saudades de seus familiares, de sua esposa e filhas. Homem apegado ao lar, sofria terrivelmente. Era taxado em Damasco como o puro, o incorrupto, com ironia, pelos demais, pois não se sentia bem com o luxo demasiado e as festas que ofereciam a ele, para agradá-lo, festas estas promíscuas, em que a insensatez, provocada pelo abuso de vinho e o prazer pelas mulheres, imperava, e o sexo desregrado prevalecia.

Não havia respeito pelas mulheres do povo, que eram arrastadas para satisfazer a insanidade dos homens do poder. Donzelas eram arrancadas de seus lares, escravos eram violados. Aquilo revoltava o temperamento justo e pacífico de Fábius, que não se adaptava àquele tipo de vida. Escrevia à esposa narrando os acontecimentos e acabou enclausurando-se, para não provocar maiores dissabores.

Se Roma era o antro do vandalismo da época, Damasco o superava.

Enquanto Fábius passava pela odisséia, não se sentindo bem naquela cidade, Lígia sentia uma grande transformação em seu organismo. Algo diferente estava sucedendo; sentia ânsias de vômitos, não podia sentir o cheiro dos alimentos e, ao mesmo tempo, sentia fortes dores nas faces. Uma despigmentação da pele se apresentava em seus braços e pernas do lado direito. O rosto do lado direito parecia que lhe repuxava, como uma grande dor nevrálgica.

O mal de Hansen, ou lepra, leva naturalmente, para incubar, alguns anos. No entanto, no caso de Lígia, levou pouquíssimo tempo, pois tal situação já estava prevista no plano espiritual, e escolhido por Lígia, com a finalidade de resgatar os erros do passado. Por esse motivo, após dois meses, a doença se manifestava. Mesmo que Ananias se recusasse a transmitir a doença, esta apareceria naturalmente, pois era expiação de Lígia.

No entanto, ela não se queixava, com medo de ser examinada por médicos. Pressentia que a aventura iniciada à beira de um lago, proveniente de uma brincadeira com um grilo, deixara fortes marcas, de cujas consequências ela teria de arcar. Ouvira falar de certas ervas que provocariam o parto antes do tempo, porém, de forma alguma queria destruir o fruto daquele amor. Queria aquele filho, mesmo antes de nascer, mas não sabia como iria contar o fato a seu pai, quando este regressasse. Babucha observava Lígia, e foi direta ao assunto, perguntando:

– Que está acontecendo, querida Lígia, que fizeste? Estás emagrecendo, sentes náuseas, conte para Babucha o que aconteceu. Se é o que penso, mais cedo ou mais tarde todos irão saber. Por que não queres falar com a tua querida Babucha? Eu que te criei, eu que te amparei nos acessos que te acometiam, no entanto, não tens confiança em mim. Falas com tua Babucha, conte-me o que se passou, e eu irei ajudar-te.

Lígia colocou as mãos no rosto envergonhada e contou tudo para Babucha, tudo o que acontecera, sem omitir nada. Depois falou das dores que vinha sentindo do lado direito do corpo.

Babucha respondeu-lhe com amor:

– Filha de minha alma, o que fizeste? Teu pai irá morrer de vergonha! Levar-te-ei ao médico para que este constate o que penso que tens, um filho no ventre, e, se quiseres, como estás no início da gravidez, sei de uma beberagem, isto dará um jeito na situação.

– Não, Bá, isso eu não quero. Será denegrir o amor que sinto por Gláucius, matando o pequeno ser que está em meu ventre.

Babucha, ao olhar para Lígia, via uma luz intensa envolvendo-a, como se alguém ali estivesse amparando-a espiritualmente. Eram entidades benfazejas que tudo faziam para dar condições de vida àquele pequenino ser que se estava formando, com apenas pouco mais de um mês.

Babucha compreendeu. Lígia não queria de forma alguma livrar-se daquele filho; porém, aqueles sintomas eram diferentes, aquelas dores do lado direito não eram normais, não condiziam, e aquelas manchas na pele deixavam Babucha assustada, pois tivera um avô portador de lepra, e nele os sintomas haviam começado dessa forma. Por esse motivo insistia em levar Lígia ao médico, para examiná-la e diagnosticar qual mal a acometia.

Não externou a Lígia os seus inúmeros temores, porém, tomou o propósito de levá-la ao médico, quer esta quisesse ou não. Se assim pensou, assim executou. Levou Lígia ao médico, para que ela obtivesse a orientação necessária. O médico foi explícito: Lígia estava grávida e era portadora da lepra. Babucha orou, pedindo orientação ao Alto, sobre o que deveria fazer em prol da moça. Recebeu orientação espiritual somente no tocante à doença, sendo omitida orientação quanto à gravidez.

Quando Babucha contou para Lígia Alexandra o estado de Lígia, que esta era portadora de lepra, Alexandra teve um sobressalto, pois temia desmesuradamente a moléstia. Pensou em Lídia e disse a Babucha:

– Temos de isolar Lígia dos demais. Já disseste a ela sobre a doença?

– Não, ainda não contei, não tive coragem, porém, não sei se é preferível a senhora, que é mãe, o fazer.

A mãe começou a imaginar que a filha iria chorar em seus braços e que talvez, a contagiasse e, por isso, disse a Babucha:

– Prefiro que tu o digas. Se aqui estivesse Fábius, ele o faria com jeito. Como ele não está, prefiro que tu o faças. Não tenho coragem. Vá chamar Lídia, que quero conversar com ela. Logo Lídia chegou aos aposentos da mãe, e esta contou-lhe o ocorrido.

Lídia pensava que a moléstia iria se manifestar somente quando Lígia estivesse casada, assim vingar-se-ia da irmã e de Gláucius, que a desprezava. Não esperava que fosse ocorrer de pronto e que poderia contaminá-la também.

– Mamãe, é necessário relegarmos Lígia ao vale dos leprosos, pois lá é o lugar dela. A senhora não sabe que as pessoas portadoras de tal moléstia revoltam-se a tal ponto de quererem transmitir a moléstia a todos os que encontram pela frente?

– Mas Lígia é tua irmã!

– Isto eu sei – respondeu Lídia. – Entretanto, tu és minha mãe do coração e não quero nem pensar se esse mal contaminar a ti e o papai. Já pensaste, mãezinha, nosso sofrimento vendo papai decompondo-se aos poucos? Imagine teu sofrimento, mãezinha, se isto acontecer?

– E tu, não tens medo da doença, Lídia?

– Eu não. Penso, isto sim, em ti, em papai, pois Lígia tem instinto ruim e não é muito certa da cabeça. Não vês que desde pequena sofre daqueles acessos? Lígia sempre me acusa para papai de coisas que não fiz. Eu creio que possui deficiências cerebrais.

– Não tens dó de tua irmã relegando-a ao vale? Acaso não gostas dela?

– Sabes, mamãe, que sou franca. Tenho pena dela e não queria que a doença se manifestasse, porém, no tocante a gostar de Lígia, eu a quero como irmã, mas, devido à maldade dela, às vezes eu gosto e às vezes não posso nem vê-la.

– Não sei o que fazer. Terei de contar a Gláucius também. O pobre rapaz ficará triste e chocado, mas é preferível que ele o saiba agora que depois. É pena, pois é um ótimo pretendente para qualquer moça casadoura.

– É, talvez, quem sabe, nossas famílias venham a unir-se, se eu gostar dele, pois eu o queria como a um irmão, nunca lhe insinuei nada, porém, agora que Lígia não poderá casar-se, é um caso para se pensar, principalmente por ser possuidor de grande legado. Sabes, mamãe, às vezes gosto de Gláucius, outras vezes o deploro. Vamos ver como ele reagirá – disse Lídia, com um sorriso sarcástico nos lábios.

Enquanto isso, Babucha teve a difícil tarefa de ser a portadora da má notícia para Lígia. Primeiramente falou-lhe da criança no ventre, e novamente lhe perguntou se queria que a beberagem fosse preparada.

Lígia, indignada, respondeu-lhe que não, que o filho de um puro amor viria ao mundo rodeado pelo mesmo amor sublime com que fora concebido.

Babucha, então, viu-se forçada a falar sobre a doença.

– Lígia, minha menina, sei que tu queres essa criança, porém, tenho de dar-te uma notícia pior ainda. Tu tens notado que és portadora de uma mancha na pele?

– Sim, Babucha, já notei.

– Tu tens queixado de fortes dores no lado direito da face, como se tivesses um repuxamento facial?

– Sim, Babucha, creio que foi friagem a que me expus quando estive no lago.

– Infelizmente não o é, minha filha. As dores que te têm acossado e essas manchas na pele denunciam uma moléstia que todos temem.

– Que queres dizer-me, Babucha? Acaso achas que estou com lepra?

– Sim filhinha, foi constatado que és portadora de tal.

– Meus deuses! Então é por isso que não queres que eu tenha meu filho?

– Sim, minha querida.

– Ouvi dizer que as crianças de leprosos não nascem com esse estigma.

– Sim, no entanto, não poderás ficar com teu filho, bem o sabes.

– Gláucius o criará. Nosso amor é grande, intenso, não será uma mísera moléstia que irá pôr abaixo, que irá corromper o mais belo sonho de amor.

– Achas que Gláucius consorciar-se-á contigo, se souber que és portadora da moléstia? Não esqueças que a moléstia é contagiosa.

Lígia caiu em prantos diante da realidade. Que fazer? Como agir? E aquele filho adorado que trazia no ventre?

– Babucha – perguntou entre lágrimas, e minha mãe, já sabe?

– Sim, tive de contar. Neste momento creio que Lídia também saiba.

– E mamãe não quis vir contigo dar-me a notícia?

– Não. Disse que se emocionaria e preferiu que eu te transmitisse.

– É o medo do contágio – e rompeu novamente em prantos.

Babucha não se conteve e ia afagá-la, queria aquela moça como se fosse uma filha tão almejada e querida. No entanto, Lígia afastou-a com um gesto.

– Babucha, eu te quero, eu te amo, e não quero contagiar-te de forma alguma. Afasta-te de mim, como farão todos.

– Sou velha, filhinha. Para mim tanto faz, ficar com a doença ou não. Ficarei aqui, cuidarei de ti até o fim, não te deixarei sozinha.

– Oh, Babucha! Queria apertar-te contra mim, como o fazia quando eu era criança, no entanto, por querer-te bem não o farei. Reze por mim, Babucha, e deixe-me só para pensar. Não quero perder a única coisa que me resta de um amor sublime, mesmo que não possa conservar esse fruto junto a mim; creio que nem a Gláucius contarei que espero um filho dele. Papai, Babucha, sim, papai, antes de partir, contou-me um sonho em que recebia uma criança, um menino, com o nome de Marcus Július; se for um menino será bem recebido por ele. Porém, não quero que ele saiba de meu deslize. Tenho de ir-me embora daqui, desta casa que me viu nascer. E Lídia nunca deverá saber que essa criança é meu filho, pois vingar-se-á nela. Ela me odeia, Babucha, e eu a quero bem. Não sei por que ela procurou sempre destruir as coisas que possuo, que amo, não sei por que motivo esse ódio. Jura-me, Babucha, jura-me, que não contarás a ninguém que espero uma criança.

Lígia, embora de longe, prostrou-se de joelhos perante Babucha e suplicou. Esta não podia conter as lágrimas que lhe rolavam pela face e não pôde conter o impulso: ergueu Lígia, estreitando-a contra o peito robusto. Abraçou-a, alisou seus cabelos. Depositou um beijo em sua testa bela e alva, olhou aquele rosto belo e querido.

Lígia, que se mostrava forte, mas que no fundo era frágil como uma criança, deixou-se afagar, pois necessitava daqueles instantes de carinho e ternura.

Pensava, precisava falar com Gláucius, nem que fosse uma única vez. Queria transmitir-lhe, ela própria, que era portadora da doença. Queria abraçá-lo, beijá-lo pela última vez, porém isso não seria possível. No entanto, talvez ele não tivesse medo da doença, talvez a amasse como a Bá e a estreitasse por um instante que fosse; isso seria uma recompensa enorme, saber que era verdadeiramente amada. Babucha continuava a acariciá-la, e Lígia tentou voltar à realidade, pois tudo parecia um pesadelo, e disse:

– Bá, afasta-te de mim. Preciso de ti sã, sem doenças. Fique longe, se queres realmente ajudar-me. Vou para o caramanchão, Bá. Recostada sob o caramanchão florido, talvez os deuses me orientarão. Preciso estar em contato com a natureza em flor.

Quando Lígia estava recostada no sofá, a cismar no que iria fazer, divisou Lúcius indo ao seu encontro. Teve a impressão de que uma luz forte aureolava o jovem.

Quando ele ficou perto, ela lhe dirigiu a palavra:

– Lúcius, sei que está feliz, pois Gláucius comprou-te. És feliz no novo lar?

– Devo isto a ti, e sei o que te custou – respondeu o jovem, com os olhos parados, como se estivesse em transe. – Embora saiba que nenhuma folha de uma árvore caia sem a permissão do Pai, sei que temos um livre-arbítrio, e, segundo este, podemos fazer uma boa ou má ação; e sei que não cansaste de pedir a Gláucius para que me comprasse. Eu não tenho medo de moléstia alguma, pois nosso Mestre Jesus conviveu entre os leprosos e não foi contaminado. Vou acercar-me de ti, tomarei tuas mãos para transmitir-te as forças necessárias para o que vais enfrentar, e tu não me rejeitarás e ouvirás o que tenho para dizer-te.

"Lígia, tu és um espírito banido de outro planeta, pois eras, como muitos outros, um pária a desobedecer às leis que regiam aquele planeta. Por esse motivo, às vezes, uma nostalgia avassala teu ser, almejando uma coisa que perdeste há muito tempo. Naquele planeta não existia mais vaidade, promiscuidade, orgulho, prepotência, ódio; não existia vingança, poderio. No entanto, um grupo enorme de espíritos encarnados não se conformava com os ditames daquele Éden sagrado, e resolveu rebelar-se. Queriam o poder, queriam manipular pessoas, não queriam o trabalho benéfico reparador e resolveram criar uma seita, na qual faziam uma espécie de lavagem cerebral nos adeptos, para que estes os obedecessem cegamente. Tu te incumbiste de incluir-lhes a paixão, o amor sensual, tirando daquelas mentes o amor sincero, o amor-renúncia, o amor que redime, o amor puro, o amor que se priva de tudo em favor da pessoa amada. Optaram por caminhos perigosos, a fim de organizar uma grande legião, onde mandariam e teriam em seu poder pobres estepes humanos, que pudessem ser manobrados a seu bel-prazer. Uns insuflaram nessas almas o hábito dos tóxicos, do álcool, do fumo. Outros incentivavam negócios escusos, não importando a quem ferissem, para usufruírem de riquezas sem menor esforço. Outros colocaram filhos contra pais, e pais contra filhos, para conseguirem mais adeptos. Outros ainda, quando os demais fracassavam, manipuladores e conhecedores de enorme quantidade de ervas, davam-nas para provocar males que somente eles mesmos conseguiam curar. Alguns eram eloqüentes e possuidores do dom de falar e persuadir, e o faziam indiscriminadamente. Em pouco tempo, tinham diante de si uma enormidade de adeptos. Então, Deus resolveu deportar aquele grupo enorme de espíritos, que tanto mal faziam àquele planeta, para um outro planeta mais atrasado. E vieram para a Terra, com a finalidade de se depurarem, e, com os conhecimentos que possuíam, esses espíritos deram um avanço enorme neste planeta primitivo, aprimorando as raças. Desde que aqui vieste, almejas em teu coração um amor nobre e puro, e muito tens sofrido por não conseguires. Lígia, terás de burilar em inúmeras encarnações os males que proporcionaste, assim como os demais também expulsos terão de o fazer. Clamarão por paz; no entanto, não a terão, pois insuflaram somente a desarmonia. Terão de pagar pelo que fizeram, semearam a dor e terão de colher sofrimento. Não se semeiam espinhos e colhem-se flores".

– Que me dizes, Lúcius? Parece-me impossível; no entanto, quando falas sobre isso vejo uma tela em minha frente mostrando-me o que dizes.

– É consentimento dos céus, que permitiu; porém, ouça-me Lígia: irás passar por grande dor, mas não esmoreças, não podes falhar nesta encarnação. Na última foste, o que dizem, uma rameira e destruíste o lar de Gláucius.

– Eu?

– Sim, tu. Depois te arrependeste e te suicidaste, e agora terás de expurgar.

– Tu queres dizer, com tudo isso, que nascemos e morremos inúmeras vezes? – perguntou Lígia.

– Sim.

– E nunca terei um verdadeiro amor?

– Talvez, segundo tua conduta, uns séculos serão necessários. Terás de levar ao caminho certo todas as almas que desviaste. E em inúmeras encarnações terás de batalhar em prol disso.

– Quando saberei que paguei meus débitos?

– Tens agora uma premonição. Quando, porém, conseguires ver os afins e não-afins tanto nesta vida como na vida espiritual, quando conseguires conviver com eles sem medo, quando conseguires ouvir o plano espiritual, estejas certa de que teu débito estará no fim. Mas acautela-te, e tem medo de errar, pois ainda os que não conseguiste levar ao caminho certo tudo farão para derrotar-te. Quando abrires uma brecha, atacar-te-ão com dores, assediar-te-ão, procurarão insuflar em tua mente o desejo do suicídio, muitas vezes o da revolta, o desejo de matar, de roubar, de levantar falso testemunho. Portanto, quando chegar o momento em que tiver de sanar de vez com teus débitos, transporás as barreiras da felicidade almejada. Desconfie de teus próprios atos e pensamentos, a fim de abolires o egoísmo de tua alma sofredora. Prefiras dar do que receber. Amar do que ser amada. Sofrer do que fazer os outros sofrerem. O amor, Lígia, é feito do infinito, e ele jamais perecerá, ele ultrapassa os limites da ignorância e da sabedoria humana. Somente o amor nos une, apesar de nossos gostos e idéias divergirem. O amor é mais forte do que a luz, pois é ele que a faz existir. Mesmo que percas todos os sentidos, o olfato, a audição, o paladar, a visão, o tato, tu poderás amar. Pois o amor não necessita de palavras; o amor é a vida e o dinamismo interior. Aquele que não ama fica na morte. O amor é a razão de ser de tudo na vida, vale uma lágrima, um sacrifício, uma renúncia, um perdão, uma entrega total. A bondade, o esforço, a vibração do mundo, o sorriso, a caridade se resumem no amor, por isso ele jamais acabará. Deus é o mais puro amor, e Ele o colocou em teu peito, para o distribuíres. Deus fez teu coração para amar, somente para amar, nunca para o ódio ou a paixão. Tu amarás plenamente quando não deixares passar um único ser sem o amar, esquecendo-se completamente de ti, em prol dos demais, e envolvendo de paz tudo o que tu veres, e aquecendo de luz os que te rodeiam. Com o amor deves embelezar os que tocas. Se amas, deves sofrer com um sorriso nos lábios, sustentar tua cruz, que será pesada, bendizendo Deus e ajudando os outros a carregarem a sua. Deverás alegrar-te com a alegria dos outros. O amor é paciente, bom, não inveja, não julga mal, tudo desculpando, tudo crendo, tudo sofrendo. O amor é fecundo, e tudo o que semeares e deixares florir frutificar-se-á. Tudo o que for ditado pelo amor, as palavras, os gestos, o olhar, fará de tua vida uma ascensão espiritual. Pois tudo passa, tudo morre, porém, o amor permanece sempre. O amor é a luz verdadeira que ilumina o homem que vem ao mundo. O amor é a água para o sedento, o bálsamo para as dores. Estas coisas que te digo é para que não erres; porém, se errares, terás um advogado junto a Deus, que é o meigo cordeiro de Deus, Jesus Cristo. Jesus pregou o amor puro. Ele não suprimia a verdade, uma palavra que fosse, mas sempre a proferia com amor. Em seu convívio com o povo, procedia com o maior tato. Não era nunca rude, jamais pronunciava desnecessariamente uma palavra mais severa, nunca provocava dores desnecessárias a uma alma sensível, nunca acusava somente por achar-se conhecedor das atitudes humanas. Denunciava a hipocrisia, a incredulidade e a injustiça, mas o pranto transparecia em sua voz quando o fazia. Chorou por Jerusalém, a cidade que amava e que recusava a recebê-lo. Ele era o Caminho, a Verdade e a Luz. Se eles o rejeitavam, Ele que era a salvação, ainda assim os olhava com amor. Todo espírito era precioso aos seus olhos. Via em todos os homens almas caídas, cujo reerguimento era sua missão.

– Lúcius, não compreendo esse Messias de que falas: já que era tão poderoso, por que não se salvou a si mesmo, dando provas de sua força e de seu poder?

– Para dar-nos um exemplo de que a verdadeira vida não é esta, para dar-nos um exemplo de humildade, de amor, para mostrar-nos que devemos sofrer para lapidar-nos, sem lamúrias, sem revoltas. Ele, que nada devia, passou pelo crivo da expiação, para mostrar-nos que tudo devemos suportar para nossa ascensão espiritual. Pois Ele mesmo dizia: "Meu reino não é deste mundo".

– Porém, se amava a justiça, por que então se deixou crucificar, ser açoitado por algozes? – perguntou Lígia.

– Como já te disse, para dar-nos exemplo de resignação. E devemos ser como Jesus. Jesus nos ensina quando diz: "Estais em Mim, e Eu em vós, como a vara de si mesmo não pode dar frutos, se não estiver na videira, assim também vós, se não estiverdes em Mim".

– Lúcius, se sou tão pecadora como dizes, achas que Jesus me ouvirá?

– Claro, Lígia. Ele mesmo o disse: "Deixa ao ímpio o seu caminho, e ao homem maligno os seus pensamentos, e procura converter-te ao Senhor, que se compadecerá deles, torna para nosso Deus, pois é grandioso em perdoar. Desfaze as tuas transgressões como a névoa e os teus pecados como as nuvens".

– Agora entendi. Jesus, com isso, queria que primeiro nos redimíssemos, deixando que os outros fizessem o mesmo. Peço-te, fala-me desta encarnação em que possivelmente repararei os meus últimos erros; tu me disseste que eu deveria sempre trazer em minha alma o sentimento de culpa...

– Sim, para não enveredares no caminho adverso. Serás desacreditada pelos que te rodeiam. Os que não te perdoaram lançarão sobre ti eflúvios maléficos, tentando restringir tua marcha. Teus próprios e mais chegados amigos procurarão incutir-te a incredulidade, chegando a descrer de teus verdadeiros sentimentos, de tuas metas, pois serás ávida de amor puro, amor amizade, de pulso firme, e te negarão, por ciúmes, por inveja, pela firmeza de teu caráter de agora; porém, não esmoreças e os perdoa se duvidam de ti, fazendo-te passar por provas, pois isso faz parte de teu traço. Quanto mais sofreres, mais depressa sairás da imobilidade que te enclausura. Tem horror à mentira e à hipocrisia, porém, o faças com amor, não te deixando avassalar pelos repentes de ira que te são tão peculiares. No entanto, Lígia, quero falar-te sobre esta atual encarnação, nos reveses por que irás passar.

– Fala-me, então – disse Lígia serena, possuidora de uma paz há muito almejada e nunca sentida.

– Lígia, sofrerás muito, irás para o vale dos leprosos, que fica à margem esquerda do rio Tibre, onde estão as catacumbas nas quais se reúnem os cristãos. É um vale profundo, com difícil acesso, pouco distante das catacumbas dos cristãos. Lá encontrarás a pior escória. São seres revoltados pelo sofrimento, e que estão relegados à própria sorte. Conhecem um caminho entre as escarpas, por onde fogem durante a noite, chegando à cidade à cata de uma casca de pão. Nesse vale predomina a força, e somente conseguem salvar-se os que, pela tenacidade, pela vontade, lutam por uma caverna. Procurarão aproveitar-se de ti, porém não tenhas medo, terás ao teu lado um forte rapagão que te amparará, sem pedir-te nada em troca. Nas horas cruciantes não procures tirar a vida com tuas mãos: lança um apelo a esse Jesus que te mencionei. Ele te amparará. Não te deixes arrastar pela fúria, pela ira, pois nesses momentos os seres de que foste algoz procurarão rodear-te, para que não tenha a ascensão pretendida. Cuidado com esses repentes que tens. Teu coração é bom, no entanto, quando a fúria te avassala, perdes a noção de tudo e tornas-te a fera de outrora. Ampara-te no rapaz, que irá oferecer ajuda, sem temor, pois foi ele que te impeliu na queda, na anterior encarnação. Ele foi teu irmão e te quererá como tal. Agora que estás em paz, que tuas energias estão recompostas, tenho de ir-me, pois creio que Gláucius também irá.

– Lúcius, Gláucius está aqui em minha casa e não me disseste? E ainda falas que é meu amigo! Quero vê-lo, quero falar-lhe pela última vez.

– Calma, Lígia. Sou teu amigo, e se te transmiti forças, foi para que recebesse melhor o impacto que te espera.

– Vou correndo, Lúcius, o meu Gláucius está aqui, e eu perdendo tempo contigo. Deixa-me correr enquanto posso, deixa-me vê-lo enquanto não estou deformada, quero que ele guarde de mim a mais bela recordação. Olha, Lúcius, vês se minha túnica está impecável. A minha faixa está colocada no lugar certo? E meus cabelos, estão penteados? Ainda bem que me lavei toda hoje, acho que estou cheirosa. Vê se estou bonita!

– Ah, Lígia! Estás bela, tanto de corpo como de espírito! Que Deus se compadeça de ti.

Lígia, esquecendo-se do mal que a assolava, tirou o cinto que dava duas voltas na cintura, cinto este de seda branca, partiu-o no meio e cingiu a fronte de Lúcius; a outra parte amarrou-a à cintura, arrumou as sandálias e saiu a correr.

Lúcius tirou a fita dos cabelos, beijou-a, tornando a colocar à moda grega, dizendo:

– Que Jesus te ampare, minha pequena Lígia, porque eu sempre estarei ao teu lado, pois vi-te atear fogo em ti, às margens do Tiberíades, e, enlouquecido pelo ato por ti praticado, pedi a Jesus uma nova encarnação, já que destruí documentos valorosíssimos, e se tivesse de reencarnar, queria levar as almas a quem as palavras do Mestre comoveram, a tal ponto que procuraram tirar suas vidas com as próprias mãos devido ao sentimento de culpa que sentiam, sem saberem, no entanto, que dessa forma agravariam ainda mais seus débitos.

Entretanto, Lígia havia chegado até o salão, onde, cômodo num sofá, encontrava-se Gláucius recostado, em outro Lídia e, ainda em outro, sua mãe. Escondeu-se atrás de uma pilastra, a fim de melhor ouvir o que diziam. Gláucius estava falando:

– Espero que a senhora me compreenda, Lígia Alexandra, que tão breve não retornarei a este lar, pois não quero encontrar-me com Lígia; já que ela é portadora da doença dos imundos, não quero contagiar-me. Quando o senhor Fábius aqui vier, retirarei meu pedido de consórcio. O matrimônio não será realizado, nem teria cabimento forçarem-me a assumir esse compromisso. Se minha palavra foi dada, Fábius reconhecerá que poderei retirá-la.

Lídia respondeu exuberante:

– Poderás transferir a palavra dada a outro alguém, sem necessitar retirá-la plenamente.

Gláucius entendeu a insinuação e respondeu-lhe:

– Acho preferível dizer a Lígia que me ausentei de Roma, o que pretendo fazer. Pedirei a Fúlvia que me permitam acompanhá-los até a casa de campo de propriedade deles. Para isso pedirei licença no senado, expondo os motivos.

– Se estás com medo – disse Lídia, nós resolvemos retirar Lígia de nossa casa, para evitar o contágio de mamãe e papai. Essa doença é horrível, provoca até mau cheiro; talvez Lígia a tenha contraído de Ananias, um pobre imundo que ela, contrariando as ordens do papai, alimentava.

Lígia lembrou-se então do sonho. Outrossim, como Lídia sabia o nome do pobre velho, que mesmo ela somente o soube perto da partida do pai? Como Lídia sabia que ela dava alimentos a ele? Nem Babucha o sabia. Somente seu pai e Agripa, porém, Agripa lhe era fiel e não iria contar para Lídia.

Tudo estava confuso em sua mente. Estava atordoada, não conseguia discernir as coisas. Então, sua mãe, aquela que lhe dera a vida, já havia deliberado que ela não iria conviver com a família! Aonde queriam que ela fosse? Como se ouvindo as indagações de Lígia, Gláucius perguntou:

– Para aonde Lígia irá?

Lídia adiantou-se:

– Para o lugar certo: o vale dos leprosos.

Um arrepio passou pela espinha de Lígia. Então Lúcius estava falando a verdade. Lembrou-se do rapaz, como possuído por um encantamento, a dizer-lhe determinadas coisas; lembrou-se de seu olhar profundo, vago, olhos marejados de lágrimas, como se estivesse atravessando o passado e o futuro. Não pôde conter-se e entrou pelo salão, como se nada tivesse ouvido. Os três levantaram-se num salto e recuaram alguns passos, com medo de que Lígia se aproximasse. Esta percebeu o mal que causava e disse:

– Gláucius, queria conversar um pouco contigo a sós. Lídia e mamãe, Babucha contou-me o mal que me assola. Não tenham medo, que não irei aproximar-me. Apesar de tudo, eu os amo, e não quero de forma alguma contagiá-los. Resolvi por mim própria ir-me desta casa. Talvez vá para o vale dos leprosos, não sei.

Lígia Alexandra, um tanto penalizada pela altivez da filha em tal momento, disse:

– Não te preocupes. Babucha irá levar-te alimentos e roupas todos os dias.

– Eu te agradeço, mamãe; no entanto, necessito mais agora de alimento para o espírito, que Lúcius procurou transmitir-me, e creio que o fez bem, pois, apesar de tudo, sinto-me serena. Querem deixar-me a sós com Gláucius? Somente isso é o que vos peço.

Gláucius parecia implorar com o olhar para que não o deixassem a sós. Lígia percebeu e disse:

– Não tenhas medo, Gláucius, não irei tocá-lo.

Lídia e Lígia Alexandra retiraram-se.

Lígia então começou a dizer:

– Gláucius, amo-te de coração, preferia a morte a causar-te algum mal. O amor que nos uniu era forte, e não quero que penses que sou uma leviana, uma rameira. Se o amor verdadeiro é doar-se plenamente, doei-me a ti, no que tinha de mais puro. Se o amor verdadeiro é renunciar para que sejas feliz com outro alguém, eu renuncio. Porém, Gláucius, uma coisa não podes impedir-me: é de ver-te de vez em quando, embora de longe. Vencerei todos os obstáculos, mas enquanto luz tiver em meus olhos quero ver-te, enquanto meus ouvidos funcionarem quero ouvir-te. Onde estiveres, creia-me, estarei observando-te, mesmo de longe. Não tenhas medo que não irei contaminar-te, porém, deixar de ver-te é impedir que eu veja o sol que ilumina, deixar de ver e ouvir-te é proibir-me de ouvir o gorjeio dos pássaros, o cantar da fonte. Já proibir-me de falar contigo é cerrar meus lábios para as coisas maravilhosas que movem nossos lábios, impelidas pelo amor. Proibir de sentir o cheiro que emana de teu corpo é tirar-me o olfato, para não exalar os odores da natureza em flor. Querido de minha alma, a doença privou-me de usar meu tato para acariciá-lo, de usar meu olfato, de usar minha fala, cantando-te lindas árias de amor. Permita-me usar pelo menos a visão e a audição.

Lígia ia explanar mais seus sentimentos, porém Gláucius a interrompeu, dizendo:

– Tenho um negócio importante no senado... Se é isso então que tinhas a dizer-me, então adeus e sejas feliz. Aconselho-te a esquecer-me, Lígia. Ouvi dizer que no vale se formam verdadeiras famílias, e algumas com prole. Almejo que encontres alguém que te faça esquecer-me.

Gláucius virou-lhe as costas e partiu em passos apressados.

Lígia rompeu em prantos. Como esquecê-lo, se trazia em seu ventre o fruto daquele amor? A dor que sentia em suas entranhas era tanta, o peito arfava-lhe, uma pressão enorme passava-lhe sobre a cabeça, que Lígia desmaiou. Algumas horas depois, Babucha encontrou-a, levantou-a com carinho, levou-a à cozinha e serviu-lhe um caldo quente.

Quando sorvia os últimos bocados, apareceu Lídia, que foi dizendo:

– Estás louca, Babucha? Jogues a terrina e os apetrechos usados por Lígia. Acaso queres tu também contagiar-nos?

Lígia, com as lágrimas a escorrer-lhe pelas faces, disse:

– Lídia, eu sou doente do corpo, porém, tu és doente da alma. Tive um sonho, no qual a entrevi, juntamente com Plínio, trazendo Ananias e forçando-o a escarrar-me na boca. Permitam os céus que seja somente um sonho, porque, caso contrário, terei pena de ti, pois soube que morremos e nascemos, e que colheremos o que semearmos. Se isso não foi sonho, és mais doente que eu, pois o mal te confina a mente mesquinha. Tens inveja de tudo o que faço, e procuras imitar-me ou então destruir as coisas que amo. Ao invés disso, ao invés de procurar imitar-me, por que não procuras criar?

As forças e a luz emanada por Lúcius ainda circundavam Lígia, e esta continuou:

– Por que tens tanta inveja, se és minha irmã? Por que tanto ódio? Eu tenho pena de ti. Poderíamos ser grandes amigas e juntas fazer grandes coisas. És inteligente, possuis capacidade criadora. Já imaginaste: se não fosse a moléstia que avassala meu ser, poderíamos compor belas árias, poderíamos cantar juntas! Por que tanto ódio?

– Se queres saber, sabê-lo-ás. Sempre me ofuscaste, sempre eras a primeira em tudo. Até no amor de meu pai.

– Se papai dedicou-se mais a mim, foi devido a minha moléstia. No entanto, eu também deveria sentir raiva de ti, pois mamãe dedica a ti todo o carinho.

– Porém, tens Babucha.

– Sim, tenho Babucha, a quem amo como se fosse minha mãe, mas anseio pelos carinhos maternos que nunca tive. Papai, no entanto, mima-te como a mim. Nunca fez diferenças, tanto nos presentes que nos dá, como nos carinhos que nos proporciona.

– Porém, possuíste Gláucius.

– Sim, o possuí por pouco tempo.

– Agora ele será meu – responde Lídia.

– Se tu o amas, se o fizeres feliz, ficarei contente pela felicidade de ambos. Se não o posso ter, somente almejo a felicidade dele.

– Às vezes quero-o, outras tenho ódio por preferir-te.

– Então não o amas, pois o amor, o verdadeiro amor é aquele que nos torna felizes ao ver a pessoa amada feliz, nem que para isso seja necessário renunciar.

– Por que não vai embora logo, Lígia? O que te salva é a doença que é contagiosa, senão arrancar-te-ia os olhos.

– Não te incomodes. Hoje mesmo irei embora.

– Não penses que papai irá buscar-te quando chegar.

– Nem eu quero que ele faça isso.

Lídia virou as costas e foi embora.

Babucha chorava e dizia:

– Não vás embora, minha menina, o senador Fábius logo chegará e dará um jeito na situação.

– Tu esqueces, Babucha, que trago um filho em meu ventre? Não quero que meu pai morra de vergonha. Porém, antes irei escrever uma carta a Gláucius. Ele não quis ouvir-me, mas irá ler.

Capítulo IX

O martírio

"O amor sincero é fecundo;
Traria a felicidade a este mundo.
Mas o amor paixão
Somente machuca o coração."

Geralmente, as mulheres daquela época não sabiam escrever; no entanto, Fábius fez questão que suas filhas tivessem uma educação esmerada, apesar dos comentários desairosos dos demais. Lígia foi ao seu quarto, sentou-se e começou a escrever.

> Gláucius querido,
>
> Rei de minha vida, vieste ao meu lado como estrela refulgente a iluminar os caminhos áridos de minha vida. A fatalidade porém tirou-o de meu caminho. Já não tenho a estrela-guia desta pastora errante, que já não sabe que caminho percorrer. Porém, deste-me em pouco tempo raios renovadores para que eu tenha forças, embora tropece ao caminhar em minha nova estrada. Renovaste em mim uma felicidade íntima. Sem o saberes, deste-me alento, e uma tão grande fortuna que não calculas, que me impele a continuar nesta vida, apesar da doença que me assola. Essa fortuna é a continuação de ti em mim, é uma riqueza que trarei algum tempo comigo, depois não sei que destino darei. Sentirei no meu corpo brevemente o palpitar dessa riqueza.

Porém, isto não é tudo Gláucius: se não fosse o infortúnio que me assola, cobriria de beijos tua destra. Colocaria em teu leito, com amor, as flores mais belas e cheirosas, para aromatizar teus sonhos. Teceria com minhas mãos a coroa mais bela de flores, para adornar a tua cabeça, rei de minha alma.

Se fosse permitido, e se minhas mãos não transmitissem doença maligna, pegaria na roca e tecer-te-ia o mais belo e puro linho, para que usasses em nossas bodas, adornar-te-ia com amor os belos cabelos loiros com a mais fina fita, e as moças casadoiras iriam dizer: é um deus que desceu à Terra, a fim de consorciar-se.

Pegaria a mais bela estrela do Universo, para que a luz iluminasse tua fronte, destacando teus belos olhos azul-violeta.

Antes de apareceres, minha vida era sombria gruta, mas quando depositaste o primeiro beijo em minha face, tudo o que era escuro transformou-se em esplendorosa lua. Porém, fontes ocultas toldaram meu horizonte, tornando-o novamente enegrecido; no entanto, deixaste-me uma riqueza que, ao invés de envergonhar-me, orgulha-me, pois é uma minúscula parte tua.

Agora somente desejo uma felicidade: a de mirar-te de longe à luz, e ver a alegria calma e bela a iluminar teus belos olhos.

Mesmo afastada, tentarei de todos os modos proteger-te das serpentes venenosas, das víboras que possivelmente te atacarão devido à inveja do cargo que possuis. Se permitido for por Deus Onisciente e Onipotente, servirei sempre de escudo ao que possivelmente de ruim atacar-te.

Se tiveres sede, serei a água cristalina.

Se tiveres fome, serei a mochila abençoada.

Se tiveres frio, serei de longe a manta agasalhadora.

Se tiveres calor, serei o vento brando que refrescará teus dias.

Gláucius adorado, sempre estarei de prontidão ao teu lado.

Quando sentires a brisa a bater em teu rosto com suavidade, sou eu que te beijo com saudade.

Se não posso transmitir-te o almejado amor, servirei de escudo para tua dor.

Ah, Gláucius querido!

Abateu-se a dor neste peito amigo. Porém desejo com sofreguidão ver-te, mesmo de longe, para aplacar meu coração. Sei agora que é impossível e infeliz esse amor. E embora meu peito estoure de dor, quero ver-te feliz casado. Se possível for, com Fúlvia ao teu lado. Ficarei contente, pois Fúlvia te ama. É moça prendada, não é como Lídia, leviana. Melhor do que eu, mais calma, mais ponderada. Quero ver-te feliz rodeado de filhos belos, possuidores de iguais olhos azuis singelos. Lembra-te às vezes desta que muito te amou, e que tão depressa em tua vida passou.

Ah! Querido meu, como é difícil amar... e ter de renunciar.

Amar é um belo verbo.
E quando conjugado em todos os tempos, singelo.
Quisera levar comigo uma harpa.
E destes versos fazer uma ária.
Porém, nem tudo é possível, amor,
Nos meus padecimentos de dor.
Sejas feliz eternamente.
Que eu procurarei velar-te singelamente.
Desta que te ama com devoção,
Com toda plenitude do coração.

Lígia Lêntulus Cornélius

Gláucius, ao receber o pergaminho, mal o abriu. Reconheceu a letra de Lígia e atirou-o longe, mandando atear fogo, com medo do contágio. Não ficou sabendo dessa forma que Lígia não lhe guardava rancor, porém, nutria grande amor, aconselhando-o a casar-se com Fúlvia. Sem saber do que Lígia sentia, partiu com Fúlvia e sua família para a casa de campo. Lígia, sabedora, sentiu-se feliz, pois pensava que Gláucius seguiria seus conselhos. Pegou uma pequena mochila, despediu-se de longe da mãe e de Lídia e dirigiu-se ao vale dos leprosos.

Estava andando a pé na estrada quando viu, vindo de direção oposta, um carro, levantando uma poeira vermelha. Era o pai de Fúlvia, que, após levar a família, vinha voltando de sua casa de campo. Ao ver Lígia, reconheceu-a e parou o carro, perguntando:

– Que estás fazendo por essas passagens, menina, vindo a pé e só, imersa em teus pensamentos?

– Vou ao encontro de meu destino.

– Subas, levar-te-ei até onde queres ir.

Lígia entendeu que o venerando senhor não sabia do mal que a assolava e respondeu:

– Por favor, não se aproxime de mim. Pelo visto, Gláucius não mencionou meu caso ao senhor.

– Por que estás dessa forma, tão circunspecta? Suba.

– Senhor, não posso, sou portadora de uma doença infame, a lepra, e não quero contagiar-te.

– Tu, Lígia, com lepra?

– Sim, como vês, deves evitar-me.

– Lígia, sou um velho, não tenho medo do contágio. Quero-te como a uma filha. Porém, diga-me, expulsaram-te de casa por isso? Teu pai sabe de alguma coisa?

– Não, meu senhor, eu resolvi sair de casa, para sanar males piores. Não quero que meu pai saiba. É triste a minha sina. Ele irá saber somente quando voltar de Damasco e não me vir em casa. Peço-te encarecidamente que não precipites os acontecimentos. É um mal irremediável, não tem como o sanar, e quero evitar males maiores.

– Lígia, conheço casos de famílias abastadas como a tua, que possuem em seus lares, isoladas, criaturas em piores condições do que tu. Por que saíste da proteção confortável dos teus?

– Assim o quis, assim o deliberei.

– Sou admirador dos que exercem a doutrina e são adeptos de Jesus, os chamados homens do Caminho, e soube de muitas curas efetuadas por esses adeptos. Se encontrares alguns desses adeptos, não te furte de pedir auxílio.

– É uma doutrina estranha. Conte-me sobre esses adeptos.

– Se assim o queres, sentaremos à beira da estrada e conversaremos. Não tentes evitar-me, porque não tenho medo do contágio. Lígia, quando o imperador Augusto fazia o recenseamento dos povos do Império Romano, nasceu em Belém, na Judéia, Jesus Cristo. Jesus viveu pobremente em seio de família modesta. Aos trinta anos iniciou a missão divina, a pregação que durou somente três anos e meio. Era uma figura bondosa, que se impôs a todos os corações humildes. Abandonou as práticas externas do culto judaico e empregou a instalar na Terra, por meio de suas pregações, o Reino de Deus, a vitória da Justiça e da Verdade, com a promessa de salvação eterna para todos que tomassem a Ele como exemplo e confiassem na misericórdia de seu Pai, Deus. Essa pregação provocou a cólera dos fariseus, que, julgando-se fiéis intérpretes da lei mosaica, acusaram Jesus de blasfemar contra a crença. Arrastado aos tribunais, Jesus foi condenado à crucificação no Gólgota, pregado na cruz, suplício esse infligido aos escravos e ladrões. No entanto, Ele semeou o amor por toda a parte. Aconselhava a igualdade, o perdão das ofensas, a submissão à vontade de Deus, a oração. Em lugar das riquezas e dos bens terrenos, fazia elogio à pobreza, à humildade.

– Em vez de divisão de classes, pedia o mesmo tratamento para o escravo, o cidadão e o estrangeiro. A sua doutrina recebeu o nome de Evangelho, palavra que significa "Boa Nova". Essa doutrina foi redigida especialmente em quatro versões, por Marcos, Lucas, Mateus e João.

–"Mateus foi discípulo de Jesus e acompanhou sua vida terrena. Marcos foi discípulo de Paulo, e depois de Pedro. Lucas, médico e discípulo de Paulo, é um narrador clarividente animado. João dá de sua vida uma interpretação rigorosa, pois foi o discípulo que o acompanhou nos momentos derradeiros. Embora tenha destruído alguns documentos importantes, escritos pelo próprio Jesus, com medo de ser apanhado, guardou em sua memória tudo o que se passou e apresenta-o como medianeiro entre Deus e o homem. Seus discípulos O viram depois de sua morte ressuscitado, pois Ele afirmava que seu reino não era deste mundo, e espalharam a sua crença. Criaram casas, ou igrejas, denominadas casas dos homens do Caminho. Pedro visita Samaria, percorre outras religiões e vê crescendo o número dos cristãos. O mesmo acontece com outros discípulos. Paulo torna-se um discípulo dos mais fervorosos. Era natural de Tarso, na Cilícia, e tinha o nome de Saul, ou Saulo. Foi adversário do cristianismo. Quando seguia para Damasco, apareceu-lhe Jesus que lhe pergunta:'– Saulo, Saulo, por que me persegues?'.

"Essa visão fê-lo converter-se à nova fé, que procurou transmitir, infatigável. André dirigiu-se para o país dos Citas, ou Rússia. Bartolomeu, para a Arábia; Mateus, para a Etiópia. Pedro, para Antioqia, na Ásia Menor; prega na Grécia e penetra em Roma, onde é crucificado. Nesse mesmo dia, João esteve em Éfeso e em Patmos, onde crêem que foi morto mergulhado em óleo fervente. Devido às perseguições, os cristãos, ou homens do Caminho, como são chamados, viram-se na necessidade de se esconder. As catacumbas de Roma, vastos subterrâneos situados à margem esquerda do rio Tibre, são seus asilos mais seguros, onde praticam seus cultos e enterram os seus mártires. Sentem-se seguros, pois fica próximo ao vale dos imundos, para onde te diriges. Eles não têm medo do contágio e tratam de todos os doentes que vão ao seu encontro. Soube também, Lígia, que em Corinto, perto de Jerusalém, fazem verdadeiros milagres na cura da doença de que és portadora. Possuem ungüentos maravilhosos. Se quiseres, procurarei um meio de levar-te até lá".

– Não, meu querido, queria ficar aqui em Roma mesmo, pois aqui poderei ver meus entes queridos.

– Mas como?

– Na calada da noite sairei do vale e darei um jeito. Não quero que os meus sofram o contágio, no entanto, a saudade que me avassala o coração já é grande. Quero vislumbrar, mesmo de longe, meu paizinho, quero acompanhar a vida de Gláucius sem que este o saiba. Inclusive recomendei a ele que procurasse uma nova vida, ao lado de Fúlvia, tua filha, pois a acho uma pessoa excepcional e digna, sob todos os aspectos, para ser esposa de Gláucius. Somente peço-te, do âmago do coração, que prometas não mencionar jamais ao meu pai ou a quem quer que seja esta nossa conversa.

– Lígia, Lígia, vejo teus olhos enevoados pelo pranto reprimido. Desabafa, filha querida, não fiques assim. Faças de conta que estás defronte de teu pai. Sim, eu te prometo nada revelar, porém desabafa, abraça-me e chores em meu ombro, se não queres que eu tome a iniciativa. Esqueces-te que sou homem e que és mulher, esqueces-te que não sou teu pai. Deixa-me estreitar-te em meu peito, com o respeito que meus cabelos enevoados pelo tempo proporcionam. Vem a meus braços, filha querida, como irias aos braços de teu pai ou de teu irmão, se o tivesses. Tens nos olhos, apesar de a dor que te domina, um brilho que te move para a frente, como se alguma vida dependesse de ti, e que te animasse a viver.

Lígia não agüentou mais e, entre prantos, contou toda a desdita, e a felicidade de trazer no ventre um filho querido, dizendo ainda:

– Senhor Marcus, jura-me que não dirá nada a ninguém?

– Juro-te, filha. Agora compreendo por que não quiseste ficar em casa. Tens vergonha de teu pai?

– Sim e como tenho; porém, creia-me, não foi o desejo, a paixão que fez com que eu me entregasse e permitisse esta criança. Foi somente o amor, o amor puro e santo.

– Acredito em ti e te levarei ao vale dos imundos, porém, antes, quero levar-te em presença de um amigo meu que tem operado verdadeiros milagres, pois é adepto dos homens do Caminho. Somente quero que também me prometas, se acaso fores curada, de não contares nada disso para ninguém, senão minha família será perseguida. Foi por ele que soube do que te narrei. Esse homem, de nome Alexandre, é descendente da família de Lucas, mas guarda sigilo quanto à sua descendência, para não ser perseguido, e, como seu ascendente, também é médico e poderá ajudar-te de todas as formas. Até mesmo orientando-te quanto ao teu filho, como deverás fazer para a criança não ser contagiada. Vamos, ele mora perto.

O pai de Lívia levou Lígia à casa de Alexandre. Era um belo palacete, com almofadas coloridas. O jardim imenso possuía alamedas enormes para chegar-se até a residência, ladeadas por flores de variadas nuanças, que expeliam múltiplos odores. Era um belo e maravilhoso dia em que a natureza em flor parecia regurgitar e os pássaros com maravilhosas plumagens entoavam maviosos trinados.

Lígia estava encantada com o lugar e a paz inspirada. Perto da morada existia um caramanchão, que muito lembrava o de sua casa. Em tudo ali reinava a paz. Risadas de crianças ecoavam ao longe.

– São os filhos de Alexandre. Ele tem dois meninos e uma menina.

– Então vamos embora – disse Lígia aflita. – Não quero contaminar as crianças.

– Calma, iremos ao consultório de Alexandre, que fica fora das dependências da casa.

Realmente, um compartimento da casa era completamente independente da moradia.

Alexandre, homem de alta estatura, moreno, com largo sorriso, demonstrando alvos dentes, acercou-se deles, dizendo:

– Que bons ventos te trazem, meu amigo, e que bela jovem trazes contigo – estendeu ambas as mãos para cumprimentá-los. No entanto, Lígia restringiu-se, encolhendo-se toda.

– Alexandre, a moça é portadora de lepra e está grávida, por isso não quer aproximar-se de ti. Queremos teus conselhos, amigo, pois a quero como filha e a encontrei indo em direção ao vale dos imundos.

Alexandre franziu a testa e disse:

– Vamos entrar. Porém peço-vos que o que ocorrer não deverá ser divulgado a ninguém, pois isso porá em risco a minha vida e a dos meus.

– Fica sossegado. Nunca denunciei-te em todos esses anos e não será também agora que o farei.

Alexandre adentrou no compartimento, onde havia um sofá confortável, uma mesa, algumas cadeiras forradas de veludo carmesim. As paredes eram de uma alvura fora do comum, o sofá era forrado também de veludo carmesim. Alexandre, um médium clarividente em potencial, mas um tanto místico, usava de artimanhas para justificar sua vidência, ou melhor, sua clarividência.

Acendeu um pequeno fogareiro com pequenas farpas de madeiras, sobre o qual jogou incenso, mirra e algumas ervas, entre as quais alfazema, que envolveu o ambiente com seu odor, apesar das janelas abertas. Colocou num vaso água e um pouco de óleo, para que disfarçassem sua clarividência, dando a impressão de que via as imagens naquele prato; enquanto isso inquiria Marcus, o venerável e bondoso homem, já um tanto avançado em idade.

– Como vai o império? Que me contas de bom?

– Continua na mesma – respondeu o venerável ancião. – Graças aos céus temos gente boa no senado, caso contrário não sei o que faríamos. Com exceção de Demóstenes, que é um lobo, temos bons elementos lá. Como sabes, desde Vespasiano, aliás, desde Nero, que as atrocidades têm sido enormes. De Nero, não devemos nem falar, pois era um deficiente mental manipulado por mentes mais insanas que a dele. Vespasiano, no entanto, era maldoso, cínico, e quando passou o poderio a Tito, este, pressionado por Agrícola, não conseguiu permanecer no reinado por mais de vinte e quatro meses, passando o governo a seu irmão, mas este também sob a influência de Agrícola. Como vês, o Império Romano ainda continua o mesmo, procurando desforrar seus traumas nos pobres escravos, nos pobres judeus, e neles descarrega o peso árduo de sua ira do animal existente em todos nós. Sou romano, como tu, Alexandre, embora de descendência grega longínqua, mas, envergonho-me de tal.

Alexandre pegou ao acaso um dos inúmeros pergaminhos das prateleiras. Porém, vira que este havia sido destacado por duas mãos, uma feminina, já sua conhecida, que era de Semirâmines, e outra masculina, que não sabia discernir de quem era. Vislumbrou o espírito de um jovem grego de cabelos abastados, castanhos, quase loiros. Era Hermógenes. Desenrolou o pergaminho; nele constava o Sermão da Montanha, que Alexandre lia embargado pela emoção que lhe desfraldava a alma.

Lígia, pela primeira vez, ouvia o Sermão da Montanha e ficou imensamente comovida com o texto. Após a leitura, Alexandre olhou fixamente para ela a fim de ver além de seu corpo. Começou a falar sem parar, o que Lígia tinha ouvido de Lúcius, sobre a sua antiga encarnação, cheia de débitos, em que fora suicida, e que teria de pagar, na atual, com a doença de que era portadora. Explanou ainda sobre o suicídio dessa forma:

– Minha filha, desde a infância és acometida de espasmos horríveis, em que te vês ardendo em chamas. Não sabes o pecado que cometeste, pois Deus emprestou-te um corpo; no final de cada vida tens de responder pelo que fizeste a esse corpo: se o trataste bem, se cuidaste dele como mandam os mandamentos mosaicos, ou se o violaste praticando o adultério, ou melhor, levando outrem a praticá-lo. Além disso, violaste a lei ateando fogo em tuas próprias vestes, arrependida de teus erros. Sofreste terrivelmente no espaço, sendo manipulada por entidades inferiores. Agora possuis nova vida, e terás de pagar ainda teus débitos passados. Portanto, minha filha, nada poderei fazer por ti, a não ser orar. Nem tampouco os homens do Caminho o farão, pois tens um débito a saldar e não poderás fugir dele. Se queres ir ao vale dos imundos, para mais perto ficares dos teus, vás, que serás bem amparada. No entanto, apesar de que, nas últimas encarnações, conseguiste melhorar teu pobre coração, tornando-o terno e bom, não consegues controlar a ira que te domina e, nessas horas, serás capaz de tudo. Até mesmo de matar, se necessário for. Procura livrar-te disso imediatamente, se queres ter uma ascensão. Terás esse filho que trazes no ventre, porém não poderás conservá-lo perto de ti. Ele terá que ser retirado de teu lado ao nascer. Poderás afagá-lo ternamente enquanto ele permanecer em teu ventre. Aproveite este ensejo, querida, pois, mesmo dentro de ti, ele sentirá tuas vibrações amorosas e benfazejas e recordar-se-á de ti, embora vagamente. A vida intrauterina é também uma vida que sente emoções, que sente afagos e carícias. Aproveite esses momentos, filha. Agora vá em companhia desses amigos, tanto o encarnado como o desencarnado que te acompanha. Sei que meu amigo levar-te-á, antes, à própria casa, para oferecer-te uma refeição; não rejeites. Acompanhe-o, depois siga teu caminho de dor.

– Assim Lígia saiu daquela casa, mais uma vez sabedora do que iria passar. Foi levada pelo venerável ancião até a casa dele; abatida, olhava a paisagem: percorriam a via Ápia. Observou a beleza da cidade, que talvez durante o dia, com o progresso da doença, não iria mais ver: o fórum Romano, rodeado pelo templo de César, o templo de Augusto, o pórtico dos Grandes Doze Deuses, o Coliseu de Roma, onde tantos foram martirizados. O fórum de Augusto, o pórtico de Otávio, o teatro de Marcelo. O Arco de Tito, recém-construído, onde está esculpida a tomada de Jerusalém. A Roma tão bela, porém, tão sem alma. Lembrou-se de Domiciano, homem cruel que praticava as maiores iniqüidades da época e que sofria sensivelmente a influência do general Gnabes Július Agrícola, que tomou a Bretanha no ano 79. Lembrou-se dos deuses e da conversa de Lúcius e Alexandre. Como se chamaria o deus dele? Conhecia Janus, deus das portas. Vesta, deusa do fogo e do lar. Marte e Quirinus, deuses da guerra. Júpiter, Juno e Minerva, a trindade capitolina. Mitra. Os deuses gêmeos de seu pai, Pólux e Castor. Diana. A deusa egípcia Ísis, mas qual nome teria o deus de

Lúcius? Não queria interromper o pai de Fúlvia, que também estava imerso em seus inúmeros pensamentos. Chegaram à vivenda e pararam a biga no portão de entrada, onde os ágeis serviçais logo seguraram os cavalos.

Ao descer, depararam com Demóstenes, que, com sarcástico sorriso, disse-lhes:

– O nosso incorrupto Marcus a esta hora com a pequena Lígia em sua vivenda, na ausência da família. Será que modificou sua moral e decência?

Lígia ficou lívida, petrificada. O venerável ancião de cabeça esbranquiçada pelos anos vividos, respondeu ao mau caráter:

– Por quem me tomas, Demóstenes? Estás a julgar-me segundo tua moral suja, que aproveita até de crianças e escravos, para saciar tua sede de sexo? Minha família não está, porém, tenho em minha companhia meus serviçais, e mesmo que sozinho estivesse, possuo caráter íntegro, tenho fé e temeridade pelos deuses. Acho que não é com oferendas que fico isento dos maus praticados. Ao invés de soltares tua língua tão ferina, devias, isto sim, evitar usares teu poder para tornar teus escravos os que são considerados bárbaros somente porque não são romanos e não falam a nossa língua, o latim. Se, para os gregos, bárbaros são os que não falam a língua grega e não são versados na civilização helênica, mesmo que tenham cultura superior, e lá são capturados, mortos ou escravizados, e tu, em tuas andanças por lá, te apropriás desses seres, tornando-os escravos, para teu bel-prazer e comercialização, inclusive os estrangeiros, que são estabelecidos na cidade, mas desprovidos da qualidade de cidadão, mesmo sendo gregos pela descendência, pela língua ou religião, tu os tornas teus escravos, por serem filhos dos mesmos teus escravos, e sei que aqui em Roma aprisionas bárbaros e estrangeiros, comercializando-os, não pagas serviçais, e por isso estás rico, porém, tua consciência pesa e gastas fortunas em oferendas aos deuses.Tua família foi corrompida e destruída devido a tuas atrocidades, e ousas falar dessa forma comigo? Se és senador, eu sou autoridade máxima do exército. Portanto, meças tuas palavras.

Lígia correu a defender o amigo, dizendo:

– És promíscuo mesmo, vi e conheço o rapaz que vendeste a Gláucius. Fica sabendo, Demóstenes, que estou leprosa, e meu amigo trouxe-me até sua casa para dar-me um alento e uma refeição, pois hoje mesmo partirei para o vale dos imundos. Achas que nosso amigo teria segundas intenções com uma leprosa? Possuidor do cargo que tem, ele poderia ter inúmeras mulheres do seu lado. Tu me querias? – disse Lígia aproximando-se.

Demóstenes, atemorizado, afastou-se quase a correr.

Lígia sorriu tristemente e disse:

– Esta moléstia tem suas vantagens.

– Não faças caso, minha filha, nunca dês importância a línguas ferinas. O que importa é a tua consciência, se estiveres em paz com ela, nada deverás temer.

– Era bom que assim fosse. Às vezes sinto vontade de abraçá-lo como a um parente querido, mas refreio meus instintos, por sermos de sexo diferente. As más línguas sempre estão à espreita.

– Já te disse: o que importa é tua consciência pura, pois existe alguém lá do Alto que tudo vê e analisa, somente daquele é que devemos respeitar o julgamento, o resto são quimeras de quem não tem o que fazer.

– Meu desejo agora é depositar um beijo em tua mão direita.

– E o que esperas, filha de minha alma? E o meu desejo é estreitá-la como filha em meu peito.

Lígia depositou o beijo entre lágrimas, e ele a abraçou ternamente, orando ao Pai, que transmitisse forças àquela criatura. Se alguém com mentalidade sem destaque os visse, pensaria coisas tenebrosas a respeito. Porém, o que unia aqueles corações eram sentimentos puros e fraternos. Lígia entrou na casa, onde lhe foi servida farta refeição. Após terminar, pediu que a levasse ao vale.

– Não queres repousar aqui, minha filha?

– Não ouviste Demóstenes? Embora tenhamos a consciência tranqüila, devemos pensar em teus familiares. Que iriam pensar trazendo uma leprosa à tua casa?

– Fúlvia tem um ótimo coração, embora morra de medo do contágio de doenças. Flávius, apesar de centurião, e deverá brevemente ser considerado tribuno, devido a seus feitos, freqüenta a casa de Alexandre e participa de suas idéias. Alexandre disse-me que Fúlvia foi suicida como tu o foste, e que nessa vida acabará enlouquecendo. Espero que isso não suceda, pois é demais para mim, já que a amo muito. Alexandre disse-me que ela se suicidou atirando-se no rio Tibre, que seu corpo foi consumido pelos peixes enquanto o espírito permanecia junto ao corpo, e que sentia as dores das mordidas dos peixes vorazes, causando-lhe sofrimento terrível, e que ela perambulou anos a fio dentro daquele rio. Naturalmente, tu também devias sofrer as torturas do teu corpo em chamas. Por isso, minha querida, por pior que seja teu sofrimento, nunca tentes novamente o suicídio.

– Não o farei, pois uma outra vida depende de mim.

– Mesmo depois que a criança nascer, procure algo que te anime a viver.

– Eu tenho Gláucius, e enquanto ele for feliz, eu o serei também. Espero que o matrimônio dele e Fúlvia dê certo. É o que mais quero, pois tua filha é boa e o fará feliz.

– Como tu o amas...

– Ele é o presente maravilhoso que a vida me deu; porém faz-se tarde e quero que me leves para o lugar que devo ir. A noite é boa conselheira, e prefiro chegar lá à noite, para acostumar-me com o que me espera.

– Vamos então.

No trajeto, o pai de Fúlvia foi falando dos homens do Caminho, insistindo para que Lígia fosse a Corinto, onde faziam milagres, apesar do que Alexandre dissera. Pois ouvira dizer que por lá pregava um judeu que possuía o dom de curar, assim como Pedro, e que sua alma permanecia por lá, dando assistência aos doentes, de nome Estevão, e que foi um destemido precursor do cristianismo.

–Vou pensar – disse Lígia. – Se resolver algo, acharei um modo de comunicar-te, meu bom e querido amigo, porém sabes que desejo permanecer em Roma.

Lígia tomara novamente o caminho para o vale dos imundos, em companhia de seu amigo, que fustigava os cavalos, para não chegar lá em noite fechada. Ao chegarem, Lígia vislumbrou o que a esperava: um vale imenso, onde se entreviam catacumbas. Não divisara nem um ser. Talvez já tivessem se recolhido, ou, ao ouvirem o barulho dos cavalos, tivessem se escondido. Escarpas íngremes ladeavam o vale.

O pai de Fúlvia perguntou-lhe:

– Queres que desça contigo, para amparar-te nessas pedras?

– Não, meu querido, já fizeste muito por mim. Descerei, confiante, para a odisséia que me espera.

– Lígia, não queres conviver em minha vivenda até o retorno de teu pai, ou até parto de teu filho?

– Não, não quero ter remorsos em minha alma por contagiar a ninguém. Ouviste o que te disse teu amigo Alexandre, eu ouvi o que me disse o rapazote que Gláucius comprou como escravo, a quem dei o nome de Lúcius. Parece que adivinhei ao colocar-lhe o nome, pois ele foi a luz que me deu ânimo quando foi constatada a doença, e tu deste-me o alento necessário quando para cá me encaminhava tristemente; não sei como agradecer-lhe meu caro amigo – o pranto embargava-lhe a voz.

O pai de Fúlvia não escondia a emoção a devorar-lhe a alma, e em sua face enrugada pelo tempo escorriam grossas lágrimas.

– Não sei o que farei nem o que direi quando teu pai retornar.

– Não dirás nada, esquece-te deste nosso convívio, imploro-te por piedade, não tornes meus dias mais desditosos do que já são.

– Prometo-te que tudo farei para corresponder à tua vontade. Deixe-me beijar-te, minha filha – dizendo isto, beijou-lhe a testa e depois prostrou-se de joelhos pedindo:

– Rogo a vós, Júpiter, Juno e Minerva, deuses que minha família venera. Rogo a vós, Pólux e Castor, deuses gêmeos, venerados por Fábius. Rogo a ti, Deus Uno, venerado por Alexandre. Que todos juntos olhem por essa jovem, botão em flor, que mal saiu da infância, que ainda não é considerada mulher, pois não tem ainda dezessete anos, e que vai enfrentar tamanha desventura. Aqui estou a vossos pés, deuses ou Deus, se é uma vida entremeada de dor que querem, que joguem sobre este que vos fala, que vos roga, essa doença horripilante, pois já vivi o que tinha de viver, talvez devido aos meus desvarios da mocidade, envelheci prematuramente, talvez eu seja mais merecedor do que esta jovem que procura a tudo enfrentar com galhardia, porém, com o coração pequenino e opresso. Senhor, estou com sessenta e oito anos e ficar-te-ei grato se livrares essa jovem da doença que a oprime, adoecendo a mim. Esta jovem traz em seu ventre um pequenino ser, que muito necessitará de seu desvelo. Eu nada tenho a perder, meus filhos estão criados e gozam de perfeita saúde. Ouvi-me, vós que sois responsáveis pela vida e pela morte!

Lígia, comovida, ouvia os rogos do ancião, e temerosa que pudesse advir algo, da emoção que o tomava, abraçou-o chorando e somente conseguiu balbuciar:

– Adeus!

Começou a descer o caminho íngreme e pedregoso, com cuidado para não escorregar, pois queria proteger o pequenino ser que palpitava dentro de si.

Após atenuar a descida, olhou para cima e bradou em alta voz:

– Vá embora, antes que se faça tarde. Dizem que além deste vale habitam os bárbaros, e poderás ser alvo de algum salteador.

A figura venerada deu-lhe um aceno de despedida e Lígia ouviu o galopar dos cavalos.

Lígia deixou-se cair em prantos.

O fim do crepúsculo aproximava-se naquele lugar. Os sons pareciam mais lúgubres, mais apressados, como se todas as coisas estivessem ansiosas pelo descanso almejado. Lígia divisou uma árvore grande, frondosa. Alguns pássaros retardatários voavam em direção dela à procura de seus ninhos. Lígia pensava: onde irei repousar, se não tenho ninho como tem as avezitas? Que farei? Tenho medo, meu Deus, Deus de Lúcius, de quem não sei o nome! Porém, como sou tola: Lúcius disse-me que Jesus é o seu filho dileto, contou-me, certa feita, que ninguém chegará ao pai se não for por Ele. Então rogarei a ti, Jesus!

– Meigo Jesus de Nazaré, não te conheço, somente ouvi falar de ti! Tu que tiveste forças para vencer os martírios que te infligiram, valei-me agora, ouve meus rogos! Se tenho de passar por tudo isso devido a faltas de outras vidas das quais não me lembro, dá-me forças para que consiga transpor também os meus martírios.

Um facho de luz resplandecente veio do Alto e envolveu a pequena que enfrentava o martírio sem revolta. Lígia tinha a impressão de ver um homem, jovem ainda, não aparentando mais do que trinta anos, de olhos azuis profundos, cujo olhar transmitia amor, meiguice e tristeza, os cabelos aloirados cor de amêndoas, repartidos ao meio à moda nazarena, ondulados, e cujos cachos caíam-lhe sobre os ombros, a túnica alvíssima, às margens do Tiberíades, os ventos agitando-lhe de leve os cabelos e a túnica, a abrir-lhe os braços.

Aquela visão trouxe-lhe ao pobre coração atribulado uma paz renovadora.

Lígia relembrou da encarnação passada, em que vira o Messias, e que se matara, com a mente perturbada pelo sentimento de culpa, já que fora causadora da morte daquela que, nessa encarnação, é Fúlvia, pois Lígia lhe havia roubado o marido.

Lígia resolvera descansar debaixo daquela árvore. Tirou a túnica e a estendeu no chão; com a trouxa que levava os inferiores apetrechos fez um travesseiro. Deitou-se e dormiu.

CAPÍTULO X

Triste sorte

"O vale dos leprosos alencava
Dores desconhecidas, sofrimentos que torturavam...
Somente os que compreensão utilizavam
Conseguiram avaliar os sofrimentos que ali assolavam."

Lígia, apesar da paz que a inundou, custou a conciliar o sono reparador. A noite estava limpa e clara, o lugar resplandecia, as estrelas cintilavam no céu forrado de veludo azul-marinho, odores de flores pairavam no ar. De vez em quando, ouvia o piar de uma coruja, o bater das asas de um morcego; no entanto, nada a assustava; por fim, adormeceu.

Quando acordou, o sol já ia alto. Ouviu um vozerio em sua volta. Gargalhadas, talvez fosse um pesadelo, esfregou os olhos, olhou em torno, via gente grotesca, com o rosto deformado pela doença, sem nariz, tocos nos lugares de dedos, cheiro nauseante de sujeira, de carne putrefata.

Um homenzarrão gritava para a tribo:

–Vejam, uma donzela, talvez virgem ainda, sem vestígio da doença, somente a face do lado direito repuxada, distorcendo-lhe um pouco a boca. Convido os homens, antes de perderem a virilidade, que saciemos nossos desejos nesse corpo jovem, livre das imperfeições que nos assolam.

Lígia suplicava misericórdia.

–Vamos tirar-lhe a túnica – replicava o homenzarrão.

Os homens a rodearam e a despojaram das roupas. Lígia chorava e orava, pedindo clemência para o filho que trazia nas entranhas. O homenzarrão, babando, tirou as vestes e aproximou-se de Lígia. Esta gritou:

– Mulheres que aí estão, apiedem-se de mim, a lepra me assolou, no entanto, trago um filho em minhas entranhas.

Somente ouvia risos sarcásticos. Lígia gritou novamente:

– Jesus, meigo Cordeiro de Deus, valei-me Jesus, que ouve os pedidos dos aflitos, e, quando não consta no carma desses sofredores tais iniqüidades, sempre intervem e, mesmo quando for carma, procura amenizá-lo.

Raquel, uma das mulheres presentes, fora chamar a um que temiam pela força descomunal. Um homem alto, de cabelos loiros, porém queimados pelo sol. Corpo atlético, que não fora o repuxamento da face esquerda, que dava uma forma ao rosto que chamamos de forma leonina, seria até um belo homem, apareceu e foi logo gritando:

– Animal, fazes jus mesmo ao nome que dei, afasta-te dessa jovem, senão terás que haver-te comigo.

– Ah! Já veio o nosso Hércules interceder. Naturalmente a queres para ti.

– Isso não te interessa, e nem interessa aos demais, embora minha mão esquerda esteja encarquilhada, a direita é forte. Que venha ao meu encontro quem estiver contra mim.

O homem vinha munido, na mão esquerda, de um chicote e, na direita, trazia uma foice.

Todos recuaram.

O rapaz, de aproximadamente uns 35 anos, aproximou-se de Lígia. Pegou a túnica e disse-lhe:

– Recompõe-te depressa e fiques junto a mim.

Lígia apressadamente colocou a túnica e colocou-se ao lado de seu salvador. Este pôs o braço sobre seu ombro e a levou para a gruta que habitava. Na pequena gruta, disse-lhe:

– Não tenhas medo. Não irei fazer-te mal. Raquel, o nome que dei à irmã que veio avisar-me, crê como eu em Jesus, e participamos às vezes de algumas reuniões dos cristãos.

– Eu me chamo Lígia, e tu te chamas Hércules?

– Não, aqui ninguém tem nome, pois queremos esquecer dos nossos lares, cada um apresenta o nome que quiser.

– Mas eu quero continuar a chamar-me Lígia.

– Pois será Lígia; no entanto, todos deverão crer que és minha mulher, pois crêem que Raquel também o é.

– Posso dar-te um nome?

– Ele sorriu, mostrando alvos dentes.

– Podes.

– Chamar-te-ei de Marcus, nome de um verdadeiro amigo, e nome que darei a meu filho.

– Porém, diga-me, como vieste parar aqui? Tuas vestes indicam que és nobre.

Lígia, então refeita, contou-lhe tudo o que se passara em sua vida, somente não mencionou o nome de seu pai, por ser demais conhecido. Marcus ofereceu-lhe uma casca de pão que havia roubado um dia antes. Num fogareiro improvisado de pedras havia lume aceso com gravetos e um tacho emanando delicioso aroma. Era um chá que Marcus, profundo conhecedor de ervas, havia colocado para a pouca refeição matinal.

Lígia falou-lhe:

– Marcus, o que tens é pouco e mal dá para ti e Raquel, e queres que eu ainda coma; possuis alma nobre e boa; no entanto, creio que Babucha, às dez horas, como havíamos combinado, virá trazer-me refeição própria para o dia todo. Alimenta-te juntamente com Raquel e fiques tranqüilo.

– Meu Deus, essa mulher virá aqui durante o dia?

– Sim, que mal há?

– Irão por cima dela qual chacais em fúria.

Lígia soltou um gemido, misto da dor que a acometia às vezes no braço, na mão e na face direita, de apreensão por Babucha.

Marcus falou-lhe:

– Sentes dores?

– Sim, de vez em quando.

– Preparar-te-ei uma efusão em folhas que te aliviará, depois, com a evolução da doença não sentirás mais dor, ao contrário, tornar-te-á insensível, e muitas vezes poderás queimar-te, pois não diferenciarás o frio do calor. Minha mão esquerda já está assim, vês, parece mais uma garra, logo perderei os dedos. Somente peço a Deus que me ajude, para continuar a proteger a ti e a Raquel. Aqui prevalece a força, a astúcia, a cobiça. Quando eu perceber que não poderei protegê-las, acharemos um lugar mais seguro. Fica aqui, vou sair e tentar encontrar a tal mulher de que falas e avisá-la para trazer tua refeição à noite, e deixá-la escondida num determinado ponto.

–Vou contigo. Babucha não irá acreditar no que dizes se não me ver.

– Raquel – disse Marcus –, tu ouviste nossa conversa: sairemos pelos fundos da gruta. Assim que sairmos, encosta novamente a pedra no lugar, fecha a porta que improvisei para entrada e entabule conversas, como se aqui estivéssemos os três. Pois, conhecendo o animal como conheço, virá de vez em quando tentar ouvir algo. Espera, deixe-me fechar a gruta.

Marcus fechou uma tosca porta improvisada e, com força extraordinária, colocou pedras pesadas detrás, para evitar a entrada de estranhos. Saíram pela saída dos fundos, feita por ele mesmo. Logo alcançaram a estrada, escondendo-se atrás das árvores que a ladeavam. Viram Babucha vindo com um pequeno cesto, andando a pé e suando em bicas, devido à gordura de seu corpo.

Lígia saiu detrás da vegetação e falou para Babucha:

– Bá, querida, pare, não quero aproximar-me muito de ti. Vê, esse é meu amigo, Marcus, que me ajudou no vale dos imundos. Se não fosse por ele, talvez eu estivesse morta a esta hora.

– Lígia, filhinha querida, não tenho medo da doença, queria abraçar-te!

– Não, Bá, se ficares doente, quem me valerá? Peço-te, não venhas mais de dia e sim ao anoitecer; no entanto, tenho medo de salteadores, e não quero que sejas prejudicada. Por esse motivo, pede a Lúcius que te acompanhe, e mesmo o pai de Fúlvia, que está a par de minha desventura. Ele te auxiliará, se falares em meu nome, talvez ele mande um de seus servos trazer-te de biga.

Mal acabaram de falar, divisaram uma biga na estrada. Esconderam-se na mata, porém Lígia reconheceu aqueles cabelos brancos, enevoados pelo tempo. Era Marcus, pai de Fúlvia, que viera constatar se Lígia queria realmente ficar no vale dos leprosos.

Lígia saiu de seu esconderijo, feliz e risonha com a preocupação do amigo. Acenou-lhe e este parou a biga, trazendo os cavalos pelas rédeas.

– Fica de longe, pelos deuses, não quero perder tão grande amigo.

– Lígia, se eu ficar doente não me perderás, ficarei contigo.

Lígia tinha os olhos umedecidos pelo pranto prestes a jorrar; naquelas horas amargas encontrava afeto sincero. Apresentou os dois amigos, dizendo:

– Marcus, este é Marcus.

Ao ver o que dissera, soltou uma gargalhada jogando a cabeça para trás, com os cabelos em desalinho, e explicou melhor ao pai de Fúlvia:

– Lá no vale dos leprosos ninguém utiliza o nome dado pela família, pois querem esquecer-se de que a tiveram. Então de a ele o nome que será também o do meu filho.

E contou o que sucedera no vale e como Marcus a defendera. Os dois homens olharam-se fundo nos olhos e sentiram-se como irmãos batalhando por uma causa. Involuntariamente, aproximaram-se um do outro e cumprimentaram-se à maneira romana. (Eram dois irmãos que se encontravam: Simeão e Longínus).

– Que Jesus te abençoe – balbuciou o pai de Fúlvia.

– Que Ele abençoe a todos nós – respondeu, cruzando os dois dedos indicadores, embora um deles encarquilhado.

Este era o sinal usado na época pelos cristãos, que era o mesmo que dois peixes cruzados.

Estabeleceram, Babucha e o pai de Fúlvia, que deixariam a refeição na mata perto do vale, atrás de uma pedra demarcada por um X. Caso alguém descobrisse o esconderijo, Marcus acharia um meio de mudá-lo para outro local, e demarcaria com uma cruz. Fariam isso próximo à hora dos anjos, conforme ensinado por Jesus, isto é, ao entardecer, perto das seis horas. Marcus sairia mais tarde do esconderijo e pegaria a merenda. Babucha disse que mandaria mais roupas a Lígia, pois a túnica dela estava rasgada pela cupidez dos homens que se encontravam no vale.

Lígia perguntou ao pai de Fúlvia:

– E Gláucius?

Este respondeu-lhe:

– Já voltou de Tíber esta noite, pois terá de fazer um discurso em praça pública esta tarde.

– Eu quero vê-lo.

– É insensatez – murmurou Marcus.

– Por favor, Marcus, volte tu para companhia de Raquel, que eu ficarei escondida na mata. Babucha me trará uma túnica, uma faixa e um véu, com que esconderei a face.

O pai de Fúlvia respondeu:

– Tenho uma casa que atualmente está vazia, pois os caseiros rumaram para Corinto; ficarás lá até mais tarde, e levar-te-ei a túnica que queres. A casa possui alimentos deixados pelos caseiros. Tu mesmo prepararás tua refeição. Tem um vasto pomar onde encontrarás inúmeras frutas.

– Então, Marcus, leva esta refeição para ti e Raquel e não te preocupes, saberei voltar pelo caminho que viemos, e não haverá perigo de deparar-me com o animal.

E assim foi efetuado.

À tarde, um palanque foi colocado em praça pública. Lígia chegou cedo e sentou-se num toco que ficava embaixo, justamente onde Gláucius ficaria para fazer seu discurso. Aos poucos, o povo começou a juntar-se, para ouvir o recém-senador.

Gláucius chegou imponente em sua túnica de linho alvíssimo, rebordado por fios dourados. Trazia na fronte a fita de cetim dada por Lígia. Ao vê-lo, Lígia sentiu um amor enorme a avassalar-lhe a alma; ficou contente por Gláucius usar a fita por ela oferecida. Ele começou a falar; era orador em potencial. Possuía uma eloqüência que fazia enternecer o mais arrogante coração. Em determinado momento, empolgado por suas próprias palavras, deu um passo à frente, encostando-se na balaustrada do palanque. Lígia pôs a cabeça para fora, a fim de observá-lo melhor. Na veemência de suas palavras, expeliu uma quantidade enorme de saliva que caiu sobre o braço esquerdo de Lígia. Aquilo para ela foi um consentimento dos céus; pegou o braço e beijou, como se estivesse beijando o próprio Gláucius, enquanto de seus olhos escorriam grossas lágrimas molhando o véu que lhe cobria a face. Murmurava, enquanto passava a mão sobre o ventre.

–Viu, filhinho? Sentiu teu paizinho? Foi um pouco de sua saliva, mas, filhinho, é que papai não sabe que existes, que habitas minhas entranhas, caso contrário ele iria ao teu encontro e te afagaria, cobriria de beijos teu corpinho em formação. Porém, não fiques triste, mamãe está contente por ter-te por pouco tempo, e está feliz por hoje ter sentido um pouco do calor de teu paizinho.

Gláucius, no entanto, não se apercebeu de nada. Ao acabar o discurso, uma saraivada de palmas o animaram. Alguém debaixo do tablado o ovacionava, batia palmas com mais força. Gláucius tentou em vão ver quem era. Debruçando-se, viu apenas um vulto de mulher, tentando esconder-se. Então deu as costas e abraçou Fúlvia, que o estava esperando. Lígia saiu do local, com a mão esquerda escondida sob a túnica, e divisou os dois abraçados e agradeceu aos céus.

– Grata te sou, Deus meu, porque orientaste Gláucius a seguir meus conselhos; ouviu meus rogos na carta que lhe escrevi, escolhendo uma pessoa boa e digna.

Depois que o povo se dispersou, Lígia empreitou uma longa jornada de retorno ao vale dos imundos, ao encontro da triste sorte que a esperava. O que a impelia a ir para a frente era um dia rever de longe o pai amado, e dar a ele o filho que trazia no ventre, para suprir sua falta. Lígia facilmente encontrou o caminho de volta. Raquel e Marcus a esperavam ansiosos, com medo de que algo acontecesse.

Lígia afeiçoou-se a Marcus e Raquel, e estes a ela. Animal nunca mais tentou nada contra Lígia, porém, quando via os três passarem, um sorriso sarcástico surgia de seus lábios, e às vezes sussurrava:

– Esse Hércules é um privilegiado; já não chega a jovem judia, morena, agora uma loira!

Ambas deixavam transparecer no olhar o grande amor que devotavam a Marcus. Inúmeras vezes, Lígia saía e às ocultas, entre as sombras da noite, ia ver Gláucius; outras vezes sentia saudades de sua mãe e sua irmã, embora elas lhe tivessem ocasionado muito mal. A força do sangue falava mais alto, então ficava espreitando-as.

A doença progredia rapidamente. Sua pele, que antes parecia de pêssego, agora estava grossa; seu rosto, do lado direito, repuxava. Seu braço atrofiava-se, a mão direita mais parecia uma garra. Já não sentia dores; talvez a doença faria o que fez com Marcus, ou Hércules, como o chamava o Animal; logo perderia seus dedos. A barriga se tornara bem visível; já estava quase no sétimo mês de gestação. Todos no vale acreditavam que a criança era de Marcus. No entanto, Marcus, cristão, respeitava Raquel e Lígia como irmãs. Os três viviam na pequena e limpa gruta. Lígia e Raquel dormiam juntas, enquanto Marcus arrumara uma tosca cama mais além. Todavia, Marcus nutria por Lígia um sentimento estranho, um misto de amor ciumento conquanto puro.

Ao ver Marcus passando com Raquel e Lígia, Animal disse:

– Aí vai nosso Hércules, acompanhado das duas que eram donzelas e já não o são. Vede, irmãos, a mostra está na moça loira, vede como está avançado o estado de gravidez – e soltou estrondosa gargalhada.

– Hércules, ou Marcus, como Lígia o chamava, enfureceu-se de tal maneira que avançou sobre o Animal, forçando-o a pedir desculpas pelo que dissera.

Quando Lígia saía para ver Gláucius, ultimamente, Marcus queria acompanhá-la, alegando o estado avançado da gravidez.

Lígia burlou a vigilância de Marcus e, mais uma vez, foi ver Gláucius sozinha, pois soubera, por intermédio de Lúcius, que ficara noivo de Fúlvia e ia naquele dia passear no mesmo lago em que Lígia fora em sua companhia.

Saiu de manhã cedinho, embrenhou na mata, escondeu-se e ficou esperando pelo casal. Enquanto esperava, falava com o seu filho, como se a criança tivesse nascido e entendesse o que ela dizia.

– Meu filho, meu pequenino Marcus Július, hoje iremos ver teu pai, meu querido, irás sentir a presença e sentirás o quanto ele te quer, o quanto ele te ama. Portanto, filho de minha alma, aproveita este ensejo de vê-lo, de senti-lo.

Ao dizer estas palavras, acalentava o filho no seu ventre.

Logo após, Gláucius chegou em companhia de Fúlvia. Estenderam a toalha de linho, colocaram ali o saco e começaram a palestra amorosa. De onde estava, Lígia não podia ouvir o que diziam, no entanto podia observar o que se passava. De súbito, viu que Fúlvia dava um pulo, e Gláucius ria a bem valer. Aguçou a visão, arrastou-se até perto de onde os dois se encontravam e percebeu que Fúlvia pensara que fosse coisa de alma de outro mundo e tremia de medo. Gláucius, a princípio, também assustara-se, porém quando vira a sombra esverdeada, tomou ciência do que era. Pegou a pequenina rã pelas costas e colocara perto de Fúlvia, que morria de medo.

Lígia torcia pela amiga e sussurrava consigo mesma:

– Pegue a rã, Fúlvia, e jogue em cima dele, assim ele pára com essas criancices.

Porém, Fúlvia estava por demais apavorada para raciocinar no que deveria ou não fazer. Lígia pensava: – Se fosse comigo, mesmo que essa coisa tivesse dentes, eu a pegaria e a jogaria dentro da túnica de Gláucius. Ele iria torcer-se todo, até tirar o cinturão que lhe cinge a cintura. Não, Fúlvia tinha razão. Não deveria fazer isso. Devido seu temperamento intempestivo acontecera-lhe de engravidar. – Sim – pensava Lígia, conversando com seu filho, diga-me, o que preferes, morares com teu pai e essa amiga querida, ou com teu avô? Responde-me, por Deus, que eu não sei o que fazer. Como é? Queres morar com teu pai?

A criança, como resposta, deu-lhe um estrondoso pontapé. – Ai! – disse Lígia, – não fiques bravo dessa forma, não precisas machucar-me dessa maneira, tem calma. Já sei, queres morar com teu avô.

A criança ficou quieta. Lígia achou que aquilo era uma forma de responder.

Assim, Lígia decidiu-se de vez que mandaria a criança ao seu pai. Não deveria esquecer o sonho que o pai tivera. A criança começou a mexer-se sem parar. Lígia queria ver o que se passava entre Gláucius e Fúlvia, e falou ao filho:

– Fiques quieto, senão dou-te umas palmadas.

Contudo, caiu em si do que dissera e pensou: – Faltam somente dois meses para nasceres; depois deverei separar-me de ti, meu anjo adorado, vida de minha vida, partícula de meu ser. O coração dói-me tenazmente somente ao pensar que vou separar-me de ti. Ah, que sofrimento quando se der essa separação. Filho de minha alma, não tenhas pressa de nasceres, fica o tempo que quiseres em meu ventre. Quisera carregar-te eternamente dentro de mim; somente assim terei certeza de estar contigo. Para mim, és um querubim de rara e transparente beleza. Talvez sejas a criança mais linda existente sobre a Terra. Não irás ver-me, não sentirás o meu calor, o meu acalanto, mas, filho, és tu, somente tu, que me dás alento e forças para viver. Espero que sejas um bom e querido menino, que sejas a menina dos olhos de teu avô. Que tua tia e tua avó te queiram bem, desejando amor puro e sincero em seus corações!

Lígia esquecera-se completamente de Gláucius e Fúlvia, de seus colóquios, de suas trocas de carinho, para dedicar-se completamente ao filho querido. Sentara-se sobre a grama e chorava silenciosamente, enquanto Gláucius ignorava totalmente sua presença. Todavia, a emoção era grande, e devido ao calor, à emoção, a pressão arterial caíra sensivelmente e Lígia desmaiara.

Marcus, apreensivo com a ausência de Lígia e lembrando-se do que Lúcius havia dito, que Gláucius e Fúlvia iam ao lago, foi procurá-la, encontrando-a desmaiada. Debruçou-se sobre Lígia, afagando-a com carinho e amor. Vendo-a desmaiada e pálida, olhou para Gláucius, indiferente a tudo e trocando juras de amor com Fúlvia. Ele, causador da desventura de Lígia, que estava naquela situação devido à insensatez de uns momentos de desvario do sexo. Fazia uma comparação entre Gláucius e si mesmo. Marcus sempre refreou seus impulsos no tocante ao sexo. Por que Gláucius não fazia o mesmo? Ambos eram homens e tinham a mesma necessidade. Olhou para Gláucius: este procurava cada vez mais aumentar os carinhos calorosos com Fúlvia. No íntimo, Marcus revoltava-se, pois fazia de tudo para Lígia retornar a si e não conseguia. Esqueceu-se de onde estava e, então, de sobressalto, deu um urro animalesco. Gláucius e Fúlvia olharam para o local em que Marcus se encontrava e conseguiram divisar o vulto enorme, e viram que ele era portador de lepra. Arrumaram depressa a merenda, subiram na biga e Gláucius fustigou os cavalos, desaparecendo entre a poeira da estrada.

Lígia, aos poucos, foi voltando a si, e Marcus ajudou-a a levantar-se e a recompor-se, perguntando-lhe:

– Que comeste, pequena Lígia?

– Nada, Marcus.

– Não pensas em teu filho que trazes no ventre? Achas que ele também deverá fazer jejum?

– Não fales dessa forma comigo, por misericórdia, peço-te. Sabes que o que mais amo e quero neste mundo é esta criança, e de forma alguma quero causar-lhe mal.

– Somente quero lembrar-te, e digo-te mais: esqueceste que temos hoje um encontro com nossos irmãos cristãos? Sei que queres orar em prol dos teus, principalmente da tua irmã, que não quer aceitar o casamento com Plínio.

– Tens razão, Marcus.

– Como podes, Lígia, orar pelos outros, quando tantos males te afligem?

– Não me conheces, Marcus. Enquanto me preocupo com os outros, esqueço-me de mim e não tenho tempo de sentir pena de mim mesma. Porque, quando isto acontece, o desânimo avassala-me a alma e tenho vontade de morrer. Enquanto estiver preocupando-me com os outros, esqueço-me de mim, de meus problemas, procuro ser útil, ter um propósito na vida. Isto nada mais é do que uma fuga. Não é uma bondade, como queres atribuir-me. Dessa forma não penso em suicídio, não penso em antecipar a morte.

Voltaram para o vale à noite, foram até as catacumbas, onde se reuniam os irmãos do Caminho.

Havia inúmeros adeptos, consumidos pela lepra e outras doenças, que ali vinham à procura de um alento para suas dores. Alexandre ia fazer a oratória aquela noite. Novamente, ao pegar os inúmeros pergaminhos que outro irmão lhe apresentava, Alexandre escolheu o que falava sobre o Sermão da Montanha e as bem-aventuranças:"Bem-aventurados os que choram, porque eles serão consolados. Bem-aventurados os mansos, pois eles herdarão a Terra. Bem-aventurados os que têm fome e sede de justiça, porque eles serão fartos. Bem-aventurados os misericordiosos, porque eles alcançarão misericórdia. Bem-aventurados os limpos de coração, porque estes verão a Deus. Bem-aventurados os pacificadores, porque eles serão chamados filhos de Deus. Bem-aventurados os que sofrem perseguição por causa da justiça, porque deles é o reino dos céus. Bem-aventurados sois vós, quando vos injuriarem e perseguirem e, mentindo, disserem todo o mal contra vós, por minha causa. Escutai e alegrai-vos, porque é grande o vosso galardão nos céus, porque assim perseguiram os profetas antes de vós."

– Assim, meus irmãos – disse Alexandre, aqui está o manuscrito de Mateus: este é o capítulo V: 3-12. Como vedes, Jesus enaltecia os pobres, os estropiados, os injustiçados, prometendo-lhes a vida eterna, que é a vida além da que vivemos. Pois o Mestre apregoava a todos os instantes que "Meu reino não é deste mundo, há muitas moradas na casa de meu Pai". Além disso, como podeis ver pela palavra do Messias, a causa de todos os males e doenças nada mais é do que as máculas da alma oriundas de outras vidas. Portanto, aqueles que estão neste caminho devem polir suas almas; sendo a doença uma ação para purificar o corpo e a alma, ela é a maior bênção de Deus.

Lígia sussurrou para Marcus:

– É com isso que não me conformo: por que esquecemos os males que proporcionamos? Se lembrássemos, mais fácil seria aceitar nossas provações. Se fui suicida, por que Deus não faz com que eu me lembre disso, para não reincidir no mesmo erro?

Como em resposta a essa pergunta, Alexandre explanava:

– No mundo há coisas que podem ou não podem ser ditas. Estejam atentos os que seguem e os que pretendem seguir este caminho. Meus amigos, ignorantes são aqueles que semeiam o mal e não sabem que irão colher sofrimentos.

Marcus disse a Lígia:

– Viste, Alexandre respondeu-te que às vezes muitas coisas não podem ser reveladas. Vê, ao lado de Alexandre está Lúcius; depois da pregação, poderás conversar com Lúcius e obter maiores esclarecimentos quanto aos teus.

Capítulo XI

Com vinte centuriões...

"Magnânimo Senhor o orbe cria,
Povoando o Universo ilimitado,
Tu que dás o pão ao faminto e ao desgraçado,
E ao sofredor a estrela-guia.

Amparai os que sofrem,
Aliviai as dores que os consomem,
Dai-lhes o alento da fé renovadora,
Para que possam vencer a luta e a dor redentora."

Após a palestra de Alexandre, Lúcius, o antigo escravo de Demóstenes, tomou a palavra, dizendo:

– Queridos irmãos de minha alma, não vos falo por intermédio de minhas cordas vocais, porém, por intermédio de meu coração, enternecido com a presença de irmãos que aqui estão, doentes do corpo e da alma. Se os doentes do corpo são dignos de piedade, os doentes do espírito o são mais. Enquanto os doentes do corpo estão resgatando erros de um passado delituoso, os do espírito estão angariando débitos. Através de sua visão limitada, o homem não pode perceber o plano traçado por Deus, para que possa redimir-se de seus erros. Não conseguem ainda discernir o certo, separar o bem do mal. Porém, Deus enviou-nos seu Filho dileto, a fim de dar-nos o exemplo de amor, de perdão, de misericórdia. Ensinou-nos a amar o próximo como a nós mesmos. Quando todos os homens abrirem as portas de seus corações, desaparecerão as trevas que envolvem a Terra. Todo homem ou mulher é um espírito simples que Deus pôs na Terra; nós próprios nos desviamos da senda certa. Purificando espíritos, estamos conduzindo-os ao estado original. Chegará a Era da Justiça. Os que estiverem ao lado do bem viverão felizes, e os que estiverem ao lado do mal serão desterrados, como muitos de nós já o foram de outro planeta mais evoluído. Para vencer as labutas deveremos ter dentro do íntimo de nossos seres a fé, o amor e a sinceridade. A fé remove montanhas, o amor constrói. Sinceridade é um tesouro inestimável, que se acumula nos corações das pessoas que procuram elevar-se moral e espiritualmente. Jesus é um exemplo edificante e nobre, mostrando-nos que o único poder que constrói um mundo de paz é o amor. Quem caminha orientado pela justiça divina, amparado na bengala do amor e da fé, nada tem a temer. Sei que muitos dentre vós padecem sofrimentos horríveis, que são a colheita do que semeastes. Porém, lembrai-vos que uma pedra preciosa, admirada por todos, sem o aperfeiçoamento e sem o devido polimento, não passa de um simples cascalho. A Terra é uma escola de aprimoramento, onde estão mesclados o bem e o mal, para que os homens consigam se aperfeiçoar mutuamente. Procurai, portanto, enaltecer o bem, menosprezando toda conduta maléfica. Para encerrar, peço-vos do fundo do coração, vós que sois portadores de males materiais, por uma pessoa que sofre do mal espiritual: trata-se de uma jovem, da qual direi apenas o prenome, chamada Lídia, peço-vos eleveis ao Pai uma prece emanada do fundo do coração por essa criatura, cujo espírito acha-se envolto em sombras espessas, que a levarão à loucura.

Lígia estremeceu. Lúcius estava falando de sua irmã. Olhou para Marcus e sussurrou:

– É de minha irmã que ele está falando. Ajuda-me a orar, Marcus.

Lúcius prostrou-se de joelhos e muitos seguiram seu exemplo. Ergueu aos céus uma prece sentida, não saída dos lábios, porém, do coração, prece enternecida. Lúcius ficou aureolado por estranha luz, vinda do Alto. Os adeptos do Caminho não estranharam esse fato, pois já estavam acostumados com essas visões benéficas. Todas as reuniões dos adeptos do Caminho eram assistidas por espíritos de real grandeza, que proporcionavam aos espectadores, conforme os pensamentos deles mesmos, paz interior, conforto espiritual, bálsamo para as dores que os avassalavam. Muitas curas eram realizadas naqueles momentos, muitos carmas eram aliviados, muitas atribulações sanadas. Assim que acabou de orar, Lúcius acercou-se de Lígia e Marcus e, antes de os cumprimentar, à moda romana, cruzou os dedos indicadores, como de hábito entre os cristãos daquela época. Após o cumprimento, Lígia perguntou:

– Lúcius, que está havendo com minha irmã? Sei que é de Lídia que estavas falando. Por Deus, conte-me tudo, não me omitas nada.

Lúcius respondeu-lhe:

– Serei sincero e contar-te-ei o que for permitido, mas lembra-te das palavras de Alexandre:"No mundo há coisas que podem ser ditas e outras que não podem". Vou contar-te somente o que me for permitido: Lídia fez um pacto com Plínio. Se este a ajudasse em determinada coisa, casaria com ele. No entanto, depois que conseguiu o que queria, viu que Plínio não era o companheiro que esperava. Flávius, mais assiduamente, freqüentava sua casa, fazendo corte acirrada a Lídia. Esta apaixonou-se por Flávius e não queria mais saber de Plínio. Este, colocado em segundo plano, prometeu contar o projeto hediondo que fizeram. Lídia resolveu então exterminar Plínio: cortou as trelas que atavam a biga do rapaz aos cavalos. No entanto, naquele mesmo dia Flávius foi visitá-la. Plínio, para o menosprezar, pois Flávius nunca foi bom na corrida de bigas, começou a instigá-lo para que corressem juntos, como numa competição, cujo prêmio final seria Lídia. Lídia, que tudo ouvira, fingindo que entrara naquela hora na varanda, disse a Flávius:

"– Não vás decepcionar-me, Flávius. Tenho certeza de que irás vencer a corrida". Dizia isso com a certeza de que Flávius realmente ganharia a corrida, pois cortara as trelas da biga de Plínio.

Após ser instigado, e como o prêmio era a pessoa amada, Flávius resolveu aceitar o convite de Plínio. Porém, disse:

"– Não está certo, Plínio, tu participas sempre das corridas de bigas e possuis cavalos velozes; todavia os meus são cavalos não acostumados a correr. Tens, portanto, maiores probabilidades de ganhar, estás fazendo-me proposta desleal".

"– Se é este o motivo, trocaremos de bigas"– retrucou Plínio.

Lídia interveio:

"– Creio ser melhor trocarem somente os cavalos, pois as bigas não têm importância. E tu, Flávius, estás acostumado com a tua.

Flávius não quis dar-se por vencido e disse:

"– Não há necessidade. Somente acho os cavalos de Plínio mais fogosos. Vamos logo, para a corrida, e o perdedor, como tu mesmo propuseste, afastar-se-á, deixando o terreno para o outro conquistar a prenda almejada. Portanto, vamos logo, Plínio".

Flávius e Plínio não notaram o terror estampado no rosto de Lídia. Pegaram a estrada e partiram à toda. O ponto de chegada seria as margens do Tibre. Lídia os seguiu com os olhos esgazeados pela dor. Flávius estava na biga de Plínio, que Lídia serrara. Apenas se tinham afastado um pouco da casa de Lídia, após uma curva efetuada em alto galope, quando Flávius, que ia na frente, sentiu sua biga desmoronar-se, soltando-se da parelha de cavalos, e, como se movimentava em alta velocidade, Flávius foi arremessado fora dela, batendo a cabeça fortemente numa pedra, perdendo o sentido. Foi trazido para a casa de Lídia. Esta o tratou por diversos dias, ajudada pelo médico da família de Marcus, pai do rapaz.

Fúlvia e seu pai se revezavam junto ao leito do moço, que não fora levado à sua casa, pois o médico dissera que essa remoção poderia ser prejudicial. Lídia, no entanto, não arredava pé da companhia de Flávius.

Gláucius, sabedor da situação. mandou-me até lá para que ajudasse no revezamento junto à cabeceira do enfermo. Orei. pedi a Jesus que me desse forças, a fim de curá-lo, porém ouvi uma voz a dizer-me:"A cada um será dado segundo suas obras. Intervir seria uma iniqüidade às leis de Deus". Diante disso, somente poderia aliviar-lhe as dores, transmitindo-lhe eflúvios benéficos que vinham do Alto. A enorme brecha de sua cabeça logo cicatrizou-se, trazendo esperança ao médico. Porém, ao voltar a si, o rapaz gritava o nome do pai, da irmã de Lídia, tateava. Estava cego e surdo. Num momento de transe, vi-o em outra vida se suicidando, abrindo com a espada o crânio, ao mesmo tempo em que ouvia uma voz maviosa a dizer-me:"Esse filho querido, talvez, levará milênios para emendar-se. Se numa encarnação resgata, em outra fere as leis do Pai e retoma o ponto de partida. Ele ajudou, com o magnetismo que possuía, com o hipnotismo, a fazer lavagem cerebral em muitos cérebros em outro planeta. E essas pessoas, essas almas prejudicadas por ele não querem a sua ascensão. Como ficaram cegos e nada viam pela frente, a não ser o que ele queria, deixando as leis de Deus para trás; como ficaram surdas, as diretrizes benéficas daquele planeta querem que ele fique também assim, sempre o instigando para que seja prejudicado. Foram milhares de criaturas desviadas por ele, por ti, Lígia, por ti, Marcus e por inúmeros outros que faziam parte de um grupo enorme que procuravam denegrir aquele planeta. Lídia, ao constatar o estado do rapaz, ficou desesperada; forte febre a assolou e, no seu delírio, vim a saber o que estou narrando-te".

– Mas o que ela e Plínio fizeram? – perguntou Lígia.

– Como te disse anteriormente, existem verdades que podem ser ditas e existem outras que não podem.

Lígia ficou pensativa, com pena da irmã e de sua mãe.

Enquanto estes acontecimentos se davam, Fábius retornara da viagem e fora procurar a esposa e as filhas.

Lígia Alexandra estava chorosa. Narrou o acontecido de Lídia. Fábius então perguntou por Lígia. Lígia Alexandra contou que a filha contraíra a moléstia e, sabedora de que era portadora de lepra, resolveu ir embora, sem avisar ninguém. Fábius ficou como louco. Chorava e perguntava à esposa se esta não procurara saber onde estava Lígia. A esposa respondeu-lhe que sim, porém, todos seus esforços foram inúteis.

Desalentado, foi para junto de Lídia, velar-lhe a cabeceira, pois a esposa estava cansada, e Lúcius tinha ido assistir à palestra de Alexandre. Embora extenuado pela viagem, pai amoroso, ficava ao pé do leito da filha. Esta, em determinada hora, quando a febre estava alta, começou a delirar, dizendo:

– Lígia já deve estar contagiada pela moléstia. Quando isso ficar constatado, forçarei mamãe a mandá-la embora para o vale dos imundos e Gláucius será somente meu. Ananias escarrou em sua boca; ela logo ficará contagiada. Plínio teve boa idéia, mas não, não quero casar-me com Plínio, é Flávius que eu quero. A biga, sim a biga, matarei Plínio, e Flávius será meu; entrarei para a família e conquistarei Gláucius também. Não, Flávius, não subas na biga, é Plínio que deve fazê-lo. Lígia, Lígia foi embora, mamãe mandou, ela tem medo da doença. Flávius, não, Flávius, não subas. Ele está cego, ele me procura com as mãos, não posso casar-me com um cego, ele está surdo também, que vou fazer? Se Plínio descobrir, ele me mata, ele vai me matar, é praga de Lígia, ela me odeia pelo que fiz. Não, Lígia, não, Flávius, vão embora e levem Plínio com vocês, deixem-me sozinha.

Fábius compreendeu toda a trama urdida por Lídia. Chorou pela maldade daquela filha, chorou porque ela iria sofrer pelo que fizera. Em altos brados, chamou a esposa e obrigou-a a contar a verdade sobre Lígia. Esta, amedrontada, acabou confessando tudo. Fábius lhe disse:

– Não parece que geraste Lígia em tuas entranhas, não agiste como uma verdadeira mãe, pois aquela que é mãe e tem amor tudo faz para amenizar a dor dos filhos. Eu te amava, mas agora não sei se sinto amor ou dó, pois és digna de dó. Tiveste medo da doença de tua filha, mandando-a embora; quantas mães pedem para si as doenças de seus filhos, no intuito de aliviá-los? Não és digna de ser chamada de mãe, não és digna nem de ser chamada de fera, pois até as feras protegem os filhotes. Tenho dó de ti, que precisaste ver tua filha dileta, por quem és capaz de praticar os mais sórdidos crimes, na situação em que se encontra. Se na meninice tivesses procurado cortar as más tendências de Lídia, talvez ela não se encontrasse nessa situação. Acusavas-me de dar mais atenção a Lígia. No entanto, eu assim o fazia porque a via menosprezada por ti, por ser ela portadora de convulsões que te aborreciam. Irei, ao amanhecer, à casa de Marcus, pai de Fúlvia, pedir ajuda. Pedirei a ele que me arranje uma escolta de soldados, e se Lígia estiver viva, mesmo que a vir podre, caindo aos pedaços, trá-la-ei à minha casa, e, quer queiras ou não, tu e Lídia cuidarão dela. Levá-la-ei a Corinto, aos homens do Caminho, ou mesmo a Damasco, a Éfeso, removerei céus e terras, e tudo farei para curar minha filha. Cuide de Lídia e ouve o que ela diz; talvez assim reconheças como estiveste errada até agora, desculpando sempre os maus atos dela. Se a repreendesses quando necessário, não procurando acobertá-la, talvez ela fosse melhor. Se, mesmo assim, ela trilhasse o mau caminho, terias a consciência tranqüila perante Deus, por procurar orientá-la.

Dizendo isso, Fábius retirou-se, deixando a esposa imersa em seus próprios pensamentos e ouvindo os delírios da filha. Somente naquele momento é que Lígia Alexandra deu-se conta de quanto estivera errada, e soluçava. Fábius foi até o seu quarto orar, para esperar o alvorecer e ir ao encontro do amigo.

Quando amanheceu, dirigiu-se à casa de Marcus, deparando com Gláucius, que passou a noite ali, à cabeceira de Flávius. Gláucius, sem jeito, perguntou-lhe:

– Como foi a viagem?

Ao que Fábius respondia aos monossílabos. Ele interpelou Gláucius:

– Eu já soube o que aconteceu a Lígia, e também que resolveste casar-te com Fúlvia. Não te recrimino por isso. Somente acho que, devido ao amor que Lígia sentia por ti, deverias ampará-la, mesmo que fosse de longe, caso tenhas medo da doença. Deverias, pelo menos, arranjar um lugar isolado para que ela ficasse. Onde está o amor que dizias nutrir por ela? O amor sincero não deixa de amparar o ser amado, tanto na alegria como na tristeza. Tenho pena de ti, pois não trazes amor em teu coração. Não me refiro que devias casar-te com ela, isso não. Porém, deverias ampará-la. O que está feito, feito está. Ainda bem que a doença se manifestou antes das bodas e não houve relacionamento entre os dois, caso contrário poderia haver um inocente no meio disso tudo.

Um arrepio passou pelas costas de Gláucius e, em sua mente, criou-se um ponto de interrogação. Não pensou na possibilidade de Lígia estar grávida, achou que ela lhe contaria. Marcus e Fúlvia vieram ao seu encontro. Fábius e Gláucius foram, em companhia deles, ver Flávius. Logo após, Fábius expôs o plano de encontrar Lígia e Marcus, que sabia onde Lígia se encontrava. E conhecia bem seu companheiro de infortúnio, sofrendo e querendo proteger a filha, enquanto ele sofria pela desventura do filho. Porém, estava preso a um juramento e não podia falar toda a verdade. Concedeu ao amigo a escolta pedida. Fábius, em companhia de vinte centuriões, dirigiu-se ao vale. Fábius, lá chegando, gritava o nome da filha:

– Lígia, Lígia querida, sou eu, teu pai, Fábius, vim buscar-te, não me importa se estás deformada! Não me importa o jeito que estiveres, pois amo-te e quero-te em minha companhia! Venha aos meus braços, filha querida, não ajas como potranca selvagem! Não me faças sofrer! Entrarei com os centuriões de gruta em gruta, até encontrar-te. Quero-te ao meu lado. Não tenhas medo, não irei contrair a doença. Em Damasco estive com os homens do Caminho. Vi e os ajudei a tratar de inúmeros doentes, inclusive leprosos. Portanto, filha, não te escondas, por Deus, não te escondas, por misericórdia! A ti, Jesus, eu rogo que minha filha esteja viva! Quero vê-la, matar as saudades que avassalam minha alma! Pai Amantíssimo, que és todo amor e bondade, tem piedade deste pai!

Lígia, que o ouvia, chorava copiosamente. Teve ímpetos de ir ao seu encontro, de abraçá-lo, dar um beijo naquelas mãos benfazejas. Mas, olhava para o ventre volumoso e sentia pudor. Não poderia encarar o pai nessa situação. O corpo todo lhe tremia. Raquel e Marcus adivinhavam o que ia na mente de Lígia. Fábius, inconformado, dizia:

– Vamos, soldados, vamos vasculhar gruta por gruta, irei convosco, pois, por mais deformada que estiver minha filha, eu a reconhecerei.

Assim, foi percorrendo as grutas, descobrindo os rostos das mulheres, juntamente com os soldados. Lígia, pelo ruído, apercebera-se e disse a Marcus:

– Depressa, deita-te perto de mim, procura desnudar-te.

– Estás ficando louca, Lígia?

– Por Deus, Marcus, não quero que meu pai saiba que estou grávida. Peço-te que desnudes somente o peito até a cintura, e, quando os soldados chegarem, cobre-me com o teu corpo.

Afoitamente, Lígia puxou a túnica até os joelhos, enquanto Marcus fazia o que ela pedia.

Pensara, antes, em sair pela fenda dos fundos, porém, se os soldados descobrissem, ela não iria muito longe, pois estava muito pesada e não conseguia correr. Raquel saiu da gruta, para dar um toque mais real naquela farsa.

Os soldados de Fábius ali entraram e depararam com um casal entregue aos seus amores. O corpo musculoso de Marcus cobria totalmente Lígia, que estava encostada na parede, deitada em tosca cama. Fábius, ao deparar com aquela cena, disse à soldadesca:

– Estes não possuem nem um pouco de pudor. Vamo-nos embora, que isto me enoja. Sei que não é minha filha, pois ela é pura e meiga, e não uma rameira qualquer.

Lígia sufocou o pranto, quase engasgou com os soluços. Marcus, pela primeira vez, beijou-lhe os lábios, para abafar o pranto prestes a aflorar-se. Diante da gruta avolumara-se uma multidão de leprosos, que acompanhava os soldados, para verificar quem era essa Lígia. Animal estava à frente, na porta da gruta e gritou para Marcus:

– Chega, homem, não é hoje que perderás a virilidade.

Marcus ouviu que Fábius e os soldados estavam indo embora, e ainda ouviu Fábius dizer:

– Vamo-nos, creio que minha filha está morta.

Esperou que eles subissem a escarpa, depois atirou-se sobre Animal com fúria.

– Proíbo-te de dizeres qualquer palavra a meu respeito, senão arrancar-te-ei esta língua suja e maldizente.

Puxou de tal forma a língua de Animal, que este atemorizou-se. Lígia divisou, então, a figura esquálida de Ananias atrás de Animal. Pela primeira vez o via, pois ele estivera, por meses, acamado, assolado por uma estranha febre, que não era proveniente da doença da lepra. Perguntou a Marcus:

– Aquele homem, por acaso, não se chama Ananias?

– Sim, chama-se. Acaso o conheces?

– Sim, dava-lhe de comer.

– Então eras tu?

– Eu, o quê?

– Ananias, uns meses atrás, pouco antes de perecer, ufanava-se por haver transmitido a doença a uma jovem adormecida, que deixou de alimentá-lo.

– Então, o que tive não foi um sonho...

– Mas, pelo que sabemos, a moléstia leva dois anos ou mais para manifestar-se.

– Se for verídico, para mim bastou somente alguns meses. Porém nunca o vi.

– Ele esteve muito doente. Certamente foi castigado. Entretanto, Lígia, se ele ia até tua casa, deve conhecer teu pai, e se te reconhecer será pior para todos, se não queres que teu pai te veja nesse estado.

– Tens razão, Marcus. Somente sairei da gruta pela saída dos fundos.

Naquela noite, Lígia agradecia ao Alto por ter evitado que seu pai a visse naquele estado. Ao mesmo tempo, certa revolta imperava em seu coração, por saber que a doença fora provocada.

Marcus, também um tanto irado, pegou no sono. Sonhou[1] com uma pequena criança loira, que o visitava em uma oficina de ferreiro. Enquanto ele, em outro corpo, malhava o ferro incandescente, o pequenino ser falava-lhe:

– Simeão, deixa de vaidade, deixa o tesouro carnal de lado. Procura, outrossim, encaminhar tua família para o caminho certo da vida. Devido à tua cobiça desmesurada, irás levar aos teus o caos da amargura, tornando tuas noites tristes, vazias, escuras, proporcionado ao teu pobre coração uma grande dor mortal, que terás de sanar em outras vidas. Simeão, em verdade, em verdade te digo, que mais vale ao homem poupar proventos para seu espírito do que para o corpo carnal. Serás responsável pelo que acontecer às tuas irmãs, e posteriormente terás de ampará-las. Livra-te da luxúria, da vaidade, da ira que avassala teu coração terno e bondoso.

Depois o sonho mudou: via um homem pregando às margens do Tiberíades, cuja voz o fascinava. Num lampejo, via duas irmãs partirem para uma vida promíscua, via uma outra ateando fogo nas próprias vestes. Via a si mesmo atirando-se numa fogueira. Um irmão, ao tentar ajudá-lo, viu-se envolto pelas chamas. Outros, partindo para uma vida perversa. Via uma jovem loira, que era sua irmã na outra vida, falando-lhe:

– Simeão, sou eu, Semirâmines, logo reencarnarei. Serei filha de Gláucius. Agora vou dizer-te: quem proteges agora, Lígia, em vida anterior foi nossa irmã querida. Ambos foram suicidas e vieram nessa encarnação depurar os resíduos da encarnação passada. Tereis de lapidar vossos atos pela doença que vos avassala. Peço-vos que não

---

1. Marcus ou Hércules, leproso no vale, relembra, através do sonho, a encarnação na Judéia, onde foi vizinho dos pais de Jesus. O menino loiro que todos os dias passava e o visitava a dar-lhe conselhos era o meigo Rabi da Galiléia. Ferreiro de profissão, sonhava com grandeza e riqueza; seu nome, na época, era Simeão.

vos deixeis tomar pelos momentos de ira. És mais evoluído do que Lígia e deverás dar o exemplo a ela. Procura não te irar, age com bondade com teus inimigos, pois que méritos teríamos de agir com bondade somente com nossos amigos? As doenças terrestres trazem-nos enormes benefícios, principalmente as incuráveis, que servem para lapidar nossas cobiças e vaidade, nossos desejos mesquinhos e promíscuos. De que vale ouvires as palestras dos homens do Caminho, se ages com ira contra teus inimigos? Serás mais respeitado se agires com amor do que se dominares os outros pela força.

Com estas palavras, Marcus e Lígia acordaram, trocaram impressões sobre o sonho e constataram que foram irmãos carnais na encarnação anterior. A partir daquele dia, Marcus agia com mais brandura em relação ao Animal, pensando-lhe as feridas pustulentas, confortando-o, dizendo-lhe do benefício que a moléstia trazia ao espírito. Que é melhor aprimorar nossos espíritos pela moléstia que, além de apodrecer a carne, apodrece também o orgulho e a vaidade, e que, se não fosse a dádiva de estarem naquelas condições, talvez seriam as piores feras humanas existentes no globo terrestre. Ao invés de o chamarem de Hércules, passaram a chamá-lo de Marcus, o benfeitor, que trazia a paz, o conforto a quem necessitasse.

Marcus mudou completamente. Ao invés de prestar seus serviços no conhecimento de plantas, que amenizavam dores cruciantes, começou a ensinar aos outros a conhecer as plantas e a saber utilizá-las.

Capítulo XII

Uma nova vida

"A vida sempre nos dá
Os momentos tristes e os felizes, que teremos de passar.
Depende de nós, de nossas semeaduras venturosas,
Uma colheita serena, proveitosa."

Gláucius e Fúlvia cada vez mais sentiam terno amor um para com o outro. Fúlvia, ao contrário de Lígia, era quieta, pacata, atraindo cada vez mais Gláucius, que, impetuoso como sempre e duvidando das mulheres, convidou-a para um passeio no bosque. Fúlvia o acompanhou, nutria por Gláucius um grande amor, um amor verdadeiro. Por entre juras de amor e carinhos audaciosos, usando de argumentos de que brevemente iriam casar-se, entregaram-se à paixão alucinante que lhes dominava a alma. O corpo jovem e puro de Fúlvia fazia Gláucius pensar em Lígia, e leve sentimento de culpa passou-lhe pela alma. No entanto, logo esqueceu-a.

Passada a ênfase de paixão, ao contrário de Lígia, Fúlvia não pôde refrear as lágrimas. Gláucius tentou consolá-la, dizendo:

– Nada temas, Fúlvia. Marcarei para a próxima semana nossas bodas. Prometo-te ser um marido amoroso e fiel.

– Acho bom – disse Fúlvia soluçando. – Já pensou se eu engravidar?

Gláucius levou Fúlvia para casa. No caminho todo ela não parava de chorar. Chegou em casa com os olhos vermelhos e inchados.

Marcus, de uma sensibilidade fora do limite, olhou para a filha e mais profundamente os olhos de Gláucius. Este, não agüentando o ar perscrutador de Marcus, abaixou o olhar meio constrangido.

Marcus lembrou-se de Lígia, do filho que trazia no ventre. Lembrou-se do que Alexandre tinha-lhe dito de Fúlvia. Ela também era suicida e não queria para a filha sorte igual à de Lígia. Para amenizar todo aquele estado desagradável, Marcus resolveu tocar no assunto das bodas:

– Para quando, Gláucius, pretendes efetuar as bodas de teu casamento?

– Para o mais breve possível. Creio que Fúlvia tem todo o enxoval pronto e que podemos, talvez, marcar as bodas para a semana que vem. O que achas, Marcus? Pois pretendo fazer umas bodas simples, sem ostentações.

– Ótimo, quero que as bodas sejam efetuadas o mais breve possível, pois espero não perder uma filha, porém, angariar um filho querido. Quando quiseres, eu também darei meu apoio sincero; a data que escolheres, para mim estará bem.

Assim, foi combinado que as bodas seriam realizadas na semana seguinte. Fúlvia assim se acalmou. Marcus trocou um olhar significativo com Lúcius, que ali estava aguardando Gláucius, para guiar a biga de volta.

O semblante de Marcus denotava que queria confabular com Lúcius, a sós. Este retirou-se discretamente do recinto e foi seguido, de perto, por Marcus.

– Como está Lígia? – perguntou Marcus.

– Fábius esteve lá no vale, clamando aos céus para que encontrasse Lígia. Infelizmente, não foi ouvido em seus rogos. Voltou desesperado, pensando que Lígia havia falecido. Desabafou-se comigo, cortando-me o coração.

– Ah, Lúcius! Como é difícil guardar esses segredos, vendo um amigo de longos anos sofrendo terrivelmente. Nunca vi um homem chorar tanto como Fábius. Ele me dizia:

– Marcus, amigo querido, creio que a vida para mim não tem mais sentido de ser. Como é triste perder um ente amado nessas condições. Quando saí de casa, Lígia era uma moça sadia, alegre, e quando voltei, não a encontrei mais. Contaram-me o triste episódio que sucedeu a ela. Ah, Deus!, que és Onisciente, Onipotente, por que permitiste que minha filha fosse banida do lar, qual cão sarnento que se atira fora? Como é possível que minha esposa tenha feito isso, ela que concebeu Lígia em seu ventre? Ó Deus, por que me provas dessa maneira? Por que me tiras o que de mais precioso tenho? Poderias tirar-me as riquezas, o poder, não devias tirar-me o que mais quero. Lígia, Lígia, onde estás? Não acredito que estejas morta! Também temia ver-te entre aqueles escombros humanos, destituídos de membros, de dedos, de nariz. Alguns tateavam quase cegos. Feridas purulentas, espalhadas pelo corpo todo. Como é possível, Deus meu, sofrerem tanto? Mesmo assim eu preferia vê-la decompondo-se aos poucos do que sabê-la morta. Que Deus tire minha vida, se necessário for, que me dê uns instantes, um pequenino instante, no qual eu consiga entrever, por uns momentos, minha filha. Tive a impressão de que a tive ao meu lado não somente em uma encarnação, mas em várias, consecutivas, tal o grau de afinidade que tenho com ela. É-me quase impossível conceber a vida sem Lígia.

Como vês, Lúcius, talvez se Fábius soubesse que Lígia está viva novo alento teria pela frente; como sofre o coitado. Quero saber, Lúcius, como vai Lígia, e seu estado de gravidez como está?

– Ela está bem, procura ajudar a todos do vale dos imundos. Ela e Marcus mudaram de tática: agem com amor e carinho com aquelas pessoas carentes dessas virtudes. Sofrem já o afastamento dos familiares e sentem sobremaneira a falta de afeto. Marcus e Lígia compreenderam agora que somente o amor constrói. Passam ungüentos em feridas purulentas, ajudam os mais velhos, as crianças, enfim, espalham pelo vale o que há muito os que lá convivem desejam. Antes, eles eram amblíopes em país de cegos. Queriam conduzir, corrigir os defeitos alheios pela força, coisa esta difícil de se conseguir. Seriam respeitados pela força, não seriam queridos – expôs Lúcius.

Lúcius atendeu ao que Marcus lhe pedira, no entanto, lembrou ao amigo:

– Marcus, meu caro e querido amigo, sei que tens razão, e que realmente seria um grande alento para Fábius saber de sua filha. Mas, tu deste a palavra e prometeste a Lígia que nada seria dito. E tu mesmo disseste que nunca devemos faltar com a palavra dada, por pior que sejam as circunstâncias.

– Sabes, Lúcius, vou ser sincero contigo, creio que aconteceu com Fúlvia o mesmo que aconteceu com Lígia. Por esse motivo incentivei que as bodas fossem o mais brevemente efetuadas.

– Creio que estás certo, Marcus, e que doravante teremos de ter cuidado com Fúlvia. Sabes, como eu também o sei, que Fúlvia, como Lígia, é uma suicida em potencial. Portanto, devemos velar da melhor maneira possível.

– Lúcius, quero que tu sejas o portador da notícia das bodas de Gláucius e Fúlvia para Lígia, porém que o faças com teu jeito especial, pois embora ela se mostre equilibrada, está sofrendo terrivelmente.

– Enganas-te, Marcus, Lígia acalenta em seu coração essas bodas entre Gláucius e Fúlvia, pois quer Fúlvia como verdadeira irmã. Verás como ela aceitará a notícia de bom grado. Será um bálsamo para si; no entanto, Lígia está perto do parto. Espero que até a semana que vem tudo se resolva. Este sim será um sofrimento enorme para Lígia. Separar-se do filho querido, não conseguir, sequer, acarinhar o filho querido e amado, em cujo ventre acalentou por nove meses. Este, Marcus, será o ápice do sofrimento de Lígia. Ela anseia por esse filho, ele é a força motriz que a impele a seguir na vida. Devemos orar para que ela não desanime, que não se deixe dominar pela vontade imperiosa de largar o corpo antes da hora. Marcus, tu tens muita afinidade com ela e terás muitas oportunidades de ajudá-la, em várias encarnações. Procure fazê-lo, na medida do possível, sem interferir no livre-arbítrio dela. Ajude-a sempre que possível, para ela não reincidir sempre nos mesmos nefastos erros. É uma alma batalhadora, porém, fraca, que necessita sempre de uma pessoa amiga a incentivá-la. É ávida por carinho e amor sincero. Procura sempre dar tudo de si, mas espera receber um pouco em troca do muito que dá. Sofre terrivelmente, por não receber um dízimo do que dá. Vive atrás de um amor sincero e puro, no entanto, não o encontrará. Não espera o amor floreado e decantado por poetas, que na vida cotidiana, na vida a dois é irreal. Sonha com uma pessoa que a entenda e a compreenda. Encontrará em ti, e em Fábius, o porto seguro. No entanto, dificilmente estarão juntos numa mesma encarnação, pois ela terá de levantar-se sozinha. Tu e Fábius poderão estar juntos dela, na maioria das vezes, espiritualmente. E, quando materialmente, somente conviverão ou muito cedo ou muito tarde. Sei que, se ambos reencarnassem como companheiros dela, ela teria uma ascensão tremenda, o mérito não seria dela e sim de ti e Fábius. Se um dos dois viesse como companheiro dela, ela teria o amor que aspira, o amor sonhado, acalentado no íntimo do ser, não o amor paixão, o amor sexo, o amor que é usado com astúcia, o amor que engana. É certo que na convivência sempre existe divergência de opiniões, sempre haverá uma pequena incompatibilidade, entre almas gêmeas tudo será melhor suportado e sanado.

– Eu sei, Lúcius, e compreendo. Alexandre me disse que fomos irmãos. Se Deus me permitisse viver alguns anos, a fim de ajudar Lígia, para ajudar minha filha Fúlvia, sentir-me-ia o mais feliz dos homens na face da Terra. Lúcius, não passas de um menino que mal chegou a ser rapaz. No entanto, tens a sabedoria que muitos velhos não possuem. Peço-te, do fundo do coração, se eu partir logo, pois casei-me muito tarde, velar pela minha filha Fúlvia, que tanta preocupação me dá. Flávius está cego e surdo, tenho sido para ele o pai, o guia, o amigo. Ele está num estado lastimável, pois não vê, não ouve. Ensinei-o a colocar a mão em meus lábios, para que pudesse entender-me, como orientou-me Alexandre. Isto o acalmou. Meu coração está constrangido e pesaroso, e temo, ainda, pela minha Fúlvia. Alexandre me disse que ambos são suicidas. Que Flávius, quando se vê em apuros, procura esfacelar o cérebro. Quando irado, inflige aos outros martírios nesse local, e que terá de resgatar essa falha. Ah, Senhor meu Deus, o que me espera ainda? Que o Pai dê-me forças para conduzir meus filhos na trilha certa! exclamou Marcus.

Lúcius, com o olhar parado, disse-lhe:

– Flávius foi um de teus irmãos na última encarnação. Pela ambição, pela cobiça, perdeu-se. Tendo nas mãos a posse do que ambicionava, tentou comprar o amor, todavia, não o conseguindo, matou-se, atirando-se, juntamente com uma biga, de encontro a um morro, esfacelando o crânio. Tende cuidado com ele, pois traz consigo a vontade do suicídio. Fúlvia, como Lígia, batalha a fim de encontrar o verdadeiro amor, que não achará ao lado de Gláucius. Como vês, caro amigo, todos terão de esmerar-se para chegar ao ápice do que aspiram.

– Porém, Lúcius, é difícil para um pai ver sofrer os seus parentes. Como estou sofrendo com Flávius, imagino o sofrimento de Fábius em relação a Lígia, e agora com o estranho mal-estar de Lídia.

– Quanto a Lídia, o mal-estar nada mais é do que consciência pesada, ou, melhor dizendo, remorso.

– Do quê?

– Isso não posso adiantar-te, porém, confirmo o remorso. Deveremos implorar aos céus piedade por essas almas sofridas, que colhem o que semearam.

– Lúcius, peço-te que avises Lígia das bodas. Se ela quiser assisti-las, eu arrumarei um local de onde ela possa ver sem ser vista. Sei que ela queria esse enlace, pois quer bem a Fúlvia, embora eu acho que será uma dor imensa, mas também sei que, se ela souber, virá assistir escondida, então, quero proporcionar-lhe um local onde, no estado em que está, se sinta mais confortável.

Lúcius achou por bem avisá-la somente no dia.

Tudo foi preparado para as bodas de Gláucius e Fúlvia. A casa estava engalanada de flores, o salão de festas foi ornamentado magnificamente. Guirlandas de flores pendiam-se pelas paredes. Mesas fartas, cheias de iguarias finas, vinhos em profusão, os mais finos, foram tirados das adegas. Pratos sofisticados para os diferentes paladares, desde o faisão, tão apreciado pelos romanos, aos olhos de águias embebidos no mel, do carneiro assado, do porco em calda de abacaxi, da vitela ao leite, as ovas de peixes com o néctar dos jasmins, as formigas torradas e embebidas de leite de camelo, vindo da Arábia. Frutas ornamentavam a enorme mesa.

Lúcius foi, como premeditara, juntamente com Babucha, levar alimentos e roupas novas a Lígia. Ao invés de deixar no local combinado, Lúcius desceu as escarpas e foi ao encontro de Lígia, na gruta, encontrando ali grande alvoroço. Animal transformou-se em bom e dócil serviçal, tornando-se verdadeiro amigo de Marcus. Ele bradava:

– Vamos às mulheres. Que acendam o lume, que façam uma fogueira, pois vamos precisar de bastante água quente.

Marcus estava atarantado. Ia e vinha sem fazer nada, num nervosismo fora do comum. Lúcius adivinhou logo: Lígia estava prestes a dar à luz do dia o filho tão querido!

Marcus, ao vê-lo, disse:

– Graças a Deus! Lígia me tinha pedido que fosse buscá-lo, juntamente com Babucha. Não quer que Babucha se aproxime muito de nós, com medo do contágio. Quer que tu pegues a criança ao nascer, porém quer roupas limpas para enrolá-la.

– Eu trouxe umas túnicas novas para Lígia. Utilizar-me-ei delas se necessário for.

– Ainda bem, Lúcius, que não fui a Corinto hoje levar estes irmãos que estão convertidos aos homens do Caminho, para ver se é possível curá-los, como prometi fazê-lo, pois tinha medo de deixar Lígia entregue à própria sorte.

– Ao invés de levá-los a Corinto, por que não os leva amanhã, quando tudo tiver passado, ao Alexandre, para fazer uma triagem? Esta noite tive uma visão de que alguns, que estão no início da moléstia, irão curar-se aqui mesmo, numa de nossas reuniões; outros estacionarão na moléstia. Tu mesmo já notaste que a tua não foi avante? Tens as mãos encarquilhadas, porém não perdeste um só dedo; teus pés não foram atacados. Lígia também, como tu, teve o mal estacionado. Somente o rosto, do lado direito, como tu, do lado esquerdo, está deformado. O mal não atingiu os pés; somente o braço e a mão direita estão sensíveis, mas não possui odor putrefato; os dedos estão em forma de garra, no entanto não caíram. Como vês, Marcus, Jesus reconheceu o que tu e Lígia estais fazendo por teus semelhantes. Tem cuidado com Lígia, não a deixes só por muito tempo. Se a ira tomar conta de seu ser, ela não responderá pelo que vier a fazer, pois entidades maléficas a envolverão e a intuirão de maneira errônea. Já as vejo tentando envolvê-la, pois ela está em desespero, e poderá vir a perder o filho amado. Sei que tens tido paz aqui, apesar de alguns senões.

– Sim, é verdade – respondeu Marcus. – A não ser o velho Ananias, que, devido à velhice, vê em Lígia uma inimiga que quer negar-lhe comida. Embora a coitada lhe leve uma boa quantidade de alimento que nos trazem, graças a ela, ele está sempre reclamando. No entanto, Lúcius, soube por intermédio de Alexandre que grande leva de peregrinos leprosos chegarão ao nosso vale amanhã. Peço a Deus que me oriente, para levá-los ao bom caminho, que me oriente, para que eu, com meus conhecimentos de ervas, consiga mitigar-lhes as dores e, principalmente, que consiga tirar a revolta de seus corações.

Um gemido de Lígia tirou-os daquela conversa fraterna. Lúcius acercou-se de sua cabeceira, no leito de dor, afagando-lhe os cabelos.

– Ah, Lúcius! Foi Deus que te enviou, pois quero que sejas tu a levar meu filho ao meu pai. Vê, escrevi neste papel o nome dele. Chamar-se-á Marcus Július.

– Não queres colocar o nome de Gláucius? – perguntou Marcus.

– Não! Estás louco? Seria incriminar Gláucius. Não sei o que meu pai faria com ele! Ai, que não me agüento mais, Lúcius, queria reter meu filho em meu ventre, mas, não posso.

– Lígia, acalma-te, apesar de tuas dores, vou dar-te uma alegria.

– Qual?

– Gláucius casa-se hoje com Fúlvia. Vim buscar-te, para veres as bodas; o pai de Fúlvia ficou de arranjar-te um lugar para ficares.

– Graças a Deus, Lúcius, pelo menos Gláucius será feliz. Tu podes ler em meu espírito, se quiseres, não sou egoísta. Se não posso estar ao lado dele, o que mais me tornará feliz é ver Fúlvia fazê-lo feliz. Ela é uma boa moça. O pouco tempo que convivemos deu para notar que ela possui um coração bom, dadivoso. Se soubesses como me deste um novo alento! Ao saber da desgraça de Lídia, apesar de compadecer-me dela, fiquei pensando que, talvez com dó, Gláucius casar-se-ia com ela, e isso apertou-me o coração. Quero bem a Lídia, no entanto, sei que ela não faria Gláucius feliz, e nem seria também feliz. Queria que Deus restabelecesse Flávius e que os dois fossem felizes.

– E tu, Lígia, não queres ser feliz?

– Até agora, Lúcius, tive meu filho; daqui em diante nada mais me resta.

Marcus, com lágrimas nos olhos, perguntou-lhe:

– E eu, Lígia, não sirvo para nada?

– Eu te amo, Marcus, como se ama a um irmão querido. E tu, amas-me dessa forma também? Embora às vezes eu penso que é outro tipo de amor que te assola, no entanto, não é Raquel, esta te ama da forma como queres. Embora nunca te apercebeste, ela chora muito ao ver o carinho que dedicas a mim. Já conversei com ela nesse sentido, já a fiz ver que o amor que sinto por Gláucius é grande e ninguém, ninguém jamais irá substituí-lo, e que tu, Marcus, amas-me como irmão, com amor puro. Raquel é meiga e doce, como toda judia, não impetuosa e altiva, como as romanas. Não como uma potranca selvagem, como diz meu pai.

Nova dor acometeu Lígia, e esta gemeu.

– Onde está Babucha?

Mal acabara de perguntar e a viu na porta da gruta.

– Não entra, Babucha – gritou Lígia –, não quero que te contamines, pois tens de criar meu filho, não te esqueças.

– Ou tua filha? – diz Babucha.

– Não, é um menino – respondeu Lígia. – O filho que meu pai queria.

Nova dor mais forte a acometeu. Água fervendo ia e vinha pela gruta. Lígia disse a Marcus:

– Deixea-me a sós com Raquel e Lúcius. E tu, Babucha, não te atrevas a entrar; espera lá fora. Raquel, fecha a porta, Marcus, ora a Deus – e soltou um grito de dor.

Lúcius colocou a mão direita sobre a fronte da parturiente, enquanto Raquel a ajudava, nos escassos conhecimentos que possuía. Ao contato da mão direita de Lúcius, Lígia sentiu uma paz a envolver-lhe o espírito e começou a orar.

Nova convulsão, porém não com tanto ímpeto; sentiu que a bolsa tinha estourado e um líquido abundante era expelido para fora. Sentiu a criança deslizar pelas entranhas, e o pequenino Marcus Július nasceu. Lúcius viu a gruta resplandecente de luz; espíritos benfazejos tentavam, naquela hora cruciante, aliviar o sofrimento de Lígia, que teria de se separar do filho amado.

Naquele instante realizavam-se as bodas de Gláucius e Fúlvia, segundo os rituais pagãos. Raquel afastou-se e Lúcius pegou a figurinha pequena e frágil. Era uma criança clara e tinha-se a impressão de que era o retrato de Gláucius. Lúcius cortou-lhe o umbigo, fez-lhe a circuncisão na hora, à moda dos judeus, enrolou-o na alva túnica que trouxera para Lígia, enquanto Raquel a limpava.

Lígia chorava de alegria e tristeza; alegria por ver seu filho perfeito, sadio; tristeza porque sabia que não poderia tê-lo nos braços. Marcus ouviu o choro e, aflito porque não abriam, pôs-se a bater na rústica porta de pedra. Lúcius, com a criança nos braços, abriu a porta; Marcus entrou dizendo:

– Lígia, como está Lígia?

Esta esboçou um vago sorriso e disse:

– Estou bem, acalma-te, Marcus. Deixa-me vê-lo, Lúcius, ainda que de longe. Filho querido de minha alma, como é difícil dizer-te adeus! Como és belo, pareces um deus-menino!

Lúcius tinha acabado de limpá-lo.

– Vede, vê, Marcus, a pelezinha dele deve ser macia como pêssego, e eu não posso tocá-la – dizia entre soluços.

– Deixa-me vê-lo bem, Lúcius, descobre-o, quero trazer diante de minha retina essa figura amada, querida. Parece um querubim, vê suas perninhas gordinhas, cheias de rosquinhas, a pele rósea, a boca pequenina, rosada. Lúcius, tu és grego de nascimento, naturalmente já entraste no templo de Vênus. Dize-me, ele não parece com Eros, o deus do amor? Ah, Deus meu! Como me provas, que dor eu sinto em minha alma, não poder sentir em meus braços esse ente, parte de meu ser, não poder mimá-lo, não poder acariciá-lo! Senhor, dá-me forças, Senhor!

Lúcius falava-lhe com carinho, Babucha soluçava ao ouvir-lhe lá de fora, prostrando-se de joelhos e pedindo pela sua querida Lígia.

– Adeus, filho adorado, nem um beijo lhe posso dar. Como seria feliz se eu pudesse arrumar-te um berço! Far-te-ia um colchão de plumas leves, para abrigar teu corpinho frágil. Se possível fosse, iria até os céus, em busca de uma nuvem bem branquinha e fofa, para servir de teu travesseiro. Adornar-te-ia com as mais belas e cheirosas flores, como o jasmim, pétalas de rosas, cravos brancos e macios. Dar-te-ia o néctar das mais variadas frutas, o abacaxi, o ananás, a maçã, a uva; porém, nem mesmo o meu leite, coisa que todas as mulheres dão aos seus filhos, desde as rainhas, as nobres, as escravas fazem, posso dar-te. Afastaria de ti todos os animais peçonhentos que poderiam molestar-te, afastaria todos os males que poderiam assolar-te, servindo de escudo o meu próprio corpo, mas nem isso o poderei fazer, porque iria contagiar-te com este corpo caindo aos pedaços de podridão. Dar-te-ia a mão, ensinando-te a dares os primeiros passos errantes, mas não o posso, pois minha mão é considerada impura. Queria ensinar-te a balbuciar as primeiras palavras, a seguires a trilha de Jesus: não posso, pois meu hálito, as gotículas de minha saliva são impuras e poderão fazer-te mal. Filho adorado, queria dar-te tudo de mim, porém, não posso, tudo é proibido para o teu próprio bem. Jesus, tu que sofreste o desprezo dos homens, faça-o sentir meus afagos espirituais, já que não os posso dar materialmente. Meu coração está dilacerado, Senhor, meus olhos inchados de chorar. Termine meu sofrimento, já que nada mais possuo, leve-me contigo.

– Lígia! – exclamou Lúcius. – Queres voltar e sofreres as mesmas torturas?!

– Não, por Deus!

– Então não peças e nem faças nada que possa abreviar tua vida.

– Ó Senhor, como eu queria ser como as outras mulheres, que concebem seus filhos e podem tê-los consigo, queria ver ao meu lado o pai desta criança, queria ver seus olhos úmidos pelo pranto ao afagá-lo, porém tudo isso me é negado. Não agüento mais, Lúcius, deixa-me ver um pouquinho mais meu filho, depois leva-o ao meu pai. No entanto, não digas nada que ele é meu, dize a ele, Babucha, que o achaste na porta somente com este papel, que é o nome dele. Não mostra hoje; leva-o para teu quarto e mostra-o somente amanhã cedo. Ele pensará que foi posto à noite em sua porta.

Lúcius disse-lhe:

– Não chores mais, Lígia, levarei teu filho juntamente com Babucha. Farei o que me pedes, E agora, lembra-te do Sermão da Montanha, de Jesus e da oração que ele nos ensinou.

Lúcius entregou a criança a Babucha, que permanecia na porta, ajoelhada. Esta ergueu-se com dificuldade. Lígia ia erguer-se, chorando, quando Lúcius impôs suas mãos sobre a cabeça dela, dando-lhe passes calmantes. Esta, dando um suspiro, largou o corpo.

Marcus, apreensivo, disse:

– Lígia desmaiou!

Lúcius afirmou:

– Não desmaiou, está apenas dormindo, talvez acorde somente ao alvorecer. Há um espírito que me está dando o nome de Hermógenes, que está tomando conta dela.

– Hermógenes – balbuciou Babucha –, o mesmo que levou os restos de Lívia – e pôs-se a orar, em silêncio.

– Vamos – disse Lúcius. – Deixe-a descansar.

E foram embora. Babucha seguiu à risca os conselhos de Lígia. No dia seguinte, apresentou a criança a Fábius, falando-lhe o que tinha combinado com Lígia. Fábius estreitou a criança contra o peito, dizendo:

– Foram os céus que enviaram-no, não sei como irei chamá-lo.

– Encontrei este papel com um nome – disse Babucha, com lágrimas nos olhos, e entregou o papel a Fábius.

Este, ao ler o nome, apesar da letra deformada, devido à mão em forma de garras, reconheceu a letra da filha e gritou:

– Esta é a letra de Lígia, talvez esta criança seja seu filho. Lígia, minha filha, sei que não estás morta, quero-te junto a mim! Agora sei, anjo adorado, por que sumiste, por que não quiseste ver-me. Eu te perdoaria, filha, quero ter-te ao meu lado. Afagar-te. Não me importa de que moléstia és portadora. Sei que me amas, caso contrário não irias enviar-me teu filho. Segure a criança, Babucha, que vou novamente ao vale dos leprosos, quem sabe conseguirei vê-la.

Mandou atrelar a biga com os cavalos mais ligeiros e saiu em disparada. Desceu as escarpas correndo. Marcus tinha ido à casa de Alexandre com Animal e as pessoas que lhe foram ficando afins com o passar dos tempos. No entanto, no vale tinha chegado grande leva de peregrinos, portadores do mal da lepra. Eram pessoas revoltadas, pois em todo lugar que chegavam, mendigando uma casca de pão, eram repelidas, escorraçadas; muitas andavam léguas e léguas sem sequer obter uma caneca de água que fosse.

Chegaram esfomeados e sedentos. Alexandre, que já imaginava isso, tinha arrumado uma refeição simples o bastante, água límpida e fresca. Porém, calculavam que os doentes somente chegassem pela metade do dia; no entanto, tinham chegado ao alvorecer.

Fábius, chegando ao vale, começou a gritar pelo nome da filha:

– Lígia, Lígia querida, reconheci tua letra! Aquela criança é teu filho, eu o sei! Não te escondas mais, filhinha, não te escondas!

A dor que Fábius sentia, mesclada de alegria, por sentir sua filha viva, era grande. A emoção invadia-lhe o ser. Nem sentia a dor das arranhaduras nas pernas, quando descia as escarpas, fazendo escorrer um pouco de sangue. Sentiu uma tontura, havia esquecido de alimentar-se, como ultimamente vinha fazendo. A vertigem tornou-se mais forte e Fábius desmaiou. Lígia, que o ouvira da gruta, espreitou e viu o pai caído. As pessoas que tinham chegado ao vale começaram a chegar perto dele. Ananias as comandava, dizendo:

– Ele e sua filha negaram-me alimento; eu contaminei sua filha e agora contaminarei a ele.

Aquele espectro humano, esquálido, mãos sem dedos, sem nariz, parte da face carcomida, ia aproximando-se lentamente de Fábius. Marcus e seus amigos não estavam. Lígia pegou uma faca e saiu correndo ao encontro do pai, interpôs-se entre a figura amada e o povo violento. com a faca em punho, dizendo:

– Não te atrevas, Ananias, não te atrevas, e o mesmo digo a todos vós. Aquele que chegar até meu pai, eu mato. Não tenho nada a perder, meu único tesouro, o que me mantinha viva, foi levado ontem, portanto ai daquele que ousar aproximar-se.

Ananias disse:

– Eu também não tenho nada a perder, por isso irei escarrar na boca dele.

– Experimenta! Acha que eu, sendo mulher, não tenho coragem de te matar? Da mais um passo e verás!

Ananias avançou em direção a Fábius.

Lígia, de um salto, apunhalou-lhe. Forte sangue jorrava-lhe do peito. Marcus, Animal, Lúcius, em companhia de aproximadamente oitenta pessoas vinham chegando e depararam com a cena: Lígia entre o corpo desmaiado do pai e o povo que avançava ameaçador; Ananias morrendo a seus pés, com o sangue a jorrar-lhe.

Marcus berrou lá de cima:

– Parai ou tereis de haver-se comigo também.

O povo espalhou-se. Lígia, com a faca gotejando sangue, olhava para Ananias morto. Lúcius aproximou-se de Lígia e disse-lhe:

– Avisei-te, Lígia, para não te deixares avassalar pela ira.

– Mas ele ia contaminar meu pai!

– Não, não tiveste fé, estão a dizer-me que um colapso mataria Ananias antes de ele conseguir seu intento.

Fábius retornava aos poucos a si e falava:

– Lígia, minha Lígia!

Lígia falou-lhe:

– Papai, papai querido, perdoa-me, porém não te aproximes de mim. Tens teu neto para cuidar. Se quiseres, irei ver-te sempre, mas quero que me prometas que não te aproximarás de mim.

Marcus lhe havia tirado a faca da mão, para que Fábius nada percebesse, enquanto Animal e as demais pessoas rodeavam o corpo de Ananias, para que Fábius não o visse.

– Papai, irei diariamente, às seis horas da tarde, ver-te, porém, de longe, e, igualmente de longe, Babucha mostrar-me-á meu filho. Contentar-me-ei em vê-lo de longe e tu também deverás contentar-te de ver-me de longe, prometes-me?

– Mas eu quero abraçar-te!

– Eu também quis abraçar e beijar meu filho, mas com dor no coração não o fiz. Peço-te ainda uma coisa: que mamãe e Lídia nunca saibam que Marcus Július é meu filho.

– Mas quem é o pai, Lígia, o pai da criança?

Lígia olhou para Marcus, implorando ajuda. Este adiantou-se e disse:

– Sou eu, senhor, sou eu o pai de Marcus Július. Eu e Lígia juntamos nossos infortúnios e constituímos aqui nossa família.

Lígia acercou-se de Marcus e, abraçando-o pela cintura, disse:

– É um companheiro bondoso e amável, e somente Deus sabe o que devo a ele.

– Que Deus vos abençoe então, meus filhos.

–Vai, papai, tens de cuidar do pequenino Marcus, que é o nome do pai. Lúcius acompanhar-te-á.

Fábius afastou-se. Lígia abraçou e beijou Marcus, em reconhecimento.

* * *

Enquanto isso se passa no vale dos imundos, que fica entre o Palatino e a colina do Capitólio, daremos aqui uma rápida noção do que era a Roma de antigamente[2], antes de narrar o que ocorria na casa de Marcus.

A cidade de Roma começou em torno do monte Palatino. À margem esquerda do rio Tibre, erguia-se um grupo de seis colinas, cercando a elevação rochosa do Palatino. Região vulcânica, constituída pelo Laziale, a erosão formou numa superfície de baixas colinas, separadas por depressões e pequenos vales sem destaque.

Na margem esquerda do Tibre, erguiam-se: o Capitólio ou Capitolino, o Quirinal, o Viminal, o Esquilino, o Célio ou Celiano e o Aventino, formando, com o Palatino, as sete colinas tão faladas de Roma.

Na margem direita existia uma só elevação contínua, o Janículo. No Palatino erguia-se, imponente, o palácio dos imperadores.

Há muito, em Roma, imperava o luxo, as vestes transparentes trazidas do oriente e, principalmente, usadas pelas mulheres de duvidosa moral. A abundância de jóias e do dinheiro corrompia a elite. Roma era pródiga em divertimentos e vida fácil para as classes privilegiadas.

---

2. Diz a lenda que Roma foi fundada pelos gêmeos Remo e Rômulo, descendentes do guerreiro troiano Enéias, no ano 753 a.C. Historicamente, suas origens remontam ao ano 5000 a.C., quando ligúrios e iberos, vindos da Espanha e Gália, atingiram a península itálica.

* * *

Como não podia deixar de ser, apesar de Gláucius querer umas bodas simples, o luxo campeava o ambiente. Desde as comidas exóticas, para os mais variados paladares, aos diferentes e ricos vinhos, servidos em taças de ouro. Em meio ao tumulto de convidados, dos cumprimentos aos noivos, dos presentes em profusão, Fúlvia sentia-se triste, sem saber o porquê, tinha presságios de que algo iria acontecer.

Olhava para o irmão, que quase não falava, pois tinha ficado surdo. Cego, tateava sempre à procura do pai, procurando, pelo tato, definir o que o pai falava e procurava explicar o que estava acontecendo. O ancião falava-lhe, enquanto as lágrimas escorriam-lhe pela face ao ver o filho naquele estado. Flávius percebia isso e dizia, ora em tom baixo ora em alta voz, pois não sabia se ao falar baixo seu pai o ouviria:

– Não chores, papai, peço-te, tenho vontade de matar-me quando passo minhas mãos em tuas faces e tu choras.

Seu pai pegou-lhe as mãos, levou-as à boca, para que este assimilasse o que estava a dizer:

– Flávius, tu agora és quem me mantém vivo, pois Fúlvia já tem quem a ampare. Se partires, não terei alento para viver. Flávius, lembra-te de Lígia, que é mulher, ela está no vale dos imundos sozinha e não pensa em morrer.

Flávius entendeu seu pai e respondeu-lhe:

– Pois preferia estar lá, vendo e ouvindo, do que estar neste estado. Paizinho, somente entendo a ti, pois tiveste a idéia de fazer-me entender lendo teus lábios pelo tato. Lígia ouve o trinar dos pássaros, o gotejar da chuva, o barulho das águas do rio, enquanto eu vivo no silêncio. Ela vê o nascer do sol, o céu azul, as andorinhas cortando o horizonte, a beleza natural em flor, possui todos os sentidos, enquanto eu fui privado dos principais: a audição e a visão. Se me tivessem tirado o paladar, o olfato, a fala, eu não sentiria tanto. Porém, a escuridão para mim é uma noite eterna; o silêncio constrange-me. Nunca sei se é noite ou dia, pois não enxergo. Se pelo menos ouvisse, eu o saberia, pela própria natureza; à noite, o coaxar das rãs, o barulho das aves e dos insetos noturnos. Acha, porventura, que, do jeito que estou, isto é viver? Não, paizinho, não peças aos deuses pela minha vida, peça, outrossim, pela minha morte! Levaste-me ao teu amigo médico; não sei o que te disse, porém, ao passar as mãos pelo teu rosto, senti que choravas. Ao abraçar-te, senti que teu corpo todo tremia, como se tivesse levado um golpe tremendo. Entendi, aí, que meu mal não tem cura.

Marcus pegou a mão de seu filho e levou-a novamente aos seus lábios:

–Vou levar-te a Corinto, talvez lá possam curar-te, mas, Flávius, deixa-me alimentar-te.

Ao dar a comida ao filho, chorava imerso em pensamentos. Alexandre e Lúcius foram francos, como foram com Lígia. Flávius era suicida em potencial e não tinha cura. Sim, pensava, deveria pedir a Deus, se não houvesse cura, que Deus se lembrasse dele. Mas que pai faria tal pedido, no seu lugar?! Não, prefiro vê-lo daquela forma, tê-lo ao meu lado. Tão imerso estava que não notou que Flávius pegara uma faca, quando tateara a mesa, e a escondia sob seu manto. Sabia que, ao seu lado, a velar-lhe, estaria naquela noite Sevérus, fiel servidor, que era mudo de nascença, porém, saberia burlar a vigilância debaixo das cobertas de sua cama.

Fúlvia olhava para Gláucius com amor, embora notando que o olhar do marido voltava-se sempre que passavae uma bela moça perto dele. Isso a deixava frustrada, sem vontade de viver. Ela, como Lígia, aspirava um amor sincero, em que fossem, ambas, o centro de atenção do companheiro amado. Não via a hora de terminar aquela comemoração para sentir-se a sós com Gláucius, para ter o olhar e a atenção dele voltados somente para si. Pensava em como seria bom se pudesse conviver com Gláucius numa ilha deserta, onde teriam dificuldades até para se alimentar, no entanto, o teria somente para ela.

A luxuosa vivenda de Fúlvia estava repleta, a música de harpas pairava no ar. As poesias de Virgílio, bucólicas, emanavam da garganta do cantor presente, e as maravilhas das cenas campestres eram descritas. Mas a tudo isso Fúlvia estava ausente; somente pensava em estar a sós com Gláucius.

Gláucius, de repente, sentiu uma dor no peito e, sem querer, lembrou-se de Lígia; é que nesse momento haviam levado Marcus Július embora e Lígia desmaiara ao contato benéfico das mãos de Lúcius, a acariciar-lhe os cabelos. Ao desprender-se do corpo, fora atraída até Gláucius, para receber o consolo do pai de seu filho. Sempre que se desprendia, sentia-se atraída para Gláucius, principalmente nos momentos de maior desespero, esperando encontrar nele o alento de que necessitava. Porém, ao voltar para o corpo vinha triste, acabrunhada, pois, nas horas em que necessitava de apoio, ou não o encontrava espiritualmente, pois ele estava no corpo, ou, quando fora do corpo, espiritualmente procurava repeli-la. Naquele momento de dor atroz de Lígia, Gláucius, pela primeira vez, sentiu sua presença e imediatamente procurou repeli-la de seu pensamento. Se Gláucius pudesse avaliar os sentimentos que Lígia e Fúlvia nutriam por ele, talvez se sentisse um deus perante os outros homens.

Por fim, ao acabar a festa, Gláucius e Fúlvia dirigiram-se ao quarto nupcial. Gláucius tirou-lhe o cinto que prendia a túnica, e pôde vivenciar o amor puro que Fúlvia lhe oferecia, sem sentir-se culpado por praticar um crime nefando perante as leis. Embora, naquela época, poucas mulheres eram puras e não se utilizavam do sexo somente por prazer, Gláucius, acostumado a noitadas alegres com mulheres experientes nessa tarefa, procurou incentivar Fúlvia a corresponder-lhe os carinhos mais audazes, o que esta timidamente fazia.

Estavam ainda em troca de juras e amores, quando Fúlvia ouviu um grito lancinante de seu pai. Às pressas, vestiram-se e foram ao encontro dos gritos.

Viram Marcus horrorizado e cambaleante, ante dantesco quadro: Flávius, com os pulsos abertos, esvaindo-se em sangue. Sevérus, ao lado, jazia com os olhos também se esvaindo em sangue e com um deles pendurado fora da órbita.

Flávius cortara os pulsos, mas o vigilante Sevérus notou e tentou arrancar-lhe a faca, já que não podia gritar; mas, com a força que fez, esta atingiu-lhe os olhos, perfurando os dois e arrancando um da órbita.

Fúlvia gritava como uma louca, vendo tal espetáculo. Seu pai desmaiara de dor. Gláucius tinha de tomar as providências; parecia que era seu destino: onde estava, a dor e a doença estavam sempre presentes. Naquela hora, chamou os servos, para que trouxessem Alexandre ou outro médico qualquer. Acalmou Fúlvia, levando-a para seu quarto; mandou os servos levarem o pai de Fúlvia aos aposentos dele. Enquanto acariciava a esposa, perguntava-se a si mesmo:

– Deuses, o que fiz para me castigarem dessa forma? Os homens do Caminho, segundo Lúcius e Alexandre, dizem que tivemos várias vidas, que o corpo perece, no entanto, o espírito fica; que fiz eu por merecer tal sorte? Parece-me que estou rodeado pelo sofrimento! Aonde vou, provoco dores. Lígia, forte e sadia, ao ter contato comigo, ficou doente, e foi para o vale dos imundos. Agora esta cena horripilante!

Como resposta às suas perguntas, Lúcius chegou, após levar o pequenino Marcus Július à vivenda de Fábius. E como se tivesse ouvido o que ele tinha pensado, falou-lhe:

– Querido amo Gláucius, infelizmente captei teus pensamentos e posso responder-te com convicção: Quem com ferro fere, com ferro será ferido. Vivias num Éden encantado, onde tudo era belo e harmonioso, porém, semeaste a discórdia, implantaste vícios, provocaste dores e terás de colher os frutos dessa semeadura. Essa é uma lei que não podemos transgredir, tampouco dela fugir. Quando afastares de ti a injúria, quando possuíres senso moral, quando tiveres coragem de suportar os reveses da vida sem revoltar-te, quando, por meio de tuas palavras, incutires na mente dos que prejudicaste a vontade de tirarem de si os vícios, quando tiveres sob tua proteção grande número de pessoas, de diferentes temperamentos, cujos pensamentos desiguais destoam em harmonia, e tiveres, com teus argumentos, condições de colocar a paz em seus corações, colocar preceitos de moral e amor em suas mentes, aproveita estas grandes oportunidades, porque será um núcleo que terás de levar adiante, com paz e harmonia. Sê franco, sem machucar, nunca semeies a discórdia, procura sempre orar e vigiar, para que teus olhos não sejam vendados pela hipocrisia existente nos corações dos que, impelidos pela força do mal, procuram cercear tua ascensão. Procura semear o amor, porém, sê justo, quando tiveres dúvidas, recorre ao Alto. Se conseguires levar esse núcleo com amor em teu coração, fé em teus amigos espirituais, estarás no fim de tuas provações e poderás, depois, sorver o néctar, a ambrosia tão almejada e querida. Mas não te deixes vencer pela demora, não te omitas em ajudar, com medo de perder-te. Aquele que tem fé não tem medo, ajuda sempre. Haverá algozes inclementes a impedir-te o caminho, para que o desalento se aposse de tua alma. O próprio instinto de conservação, que é uma lei da natureza, nos diz que não devemos entregar de boa vontade o pescoço ao assassino inclemente. Peça sempre orientação, para que possas discernir entre o bem e o mal, a verdade e a mentira, o verdadeiro bem-querer e a hipocrisia. A fé na vida futura e na justiça divina, que jamais deixa o mal impune, é a única que nos pode dar a força de suportar pacientemente as agruras da vida, e os atentados de irmãozinhos nossos, menos esclarecidos, que não querem nossa felicidade futura. Espalha o amor, não o amor de amante, que ama mais o corpo do que o espírito, mas o amor fraternal e puro. Ele está nos céus, na terra, na natureza em flor e incita-nos a exercitar a nossa inteligência. Na natureza, é o amor que adorna em teus tapetes, ele enfeita a natureza com flores e seus perfumes.

É o amor que traz a paz ao homem, a harmonia ao Universo, a calmaria ao mar, o silêncio aos ventos uivantes, que ameniza a dor, engrandece o amor puro, aplaca as paixões, amolece vaidosos corações, sacia quem tem fome, mitiga a sede de quem a possui. Cessa guerras, trazendo paz, extermina o ódio, a vaidade, o orgulho. Enfim, querido Gláucius, o amor é o eixo em torno do qual tudo gira. Sem ele, voltaríamos aos primórdios da civilização. Se fores acompanhado pela bengala do amor, tendo em tua mão a balança da justiça divina, não te deixando levar por palavras belas, que nada dizem ou ensinam, e se convergem sempre num ponto que não transmite nada; se usares sempre um discernimento bom e real, crê-me, vencerás e obterás o que almejas. Sou um pequenino servo do Senhor, no entanto, quando necessitares de mim, não te omitas, nem te acanhes, que, se for permitido, ajudar-te-ei, esteja eu onde estiver. E outros, de real grandeza, superiores a mim, também ajudar-te-ão, contanto, que tenhas fé. E lembra-te sempre: é dando que se recebe.

Fúlvia havia adormecido.

Gláucius balbuciou, vendo que Lúcius falava-lhe de um modo estranho, como se estivesse em transe.

– Esqueci-me de Flávius, de Sevérus e do pai de Fúlvia.

– Não tenhas pressa. Flávius e Sevérus estão mortos. Flávius, além de suicidar-se, cometeu um assassinato sem querer. Fúlvia e o pai estão bem assistidos espiritualmente e dormem, a fim de refazerem as forças materiais, enquanto seus espíritos são levados ao Alto, recebendo energias para quando voltarem ao corpo. Vou providenciar os funerais de Flávius e Sevérus. Amanhã terei de ir com um amigo e vários considerados imundos à casa de Alexandre. Tenho estranho pressentimento sobre Lígia. Procura, Gláucius, orar por ela. Tira o ressentimento que existe em teu coração em relação a ela, pois às vezes sentes que não deves confiar nela: é devido a um passado que tiveste em comum, e ela, como homem, apunhalou-te. Ela sente, às vezes, essa aversão que te avassala a alma e sofre. Como tu, ela é sensível. Se te apunhalou, foi para não te ver corrompido pelo orgulho. Eras poderoso, vaidoso, gostavas de jóias, perfumes, belas iguarias, e enquanto o orgulho não se tinha apoderado de tua alma, eras pródigo; mas, quando isso se deu, não hesitavas em prejudicar quem quer que fosse, para teu próprio bem-estar. Por esse motivo, por amar-te sempre demais, essa alma pecou. Vai descansar, meu amo e senhor, embora me hajas dado a liberdade, considero-te sempre como tal, tratarei de tudo, estás cansado! Vai, que velarei por Marcus, pai de Fúlvia.

Gláucius estava realmente cansado e foi repousar.

Quando acordou, viu que tudo estava em ordem. Lúcius providenciou tudo, era de madrugada. Gláucius levantou-se e Lúcius disse-lhe:

– Agora tenho de ir-me, pois enorme responsabilidade me espera.

Capítulo XIII

A insanidade de Lígia

"Qual seja a dor, moral ou espiritual.
Chama-me, que estarei ao teu lado, como amigo.
Amparando-te na dor; na alegria, no perigo.
Eu sou aquele que nasceu numa pobre manjedoura, Numa noite triste, imorredoura.
Eu sou aquele que, por ti, morreu na cruz, Eu sou aquele que o espera, para levá-la à luz.
Eu sou simplesmente Jesus."

Lígia ia todos os dias à casa de seu pai, pelo portão dos fundos e de longe o via; às vezes, conversava com ele. Marcus a acompanhava sempre. Fábius começou a nutrir grande estima por aquele jovem, que pensava fosse o pai de seu neto. Achava natural que Lígia tivesse procurado um companheiro, que a protegesse naquele vale de lágrimas; insistia para que ambos viessem morar com ele, o que Lígia sempre contestava. Queria que os dois fossem então morar na sua casa de campo, em Tíbur. Lígia também não aceitava, pois queria ver sempre seu filho, que Babucha mostrava de longe.

Lígia Alexandra afeiçoara-se ao menino e o tratava como filho, como o fizera com Lídia, mimando-o demais.

Lídia marcara o casamento com Plínio. No entanto, tinha momentos em que parecia verdadeira louca, devido ao assédio de entidades malfazejas. Plínio, queria casar mostrando um falso sentimento, para usufruir da fortuna de Fábius.

Fábius, que somente tomara conhecimento, pelos delírios de Lídia, de que ambos planejaram implantar em Lígia a doença e não sabia se isso era verdade, tinha dó de Plínio, por saber que a biga preparada era para ele e não para Flávius; então permitia aquele namoro, na ânsia de averiguar a verdade. Todavia, não coincidia Plínio estar presente nos delírios da filha.

Lídia também queria bem a Marcus Július e tinha um ciúme enorme e doentio em relação ao menino.

Fúlvia estava grávida, em estado avançado.

Lígia sempre ia, escondida, espiar a casa de Marcus, para ver Gláucius e Fúlvia, em companhia de Marcus, que para todos era seu marido, quando verdadeiramente viviam como dois queridos e amados irmãos. Inúmeras vezes conversavam com o pai de Fúlvia, para animá-lo no tocante à perda de Flávius, porém, viam-no definhando dia-a-dia.

Lígia, um dia, soube, por Raquel, que Demóstenes, de posse de documentos falsos, procurara incriminar Gláucius. Curada por Alexandre, Raquel voltara a viver na cidade, trabalhando na casa de um tribuno de nome Graco Caio, que tinha amizade com Demóstenes. Animal também curara-se, trabalhando na tarefa de carpinteiro, e pleiteava a mão de Raquel. Esta, vendo que não poderia ter esperanças quanto a Marcus, aceitara-lhe a corte.

Lígia resolveu surrupiar os tais documentos, embora a contragosto de Marcus. Demóstenes estava numa tenda de um cônsul, pois pretendia mostrá-los ao representante legal, assim que ele voltasse de uma missão secreta, sob as ordens do imperador. Entrou na tenda quando Demóstenes havia saído e começou a revirar os papéis, mas ele voltou de improviso e a pegou em flagrante, quando ela já estava de posse dos documentos. Demóstenes tentou tirar-lhe os documentos, porém, Lígia se negou a entregar-lhe, dizendo:

– Terás de matar-me se quiseres tirar-me isto, pois é uma infâmia, é uma mentira, portanto, cuidado, Demóstenes, mercador sujo de escravos.

Demóstenes reconheceu-a então:

– És a filha de Fábius, a que ficou leprosa, pois vejo tua mão e tua face deformadas.

Lígia pegou um punhal de cima da mesa, para defender-se.

Demóstenes não tinha visto Marcus, que, de posse de outro punhal, procurava pegá-lo pelas costas, não para matá-lo, porém para livrá-lo de Lígia. Conseguiram colocar-se atrás de suas costas entidades malévolas que surgiam no recinto. Demóstenes dizia a Lígia:

– Pensas que tenho medo de ti, de tua moléstia, pensas que me amedrontas com um punhal? Sou mais forte do que tu e te despojarei de tudo, dos documentos e do punhal.

Marcus colocou-se atrás de Demóstenes, de punhal em riste. Lígia, então, falou:

– Cuidado, Demóstenes, tem alguém às tuas costas, pronto para atacar-te.

Falou dessa forma para que Demóstenes, atemorizado, permitisse que eles saíssem com os documentos. Contudo, Demóstenes respondeu:

– Essa conversa é velha demais, pensas que me enganas?

Ao procurar dar passos para trás, tropeçou, caindo sobre o punhal em riste de Marcus. Assim, Demóstenes procurou a própria morte. Horrorizados, Lígia e Marcus saíram do local correndo.

Chegando ao vale, destruíram os papéis, ateando-lhes fogo.

No dia seguinte, dizia-se que Demóstenes havia sido assassinado, provavelmente por um de seus escravos. Lúcius, no entanto, mal soube da notícia, correu ao vale. Encontrando Marcus e Lígia, disse a esta:

– Lígia, ao invés de pagares uma dívida, angariaste débitos. Mataste Ananias.

– Sim, para defender meu pai.

– Infringiste os mandamentos do Senhor. Um dia terás em teu corpo todas as marcas dos que causaste sofrimentos aos outros. Ananias teria morrido antes de haver contagiado teu pai.

– Nem eu nem Marcus matamos Demóstenes, Lúcius, juro-te, foi um acidente.

– Eu sei, mas roubaste. Graco Caio iria ver que esses documentos eram falsos; onde está tua fé, Marcus? Onde está tua fé, Lígia? Precipitaste acontecimentos que iriam resolver-se por si sós. Por que não tens calma de esperar? Fracassaste e eu também, pois, apesar de aconselhar-te, não consegui influenciar-te nem enveredar-te no caminho certo. Lígia, Lígia, por que ages assim?

Lígia rompeu em prantos, pedindo-lhe perdão.

– Não é a mim que deves pedir perdão, porém, ao Alto.

Lígia prostrou-se de joelhos e pediu perdão a Deus, pedindo ainda que a doença voltasse a corroer-lhe as entranhas, a fim de pagar por aqueles débitos.

– Queres amenizar os sofrimentos que te advirão, no entanto, é impossível!

Após essa conversa, Lígia tentou trabalhar ainda mais, para pagar o enorme débito que angariara.

* * *

Passaram-se os meses, e a vida de Lígia e Marcus consistia em trabalhar e ajudar a pensar feridas no vale, fazer visitas cotidianas à casa de Lígia Alexandra, à casa de Gláucius, espreitando a vida comum dele e de Fúlvia, para constatar se eram verdadeiramente felizes, sentindo-se feliz com a felicidade dos dois, nos encontros com os irmãos do Caminho nas palestras que davam na gruta.

Muitas vezes, Gláucius divisava a figura de Lígia por entre os arbustos, no entanto, nunca falava a Fúlvia.

Esta proporcionou grande a Gláucius, ao dar-lhe um filho homem, ao qual deu também o nome de Gláucius.

Lígia queria ver o menino mas não podia; a criança estava bem guardada. Escreveu a Gláucius da seguinte maneira:

Querido de minha alma,

Quando fiquei sabendo ser portadora de tão horrível doença, escrevi-te o que ia no fundo do meu coração. Agora, novamente, quero escrever-te. Meu querido, é com imensa felicidade que constatei que acataste o meu pedido e te casaste com Fúlvia. A felicidade ainda foi maior quando observei o quanto és feliz, fazendo assim de tua felicidade a minha também. Quando te casastes com Fúlvia, mandei-te uma pequena carta, na qual dava-te os parabéns pela escolha que fizeste; não pude ver-te, nem às escondidas, pois fortes dores impeliram-me ao leito; nem escrever quase conseguia. Porém, querido meu, estou feliz por saber que sorves o néctar dos deuses, a ambrosia da felicidade. Embora não possa acarinhar-te, sei que mãos santas e benfazejas o fazem. Não posso preparar quitutes destinados aos deuses, mas sei que mãos melhores que as minhas o fazem. Ao perambular em teus jardins, procurando ver nem que for por um instante, um segundo, o querubim que santificou teu lar, ouvi alguns criados confabular que Fúlvia engravidou novamente. Que seja esta um anjo, uma ninfa de rara beleza, que possua teus cabelos loiros e teus olhos azuis, onde todos consigam vislumbrar os céus, em tão belos olhos, e nos céus ver a cor dos olhos de quem os possui. Porque és belo, és bom, és sincero! Mesmo que fosses feio, deformado, eu te amaria, pois amo tua alma e os predicados que ela possui. Peço-te que não me impeças de ver teu filho, e posteriormente o próximo a nascer. É somente curiosidade de ver se é parecido contigo ou com Fúlvia. Amor de minha vida, concede-me isso. Prometo-te que o verei de longe, pois quero-o como se quisesse a um filho. Mesmo que eu tivesse um filho, também o veria de longe; embora meu peito fosse dila-

cerado pela dor de não poder estreitá-lo em meus braços, nunca iria transmitir minha doença a uma pequena criança. Sê feliz, que eu, onde estiver, o serei também.
Lígia

Entregou a carta a Lúcius. Embora este soubesse que Gláucius mandaria atear fogo, ainda tentou mais uma vez; Lúcius disse-lhe:

– Gláucius, Lígia mandou-te esta carta. Não faças como das outras vezes. Lê, ou queres que eu o faça, se é que tens medo do contágio?

– Não quero, Lúcius, não quero ler e não quero que leias. Já te proibi que fosses ao vale dos imundos, não quiseste obedecer-me e mandei-te embora desta casa. No entanto, o pai de Fúlvia tomou-te a serviço dele, e por isso, Lúcius, não te posso impedir de ires ao vale e não te posso escravizar novamente, pois estás a serviço do pai de Fúlvia. Porém, proíbo-te de te acercares de meu filho. E queime esta carta; que Lígia se esqueça que existo. Transmite isso a ela, pois não acredito que o fizeste das outras vezes, pois ela não seria tão teimosa. Já a vi andando por aqui; ela que não se atreva a chegar perto de meu filho.

Lúcius, com lágrimas nos olhos, queimou a carta de Lígia, pensando:

– Talvez se ela não tivesse matado e roubado, Deus, em sua infinita misericórdia, lhe teria dado o que ela tanto almeja.

Dessa vez teria de contar a Lígia, para que fosse mais comedida e não tentasse ver a criança. De fato, no dia seguinte contou a Lígia que, dessa vez, Gláucius não quis saber de sua carta.

– É por causa do filho, tem medo da doença; eu, no seu lugar, também o teria.

Lúcius não teve coragem de dizer-lhe que as outras cartas tiveram o mesmo destino.

Nessa noite, Lígia aproximou-se ainda mais da casa. Fúlvia viu e, apavorada, narrou a Gláucius, dizendo:

– Ela quer contaminar nosso filho. Tem raiva, porque nós nos casamos. Vamos colocar os cães de guarda à noite. Assim evitaremos que ela penetre na casa. Gláucius atendeu o pedido de Fúlvia e colocou os cães.

– Lígia, nessa noite, foi na frente, pois Marcus teria de pensar umas feridas de um ancião que estava moribundo.

Ela esgueirou-se sorrateiramente e tentou alcançar a casa. Os cães começaram a latir, correndo atrás dela, mordendo-a. Gláucius e Fúlvia, que estavam à espreita, saíram atrás dos cães e depararam com Lígia encurralada entre o poço sem água, que havia nos fundos da casa, e os cães que dilaceravam a carne da pobre infeliz.

Gláucius, ao invés de aplacar os cães, atiçava-os ainda mais e, chegando perto de Lígia, empurraram-na, ele e Fúlvia, com um pedaço de pau; esta perdeu o equilíbrio e caiu no poço. Insanos, sem saber o que faziam, Fúlvia gritava para Gláucius:

– Ela quer contaminar nosso filho! É teu dever, Gláucius, como pai, protegê-lo; vamos pegar a laje que aí está e tampar o poço. Porém, não digas nada a Cláudio que Lígia está lá dentro.

Assim o fizeram. Gláucius e Cláudio pegaram a pesada laje e iam-na empurrando, para fechar o poço.

Lígia, que desmaiara, voltara a si toda ensangüentada pelas mordidas dos cães; ainda olhou para cima e conseguiu vislumbrar o céu estrelado e a boca do poço que se ia fechando aos poucos.

Balbuciou entre lágrimas:

– Por que, meu amor? Por quê? Eu não ia fazer mal a ninguém.

Marcus, que vinha chegando, viu os vultos de Fúlvia, Gláucius e Cláudio. Conseguiu, de longe, vislumbrar que Gláucius e Cláudio empurravam qualquer coisa e teve um mau pressentimento. Os três acorrentaram os cães e voltaram para casa.

Marcus tentou, com força descomunal, levantar um pouco a laje e conseguiu vislumbrar Lígia; porém, seus dedos, em forma de garras, não conseguiram suportar o peso, e a laje escapou-lhe das mãos, caindo sobre sua cabeça, matando-o na hora. Lígia apenas divisou o vulto, não conseguindo ver quem era; apenas vislumbrei um clarão e novamente a boca do poço se fechando. Começou a orar e pedir que não demorasse seu desenlace. Sentia insetos passarem sobre suas pernas ensangüentadas, sentia picadas. Sua perna esquerda doía-lhe terrivelmente, tinha a impressão de que estava quebrada; olhou para o braço direito, apalpando-o, pois era insensível e havia caído sobre ele; sentiu-o até o pulso, porém a mão, não mais tinha a mão. Quando caíra, batera com tal força o pulso num ferro cortante que sua mão fora decepada. Sentia-se sufocar, o peito arfava-lhe. Uma dor pontiaguda, lancinante, avassalava suas costas, no final do pulmão direito. Passou a mão, as costas estavam empapadas de sangue. Quebrara-se-lhe uma costela e esta perfurara-lhe o pulmão. Sentiu insetos andando-lhe sobre o corpo. Tinha a impressão de já ter passado por isso. Vislumbrava a si mesma, com outro corpo, sendo corroída pelos insetos e outros bichos. Soluçava, pedindo e orando a Deus:

– Senhor, tem piedade, não me deixes sentir tudo isso de novo. Se fui suicida, desta vez não o sou. Por que tudo de novo? É um sofrimento atroz! Ah, Lúcius! Por que não te ouvi? Cuida de meu filhinho! Adeus, Lídia, adeus, Fúlvia, adeus, Gláucius, meu amor, não queria causar mal ao teu filho. Jesus, tem piedade, venha buscar-me. Lúcius, ajude-me, Marcus, irmão querido, onde estás?

Um forte clarão de luz iluminou o poço. Lígia pôde entrever aranhas, baratas e um escorpião, que lhe tinha ferroado o braço direito. Viu Lúcius e sorriu para ele. Lúcius disse-lhe:

– Vem, Lígia, larga esse corpo, vem comigo, vou levar-te a um hospital, para que refaças o espírito. Já levei Marcus.

– Marcus, mas ele está vivo.

– Não. Marcus morreu tentando salvar-te.

– E meu pai, e meu pequeno Marcus Julius, mal começa a andar!

– Teu pai cuidará dele; venha, não te prendas mais à matéria.

– Tenho medo, Lúcius, sou uma assassina.

– Resgatarás em outra encarnação; vem.

– Morreste também?

– Não, Lígia, meu corpo está dormindo, porém vim buscar-te; tu me livraste do cativeiro, e eu vou livrar-te do cativeiro do corpo.

– Como assassina, terei de sofrer?

– Sim, terás; mas não adianta quereres retardar teu sofrimento, agarrando-te ao corpo, pois sofrerás duplamente.

– Dá-me a mão, Lúcius; guia-me nessas trevas que terei de enfrentar e que Deus me perdoe.

Assim desencarnou Lígia.

No dia seguinte, Lúcius guiou Marcus, o pai de Fúlvia, até o poço, para dar sepultamento a Marcus[3] depararam com aquele quadro aterrorizante. Marcus, com as mãos encarquilhadas segurava a laje e tinha a cabeça esfacelada. Tiraram o corpo de Lígia e sepultaram os dois juntos.

Quando Gláucius e Fúlvia viram o quadro aterrorizante, choraram convulsionadamente, embora Lúcius não tenha contado o sonho que tivera. Fúlvia, entre soluços, contou ao pai o que acontecera.

O pai de Fúlvia mandou avisar Fábius e os familiares de Lígia.

Quanto a Marcus, ninguém sabia de sua origem, já que ele próprio nunca quis contar.

---

3. Marcus, defensor de Lígia no vale dos leprosos: João Oliveira da Silva (Pai João).

CAPÍTULO XIV

Revelações

"A verdade e a sinceridade
São os alicerces de uma verdadeira amizade.
Se agirmos sempre dessa forma, feliz e concreta,
Teremos a verdadeira amizade, alicerçada por uma diretriz, uma meta."

Fábius, ao ser notificado, correu à casa de Marcus, pai de Fúlvia e, em prantos, soltou o pobre Marcus, que jazia sob a laje, com a cabeça arrebentada, e mandou retirar do poço o corpo da filha.

Marcus, pai de Fúlvia, lamentava-se do ocorrido e comentava com Fábius:

– Meu querido amigo, sinto-me triste, porém, impotente de ajudar-te: não tenho certeza, mas meu coração diz-me que meu genro e minha filha estão implicados na morte de Lígia, a quem amei como filha. Agora que está morta, posso relatar-te meu encontro com tua filha, antes de ela ir para o vale dos imundos.

Marcus assim o fez, embora omitisse o acontecimento da gravidez de Lígia, narrou a Fábius que a levara a Alexandre, com o intuito de demovê-la da vontade férrea de ir para o vale dos imundos. E, para finalizar, com lágrimas nos olhos, encarando Fábius, disse-lhe:

– Tenho quase certeza de que minha filha está implicada nesse crime horrendo. Talvez com essa confissão irei perder tua amizade, porém, não posso guardar este remorso em meu coração.

– Marcus, tua sinceridade vem do coração. Não temos culpa dos atos insanos de nossos filhos. Se trazes dentro de ti essa confiança, também trago uma semelhante. Em seus desvarios, tive a impressão de que Lídia foi culpada do acidente de teu filho amado. Creio que ela preparou a biga para Plínio e, no fim, teu filho é que foi vítima. Marcus, em Damasco, em contato direto com os homens do Caminho, aprendi que tudo tem uma razão de ser, e nós não nos devemos revoltar com os acontecimentos tristes da vida; devemos, outrossim, agradecer aos céus os sofrimentos que nos burilam a alma, preparando-a para um mundo melhor e para uma verdadeira vida. Assim que tiver certeza do que aconteceu com Flávius, dir-te-ei com a mesma franqueza com que usaste agora para comigo. Não te deprimas, no entanto, com o meu pranto, que não é de revolta, porém, de saudade desta filha a quem tanto amo! É uma filha querida, que não se deixou arrastar pelo luxo que avassala Roma, em proporções escandalosas; nunca exigiu túnicas de tecidos transparentes, penteados vistosos, perfumes raros, jóias em profusão, pedras preciosas. Exigia, isso sim, amor, respeito e justiça. Era voluntariosa e altiva, quando convicta de que estava certa em suas determinações, humilde, quando reconhecia que estava errada. Suportava tudo com altivez, no entanto, quando lhe faltava amor, murchava; era uma andarilha no deserto, ávida por um pouco de carinho, atenção e amor. Talvez este ente, que se encontra morto ao seu lado, lhe tenha sido o oásis no deserto, pois é o pai de meu neto.

Marcus abaixa a cabeça e chora, porque não poderia dizer ao amigo que o pai de seu neto era Gláucius.

–Vê, Marcus, olha no dedo de Lígia: apesar de torto, corroído, traz o anel de noivado que Gláucius lhe dera. Quero que desçam e procurem a mão direita amputada; que se munam de fachos, pois quero sepultar minha filha inteira e quero ver se ela conserva um anelzinho que lhe dei, pois, no dia que lhe entreguei, ela o colocou no dedo indicador de sua mão direita e me disse:

– Deste anel nem a morte me separará, papai, pois ele tem a forma de um coração, em cuja pedra mandarei esculpir teu perfil.

Marcus mandou os serviçais descerem novamente, e então encontraram a mão de Lígia, com os dedos em forma de garras, que pareciam verdadeiros tocos. No que restava do dedo indicador estava um anel, em cuja pedra em formato de coração estava incrustada, a ouro, a efígie de Fábius. A pedra azul estava vermelha do sangue de Lígia. Fábius, sem escrúpulos, pegou a mãozinha de Lígia e beijou-a, afagando-a.

– Peço-te, Marcus, que me deixes levar minha filha e este rapaz; creio que, como o encontramos, tenha feito de tudo para salvá-la. Que os céus os bendigam. Irei sepultá-los juntos, no subterrâneo de minha casa, ao lado dos restos mortais de sua tia-avó, Lívia. Peço-te que Lúcius me acompanhe, pois este rapaz transmite-me uma paz renovadora.

– Ele é adepto dos homens do Caminho e, apesar de ser livre, pois Gláucius o liberou da escravidão, permanece fiel ao nosso lado. Estava até agora perto de nós, creio que nos deixou a sós para que pudéssemos confidenciar.

Marcus mandou chamar Lúcius; este acompanhou os despojos de Lígia e do companheiro das horas de infortúnio até a residência de Fábius.

Lígia Alexandra, ao ver o estado deplorável da filha, afastou de si os temores do perigo da transmissão da doença e, soluçando, atirou-se sobre o cadáver da filha.

Lídia, no entanto, não quis ver a irmã, alegando que preferia trazer na recordação uma Lígia sadia e bela.

Babucha chorava copiosamente. Trazia nas mãos uma túnica de lívido linho, rebordado a ouro, que pretendia colocar em Lígia.

Fábius, com carinho, pediu-lhe:

– Babucha, sei que a amas tanto quanto eu, no entanto, peço-te, deixa-me limpar o corpo de minha filha, como adeus. Colocarei a túnica em seguida. Se quiseres, poderás assistir-me, mas, lembra-te de que o pequenino ser que o corpo de minha filha gerou reclama tua presença, pois és para esta criança a mãezinha que lhe faltou. Ora, Babucha, para que eu tenha forças. Traze minha melhor túnica, para vestir o pai de meu neto. Lúcius se incumbirá de fazê-lo, pois vejo em seus olhos a vontade que derrota nesse sentido.

Enquanto limpava o corpo da filha, untando-o com as mais finas essências, sussurrava:

– Filha amada, não esqueças de mim, que eu, de minha parte, esteja onde estiver, quando Deus permitir, estarei ao teu lado, procurando conduzir ao caminho certo. Sei que tateias como cega à procura de luz; que Deus me dê forças para encaminhá-la.

Lúcius interrompeu dizendo:

– Ela matou para evitar que te fosse propagado o mal a ela transmitido; vamos orar para que seu caminho de escuridão seja breve e que ela se livre logo da escravidão, provocada por espíritos insanos, ávidos por aprisionarem mais uma alma infeliz. Vamos orar, com o coração, a oração que Jesus nos ensinou.

Ambos prostraram-se de joelhos e entregaram-se à oração do pai-nosso.

Depois, entre prantos de Fábius e Babucha, Lígia foi limpa e trocada. Enquanto isso, Lúcius preparava Marcus, moço forte e viril, que a tudo renunciara em prol do amor fraternal que nutria por Lígia.

Lúcius sussurrava-lhe:

– Queria ser chamado por Hércules, ou Marcus, como te chamava Lígia? Eras tão nobre, de alma e coração, que de todos escondeste tua origem nobre. Largaste teu palácio de mármore, rico das mais belas esculturas helênicas e espártacas, de mosaicos variados, onde poderias gozar o conforto e teres médicos competentes ao teu redor. Porque sabias que teria de ser o braço forte a amparar a alma fraca e combalida de Lígia. Queria amparar a irmã de outrora, e tua vontade férrea ultrapassou a razão da encarnação atual. Não serei eu, caro amigo, que irei revelar o alto grau de tua estirpe, pois, no plano espiritual em que te encontras, queres permanecer sempre humilde e fiel aos teus compromissos, e não te envaidece em teres sido este ou aquele líder tão falado. Procuraste inocular o amor e conseguiste. O amor é o mais nobre sentimento de que é capaz um ser racional. É vibração que encontra ressonância em todo peito humano. O amor é a alma da vida social, seiva da justiça, que se baseia na fraternidade de todos os homens. Infelizmente, a humanidade o deturpa, levando-o para o lado do sexo, da paixão, em que se denota a fraqueza do ser humano. Tu suplantaste as tendências animalescas e destes a Lígia o amor fraternal, tão necessário a ela. Tu a amavas sim, porém, a tudo renunciaste, para vê-la feliz; e ela a tudo renunciou, para ver Gláucius feliz.

Lúcius sabia que Gláucius, corroído pelo remorso que lhe avassalava a alma, estava escondido entre as lápides, ouvindo e presenciando tudo. Fábius, envolto pela dor, nada via ou ouvia.

– O amor inclui os atos de justiça, animando-os com novo calor, revestindo-os com nova exigência, pois quem ama deve considerar o outro como irmão, como igual, procurando privar-se de tudo em prol do ser amado. O amor vai além da justiça, pois esta, às vezes, falha, deixando campo para iniciativas generosas; o amor matiza de delicadezas as asperezas da lei. Somente o amor vence a hipocrisia, o egoísmo, o engano, a pretensão, a farsa. Além de ser o que nos aproxima de outras pessoas; sendo o vínculo de união, ele é também a ponte de união que nos leva a Deus. O campo de amor é amplíssimo, desde o amor filial ao paternal, ao fraternal, ao conjugal, até o universal, que é o amor ao próximo. Ele é a força motriz, a força criadora. Porém, não se pode falar de amor, esquecendo-se a justiça divina. Ele não se manifesta somente com palavras de carinho, mas por gestos, um abraço, um beijo, um aperto de mão e por obras. O amor constrói, enquanto o ódio destrói. O amor é constituído de renúncia; se quisermos dar amor esperando retribuição, então é hipocrisia. Lembremo-nos de Jesus, numa de suas parábolas, a do Bom Samaritano, em que o amor consiste de obras concretas em favor de nosso irmão! Lembremo-nos d'Aquele que sobrepujou a própria dor, dando-nos a própria vida como exemplo, e das palavras destes ensinamentos:"Tudo o que fizerdes a um destes irmãos mais pequeninos, é a mim que haveis feito. O que deixardes de fazer a estes pequeninos, é a mim que deixareis de fazer. Amai ao próximo como a vós mesmos. Queris saber quanto tendes de amar aos outros, qual a medida do amor? Este é o meu preceito: que vos ameis uns aos outros como Eu vos tenho amado. O que não querei que vos façam, não o façais a outrem".

"E tu, Marcus, procuraste fazer o que o meigo Cordeiro de Deus nos ensinou, embora, às vezes, claudicante e indeciso. Tomaste a ti a responsabilidade de outrem, para que males adversos não surgissem. Atribuíste a ti a falha de um ser humano embrutecido pela paixão, pelo sexo, a que davas o nome de amor; e no momento em que Lígia mais precisava de um apoio, aquele procurou furtar-se. Ai, Marcus! tu soubeste amar! Tu seguiste os verdadeiros preceitos do amor!"

Fábius ouvia. Porém, entregue às reminiscências da infância de Lígia, pouca importância dava às ponderações de Lúcius. No entanto, Gláucius, escondido, não agüentou as últimas evocações de Lúcius e soluçou.

Lúcius já terminara de limpar e vestir o corpo inerte de Marcus e foi ao encontro de Gláucius, fazendo sinal a ele para que o acompanhasse; este assim o fez.

Fora, perto do caramanchão onde Lígia e Gláucius se encontravam, Lúcius afagou-lhe a cabeça e disse-lhe:

– Não te comovas, Gláucius. Somente peço-te que ponhas em prática o que acabei de dizer. Fúlvia precisa muito de ti, de teu amor, de tua atenção.

– Por que, Lúcius, por que pratiquei ato tão desprezível?

– Porque não esqueceste o que Lígia, em outra encarnação, proporcionou-te. Ela, como homem, assassinou-te, em prol da felicidade do povo romano. Nutria, por ti, amor fraternal, ou mesmo filial, porém, o amor ao próximo foi maior e envolvido por entidades malévolas, Lígia, naquela época homem, deixou-se arrastar. Possuías naquela época uma ambição ilimitada, tinhas ascendência aristocrata. Eras elegante, requintado, amavas as obras de arte, essências raras e, sobretudo, o bem-estar. Culto, erudito, apreciavas a eloqüência, a música, a gramática. Eras excelente orador, inteligência viva e robusta, grande lucidez de pensamento, energia inquebrantável, um poder de trabalho que não conhecia fraquezas, uma habilidade de servir-se dos homens e dos acontecimentos. Pacificaste os povos locais, derrotaste os belgas; pacificaste a Gália ocidental, atacaste os germanos, marchaste contra Roma, a fim de expulsar Pompeu, e este fugiu para Épiro. Derrotaste os partidários dele na Espanha e foste até o Egito à sua procura, mas ele fora morto pelo rei Ptolomeu. Depuseste o rei e entregaste o trono à sua irmã Cleópatra e partiste para a Ásia e África e, finalmente, para Roma. Porém o orgulho avassalou-te a alma. Adotaste o título de imperador e assumiste as funções de sumo pontífice. Tiraste do senado a autoridade, modificando a constituição dos tribunais. Achaste que tinhas o poder de um deus e mandaste cunhar moedas com tua efígie. Começaste a menosprezar os outros, achando-te a perfeição máxima. Foste advertido pelo teu ajudante, e por um teu familiar, no entanto, não atendeste. O senado revoltou-se, e teu familiar e melhor amigo na época deu-te um golpe final, para sofreres menos, pois recebeste inúmeras punhaladas[4]. Esse teu amigo e familiar era Lígia, na época como homem. Na presente encarnação tua ira voltou-se contra ela, pois sentiste que ela, outrora homem, te havia prejudicado. Porém, se Deus o permitir, voltarás a reinar, serás imperador aclamado, que tudo fará pelo povo; mas, não será compreendido; Lígia estará ao teu lado e, talvez, serás banido. Posteriormente, talvez, voltarás novamente, a fim de te aprimorares mais um pouco num núcleo, no qual terás alegrias e, também, muitas tristezas, para que possas burilar teu espírito devedor. Aí, então, conforme o teu comportamento, desfrutarás, depois, em outra encarnação, do alimento tão aspirado por todos.

---

4. Brutus, filho de criação

Lúcius falava como se estivesse em transe; seus olhos, parados, grandes e reluzentes, emitiam tal fulgor, como se estivessem vendo um futuro distante. Voltou do torpor em que se encontrava e, num largo sorriso, disse a Gláucius:

– Lígia, sem querer, deu a seu filho o prenome que possuías naquela época.

– Qual? – perguntou Gláucius.

– O filho de Lígia chama-se Marcus Julius[5], o resto procura descobrir por ti mesmo!

Gláucius pensou que Lúcius estava brincando e dizia de si para si: "Ele está louco; insinuou, com suas profecias, que fui imperador; talvez, pelas suas palavras, Július César; e continua insinuando que serei imperador novamente, ao lado de Lígia. Mas Lígia está morta; como podemos viver e morrer tantas vezes? O remorso corrói-me a alma; ao invés de ele ajudar-me, fica, isto sim, maquinando idéias tolas. Até que ponto tudo isto é real, tudo isto é verdade? Se comentar isto com Fúlvia, ela muito irá duvidar. Tenho de carregar sozinho meu remorso e não dar ouvidos a escravos. Como, sendo Lúcius um escravo que mal sabe ler, conhece tanta coisa da história romana?" – foi embora matutando.

Fábius havia penteado os cabelos da filha, de modo que cobrisse a parte do rosto repuxada pela doença. Após várias horas sozinho com ela, resolveu sepultar Marcus e Lígia. Depois, foi ao vale dos imundos, acompanhado de dois soldados, para visitar a morada da filha, nos últimos tempos em que esta permaneceu viva.

Era uma pequena cabana, de um cômodo somente, alicerçada dentro da rocha viva. Pensava de si para si: como Lígia podia trocar o conforto principesco do lar em que nascera, por aquilo que, mais parecia uma toca de animal? Realmente, Marcus edificara sua cabana dentro de uma gruta, como era chamada aquela pequena caverna.

Geralmente, os portadores de lepra não procuravam nem mesmo

---

5. Július Caius César, imperador de Roma

dar-lhes a forma de uma cabana; simplesmente dormiam sobre trapos naquelas grutas. Marcus, porém, dera-lhe um toque pitoresco. Colocara até porta de entrada, uma cama tosca de madeira, que dava para acomodar um casal; uma outra, mais estreita, em que deveria dormir uma pessoa; um fogareiro rústico, alguns utensílios domésticos. Ali imperava paz e limpeza. O chão de terra batida tinha marcas como se tivesse sido varrido recentemente; havia ordem.

Procurou investigar mais e viu no fundo da cabana uma pequena pedra; ao removê-la, notou uma passagem que dava para o vale, do outro lado das escarpas. Era por ali que Lígia e Marcus saíam, para ir até a cidade, sem serem vistos.

Na cama mais estreita, algo chamou a atenção de Fábius; uma corrente e um medalhão. Tomou-os nas mãos e mirando-o, disse:

– Isto deveria pertencer a algum nobre grego.

Ao virar o medalhão, deparou com uma efígie e reconheceu-a.

– É de Alexandre, o Grande, o grego que construiu a cidade de Alexandria, no Egito. Por Deus, Marcus, a quem Lígia escolheu para esposo, deveria pertencer à dinastia de Alexandre! Como um nobre, possuindo fortunas incalculáveis, largou palácio, tesouro, e veio parar neste vale, morando nesta humilde cabana?

Eram perguntas das quais não encontraria jamais respostas, pois Marcus, ou Hércules, como o queiram chamar, jamais deu explicações de sua origem, de seu nome. Nunca desabafou, com quem quer que fosse, os problemas de sua vida particular.

Capítulo XV

A recuperação de Lígia

"Na vida as dores, as feridas, tudo passa,
Esvaindo-se aos poucos, qual fumaça,
No entanto, os débitos em nossos espíritos permanecem
E, ao desencarnar, temos de assumi-los, pois jamais desaparecem."

Vamos fazer aqui um preâmbulo, para desvendar algo da vida de Marcus, ou Hércules, ou demais nomes dados ao ser que protegeu Lígia, sob todos os aspectos.

Marcus, ou Hércules, cujo verdadeiro nome era Alexandre, discípulo de Aristóteles, o mais célebre filósofo grego, era descendente de Alexandre, o Grande, também chamado de o Magno, que derrotou o exército de Dario III, na batalha de Issus; tomou a Fenícia e marchou sobre o Egito, onde fundou a cidade de Alexandria (335 a.C.).

Como Alexandre, o Grande, mais conhecido na história por Alexandre Magno, Alexandre ou Marcus também possuía um intelecto superior, resistência física invulgar, força hercúlea, vontade de ferro; apesar do feitio impetuoso, era sensível, gostava de poesia e música.

Em encarnação anterior fora pobre, sob o nome de Simeão; destruiu a família devido à ambição desenfreada, levando uma irmã ao suicídio. Na encarnação seguinte, pediu fortuna, posição, fama, para tudo abandonar, em prol, na medida do possível, de quem prejudicara no passado.

Alexandre ou Marcus, assim, reencarnou no palácio, em berço de ouro, engrinaldado dos maiores requintes da época. Era considerado suicida, pois, em seus desvarios da encarnação anterior, devido ao sentimento de culpa, atirou-se numa fogueira, sendo consumido pelas chamas; seu irmão Longínus[6], ao procurar salvá-lo, viu-se envolvido pelas mesmas chamas.

Logo ao desabrochar da juventude vigorosa e viril, foi acometido de lepra. Órfão de pais, que faleceram em um acidente, portador de riquíssima fortuna, ao ver-se portador da doença, teve um sonho, em que deveria partir para Roma, a fim de amparar as pessoas que dele se acercassem, principalmente mulheres, jovens e velhos que precisassem de sua força, de sua proteção.

Sensível, achou que esse era um aviso dos céus. Doou sua fortuna aos pobres, aos incapacitados, aos inválidos. Deixou seu palácio dourado, doando tudo, e partiu com apenas uma pequena mochila, com apenas algumas roupas e o necessário para sobreviver na árdua jornada. Somente levou consigo um medalhão, que fazia parte de sua dinastia, e que lhe fora posto no pescoço por sua mãe, ao nascer.

Se em encarnação anterior tudo fizera para angariar fama e fortuna, Alexandre, nesta encarnação, deixou estas mesmas fama e fortuna, para proteger a quem, no passado, prejudicara. Se prometeu no espaço fazer isso, cumpriu religiosamente.

Embora impetuoso, conquanto houvessem falhas em seu modo de proceder, tudo fez para cumprir sua missão com fé, resignação e muito amor no coração.

Homem viril, sentiu por Lígia forte atração, porém, sempre a respeitou, não a tocando sequer com um dedo que fosse sem aprovação dela. Lígia, voltada para Gláucius, nunca se apercebeu dos sentimentos daquele a quem ela chamava de Marcus, e queria como a um irmão, em quem via um defensor amigo e sincero. Seu amor

---

6. Nosso querido irmão Damião ou D. Pedro II.

por Gláucius era tão grande que mesmo os evidentes defeitos dele ela não via, ou se os via, procurava desculpá-los, achando sempre um motivo plausível para sua conduta. A única coisa que almejava o espírito de Lígia era ver Gláucius feliz, contente, sorrindo, esquecendo-se de si mesma e dos que a rodeavam. Criatura sensível, em seus sonhos o via como a um deus grego, a quem ela servia como humilde serva. Quando ainda sã, ia à sua casa, acarinhava os sais de banho que iriam tocar o corpo de Gláucius, beijava a sua túnica às escondidas, como se estivesse cometendo um sacrilégio; guardava, num pequeno cofre, flores que as suas mãos tocavam, fortuna única que levara de casa e que guardara com imenso carinho, e que Fábius achou posteriormente, escondida na rocha.

Se Marcus, Hércules ou Alexandre amava Lígia com veneração, fazendo de tudo para protegê-la, Lígia amava Gláucius da mesma forma; porém, no instinto mais impetuoso, não hesitava em tirar tudo que a impedia de ir ao caminho de Gláucius, mesmo que, para isso, tivesse de recorrer ao crime, se necessário fosse. Se Marcus, ao segurar a faca ou punhal, matou Demóstenes, ele, perante Deus, não tinha tanta culpa quanto Lígia, que ali fora com esse propósito. Marcus não ergueu a mão criminosa contra Demóstenes, como Lígia o fizera contra Ananias, no vale dos leprosos. Por esse motivo, Marcus, cujo nome de nascimento era Alexandre, sofreu muito menos do que Lígia no plano espiritual.

Lígia, por onde ia, ouvia blasfêmias e era acusada de assassina e suicida de outras encarnações. Perambulou durante anos no umbral asqueroso e fétido, pelas ações dos que nele habitam. Era manipulada por seres hediondos, que a assediavam.

Marcus, liberto bem antes desse lugar, procurava, vacilante ainda, amparar Lígia e tirá-la das mãos dos carrascos. Tudo fazia; porém, quase nada conseguia, pois não possuía forças suficientes para tal. Lígia tinha alucinações, via o assassinato de Ananias a perfilar-lhe diante dos olhos, lentamente, repetidamente. Parecia enlouquecer, puxava os cabelos, ficando desgrenhada. Via Demóstenes cobrar-lhe os documentos surrupiados, assim como a vida arrebatada. Via Ananias trôpego, magro, com a doença a corroer-lhe a face, acusando-a de assassina. Sentia-se desesperada e em seu desespero entregava-se ainda mais nas mãos de seus algozes.

Marcus tentou, quando Fábius dormia, com ele retirar Lígia daquele estado de prostração. Fez inúmeras vezes, sem o conseguir. Marcus ou Alexandre procurou Marcus, o pai de Fúlvia, também não conseguindo nada. Marcus, então, pensou: unindo forças, se eu, juntamente com Fábius, Marcus e Gláucius, quando estes libertos pelo sono regenerador, fôssemos juntos, talvez tirássemos Lígia de tal obsessão.

Se assim pensou, envidou todos os esforços possíveis para tal empreitada. Noites e noites a fio trabalhou com esse firme propósito. Até que, finalmente, conseguiu reunir todos e levou-os até Lígia.

Esta, apesar de amar cegamente o pai, não ouvia seus rogos. No entanto, ao ouvir o balbuciar trêmulo de Gláucius, apavorado, por encontrar aquela que amara um dia em condições deploráveis, a chamá-la, Lígia sacudiu-se toda, como despertada de um triste e tenebroso pesadelo, estendendo as mãos ávidas, à procura do ser amado, à procura do amor verdadeiro há muito acalentado e nunca encontrado.

– Lígia – dizia Gláucius – como te encontro!

– Gláucius, onde estás que não te vejo: ajuda-me, meu amor, desperta-me deste triste pesadelo. Quero ver-te e não consigo, quero estar ao teu lado e não te sinto. É como se estivesse cega e perdido o tato: procuro-te e não te acho. Querido de minha vida, és para mim a esperança mais querida. Estejas onde estiveres, ajuda-me se me queres, se me amas, reza por mim, és para mim um anjo, um querubim. És a esperança renovada, que ainda move esta pobre vida. Se existem inúmeras vidas a ser vividas, o meu desejo, minhas ambições mais queridas são ao mundo retornar, novo corpo tomar e ao teu lado vivenciar momentos felizes, perenes, de um matrimônio sereno. Ah, querido meu! O que almejo desta vida, que é um amor sincero, será uma causa perdida? Nem que passem anos, séculos; nem que perca esta vida tão sofrida, tão perdida, quero esquecer ao teu lado os tristes momentos insanos!

– Lígia, querida minha, já não és viva, estás morta e não sabes ainda; largue esse pesadelo que te frustra a alma e venha até mim, alma querida!

– Que dizes, Gláucius, já morri? Como pode ser isso se não o senti? Agora te vejo, meu querido, te apalpo, te sinto vivo.

– Eu vivo ainda estou, porém, talvez, breve ao teu lado vou.

– Não, Gláucius, não digas isso, tens ao teu lado a Fúlvia amada, o filhinho adorado que eu quis ver e não consegui. Agora lembro-me, alma querida, que caí no poço e ali fiquei desprotegida. Lembro-me de Lúcius e da aflição que atormentou-me o coração. Ó Deus, então morri! Então são certos teus ensinamentos, que se morre a todo momento. Cada vida, cada encarnação é um esmero para os nossos corações. Tens de viver, Gláucius querido, para amparar os teus nos momentos sofridos. Ó Gláucius! Tenho um filhinho, é uma beleza, bonitinho, ajuda meu pai a educá-lo. Ampara-o, queira-o como teu filho, pois ele o é, pois nesta minha vida triste, somente teu amor movia-me e impelia-me a viver, e meu filho dava-me forças para não esmorecer. Mas, dize-me, como pode ser, se estás vivo e eu cá estou a morrer, como estás ao meu lado, como pode isso acontecer?

– Lígia, meu corpo está dormindo, no entanto, meu espírito está contigo.

– Graças a Deus eu dou, por ter permitido que aqui viesses e tão grande bálsamo me trouxesses.

A partir desse diálogo, Lígia recuperou-se e começou a batalhar, a trabalhar, no intuito de ficar perto de seu amado. E conseguiu dos céus essa dádiva: após algumas tomadas, ficar ao lado do amor querido, ungindo-o de bálsamo e fluidos santificantes e amigos. Quando ele era assolado pela dor, pelo desânimo; quando já não tinha pela vida ânimo, sentia que alguém o amparava, dando-lhe novo alento à alma. Quando entidades malfazejas o acometiam, dando-lhe pancadas e dores lhe infligiam, Lígia deitava-se sobre ele, a fim de amparar as pancadas com o espírito, com a sua alma, e murmurava:

– Ah, querido meu! Queria ser grande para cobrir todo o corpo teu.

E quando isso falava, seu corpo espiritual se ampliava e ela conseguia acobertá-lo e livrá-lo das pancadas.

Aprendeu que o perispírito, apesar de leve, fluídico, era pela mente comandado e, por essa força mental, poderia tomar o formato almejado. Em muitas ocasiões, tirou as mágoas de Fúlvia e dos seus filhos, aplacando-se-lhes os corações. Trabalhou, com afinco, junto de Gláucius até o término de seus dias, sempre com Marcus a ampará-la, dando-lhe forças sadias.

Capítulo XVI

O sofrimento de Júlvia

"Se a semeadura é livre, venturosa,
A colheita é triste, tortuosa.
Se no passado, do próximo machucamos o coração,
Devemos saldar, agora, na presente encarnação."

Fábius, ao sair do vale dos imundos, levou consigo o medalhão de Marcus e o pequeno cofre de Lígia. Ao chegar em casa, colocou o medalhão no pescoço do pequeno Marcus Július, que quase andava, dizendo:

– Fazes jus, meu pequetito, de possuir o medalhão de teu nobre pai.

Marcus Július olhou para o medalhão e para o avô, sorriu, mostrando os dois pequeninos dentes e duas graciosas covinhas no rosto, que herdou de sua mãe.

Fábius lembrou-se de Lígia, e pegando o pequetito no colo, cobriu-o de beijos. Porém, aqueles olhos grandes, azul-violeta, não lembravam Marcus, lembravam mais Gláucius; embora Marcus tivesse olhos azuis, estes eram de tonalidade diferente e menores.

Fábius pensava: Estou a devanear; talvez pelo amor que Lígia nutria por Gláucius e de tanto que falava dos olhos dele, seu filho traz estampado no rosto os olhos de Gláucius; aquele sorriso sempre bailando nos lábios do menino, a boca pequenina, as covinhas, a textura alva e macia da pele, lembravam sua filha.

Lígia, às vezes chorando, sempre esboçava um sorriso, como se uma pessoa, apesar de sofrer, tivesse conhecimento da causa de suas desventuras, e estivesse contente por saldar uma dívida angariada no passado.

– Meu pequeno Marcus Július, tudo farei para ver-te feliz – disse Fábius.

– Tudo faremos – retrucou Lígia Alexandra, ao entrar no recinto. – Ou pensas que esse pequenino ser enjeitado, deixado em nossa porta, não é também a menina de meus olhos?

– Vejo que Marcus Július deu-te novo alento, pois estavas tão decaída por ver Lídia no estado em que se encontra.

– É verdade, Fábius, tenho a impressão de que Lídia vai enlouquecer; tem desvarios, desde a morte de Flávius; repele Plínio, que, ardorosamente, a visita. Diz-se noiva de Plínio, no entanto, parece ter-lhe aversão. Não sei o que está acontecendo! Plínio, apesar de ser volúvel, e de o dinheiro e a fortuna de seu pai haver-lhe escoado entre os dedos, parece-me que aprendeu a lição, que tem bom coração e querer bem a Lídia.

– Não sei, Lígia Alexandra, se os sentimentos que movem Plínio são amor por Lídia ou amor pelo dote; e o que nutre por Lídia não passa de paixão e sexo. Não o vejo como tu o vês. Prezam os céus que estejas certa e eu errado. Somente não quero ver Lídia sofrer. Admito que ele se apresente solícito e está sempre pronto a servir-nos; que está sempre ao lado de Lídia, quando esta tem as crises, acudindo-a e procurando amenizar nossas dores, afastando-nos e procurando dar o amparo necessário a ela, porém existe algo nesse rapaz que não me inspira confiança.

O que Lígia Alexandra e Fábius não sabiam é que Plínio agia assim para que, nos seus desvarios, Lídia não levasse ao conhecimento dos pais a participação dele na moléstia de Lígia.

Lígia Alexandra viu o medalhão no pescoço de Marcus Július e perguntou a Fábius:

– Que é isto? Onde o encontraste?

Fábius disse:

– Foi Babucha que me deu; estava entre as roupas do pequeno. Achei que deveria colocá-lo em seu pescoço. Vê, Lígia Alexandra, o medalhão possui a efígie de Alexandre Magno; seus pais deveriam pertencer a essa dinastia.

– Mas, como pessoas tão poderosas, portadoras de inigualável fortuna, iriam deixar essa criança em nossa porta? E como Babucha não nos falou antes desse medalhão?

– Ela se esqueceu de que o havia guardado junto à roupa que viera com o menino.

Babucha, que vinha entrando, ouviu tudo. Compreendeu que deveria confirmar o que Fábius dissera. E assim o fez.

Lígia Alexandra confiou em Babucha e deu o caso por encerrado; pegou o menino, estreitou-o nos braços, mimando-o, e saiu do recinto.

Fábius, agradecido, sussurrou a Babucha:

– Fui ao vale dos imundos e encontrei este medalhão na cabana de Lígia. Deve ser do pai do menino.

Babucha, com os olhos cheios de lágrimas, confirmou com a cabeça, pois não poderia faltar ao juramento que fizera a Lígia, de jamais revelar o nome do verdadeiro pai de Marcus Július.

Entretanto, a vida continuava para Fábius, corroído pelas saudades de sua filha, abrandando-as com as peraltices e diabruras de seu neto, próprias das crianças nessa etapa da vida, em que o amor é requisitado pelas criaturinhas de modo imperativo. Marcus Július estava com dois anos e oito meses, enquanto Gláucius, filho do senador, já estava com quase dois anos, e a pequenina Fabiana, sua irmã, estava para completar um ano de idade.

Desde a morte de Lígia, Fúlvia, mesmo no estado de gravidez, apresentava vários distúrbios; sofria ataques catalépticos, em que via Lígia, com a mão decepada, correndo por lugares tétricos, sombrios, acusada de assassina, coisa esta que Fúlvia, não sabedora do que se passara com Lígia, achava que eram dirigidas a ela. Sentia o remorso a corroer-lhe as entranhas. Por sua vez, Gláucius, ao vê-la nesse estado, via-se também corroído pelo remorso, e, pela descrição de Fúlvia, tinha a impressão de também ver a mesma cena diante dos olhos, não conseguindo tirar Lígia do pensamento, e com isso atraindo-a para perto de si; e Lígia transmitia, sem o saber, o que ia em sua alma para Gláucius e Fúlvia, e sendo Fúlvia portadora de mediunidade, sentia os mesmos temores que Lígia sentia.

Num de seus acessos, já quase no fim da gravidez da pequena Fabiana, Fúlvia, em desespero, contou tudo para seu pai.

O procônsul, passado ao título de cônsul, devido ao trabalho meritório que efetuava no governo de Domiciano, era bom e procurava espalhar o amor e a justiça que aprendera com os irmãos do Caminho, era muito querido pelos seus ajudantes denominados legados, na época em que comandava, às vezes, uma parte das tropas; era querido por todos, desde os tribunos militares até os comandantes, os chefes de grupos, os prefeitos das alas, os mais humildes e rasos soldados.

O cônsul Marcus, além de ser respeitado pelo exército romano, era querido e acatado pelos trezentos membros que compunham o senado (posteriormente, passou a ser composto por novecentos senadores), enquanto Domiciano, déspota, cruel e criminoso, era odiado e temido por todos. Bondoso como era para as legiões que comandava, não podia deixar de ser para sua filha, a quem adorava. Então, disse-lhe:

– Querida filha, tu e Gláucius conceberam o mais hediondo e despropositado crime. Eu queria Lígia como a uma filha; quero Fábius como a um irmão querido; Lígia não queria ver o seu mal, nem transmitir a doença ao teu pequenino Gláucius; sentia um amor tremendo por Gláucius, não era atraída pelo seu porte ou aparência física; assim como tu, Lígia tem muita afinidade com ele, como dizem nossos irmãos do Caminho. Ela mesma, antes de ir para o vale dos imundos, pedia aos céus que fosses tu a esposa de Gláucius, pois te queria como a uma irmã, e via em ti os predicados para tornar Gláucius feliz. Talvez, se ele tivesse se casado com outra, o ciúme avassalasse-lhe a pobre alma. Porém, contigo não, isto tenho plena certeza, pois estive com ela inúmeras vezes; via-a no ápice do desespero, desejando que a terra se abrisse e a devorasse; no entanto, nunca ouvi uma palavra de revolta contra ti. Quantas vezes roguei aos céus que lhe enviasse forças, para que ela não cometesse o suicídio, mas, graças ao amor de Gláucius, ao amor que ela deu sem nada exigir em troca, ela se manteve viva.

– Mas, papai, se ela o amou tanto assim, como não poderia ter ciúmes?

– Porque era um amor feito de renúncia; era o verdadeiro amor, minha filha. Diga-me cá, se tu estivesses no lugar de Lígia, amando Gláucius, como tu amas, quererias transmitir-lhe uma enfermidade?

– Não, papai, de forma alguma; porém, eu temia pelo meu filho!

– Dize-me, Fúlvia, se tivesses um filho e fosses obrigada a renunciar a ele, devido a uma doença que tivesses; se esse filho tivesse de ser arrancado de teus braços, sem ao menos teres o direito de acalentá-lo por um instante que fosse, terias coragem de procurar transmitir a moléstia ao filho de um ser amado por ti?

– Lígia teve um filho?

– Sim, teve, e teve de renuncia a ele.

– Filho de quem? Quem foi o pai?

– Não sei, minha filha, e mesmo que o soubesse, não te diria.

– E que fim deu a essa criança?

– O destino Lígia deu a ele. Talvez alguma família o tenha adotado.

– A criança que o senador Fábius adotou por acaso é filho de Lígia?

– Não sei, e se soubesse não iria desvendar-te um segredo de Lígia.

– Papai, eu te conheço; não gostas de mentir e nem sabes, como estás a par de tudo?

– Quem sabe? – respondeu Marcus, com lágrimas nos olhos. – Porém, não é de meu alvitre revelar segredos de quem quer que seja. Embora, muitas vezes, tenha vontade de fazê-lo, pondo as cartas na mesa. Se eu fizer uma promessa, tu sabes que eu não recuo, nem falto com a palavra dada. Às vezes, quando machucado, quando dolorido, deixo transparecer algo de que posteriormente me arrependo com as conseqüências de meu deslize. Espero que consiga emendar-me nem que para isso leve milênios! Porém, quando dou minha palavra, jamais falto com ela.

– Então estiveste com Lígia muitas vezes depois que ela adoeceu?

– Sim, inúmeras, isso eu não nego.

– E não tiveste medo do contágio?

– Não, nunca isso me passou pela cabeça, pois acho que a doença é uma coisa por que devemos passar, pelos erros havidos em uma outra vida.

– Papai, estás obcecado pela idéia dessa nova religião apregoada pelo Nazareno, que não conseguiu salvar-se a si mesmo; e pensas que essa mesma religião irá salvar a todos? Crês que morremos e nascemos de novo? Ah, paizinho! Creio sim que estás realmente ficando velho.

– Não desdenhes, Fúlvia, o que desconheces; quem te garante que as tuas alucinações não sejam verdadeiras, e que Lígia não esteja realmente precisando de nós? Quem te garante que ela não está sofrendo horrores e esteja num lugar sombrio e tétrico, em que a vês?

– Papai, Lígia está morta.

– E a alma, onde está?

– Não sei, talvez junto a Castor e Pólux, pois Fábius os venera.

– Venerava, minha filha; agora venera Jesus.

– Também Fábius entrou para essa nova religião?

– Aprendeu com os homens do Caminho, que essa é a verdadeira senda, que nos levará ao aprimoramento da alma. Aliás, falando em Fábius, queria pedir-te algo.

– O quê, papai?

– Se tiveres um filho homem, quero que ponhas o nome Fábius, pois tiraste a vida da filha dele juntamente com Gláucius, e nada mais justo do que pores seu nome em teu filho, para lembrares de tua falta e nunca mais falhares.

– Não queres, se for menina, que eu ponha o nome Lígia, pois isso seria tortuoso para mim.

– Não quero chegar a pedir-te tanto, pois estarias a todo instante recordando-te de Lígia e talvez nutrisse pela menina o ciúme que te dominou a alma. E Gláucius veria na filha o amor de outrora. Se for menina, espero que ponhas o nome de Fabiana.

– Está bem, papai, prometo-te.

Quando Fúlvia deu à luz, colocou o nome Fabiana à linda menina de olhos azuis como os do pai.

* * *

Enquanto isso, Animal e Raquel, curados de espírito e alma, casaram. Raquel, grávida, disse a Animal:

– Meu querido, se eu tiver uma menina, eu queria colocar o nome Lígia nela. Se for um homenzinho, quero colocar o nome Marcus. Que achas?

– Bem pensado, Raquel, eu queria perpetuar o nosso amigo Marcus, ou Hércules, como eu o chamava; gostaria de nunca esquecê-lo. Por esse motivo faço questão de ser sempre chamado de Animal, nome este que ele me deu.

– Longe estás de ser um animal; és, isto sim, um homem bom e cordato.

– Porém, o fui; os homens do Caminho e Marcus é que me modificaram o espírito mesquinho e embrutecido. Além de me curarem o corpo, curaram-me o espírito, implantando-lhe o amor deixado por Jesus. Admito-te que a idéia que tiveste foi a das mais louváveis possíveis. Marcus foi um batalhador, amava Lígia e vi o quanto sofria quando lhe foi tirado o filho.

Raquel ia retrucar que o filho de Lígia não era de Marcus, porém, prometeu a si mesma levar aquele segredo ao túmulo e nem ao próprio marido, amado, outrora detestado, iria revelar, como nunca revelaria o quanto amou Marcus.

Raquel teve uma filha, logo após a de Fúlvia. Deu-lhe o nome de Lígia.

* * *

Lídia tinha espasmos e via diante de si a figura de Flávius, a perambular, sozinho, tateando caminhos íngremes, tortuosos, escorregando, rasgando-se nos espinhos e gritando pelo seu nome. Via criaturas animalescas rodearem-no, acusando-o de suicida, mordendo-lhe o pescoço, sugando-lhe fluido vital. Outras vezes, via-o preso à sepultura, presenciando suas carnes apodrecidas serem corroídas por vermes. Ouvia seus urros de dor. Outras vezes, via-o aprisionado por entidades danosas, que o manipulavam da forma que queriam, utilizando-se, às vezes, até mesmo do sexo. Ficava horrorizada diante de tais espetáculos depravantes. Via-o ensangüentado, chamando pelo pai querido. Lídia, possuidora de uma alma dura, impiedosa, diante de tal espetáculo condoía-se, chegando ao auge de arrancar os próprios cabelos. Quanto mais via esses quadros, maior aversão sentia por Plínio. Não conseguia desvencilhar-se dele, pois um grande e asqueroso segredo os unia. No entanto, num desses espasmos, ocorridos durante a noite, Fábius estava presente e ouviu as palavras desconexas da filha. Lídia falava e gritava:

– Plínio, traze Ananias, quero que ele transmita o mal a Lígia. Lígia, odeio-te, odiar-te-ei sempre; és altiva; não te deixas abater por nada. Porém, quero ver-te caindo aos pedaços. Quero ver-te repudiada por todos. Quero que papai e mamãe tenham nojo de ti; que te repudiem. Tu sempre foste a primeira em tudo; sempre quis imitar-te sem o conseguir, por isso te odeio. Tens Gláucius, procurei tirá-lo em vão; usei de todos os artifícios e meios, a fim de provocar nele os brios de homem, sem o conseguir. Agora verei quem é mais forte. Lígia, estás doente; teu corpo apodrece, cai aos pedaços; consegui que mamãe te mandasse embora; porém Gláucius não me quis, preferiu Fúlvia, maldita seja esta, mil vezes maldita, por conseguir Gláucius, eu a odiarei, como te odeio, Lígia. Eu procurarei Fúlvia, procurarei Gláucius, direi que tomem cuidado com Lígia, pois ela quer vingar-se de ambos, provocando-lhes a doença de que é portadora. Sim, provoquei a morte de Flávius e farei com que Fúlvia provoque a morte de Lígia. Eu queria Gláucius, para tê-lo aos meus pés, no entanto não consegui; não lhe tenho amor; às vezes, parece-me que o odeio, mas, eu o queria para mim. Lígia, consegui, Lígia; Gláucius e Fúlvia te mataram, como também ao sujeito que te queria bem; agora existe Plínio; preciso livrar-me dele; esse maldito somente quer minha fortuna, quer aproveitar-se do segredo que nos une.

Fábius, horrorizado com o que ouvia da filha, tapou o rosto com as mãos, soluçando e balbuciando:

– Deus meu, Deus meu! Minha filha, um ser que gerei com amor, parece a personificação do mal, num corpo tão frágil e belo. Elucida-me, Deus meu, o que devo fazer para levar essa alma ao bom caminho? Eu gerei um monstro! Ajuda-me a convertê-la num anjo. Tem piedade, Senhor, perdi uma filha que tanto amava, no entanto, nunca senti tanta dor como esta que agora experimento. Não permitas, Senhor, que esta filha peque mais. Se necessário for, tira-lhe a vida, para que ela não pratique mais iniqüidade.

Forte facho de luz emoldurou a figura daquele pai transtornado pela dor.

Lídia retornara do transe pelo qual passara. Transpirando e ainda arquejando, perguntou ao pai:

– Por que choras, papai?

– Por ti, Lídia, pelos espasmos que tens, por tudo o que passamos, pela morte de Flávius, de Lígia, de Marcus, o pobre e infeliz leproso que morreu com Lígia; sofro por tua mãe e, por que não, choro por mim mesmo.

– É, papai, tens razão. Coitado do Flávius, que coisa horrível, além de matar-se, matou o coitado do Sevérus. E Lígia, coitadinha, tenho tanta pena dela, até oferendas tenho feito aos deuses em prol dela. Creio que Gláucius e Fúlvia a mataram, assim como àquele pobre coitado. Não achas que eles deverão ser castigados por tanta maldade?

– Cala-te, Lídia, por Deus! Não me tortures mais! Que Jesus, em Sua infinita misericórdia, se apiede de ti. Senhor! – murmurou

Fábius, prostrando-se de joelhos – Senhor! Que és feito de amor e bondade, que possuis a sabedoria divina; eu nada sei, nada sou perante ti, no entanto, peço-te que não seja praticada mais iniqüidade. Deixo-a em tuas mãos.

Levantou-se e saiu do quarto, inconformado com tanta hipocrisia. Lídia demonstrava uma humildade que não sentia.

Fábius foi procurar Plínio e ofereceu-lhe uma fortuna incalculável, ficando para si somente uma pequena parte, o necessário para um sustento humilde; todas as propriedades passariam em nome de Plínio. Colocou-o a par de que sabia do que haviam feito a Lígia. Plínio negou acintosamente, declarando:

– Como podes crer em tal coisa? Achas que uma mente doentia como a de Lídia, nesses momentos, não poderia arquitetar coisas tão absurdas?

Fábius sentiu-se desnorteado, sem saber o que fazer, nem no que crer. Não poderia de forma alguma proporcionar mais desgostos à esposa; não sabia com quem desabafar. Talvez Marcus, pai de Fúlvia. Mas seria admitir que a única culpada de tudo era Lídia. Não, teria de preservar a imagem da filha; e se tudo fosse uma alucinação dela! Que fazer? O melhor seria calar e aguardar.

Lídia, no entanto, queria exterminar Plínio, enquanto este queria a fortuna total dela. Ela mandou um dos servos cavar uma armadilha, alegando que ouvira uivos estranhos de animais pelas redondezas. Camilo, o servo incumbido, cavou uma cova profunda, a uns cem metros dos fundos da casa de Lídia; fincou, a mando desta, algumas facas de cabo no fundo da cova; cobriu-a com frágeis estacas, que, por sua vez, foram cobertas com grama e mato, voltando para casa, após mostrar a Lídia seu trabalho. Ela pagou-o com algumas moedas de ouro, sorrindo satisfeita.

Lídia passou esse dia cantarolando alegremente. Fábius estranhou a atitude da filha e perguntou:

– Lídia, afinal te vejo sorrir, e estás cantando a música preferida de Lígia.

– Estás contente, papai? Se soubesses como me sinto feliz! Se soubesses, creio que não me repelirias, queria ter o mal de Lígia, assim todos ficariam com pena de mim.

– Cala-te, por Deus, estás insana mesmo. Plínio tem razão...

– Plínio, o que te disse Plínio?

– Nada, filha, nada. Que Jesus nos oriente, e nos livre dos males.

– Gosto de ti, papai, e acho que começo a crer em teu Jesus. Espero que realmente ele me ajude. Depois irei levar algumas oferendas a ele.

– Não digas blasfêmias, Lídia. A Jesus não se dá oferendas: oferecemos, isto sim, nosso amor, nossa gratidão, nossa devoção, nossos bons atos praticados. Jesus quer que sejamos misericordiosos e amemos ao próximo como amamos a nós mesmos.

– Que Deus é esse Jesus, que nada quer em troca do que pedimos? Pois vou fazer um pedido a ele e espero que ele me atenda.

– Que pedido, minha filha? – inquiriu Fábius.

– Que não te faça sofrer mais – disse Lídia sorrindo. – E um outro pedido particular: que Jesus seja misericordioso e atenda-te.

À noite, Lídia convidou Plínio para dar um passeio e levou-o até a armadilha. Plínio, incauto, achando-a amável, de nada desconfiou e pisou nas frágeis estacas, caindo, porém conseguindo agarrar-se nas bordas da cova e gritando:

– Ajuda-me, Lídia, não posso sustentar-me por mais tempo!

Lídia, aproximando-se, disse rindo:

– O Jesus de meu pai ajudou-me; não serás um empecilho em minha vida e nem farás meu pai sofrer, contando sobre Lígia; ajudou-me a matar-te, pois te odeio.

Plínio, levantando uma das mãos, segurou Lídia pela perna direita; com isso ela perdeu o equilíbrio e caíram ambos sobre as facas pontiagudas.

Após dois dias, foram achar os corpos dos dois, já emanando fortes odores. Fábius, ao notar o desaparecimento de Lídia, empreendera buscas infrutíferas. Até que, inquirido Camilo, levantou-se a hipótese de que talvez Lídia tivesse sido atacada pelo animal que ouvira uivar; indicando o lugar em que fora colocada a armadilha, depararam com o triste quadro.

Fábius parecia que enlouquecera; bradava aos céus:

– Por que, Deus meu, por que me provas desse jeito? Em tão pouco tempo, me tirar os dois seres que, com Lígia Alexandra, gerei com amor?

Lígia Alexandra, ao deparar com o quadro, soluçava fortemente.

Tiraram os corpos inertes de Plínio e Lídia, já em começo de decomposição, entre prantos e dores. Como por milagre, Lúcius aparece e, abraçando os dois com amor, foi logo dizendo:

– Meus queridos, acabaram vossas penas, vossos males.

Lídia pediu a Jesus que não vos fizesse sofrer mais, e Jesus, em Seu infinito e grande amor, a atendeu, como atendeu a ti, Fábius, naquela noite em que a puseste nas mãos do meigo Cordeiro de Deus. Todos nós, querido Fábius, temos o livre-arbítrio, porém, tudo tem um termo e existe uma lei de ação e reação. Tanto o bem como o mal que semearmos retornarão a nós mesmos, inevitavelmente. Lídia terá de depurar-se, em inúmeras encarnações, do mal semeado. É tua filha, bem o sei; procuraste sempre ser o exemplo do bem e da verdade, nada tens a recriminar-te; ela somente foi o buril que ajudou a lapidar tua alma também. Sabes ao que me refiro, querido e amado amigo?

– Lúcius, que poderei eu fazer por essas almas? Entendo o que dizes, porém, perante a minha própria consciência, sinto-me incapaz de raciocinar.

– Ora, Fábius, pede ajuda a Jesus. Lembra-te de que o Mestre sofreu intensamente infâmias, hipocrisia; viveu num marasmo de dor, no entanto, somente espargiu amor ao redor. De seus lábios puros, nunca ouviram blasfêmias, palavras mais ásperas, revolta. Foi martirizado, espezinhado, torturado. Seu corpo, maculado; suas faces puras suportaram chibatas, escárnios e até mesmo cuspidas; mas, creio eu que sofreu mais com o beijo hipócrita daquele que, infelizmente, não sabia o que fazia, do que com todos os escárnios. Foi crucificado entre ladrões, Ele que somente procurou transmitir o amor puro. Conviveu entre sábios, doutores e também entre ladrões, hipócritas, meretrizes e não fazia distinção entre os seres e nunca se maculou. Deu tudo de si e nada recebeu em troca. Amou, aliviou dores, ressuscitou os que eram considerados mortos; no entanto, a recompensa que teve foi o castigo da chibata inclemente a sulcar-lhe o dorso nu, quando já não suportava o peso do madeiro que levava às costas. Tinha o poderio de ser um rei, mas, quando inquirido, disse: "Meu reino não é deste mundo", ensinando-nos:"Há muitas moradas na casa de meu Pai". E apesar de todos os sofrimentos, no ressonear da morte, preso ao madeiro infame, volveu os olhos para os céus e suplicou:"Pai, perdoai-lhes, porque não sabem o que fazem". E, ao volver os meigos olhos azuis para a que o gerara em suas entranhas, disse, apontando para João:"Mãe, aí está vosso filho". Eu te digo, pois, ao lembrar-te de Lídia, Fábius, ora e dize como Jesus o fez: Pai, perdoai-a, porque ela não sabia o que fazia. E tu, Lígia Alexandra – disse Lúcius, apontando para ela e para o pequenino Marcus Július – , como Jesus disse à sua mãe, digo-te agora: Mãe, aí está o vosso filho, amai, amparei, ajudai a ser um homem de bem, apara as arestas que porventura irão aparecer em sua vida, livrando-o das imperfeições próprias do ser encarnado. Procura, Lígia Alexandra, dedicar o amor que omitiste a uma de tuas filhas e que deste demais à outra. Procura, Lígia Alexandra, depurar-te das mazelas de um passado insano, do qual procuraste fugir. E que Jesus, em sua divina misericórdia, vos ampare a todos.

Entre prantos, Lídia e Plínio foram colocados em sepulcros ao lado de Lígia e Marcus.

Fábius, após sepultar sua filha, dirigiu-se à casa do amigo, o cônsul Marcus, para desabafar-se, pô-lo a par do que pretendia fazer, e ao mesmo tempo inteirar-lhe do que havia sucedido, pois há muito que não o visitava; é que procurava evitar-lhe a companhia, desde que tivera a certeza de que não queria admitir, de forma alguma, a culpabilidade de Lígia sobre todos os acontecimentos.

Dirigia-se abatido e triste, a pé, no meio da multidão de pessoas que iam e vinham, de forma incomum, pela cidade. Não reparava naquele alvoroço, até que um, mais afoito, deu-lhe um encontrão. Fábius, então, saiu do torpor em que se encontrava e deparou com o senador Antúlius, seu grande amigo, que circulava apressado em companhia de Alexandre, o médico.

Antúlius, que conhecia Fábius profundamente, sacudiu-o pelos ombros e perguntou:

– Que tens, Fábius? Responde-me, pelos céus, pareces-me alheio a tudo.

– Ó Antúlius! – disse soluçando e abraçando-o. – Perdi minha filha de modo deplorável.

– Que me dizes? Lídia morreu e eu não soube? Não fui informado para comparecer ao funeral.

– Não avisei ninguém. Lídia e o jovem Plínio caíram numa armadilha que Lídia mesma mandou preparar, a fim de pegar um animal que vinha rondando a casa. Após dois dias de infrutíferas buscas, encontramo-la com o Plínio, em estado adiantado de decomposição. Resolvemos, outrossim, com alguns poucos familiares de Plínio, sepultá-los sem as devidas honras. Ela estava em estado deplorável; se tu a visses, ficarias estarrecido. Plínio, ao cair, fê-lo de costas e ficou com as costas perfuradas; uma das facas pontiagudas deve ter-lhe atravessado a veia aorta, provocando-lhe morte instantânea. Lídia, no entanto, deve ter caído de bruços e as facas rasgaram-lhe a face, perfurando um dos olhos; tinha o estômago e o abdome rasgados. Antúlius, não sabes que espetáculo deprimente tive de assistir. Tive a impressão que Lídia não morreu logo que caiu; apesar das dores, levantara-se, porém, não agüentando, caiu novamente sobre as facas. Estavam imersos em sangue, fétidos.

– Mas como chegaste à conclusão de que Lídia não morreu no ato? perguntou Antúlius.

– Devido aos ferimentos; parecia ter levado diversas facadas pelo corpo, mais do que a quantidade de facas estaqueadas no fundo da armadilha; estava com os joelhos e a túnica sujos de terra, como uma pessoa que tivesse tentado levantar-se, e nenhum de seus ferimentos parecia mortal. Como sabes, após a morte dos pais, Plínio devassou a fortuna de que era possuidor e os poucos parentes que lhe restavam tinham-lhe pouco afeto, tanto que o sepultei nos subterrâneos de minha casa.

– Por que o fizeste lá e não os sepultaste nas catacumbas de que és possuidor?

– Meu tio-avô, Públio Lêntulus, já havia sepultado os restos mortais de Lívia ali; como Lígia tinha enorme afinidade com Lívia, e em seus momentos de desvarios somente obtinha melhora diante da câmara mortuária de Lívia, quando Lígia faleceu resolvi sepultá-la, juntamente com seu companheiro, no subterrâneo de minha casa. Não seria justo dar a Lídia, que era minha filha também, e que eu amava tanto quanto amava a outra, sepultamento diferente.

– Porém, vedaste bem?

– Sim, não te preocupes. E pretendo pedir ao senado que me transfira para Damasco, a fim de que eu possa refazer-me. Antúlius, Lídia ia completar dezenove anos; não pude dar-lhe a festa prometida, como fiz com Lígia, devido aos atrozes acontecimentos. Lígia Alexandra fez uma festa mais íntima, pois eu me encontrava ainda em Damasco. Ia fazer-lhe uma surpresa, quando completasse os mesmos dezoito anos. No entanto, ela não teve o que tanto almejava na vida: uma festa maior do que a de Lígia.

– Estás a dizer-me que queres partir de imediato para Damasco? Então, não sabes do acontecido? – perguntou Antúlius.

– Que houve? – interpela Fábius. – Estou notando agora um tumulto enorme, um vaivém fora do comum.

– Domiciano foi assassinado; não suportaram mais tamanhas arbitrariedades. Amanhã, o senado todo irá reunir-se para aclamar Nerva como novo imperador.

– Nerva? Espero que seja melhor do que Domiciano, que era sanguinário e criminoso. Fatídico ano 96, tanto para a história como para mim. Acabou a dinastia dos Flávius então. Amanhã estarei no senado para aclamar Nerva e, ao mesmo tempo, fecharei, trancarei minha casa, onde passei os momentos felizes ao lado de Lígia Alexandra e de minhas filhas, e onde passei os momentos amargos, que não quero reviver, em lá continuando. Temos Marcus Július e devemos pensar no bem-estar do menino, que agora está com dois anos e oito meses. Bendita seja a hora que essa criança atravessou meu caminho – replicou Fábius.

– Dize-me com sinceridade, Fábius, sabes que não irei divulgar: Marcus Július não é filho de Lígia? Pois se parece por demais com ela, o rosto miúdo, a boca pequena, que parece, mesmo quando chora, que esboça um sorriso. Somente os olhos diferem dos de Lígia.

– Sim, Antúlius, ele é filho de minha pobre Lígia, mas, minha esposa não sabe; em Damasco, longe das amarguras, irei contar a ela.

– Fazes bem, mas devias ter contado antes.

– Não podia, Antúlius. Lígia Alexandra e Lídia tinham pavor da doença contraída por Lígia; se soubessem, não se teriam apegado ao menino.

Alexandre, que esteve silencioso até então, manifestou-se:

– Fábius, peço que rezes em prol de tuas filhas, pois elas necessitam de muitas orações. És conhecedor e adepto dos homens do Caminho e sabes que a vida continua após a morte. Lígia, apesar de sofrer muito, de possuir ótimo coração, infringiu leis e, por isso, está sofrendo as conseqüências de seus atos. Entidades de luz tudo fazem para que ela trilhe a senda certa; seu próprio companheiro de tristezas no vale dos imundos a está ajudando, infrutiferamente. Ele já veio buscar-te, para que, talvez, com teu contato, consigam melhor ajudá-la. O que tem dificultado tal ajuda a ela é que a consciência que nos acompanha após a morte carnal é impetuosa e nos faz manchar os campos sofredores da amargura.

– Já sonhei com ela, Alexandre, vendo-a em locais pantanosos, ora submersa em lodaçais, ora apegada ao próprio corpo, vendo a decomposição deste. E isto eu não compreendo, Alexandre. Minha filha não foi suicida para padecer esse martírio de ver a própria decomposição, pois não é isso que aprendemos com os homens do Caminho?

– Lígia não é suicida agora, porém, o foi em encarnação anterior e, às vezes, revive as cenas desse passado.

"Lídia, no entanto, perdoe-me Fábius, era o contrário de tua outra filha. Era como se tivesses em teu convívio duas forças antagônicas: a força do bem claudicante, pronta a cair nos momentos de ira, e a força do mal, personificada, infelizmente, em Lídia. Ela trazia nas entranhas, desde os mais remotos tempos, desde os primórdios da civilização, ódio enorme da irmã. Se te falo dessa forma, não é para magoar-te, e sim para levar-te à realidade da necessidade de orações. A armadilha preparada por ela com tal sutileza não era para animais, e tu já sentiste, no âmago de teu ser, essa verdade, embora não queiras admitir. Ela caiu na armadilha puxada por Plínio. Juntos arquitetaram coisas horrendas, juntos tiveram de perecer.

Fábius levou as mãos ao rosto e soluçava, desabafando em plena via pública o que ía em sua pobre alma, e disse:

– Já temia isso, mas ela era também minha filha; participei de sua concepção, amava-a, como amava Lígia, porém algo me impelia para Lígia, talvez, devido ao seu sofrimento desde pequenina; um pai ou uma mãe sempre ama seus filhos igualmente, embora, às vezes, se inclinem, devido às circunstâncias, mais a este ou àquele.

– Não, Fábius – respondeu Alexandre, em transe. – No teu caso é diferente: com Lídia tiveste o primeiro contato nesta presente encarnação, pois ela é inimiga ferrenha de Lígia, enquanto com Lígia estiveste sempre junto.

– Mas qual a razão desse ódio?

– Lídia foi prejudicada e induzida por Lígia, no planeta de que vieram banidas. Lídia nunca a perdoou e considera Lígia a culpada pela perda do Éden em que habitava; talvez passem milênios até que esse perdão se concretize. Isso terá de vir um dia! E como tu também és devedor, Lídia foi o instrumento que serviu para burilar-te. Fica tranqüilo, que o que dissemos ficará entre nós somente – falou Alexandre.

Antúlius, vendo a dor estampada no rosto do amigo, disse-lhe:

– O senador Cornélius te quer um bem enorme e recomendou-te bastante ao senado, elogiando teus feitos. Aliás, Fábius, creio que, no senado, somente tens amigos sinceros, pois não ouço ninguém comentar algo desairoso sobre ti; ao contrário, quando souberam de tua desgraça, no tocante a Lígia, não houve um só que fosse que não ficasse contristado com tua desgraça.

– São todos muito bons – exclamou Fábius, ainda soluçando. – Estou feliz por saber disso.

– Tu é que és de boa índole – asseverou Alexandre. – E não tens no senado inimigos de outras encarnações.

– Bem, meus amigos, vou à casa do cônsul Marcus. Foram os céus que fizeram que eu os encontrasse, pois pude desabafar-me, coisa que eu não faria com Marcus, machucando ainda mais aquele coração.

Alexandre preparou-o, dizendo:

– Não fica impressionado com o que vires; irás encontrar um ambiente em que, apesar de tua dor, terás de dar ânimo para quem também está combalido.

– O que me espera, Alexandre?

– Vai e verás com teus próprios olhos; se tiveres de chorar, chora, enxuga o pranto de teu amigo, ampara, porque espíritos benfazejos estão ao teu lado, revigorando-te.

Fábius dirigiu-se à casa de Marcus, encontrando-o triste, abatido.

– São bons ventos que te trazem, meu amigo! – disse Marcus, esboçando um terno sorriso.

– São maus ventos; venho participar-te a morte de Lídia, e meu provável retorno a Damasco.

Fábius relatou, então, ao amigo, os últimos acontecimentos, inclusive de seu encontro com Antúlius e Alexandre. Entre lágrimas, relatou toda a culpabilidade de Lídia na morte de Flávius, e até como induzira Gláucius e Fúlvia à morte de Lígia. O cônsul Marcus soluçava, abraçado ao amigo, vendo a coragem deste, indo contar-lhe os defeitos e maldade da filha, procurando tirar a culpa dos ombros de Gláucius e Fúlvia.

–Vem – disse Marcus. –Vou levar-te à torre, para que vejas minha pobre Fúlvia. Não te culpes tanto pelo sucedido, pois ninguém é induzido a praticar o mal, se este já não existisse em seu coração. Ninguém é induzido a vícios, à perdição, se estes não persistirem em seu coração, no âmago do seu ser. Se eu te pedisse e mesmo implorasse que matasses alguém, irias fazê-lo? Se eu te apresentasse uma mulher e dissesse: toma-a como concubina, fá-lo-ia? Se eu te apresentasse os vinhos dos mais finos paladares e buquês, e te dissesse: Toma-os até caíres, pois eu te ofereço minha adega, para que tenhas constantemente o hábito de beber, fá-lo-ia?

– Não, de forma alguma, Marcus, pois possuo senso de responsabilidade.

– Pois bem, tens o livre-arbítrio de conheceres o lado bom e o mau. Possuis cérebro para pensar e sabes o que te é salutar ou não. Sabes discernir o que é prejudicial a ti e aos teus; portanto, não és insano a ponto de incidir num erro que poderá levar-te ao caos, e levando de soçobro os que te rodeiam. És ser pensante e sabes que conseqüências poderão advir de teus atos. Lídia também o sabia, e, enveredou pelo mau caminho. Lígia, devido ao amor que te nutria, segundo Lúcius, que me confidenciou para que eu orasse em nome dela, matou para salvar-te, mas isso não a livra de débitos a saldar. Como vês, nada livrará Gláucius e Fúlvia do ato praticado.

Chegaram ao final dos degraus que os levavam à torre.

Marcus pegou um molho de chaves e abriu a porta. Aposentos belos e acolhedores, um amplo quarto, uma pequena sala semi obscurecida por pesadas cortinas de veludo vermelho não deixavam passar o sol do dia primaveril. Marcus descerrou um pouco a cortina, aproximando-se da cama, dizendo:

– Filhinha, vê quem veio visitar-te!

Fábius quase deu um grito de horror.

Levantando-se, Fúlvia olhou para Fábius. Tinha a face corroída pela lepra; faltava-lhe um olho; o braço esquerdo estava meio torto, atrofiado; apresentava na mão pequenos tocos retorcidos, os cabelos, em desalinho, davam-lhe um aspecto aterrorizador.

– Fábius! – disse Fúlvia. – Por que não me avisaste, papai? Eu iria arrumar-me um pouco. Não me deixas sequer um espelho para que eu possa fazê-lo.

Marcus respondeu-lhe com os olhos marejados de lágrimas:

– Tu és bela de qualquer jeito e sabes que te amo.

– Tu sim, porém Gláucius pouco vem ver-me; sei que ele tem medo da moléstia. Mas, que posso fazer? Eu tinha medo dela e ela pegou-me, e tu, papai, não tens medo, e ela nada de mal te faz! Sabes, daqui de cima, eu vi Gláucius conversando com uma bela moça e isto me fez mal; eu o amo e não gosto de vê-lo envolvido com mulheres. Por que, papai, por que sofro dessa forma? Será que é pelo que fiz a Lígia? Meu Deus! Como pudemos praticar tal maldade! – e caindo de joelhos perante Fábius, gritava:

– Perdoa-me, Fábius, perdoa-me – e continuava dizendo agora palavras desconexas.

Odor nauseante emanado de Fúlvia pairava no ar, por causa das janelas fechadas.

Marcus e Fábius choravam copiosamente diante de tal espetáculo. Marcus abriu um pouco a janela, para que o ar penetrasse.

Nisso entra Lúcius, como se algo o impelisse para a torre. Marcus disse a Fábius:

– Somente Lúcius lhe poderá valer nesses momentos em que Fúlvia entra nesses ataques; ficou assim, com essa doença, logo após os três meses de Fabiana. Dou graças ao Alto porque Fúlvia teve o consentimento de ter a filha em seus braços e por ter Lúcius constantemente a protegê-la. A doença avançou rapidamente; já perdeu um olho, quase não enxerga. Acompanhei paulatinamente a doença de Fúlvia. Lúcius também; sempre chega quando ela, acometida desses espasmos, necessita dele. Como vês, mesmo enxergando pouco, daqui do alto vê e revolta-se quando o marido aproxima-se de outra mulher; tem muito ciúme. Não condeno Gláucius: é forte, viril; o amor dos filhos não lhe basta.

Todavia, vamos ajudar Lúcius.

Este acarinhava os cabelos de Fúlvia, falando-lhe:

– Filhinha querida (tratava-a desse modo, mesmo sendo bem mais novo que Fúlvia), vamos orar a Deus; vamos conversar com Ele e sentir-te-ás mais animada. Não te esqueças, quando te achares em solidão, abre tua alma às vistas perscrutadoras de Deus.

Ele ouve todas as orações secretas. Calmamente, mas com fervor, busca a Deus. Suave e permanente será a influência que emana d'Aquele que ouve em segredo e cujo ouvido está aberto para ouvir a prece que vem do coração. Não há tempo nem lugar impróprios para erguer a Deus uma prece. Nada há que nos possa impedir de alçar o coração no espírito de oração sincera. Devemos ter, constantemente, aberta a porta do coração, erguendo sempre a Jesus o convite para que venha balsamizar nossa alma. Ainda que nos achemos em atmosfera maculada e corrupta, não somos forçados a aspirar aquela encarnação. Podemos cerrar todas as portas às imaginações impuras, a pensamentos profanos e iníquos, erguendo nossa alma à presença de Deus por meio da singela oração. Que nossa alma se dilate, se eleve, para que Jesus nos possa proporcionar um gole da atmosfera celeste. Podemos amornizar-nos com Jesus a ponto de que a cada inesperada provação nossos pensamentos se volvam para Ele, como a singela flor se volve para o Sol, para receber seu calor agasalhador. Fúlvia, expõe todos os teus pensares, teus remorsos, tuas alegrias, tuas tristezas e pesares para Ele. Não aches que Ele se fatigará; nunca cansará de ouvir-te. A pureza e a benevolência de Deus se comovem diante de tuas tristezas. Coisa nenhuma é por demais pesada para Ele, que é a energia que sustém os mundos, que rege o Universo, e possui sabedoria infinita. Se Ele não te contempla com o que pedires, é porque existe uma lei de ação e reação. O que fizeste ontem, hoje terás de colher; porém, se estiveres realmente arrependida, se demonstrares desprendimento, se obrares em nome do Senhor, tuas provas poderão ser amenizadas. Aliás, já o foram; não foste relegada ao vale dos leprosos, amamentaste e acarinhaste tua filha por três meses. Lembra-te que Ele sara corações e ata feridas. Ao orar, entra em sintonia com Deus, e a oração é uma conversa tão particular e íntima com Deus, como as que Ele tinha com Jesus, seu filho dileto. Jesus disse: "Pedireis em meu nome, e não vos digo que rogarei por vós ao Pai, pois o mesmo Pai vos ama". "Eu vos escolhi a vós, a fim de que tudo quanto em meu nome pedirdes ao Pai, Ele vo-lo conceda". Deus não pretende que nos tornemos monges ou eremitas; que nos afastemos de nossos afazeres; que deixemos nossos entes queridos, para nos consagrarmos à piedade. Aquele que nada faz senão orar, em breve deixará de o fazer, ou suas orações se tornarão formais e rotineiras, virando fanatismo.

Devemos orar sempre que a oportunidade se nos apresentar; porém, ninguém vive só de orações; devemos arregaçar as mangas e pôr em prática tudo o que Jesus nos ensinou. Devemos ter nossos momentos de oração, nossos divertimentos, nossos trabalhos rotineiros e sãos; devemos prestar sempre a caridade e semear sempre o amor ao nosso redor, principalmente amar e respeitar o próximo, como a nós mesmos. Vamos orar agora, Fúlvia, a oração que Jesus nos ensinou.

Lúcius orou com fervor o pai-nosso. Ao terminar, se ali houvessem médiuns clarividentes, veriam que o consentimento dos céus jorrou sobre aquele lar luz de magnífica beleza, em diversas nuanças.

Marcus e Fábius sentiam-se tão leves que pareciam que iam alçar vôo. Quando Lúcius terminou a oração, Fúlvia adormeceu;

de seus lábios emanava doce sorriso. O seu semblante, antes sobrecarregado, desanuviou-se. Marcus dirigiu-se a Fábius.

– É sempre assim; quando Lúcius aparece, Fúlvia adormece sob o efeito de suas palavras santificantes.

– Bendito sejas, Lúcius, por seres como és. E bendita seja Lígia, que induziu Gláucius a comprar-te – falou Marcus.

– Meu amigo, creio que posso chamar-te como tal, apesar de não ter tua sabedoria, apesar de não ter a tua idade, a perspicácia que a idade nos traz, somente tenho a dizer-te que tudo tem um motivo de ser. Se estou entre vós é porque sou devedor, e tenho de pagar meus débitos.

– Tu? – perguntou Fábius. – Nunca te vi proferir uma palavra de revolta quando sofrias nas mãos de Demóstenes; nunca te vi revoltar-se, e achas que tens débitos? Então, que devemos dizer de nós que nos "autoapiedamos", que nos revoltamos, que fazemos tempestades em copo d'água, que nos precipitamos e sofremos antecipadamente por coisas que, possivelmente, nem virão? Devemos considerar-nos o último dos últimos?

– Tempo virá em que vos modificareis, e podeis estar certos de que estarei junto de vós, esclarecendo-vos do que me for possível. E, se preciso for, recomendo esta passagem. Vamos descer e deixar Fúlvia no sono reparador de que é tão necessitada. Enquanto iam descendo, Lúcius falava a Fábius:

– Não te esqueças de orar pelas tuas filhas, principalmente agora por Lídia. Lígia está sendo amparada aos poucos por Marcus ou Hércules, por ti, quando sais do corpo à noite, pelo nosso amigo cônsul Marcus, por mim, que não a esqueço e presenciei o sofrimento dela, quando lhe tiraram o filho dos braços. Fábius, talvez Marcus, nosso amigo aqui, tenha conhecido tuas filhas melhor que tu.

– Sim, Fábius, as conheci bem; senti o que Lígia sentiu ao ir para o vale dos imundos. Era altaneira; muitas vezes continha o pranto, para não comover os demais; era sensível e meiga como uma corça, quando sentia que lhe nutriam amor.

– Era uma potranca selvagem, porém, eu irei domá-la, custe o que custar, leve o tempo que levar. Se é real que a vida continua após a morte, toda noite orarei para que Deus me permita estar ao lado dela – respondeu Fábius.

– Quanto a Lídia, era geniosa, sempre pondo sua própria pessoa em primeiro lugar; tinha lampejos de bondade, no tocante aos animaizinhos; vi-a uma vez cuidando com carinho de um cãozinho com a perna quebrada; vi-a afagando, com carinho, Marcus Julius, no entanto, se ela soubesse que o menino era filho de Lígia não sei o que teria feito, pois senti na própria carne todo o seu ódio e seu desprezo.

– Como? Que aconteceu que eu não fiquei a par? – perguntou Fábius.

– Quando Lídia começou a ficar interessada em Flávius, achei que ela era ainda muito criança, que poderia ser apenas um repente da idade e, um dia, ao vê-la a sós, comentei: "Não achas, Lídia, que és muito jovem e muito terás de aprender?" Ela ergueu o nariz e as sobrancelhas arqueadas e sussurrou de um modo que mal pude perceber-lhe a voz: "Velho metido, por que não engole a língua e perde a fala?" Fábius, não engoli a língua, porém, o ódio que ela despejou sobre mim foi tão grande que perdi a fala por dois dias.

Fábius sorriu e disse:

– Foi mera coincidência. O que ela proferiu é próprio de adolescente que não sabe o que diz! Só ao dizer qualquer blasfêmia, isto não irá atingir o semelhante.

Marcus e Lúcius entreolharam-se, e nada disseram, para não magoar Fábius.

– Orarei por ambas – disse Fábius, com os olhos marejados de lágrimas, pois ambas são minhas filhas.

Depararam com Gláucius a brincar com seus filhos.

Fábius pôs Gláucius a par do ocorrido com Lídia; este ficou contristado e, para disfarçar, pegou a pequena Fabiana no colo.

Fábius disse a Gláucius:

– Tu reparaste como Fabiana possui os mesmos olhos de Marcus Július, a mesma expressão de olhar, a mesma cor? O pai do garoto também possuía olhos azuis, mas de outra tonalidade. Pena que Fabiana não possui a boca tão pequenina e as covinhas, que me lembram Lígia. No entanto, teus filhos são belos. Acho Gláucius, o Júnior, parecido com Fúlvia, e Fabiana, contigo. Pronto, estou devaneando novamente; não consigo esquecer minhas filhas.

Amanhã vou ao senado, onde espero contar com a presença dos amigos, para eleger Nerva e, ao mesmo tempo, pedir transferência para Damasco. Quero ir embora o mais breve possível, senão Lígia Alexandra enlouquecerá com tantas más reminiscências. De ti despeço-me agora, Lúcius, – e abraçou o rapaz com veemência.

– Vieste de biga? – perguntou Gláucius.

– Não, vim a pé.

– Levar-te-ei então em minha biga, pois o burburinho devido ao assassinato de Domiciano e a próxima eleição de Nerva é grande! (Com Nerva começa a dinastia dos Antoninos.) Gláucius levou Fábius e, no caminho, entabularam uma conversa um tanto frívola para Fábius, naquele momento crucial;

Gláucius reclamava:

– Como vês, Fábius, amei Lígia, e esta veio a adquirir lepra; amei Fúlvia e vê o estado em que ela se encontra; parece-me que o destino me é adverso. E tenho sempre de estar sozinho, e isso é difícil, Fábius.

– Sei e compreendo o que sentes; porém, peço-te que nas cercanias de tua morada procures não cortejar moça alguma, pois Fúlvia te ama e, se souber, sofrerá muito. Pelo menos esse alento poderás dar a ela e não provocar dores mais atrozes. Sei que necessitas de uma companheira, mas respeita Marcus e Fúlvia, enquanto estiverem vivos. Que Deus te ajude, filho!

Gláucius ficou com os olhos marejados de lágrimas...

– Fábius, perdoa-me, eu...

– Já sei o que queres dizer-me, digo-te de antemão que há muito o sei e o perdoei. Somente lastimo que tenham dado ouvidos a Lídia. Lígia amava-te muito e nunca iria provocar-te um pequeno mal que fosse; nem a ti, nem aos teus, principalmente a uma criança indefesa.

Gláucius agarrou-se a Fábius e soluçou, apertando-o cada vez mais contra si, para demonstrar-lhe o reconhecimento e arrependimento que sentia.

Fábius entrou em sua residência, foi ver Lígia Alexandra que adormecera sob efeito dos medicamentos administrados. Marcus Július também ressonava sob os cuidados de Babucha.

Ali estavam seus tesouros, pensava Fábius, os únicos que lhe restavam; deveria preservá-los de toda maneira. Deveria continuar vivendo, para ampará-los.

No dia seguinte, o senado elegia Nerva, ao mesmo tempo em que Fábius entrava com a petição da transferência para Damasco, alegando urgência pela morte das filhas.

Duas semanas após estafantes preparativos para a viagem, Fábius e sua família partiam para Damasco.

Capítulo XVII

E a vida continua

"E a vida continua...
Tanto no espaço como na terra, a batalha é árdua, dura.
Porém temos a satisfação
De ver nossos espíritos em ascensão."

Fábius vai para Damasco e lá se dedica a reuniões com os homens do Caminho. Vem a saber que Lígia e Lídia sofrem aflições no plano espiritual. Sua vidência desabrocha-se e consegue vislumbrar as filhas. Sente que será mais fácil tirar Lígia das trevas do que Lídia, pois esta se regozija em executar o mal. Porém, pai abnegado, tudo faz por ambas. Procura incutir no pequeno Marcus Július os ensinamentos de Jesus. Mas ele, temperamental, rebelde, traz em si um pouco da índole da mãe e muito da altivez de seu pai.

Fábius fala-lhe, com carinho e amor:

– Marcus Július, tua mãe era uma potranca selvagem, amorosa e, quando errava, admitia seu erro. No entanto, tu és altivo e não queres admitir tais erros. Deve ser mais humilde, filho querido. Não conheci a índole de teu pai, companheiro de infortúnio de minha pobre Lígia, mas vejo-te muito cedo inclinado às tendências do sexo. Tens apenas dez anos e peguei-te abusando de um pequeno escravo; tu sabes que nunca permiti tal arbitrariedade em nosso lar, e espero que isto não mais suceda. Graças a Deus, com minhas orações, com minha conduta reta, já há cinco anos, consegui tirar tua mãe do lodaçal em que se encontrava, com a ajuda de Lígia Alexandra; ainda espero um dia tirar tua tia das trevas; mas para que isso seja possível quero que nosso lar e coração sejam uma morada de paz e sossego, para que tenhamos ao nosso redor entidades de luz que venham amparar-nos. Se quisermos receber, devemos dar parte de nós mesmos, renunciando instintos torpes e animalescos, que nos afloram a alma. Vê, meu querido neto, filho amado, observa a natureza pródiga ao teu redor, e os exemplos proporcionados às nossas retinas embevecidas. Observa as formiguinhas, com que afã trabalham em conjunto, em prol de um bem comum. Quero que sejas como uma dessas pequeninas formigas, trabalhando para limparmos nosso ambiente, a fim de conseguirmos o consentimento dos céus e ajudarmos a quem de nós necessitar. Se nada temos de bom, que poderemos dar? Tua mãezinha ainda precisa de nós, ela somente conseguiu desprender-se da agonia em que se encontrava com a presença de Gláucius; somente ele conseguiu o reerguimento dela, soube que ela está constantemente com ele, impedindo-o, tolhendo-lhe o livre-arbítrio, tão necessário para o equilíbrio de sua alma.

Nisso entra Lígia Alexandra sorrindo e, dirigindo-se a Marcus Július, disse-lhe:

– Novamente teu avô está a falar-te de tua mãe, meu filho?

– Não – respondeu Marcus Július. – Estávamos conversando assunto de homens, em primeiro lugar.

– Olha só, pirralho! – disse Lígia Alexandra. – Assunto de homens? Sente-te como tal tão cedo? E eu, não posso participar?

– Ah! A senhora não entende dessas coisas.

Fábius e Lígia Alexandra entreolharam-se e sorriram.

* * *

Enquanto isso, em Roma, a vida continuava. Nerva, ao contrário de Domiciano, apresentava um governo calmo.

Marcus, pai de Fúlvia, estava cada vez mais velho, e com dificuldades subia para ver a filha. No entanto, Lígia, livre do umbral em que se demorou, procurava direcionar a vida de Gláucius, ele, que no princípio não podia ver moças bonitas sem lançar-lhes um gracejo, uma lisonja, esperando com isso angariar a simpatia e talvez o amor delas, devido ao isolamento em que se encontrava, nas longas noites de tédio, em que os amores de seus filhos não preenchiam a carência de seu organismo forte e viril.

Após esta ter largado o umbral e feito um breve restabelecimento na cidade do espaço que pairava sobre a Itália, que tinha então o nome de Restauração Espiritual, agregou-se a Gláucius, decidida a ampará-lo, ajudá-lo. Tudo fazia com afinco, no princípio apoiada por Marcus (ou Hércules ou Alexandre), fluidificando frutos que este aos poucos deglutia, no intuito de fortalecê-lo: depois com sais de banho, beijando e fluidificando-os. Quando Gláucius, nas imediações de sua morada, via as moças a quem queria cortejar, Lígia sussurrava-lhe ao ouvido:

– Querido meu. Fúlvia está lá em cima, com a doença estacionada: põe-te no lugar dela: se por acaso fosses portador dessa horrível moléstia, gostarias de ver tua esposa mostrando-se insinuante a qualquer homem? Sei que irias sofrer: por que ages assim? Se não queres para ti, não deverás querê-lo para outro.

Outras vezes sussurrava ardentemente:

– Querido meu, tem coragem, vamos subir até o quarto de Fúlvia; dá um pouco de amor para ela, indo vê-la. Prometo envolver-te de tal forma com meus fluidos que nada poderá atingir-te.

Tantas vezes assim o fez que conseguiu induzi-lo a ver diariamente Fúlvia, sem, contanto, chegar perto, para não sentir o cheiro nauseante que dela emanava. Esta adquiriu novo alento, procurando vestir-se melhor, pentear-se, conservar-se limpa, mesmo sem ter um espelho, pois Marcus proibiu espelho no compartimento. A doença de Fúlvia estacionou; devia-se isso a Lígia, que tudo fizera para o bem da amiga. No entanto, começava a interferir no livre-arbítrio de Gláucius. Quando este saía em companhia de seus filhos, acompanhava-os em sua biga, amparando as crianças como uma verdadeira mãe.

Quando Gláucius adormecia, corria a Damasco, a orientar o filho na trilha certa.

Lígia teve permissão de retormar à Terra, para orientar seu filho, sem interferir no seu livre-arbítrio e servir de amparo a Fúlvia; mas estava dedicando-se e interferindo por demais na vida de Gláucius.

Quando era chamada à atenção, dizia que era para o bem de Fúlvia. Realmente, dedicava-se por demais à amiga, sendo-lhe o anjo tutelar, ajudando Lúcius, quando Fúlvia tinha seus desvarios.

Ligia sentia que a vida de Fúlvia estava no fim, e com isso sentia que teria de separar-se de Gláucius. Começou a acompanhá-lo, quando ele ia à cidade, sozinho, à procura de amores fáceis, desviando-o de seu intento.

Marcus (Hércules) dizia-lhe:

– Cuidado, Lígia, se continuares a agir dessa forma, terás de ser retirada, voltando para a Restauração Espiritual, nossa cidade no espaço.

– Marcus, não me impeças, pois não quero ver Gláucius cair no caos da perdição; sinto que logo Fúlvia desencarnará e terei sob meus auspícios novos trabalhos retificadores.

– Porém, não podes intervir no livre-arbítrio de ninguém, somente podes sugerir.

Naquela noite, Gláucius não conseguia dormir; revirava-se no leito, pensando:

– Que é minha vida? Isto não tem sentido. Estou sempre só, não tenho esposa ao meu lado.

Lígia chegou ao ponto de sussurrar-lhe no ouvido, e Gláucius, acostumado com sua presença há quase cinco anos, sentiu seus fluidos.

– Eu te amo, Gláucius, e estou aqui ao teu lado; estarei, quando dormires, amparando-te. Sente meu carinho, meu abraço.

No plano astral, decidiram então retirar Lígia daquele convívio que estava tornando-se nocivo para Gláucius.

Quando este era acometido por entidades inimigas do passado, que vinham cobrar-lhe os inúmeros débitos, Lígia digladiava-se com estes no afã de poupá-lo. Quando não o conseguia, amparava os golpes com seu corpo espiritual, certa de que estes não iriam acertar o ser amado. Isso não poderia continuar e agravaria tanto a Gláucius, que estava sendo conduzido, como a Lígia, impedindo sua evolução espiritual. Marcus veio avisar Lígia:

– Amanhã, talvez, seja o desenlace de Fúlvia.

– Não, Marcus, por Deus, não! Sei que, com isso, terei de deixar a Terra. Tenho meu filho. Intercede por mim, para que permitam que eu fique ao lado de meu filho.

– Creio que não poderei, Lígia, pois irás, também, interferir no livre-arbítrio de teu filho; como já viste, ele tem, apesar de tenra idade, certas tendências no tocante ao sexo. Prepara-te para de ajudar Fúlvia na hora da morte, que se aproxima.

Realmente, no dia seguinte, Fúlvia começou a piorar, sensivelmente. Seu peito arfava, o coração batia com dificuldade. Uma baba viscosa escorria-lhe pelo canto dos lábios. Lígia limpava-lhe a baba e lhe tirava os fluidos danosos, tornando-se a enfermeira dedicada, que não deveria arredar pé de sua cabeceira.

Fúlvia chamava por seu pai, por Marcus, o velho Marcus, que quase não conseguia subir os degraus da escadaria; chamava pelos filhos, os quais poucas recordações tinham da mãe, pois não lhes permitiam vê-la, com medo de contágio. Fúlvia acompanhava o crescimento de ambos; pela janela da torre via-os fortes, saudáveis, brincando no jardim. Sentia desejos de beijá-los sem, contudo, poder fazê-lo. Lígia ajudou o velho ancião a subir, com sacrifício, as escadarias. Fúlvia chamava agora por Gláucius.

Lígia tentara, mas Gláucius relutava. Tentou novamente, não queria interferir em seu livre-arbítrio, o que, naquela hora, era necessário. Falava-lhe com amor:

– Vem, meu querido, eu te imploro, se preciso for, de joelhos, humildemente te peço, vem trazer um alivio a Fúlvia. Não a deixes morrer como eu, só, isolada de tudo e de todos, tendo ao meu redor somente animais mesquinhos, insetos horripilantes, no meio da sujeira e da escuridão.

Lúcius, que vinha chegando, vendo o espírito Lígia pedindo e orando, disse a Gláucius:

– Fúlvia te espera pelo derradeiro adeus. Não tenhas medo do contágio, pois Lígia, como sempre e em demasia, serve-te de escudo e está ao teu lado, por pouco tempo. E tu, Lígia, filha querida, terás de retornar à cidade astral, da Restauração Espiritual, para reestruturar-te espiritualmente, pois estás transgredindo uma lei, a do livre-arbítrio de cada um.

– Por Deus, Lúcius, não posso deixar Gláucius sozinho!

– Lamentar-se é denotar insanidade mental; se tiveste uma morte horrível, é porque pediste, não te lamentes portanto!

– E tu, Gláucius, não fica pasmado, estou falando com Lígia espírito. Vamos, está ficando tarde, Fúlvia não quer partir sem estares presente.

Gláucius e Lúcius, acompanhados espiritualmente por Lígia, sobem a escadaria da torre, encontrando Fúlvia na hora da morte; porém, consciente, murmurava:

– Gláucius, Gláucius, onde estás? Dá-me tua mão.

Gláucius relutou. Lígia disse-lhe:

– Dá-lhe tua mão, que eu servirei de anteparo; vê, parece que tens luvas. Pega o braço direito de Fúlvia, esse não está atrofiado, vê a mão, está perfeita.

E induziu Fúlvia a estender a mão direita a Gláucius. Lúcius disse-lhe:

– Pega a mão de Fúlvia, estás protegido.

Gláucius pegou-lhe a mão; Lígia induziu-lhe a levar a mão de Fúlvia até os lábios. Porém, Gláucius levou-a somente até a face, para que esta sentisse seu contato. Lígia prostrou-se de joelhos e orou.

Fúlvia expirou. Marcus chorava, copiosamente, a perda da filha; Gláucius, desnorteado, chorava, rogando aos céus perdão, se fizera aquela que fora sua esposa sofrer.

Lúcius balbuciava:

–Vai, Fúlvia, padeceste; terás de perambular pelo espaço afora, pois também cometeste assassinato. No entanto, não possuis índole má. Que Deus se apiede de ti!

Lígia ficou durante o funeral, ora dando alento ao amigo querido, Marcus, ora ajudando Gláucius.

Logo após o sepultamento de Fúlvia, à noite, espíritos luminares, juntamente com Fábius, vieram buscar Lígia. Esta pedia para ficar um pouco mais, mas não lhe era permitido. Fábius dizia-lhe:

–Vem, querida filha, quero ver-te em ascensão, para me ajudar em meu desencarne, bem como ajudares teu filho e os filhos de Gláucius.

– Mas, papai, e meu filho? Sei que nas tuas mãos, nas mãos de mamãe e nas de Babucha estará bem: mas queria estar ao lado dele, na sua formação, na transformação de menino para homem.

–Vamos, potranca selvagem, eu te domarei, nem que, para isso, tenha de usar de todo o meu poder.

– Papai, por favor, não me chames assim, eu tenho somente amor para dar-te e ages dessa forma. Tenho amor suficiente em meu coração para todos. Nunca fui plenamente feliz na terra; queria um amor sincero e não tive. Nestes anos que aqui passei, espiritualmente, procurei dar tudo de mim e, no entanto, dizem que prejudiquei. Quando terei o que almejo?

– Quando pagares todos os teus débitos!

– Até quando papai, até quando?

– Até seres domada, até te burilares, até teu corpo ser martirizado pelos inúmeros deslizes e inúmeros suicídios que cometeste. Depende exclusivamente de ti o tempo que levarás para teu burilamento. Tu vais meio adormecida, minha filha, pois criaste enormes ligações com Gláucius neste período que aqui ficaste, e precisamos rompê-las, sem que Gláucius o sinta. Vai, querida de minha alma, que Jesus, em sua infinita bondade, te ampare, a fim de teres forças de ajudar Fúlvia, posteriormente.

Lígia sentiu um torpor e foi levada por espíritos luminares, com carinho, enquanto Gláucius sentia o mesmo entorpecimento a invadir-lhe o ser.

Capítulo XVIII

No plano espiritual

"Palavras ditas com sinceridade
Na dor no momento certo,
São bênçãos do orvalho, são dádiva, são caridade,
Amenizando a dor do coração e umedecendo o deserto."

Lígia foi levada para a cidade astral, conduzida ao núcleo hospitalar, sempre aos cuidados de Marcus ou Hércules, que a velava com amor e desvelo. Ao despertar, Lígia pôs-se a chorar, abraçando-se a Marcus e dizendo:

– Ah, Marcus querido! Estou achando Deus injusto; se prometi, ao encarnar, a tudo suportar, a dor, as injustiças, o desprezo, sem revoltar-me, eu o cumpri; no entanto, sei que fui assassina, porém não premeditada; foi num momento insano que agi para defender meu pobre e querido pai. Perdoe, não me revoltei com a dor; perdoei os que foram considerados meus algozes, pois deram fim numa vida sem sentido, na qual somente havia sofrimentos, dores. Pensas que, por acaso, possuo pedra onde deveria estar meu coração? Sofri por não poder estreitar meu filho um instante sequer em meus braços. Sofria horrivelmente ao vê-lo de longe, sem poder gritar-lhe: – Vem até mim, filho de minha alma, eu sou tua mãe! Sofri, pois quando noiva de Gláucius, não me atrevia a demonstrar-lhe o amor que sentia por ele, fazendo-lhe carinho, até mesmo pegar-lhe na mão, sentir seu calor, não me atrevia, porque poderia ser mal interpretada e mesmo confundir-me com as moças de hoje. Somente quando ele me levava naquela biga, para não cair, estreitava-o em meus braços; beijava-o em pensamento, almejava estar ao lado dele. Beijava as flores que ele me dava, pois suas mãos a haviam tocado; beijava, tanto encarnada como desencarnada, os sais de banho que iam envolver-lhe o corpo. Sofria, quando ele parado, com o olhar extasiado, contemplava Lídia. Até que num momento de êxtase, de paixão, não resisti aos seus ímpetos e cedi. Quanto sofri, só Deus o sabe, quanto chorei sozinha, sem que ele percebesse, pois se houve culpado, fomos os dois, e, chorando perto dele, ele se sentiria culpado de tudo. A paixão que o assolava, assolava a mim também, e eu, como mulher, deveria melhor saber como afastá-la. Contentei-me em vê-lo às escondidas e, como um encarcerado abençoa o raio de sol que penetra pelas frestas de uma grade, abençoei os momentos em que pude vislumbrá-lo. Sentia-me feliz, quando, escondida sob uma arquibancada, ouvia sua voz, ouvia o arfar de seu peito, aguçava os ouvidos, para ouvir o palpitar de seu coração e sonhar que estava palpitando junto ao meu. Tudo que fazia, tinha-o de fazer às escondidas. Quando uma gotícula de sua saliva caiu em meu braço, imaginei como se fosse um beijo ali depositado. Queria participar de sua vida, embora de longe; queria que ele fosse feliz, contentava-me com poucas coisas; eu que aspirava, acima de tudo, um amor, um amor sincero. Quando, depois que desencarnei, vi Fúlvia sofrer, sofri junto dela, pois já tinha passado pelas mesmas dores, pelas mesmas aflições. Somente ela podia vê-lo, podia ver seus filhos crescer, acompanhar suas travessuras, seu desenvolvimento, sem necessitar esconder-se. Ávida em amenizar a dor de Fúlvia, quantas vezes consegui levá-lo até ela? Desencarnei sozinha, imersa entre insetos, répteis, animais asquerosos. Nunca me revoltei, pois sabia que eu própria tinha escolhido meu destino. No entanto, agora, no plano espiritual, que eu podia estar ao seu lado, sem esconder-me; tocá-lo, sem ele sentir; acariciá-lo, sem ele dar-se conta disso; procurar dar-lhe fluidos benéficos e salutares, não me permitem. Agora, Marcus, revolto-me. Não achas que tenho razão?

Fulgência, uma enfermeira solícita, que ali estava, disse:

– Lígia, lamentar-se, ter dó de si mesma, é insanidade d'alma; imobilizar-se por não teres conseguido o que almejavas, é estacionamento do espírito que não deseja ascensão espiritual. Se achas que estás sendo injustiçada, vamos ao pavilhão, onde já estiveste, e que está sob os auspícios de Cícero, e reviverás outra vez tuas imperfeições em inúmeras encarnações. Será que necessitas novamente disso? Será que estacionaste no tempo, permanecendo como o embrião, como aqui te achavas quando desencarnaste, após passares pelo umbral? De que te serviram esses anos trabalhando na terra?

– Não, Fulgência, reviver o passado é atroz, mas, que mal eu faria, ao lado de Gláucius, conduzindo-o ao bom caminho?

– Estavas interferindo no livre-arbítrio de Gláucius; aconselhar podias, porém guiá-lo não devias e nem podias, pois, ao desencarnar, que méritos Gláucius teria? Raciocina, Lígia, e não ponhas tudo a perder, disse Fulgência.

– Eu a entendo, Fulgência, pois passei pelas mesmas vicissitudes, disse Marcus.

– Tu, Marcus, passaste, como eu, pelos mesmos sofrimentos?

– Sim, querida Lígia, teu amor era tanto que nem te apercebeste do que se passava ao teu redor. Não vou queixar-me, porém expor também meus problemas, sem revoltas contra o Alto. Possuía alta posição, pois pertencia à dinastia de Alexandre, o Grande. Possuía bens, fortuna, autoridade e tinha meios de viver, mesmo acossado pelo infortúnio da doença que me corroía a carne, em meu próprio castelo assistido por súditos fiéis. Então tive um sonho, em que uma irmã querida se tinha suicidado e que necessitava de meu auxílio. Despojei-me de tudo e vim para Roma, em auxílio dela. Aqui no vale dos imundos, se em outras encarnações tinha por ti amor fraternal, este transformou-se em amor, por que não dizer, em paixão. Assim, a tudo renunciei e, por ti também, matei; estavas tão empolgada em teus próprios devaneios, que vias em mim um irmão, não um companheiro. Também, como tu, sorvo o cálice da amargura, retendo meus impulsos de amor e de paixão. Quando teu pai esteve no vale, à tua procura, e pediste-me que te escondesse com meu próprio corpo, senti-me nas nuvens e, posteriormente, vivi sonhando esse instante, quando beijei-te a boca com sofreguidão e amor no coração. Também morri ao tentar salvar-te e, para mim, vislumbrar-te um instante antes de morrer foi a maior felicidade. Querida irmã, agora posso chamar-te assim, sofri como tu, comi as migalhas que deixavam sobrar na mesa. Observava-te a dormir, e sonhava um dia te possuir. Todavia, sempre te respeitei, sofri contigo no parto, sofri quando te tiraram o menino. Porém, jamais percebeste coisa alguma. Não te esqueças que, apesar da doença, eu era forte e viril. Sempre procurei amparar-te, sempre ouvi tuas queixas, sempre admirei-te no tocante à tenacidade que possuías, pela força de vontade. Sofri ao te ver no umbral; fui buscar um a um os que podiam ajudar-te até que o consegui. Agora trouxe-te para cá, a fim de não estacionares, mas nunca revoltei-me contra Deus, pois respeitei o teu livre-arbítrio. Portanto, minha querida, não és a única a sofrer na vida.

– Perdoa-me, Marcus, meu momento de aflição; somente agora pude avaliar o que passaste; quanta dor, quanta aflição passou-se em teu coração. Prometo-te, agora, nunca revoltar-me contra Deus, pois Ele é bom e magnânimo; tuas palavras trouxeram-me novo ânimo.

Abraçou Marcus e chorou por não ter sentido o que este sofrera ao lado dela.

* * *

Enquanto isso, na Terra, Gláucius procurou dar vazão a seus instintos um tanto reprimidos. Entretanto, quando pensava ter conquistado alguém, esse alguém parecia que lhe fugia do alcance.

Gláucius não compreendia o porquê. Outros, com porte menos atlético, destituídos de beleza física, que não possuíam sua oratória idioma inebriante, conseguiam presa fácil; mas ele parecia preso de feitiçaria. O que Gláucius não sabia é que, antes, Lígia, com amor, o afastara do mau caminho; agora, Fúlvia, presa no umbral, às vezes fugia para a Terra e, devido ao grande amor que nutria por ele, espantava com seus fluidos nocivos as mulheres que dele se aproximavam. Entidades mesquinhas a acompanhavam, entre o umbral nevoento até Gláucius. Entidades inimigas dos dois utilizavam-se de Fúlvia, considerada, como Lígia, assassina, porém, com um agravante: assassina premeditada. Fúlvia revoltava-se contra essas acusações e via em Gláucius a tábua de salvação. Metodicamente Lúcius, que se afeiçoara muito a Fúlvia, fazia as orações, procurando doutriná-la. Lígia pedia ao Alto complacência para a amiga, que, às vezes, como louca, rogava-lhe perdão. Seus rogos chegavam a Lígia e esta punha-se de joelhos e pedia ao Alto que a perdoasse, pois ela, que tinha sido a vítima, há muito lhe tinha perdoado; ao mesmo tempo, suplicava autorização para ajudar a amiga.

Fulgência levava seus rogos a diversos departamentos da cidade astral, sem, contudo, obter êxito, pois Lígia teria de trabalhar bastante para conseguir bônus-horas e ter permissão de retornar à Terra, pois ali esteve e falhou na missão.

Marcus, pai de Fúlvia, orava e pedia pela filha e, ao saber que Lúcius a via e procurava doutriná-la, juntou-se a ele, para juntos conseguirem algo mais concreto.

Marcus (ou Hércules) conseguiu a permissão de retornar à Terra, devido aos méritos conseguidos. Esteve em Damasco, visitando Fábius, Lígia Alexandra e o rapazote Marcus Július, que já estava beirando os quatorze anos. Era um rapaz forte e viril, que corria atrás das donzelas e dos pobres escravos indefesos. Guiava a biga com maestria, nada ficando a dever a seu pai, ganhando diversas medalhas em corridas de cavalo. Falava fluentemente o grego, o judaico e o latim, língua dos romanos e das respectivas províncias.

Fábius e Lígia Alexandra dedicaram-se de corpo e alma ao cristianismo, procurando levar Marcus Július com eles. O garoto acreditava na doutrina de Jesus, porém não era praticante convicto.

Apreciador das artes, da música, possuía a sensibilidade de Lígia. Culto, aprendia as coisas com facilidade.

Marcus (ou Hércules) acariciava-lhe os cabelos e dizia de si para consigo:

– Como seria bom se realmente fosses meu filho, pois te quero como tal; vi-te nascer, ouvi teu primeiro choro. Tens o contorno do rosto, a boca, o nariz de Lígia e, quando sorris, possuis a mesma covinha dela. Prometo-te, se permitido for, proteger-te como filho, como protegi Lígia no passado.

Quando isso sucedia, Marcus Július sentia uma paz enorme a inundar-lhe a alma, irrequieta pelos verdes anos que possuía.

Marcus passou alguns dias com a família que considerava como sua. Queria saber tudo sobre Marcus Július, a fim de contar a Lígia. Dirigiu-se a Roma, onde encontrou Marcus, pai de Fúlvia, adoentado e envelhecido. Conversou com Lúcius, e este, como médium em potencial, clarividente e auditivo, informou Marcus (ou Hércules) de que o pobre ancião tinha talvez menos de um ano de vida.

Esteve com Gláucius; este, atarefado entre a doença do sogro e os aborrecimentos que seu filho Gláucius lhe dava, não querendo estudar, com quase quatorze anos de idade, procurava uma vida mundana repleta de prazeres, indo tirá-lo diversas vezes de orgias; envelhecido prematuramente, procurava dar ao filho exemplos de conduta moral, refreando novamente seus ímpetos, embora não liberto da influência de Fúlvia. Sua maior alegria era Fabiana, com seus quase doze anos completos, linda, uma rosa em botão. Em seu corpinho de adolescente, adelgaçado, já se faziam notar os seios a emoldurar-lhe a figura esbelta, os quadris já apareciam sob a túnica. Já demonstrava vaidade, querendo usar tecidos transparentes, vindos do oriente, e deixar de usar o linho pesado. Ao contrário do irmão, gostava de estudar, bordar, pintar; inclinada à música, tirava maviosos acordes de sua harpa. Vivia agarrada ao pai, dando a este o carinho que deveria dedicar à sua mãe, morta em triste episódio.

Fúlvia, no entanto, vivia entre o umbral e a terra; e, quando a ela aportava, procurava Gláucius, deixando-o quase que obsedado. Quando este, no sono, desprendia-se do corpo, deparava com Fúlvia, horrorizado pelo seu aspecto, o rosto todo corroído, a mão esquerda apresentando tocos no lugar dos dedos e as vestes esfarrapadas. O único olho que possuía, desmesuradamente grande, espantado, o aterrorizava, fazendo-o voltar rapidamente ao corpo. Marcus (ou Hércules), compadecido, resolveu ajudar Lúcius e o pai de Fúlvia, no sentido de doutriná-la, pondo-a a par de seu estado.

Fúlvia lamentava-se:

– Que pesadelo eu tenho que não termina; ora esse nevoeiro, ora esses monstros acusando-me de assassina; ora Gláucius com mulheres doidivanas, parece que nunca vou acordar...

Marcus aproximou-se, colocou a mão direita em sua fronte e disse-lhe:

– Fúlvia, teu pesadelo terminou. Acorda para a verdadeira vida; morreste na Terra, porém em espírito permaneces viva. Vem comigo, Fúlvia. Lígia te perdoou e eu também, e de coração queremos ver-te feliz e livre de teus algozes. Vem, querida filha, vem comigo, deixa Gláucius, deixa teus filhos e acompanha-me; não queres livrar-te dessa tortura?

Lúcius, que tudo presenciava e ouvia, disse a Fúlvia:

– Filhinha querida, Marcus falou-te com amor, ele te perdoou. Ele foi o homem encontrado no poço, morto, com a cabeça esmigalhada pela laje. Antes de desencarnares, filhinha, muito te falei de Jesus. Se crê Nele, pede agora; vês aqui, ao meu lado está teu pai pedindo também por ti. Aproveita, filhinha, e junta-te a nós três em oração, que irás livrar-te de todo o mal. Crê com amor, pois o amor é a essência divina; todos os seres possuem em seus corações a centelha desse fogo sagrado; ele deve ser tua estrela-guia.

– Mas, e Gláucius? Eu o amo! – exclama Fúlvia.

– Feliz daquele que ama, porque não conhece as angústias da alma, nem as do corpo. Tens de amar verdadeiramente, para poder renunciar a Gláucius, para o teu bem e o bem dele; não sejas egoísta, acompanha esse companheiro. Meus filhinhos, amai-vos uns aos outros – disse Lúcius.

Fúlvia respondeu-lhe:

– Se é para nosso bem, eu vou com esse senhor; Lúcius, tu sabes que eu creio em Jesus, pois tu me falavas dele, e eu encontrava paz. Eu vou para mostrar-te que creio Nele.

Fúlvia foi para a cidade astral, onde Lígia a esperava para cuidar da amiga que, como ela, tanto sofrera na Terra; porém, graças aos céus e à ajuda do abnegado Marcus (ou Hércules) e a de Lúcius e seu pai, conseguira, com a força da esperança, extirpar os espinhos existentes em seu caminho.

Marcus, após levar Fúlvia, voltou para o globo terrestre, a fim de ajudar os amigos que aqui deixou.

Capítulo XIX

Marcus Július retorna a Roma

"O amor é a luz que ilumina as pessoas, a gente.
Não olhando para trás, o passado penoso, escuro
É um facho de luz, que nos emoldura, ardente.
Não volvendo os olhos para o passado,
somente vendo o futuro."

Em Roma, tudo corria politicamente bem, em relação aos governos anteriores. Nerva governou de 96 a 98, quando sucedeu Trajano; a paz é assegurada na província e Roma conhece o período de ouro; no entanto, Trajano persegue tenazmente os cristãos, e estes são obrigados a se esconder cada vez mais.

Ele luta contra os Dácios e provoca o suicídio do rei Descebaio.

Fábius, em Damasco, é avisado espiritualmente de que Marcus possui pouco tempo de vida e resolve voltar a Roma. Solicita no senado tal permissão. Seus amigos, em Damasco, pedem-lhe que não volte a Roma, pois lá a perseguição aos cristãos é mais atroz.

Fábius responde-lhes:

– Meus queridos e amados amigos de inúmeras jornadas, fico contente por saber que vós tendes cuidados para comigo. Porém, apesar de estar ciente de que irei ter dificuldades maiores em Roma do que aqui em Damasco, em nossas reuniões cristãs, creio que necessidades prementes me chamam lá. Um amigo de longa jornada, a quem muito devo, está para despedir-se da terra benfazeja e amiga, onde depuramos os erros de um passado delituoso, e não é justo eu estar longe de tão querido amigo nesta hora de despedida. Tendes fé, que o reinado de Trajano está por pouco e, talvez, nosso novo rei seja mais moderado do que seu antecessor. Lembraivos do curto reinado de Nerva, e que paz ele deixou transbordar, não ligando para os encontros clandestinos dos cristãos! Tenho fé que brevemente o cristianismo será considerado como a verdadeira crença romana, vencendo todos os dogmas até hoje. Não serão mais cegos a ponto de renegar a verdade deixada por Jesus, testemunhada por seus discípulos, e os sacerdotes deixarão de ter pouca visão em país de cegos.

Os amigos abraçaram Fábius e este, conseguindo a transferência, parte para Roma com seus familiares, deixando em Damasco, no ano de 108, inúmeros amigos a querer-lhe bem, devido à sua bondade natural.

Marcus Július também sentiu pena de deixar a cidade que aprendeu a amar, porém a expectativa de morar em Roma, de rever lugares há muito esquecidos, de ver novas mulheres, de conviver com o luxo predominante na cidade de Roma o deixava ansioso.

Lígia Alexandra sentia alegria e tristeza; alegria por pensar em rever os lugares onde passou momentos felizes; e tristeza por pensar que iria relembrar a perda de suas filhas queridas, embora muitas vezes sonhava com Lígia, feliz, trabalhando ao lado de Marcus (ou Hércules), e de um jovem grego musculoso, a quem dava o nome de Hermógenes, dizendo-lhe que viera à Terra espiritualmente, para ajudar velhos amigos de outrora, até seus respectivos desencarnes.

Hermógenes, várias vezes, manifestara-se nas reuniões cristãs, efetuadas na casa de um amigo do senador Fábius, o senador Virgílio Pentágones, cuja esposa, Flamínia, médium em potencial, recebia essa entidade. Hermógenes, por intermédio de Flamínia, dava notícias dos desencarnados queridos a todas as pessoas que requisitavam os recursos. Fábius e Lígia Alexandra, por intermédio de Hermógenes, sabia que Lígia e Fúlvia, juntas, trabalhavam numa cidade astral. Quanto a Lídia, Hermógenes somente a notificara de que ela estava num local em que reparava os erros da presente encarnação, e que, talvez, logo, seria levada à cidade astral em que se encontrava Lígia. Contudo, pedia constantes preces em favor de Lídia, para que esta caísse em si, admitindo os erros e pedindo clemência aos céus.

Assim, com a tristeza de deixar amigos nobres, Fábius e sua família partiram para Roma.

Lá chegando, Marcus Július impressiona-se com a sua imponência. O luxo que ali imperava era enorme. Ao passear pela cidade, ficou impressionado ao ver a aristocracia, as jovens, as damas, as matronas, adornadas por belas e raras jóias. Divertia-se ao ver as roupas transparentes vindas do oriente, que adornavam o corpo das jovens, ao invés das tradicionais túnicas de puro linho.

Dizia de si para consigo:

– Isto é que é vida, mulheres fáceis e vinhos fartos, – esquecendo-se dos preceitos cristãos e dos seus ensinamentos.

Ao visitar, juntamente com Fábius, a casa do senador Gláucius e do cônsul Marcus, deparou com Fabiana, e fortes laços o prenderam a ela.

Quanto ao jovem Gláucius, sentia atração fraternal, porém Fabiana o deslumbrara. Sentia naquela moça tudo o que aspirava numa mulher.

Botão em flor, Fabiana apresentava uma beleza angelical. Postos um ao lado do outro, via-se que os olhos eram idênticos, de cor azul-violeta, possuindo pigmentações junto à córnea mais escura, que lhes davam ao perfil uma beleza desmesurada.

Quanto a Fabiana, olhou para Marcus Július e achou-o formosíssimo, belo até demais para um homem. Achou os olhos dele parecidos com os de seu pai, mas o pequeno nariz reto, a boca pequena, o sorriso brando, onde apareciam as covinhas, proporcionavam-lhe um aspecto feminino. Porém, sentia forte atração pelo jovem visitante.

Marcus Július, após a apresentação, enquanto seus avós que Marcus Július considerava como pais, conversavam com Gláucius e o velho abatido Marcus, levou Fabiana até o jardim, para desfrutarem a tarde alegre e primaveril. Então, disse-lhe:

– Ó ninfa de inigualável beleza! Meus olhos estão aturdidos ao defrontar-se com teu semblante. Tu és tudo o que almejei encontrar na vida; tua graça, tua espontaneidade deslumbram-me; acho-me no Éden, onde tu és o ser angelical, que irá encantar meus dias. Bendigo tua mãe, que carregou no ventre tão grande e incomparável tesouro.

Marcus Július continuou a cortejar Fabiana; esta ficava enternecida e embevecida pela eloqüência do jovem, denotando uma inteligência fora do comum, principalmente entre os jovens daquela época, que preferiam os prazeres mundanos aos estudos propriamente ditos.

Fabiana também era inteligente, extrovertida, eloqüente, possuindo uma perspicácia fora do comum. Procurou puxar diversos assuntos, a fim de ver se realmente ele era erudito ou tudo não passava de uma farsa, de uma capa que servia de camuflagem, para demonstrar uma coisa que realmente não era. No entanto, percebeu que o rapaz era de fato inteligente, conhecedor profundo de álgebra, de inúmeras línguas, além do latim, usado em Roma, de alquimia, na qual era perito; conhecia música, história, enfim, em todos os aspectos abordados saiu-se muito bem, demonstrando ser profundo conhecedor. Ficou encantada tanto pela beleza física, quanto pela intelectualidade fora do comum que o jovem tinha. Entendia mesmo de política; se estivesse em Roma, Fabiana atribuiria a isso tal conhecimento, pois ele estava a par dos mexericos do Império Romano; todavia, ele estava longe e sabia mais do que os patrícios daquela época.

Além dos conhecimentos da política romana, sabia-a do mundo todo; era um erudito sob todos os aspectos. Fabiana encontrou em Marcus Július o que aspirava encontrar no jovem que escolheria para esposo. Via em Marcus Július uma pessoa que poderia ajudá-la e poderia entendê-la em seus ideais. Seria um companheiro ideal, o que há muito aspirava.

Os dois estavam encantados com os predicados e a intelectualidade um do outro. Estavam nesse enlevo quando chegou o jovem Gláucius. Entabularam então outro tipo de conversa, mais medíocre, mais leviana. Fabiana pôde então fazer comparações entre Gláucius, seu irmão, quase da idade de Marcus Július, e notou a diferença de intelecto. Viu com que mediocridade seu irmão encarava a vida, pensando somente em coisas mesquinhas e supérfluas, enquanto Marcus Július denotava que não fazia caso das coisas, porém, punha em primeiro lugar os conhecimentos mais profundos. Gláucius falou-lhe:

– Já estou cansado desta vida de Roma; é sempre a mesma coisa, a mesma rotina; estou cansado das mulheres, do jogo, do vinho; não sei mais o que irá prender-me nesta vida.

– És tão novo quanto eu, apenas alguns meses menos e já entanto estás cansado, quando tens tudo diante de ti para ser feliz – observou Marcus Július. – Procura estudar, elucidar-te e servir ao próximo e verás quão útil serás. Pega a foice da esperança que existe em teus verdes anos de vida e retira, por completo, essas idéias que atormentam tua mente. Procura estudar, tirando o ódio que te avassala a própria alma. Tem fé em Deus; creio que és cristão como eu o sou, pois meu pai contou-me que teu pai o é. Se és, como podes dizer que estás cansado? Como podes dizer uma coisa que não deves sentir? Como cristão peço-te, dá um pouco de ti para os outros, a fim de te sentires útil perante Deus e perante os homens; "É dando que se recebe, é perdoando que se é perdoado". Não te esqueças dos ensinamentos de Jesus, que elucidam-nos bastante quanto a isso. Procura freqüentar as reuniões cristãs e verás como te sentirás feliz e contente.

Gláucius ficou estupefato com a conversa que ouvia de um rapaz da idade dele. O senador Gláucius e Lúcius, que ali estavam há algum tempo, ficaram embevecidos com a conversa do jovem Marcus Július. Este possuía seus defeitos no tocante à sexualidade, porém era erudito estava muito contente com a vida e com o que possuía. Fábius era um avô terno, que emanava muito amor e, por esse motivo, Marcus Július era um ser feliz e alegre.

O senador Gláucius, embevecido, virou-se para Lúcius e disse:

– Lúcius, como admirei esse rapaz; eu ficaria contente se Gláucius fosse da mesma forma, no entanto, como vês, meu filho é adverso, é complemente o oposto a isso. Ah, se esse rapaz fosse meu filho, como eu seria feliz! Mas, é filho de Lígia e do jovem leproso. Tenho saudades de Lígia, tenho saudades de Fúlvia e, como vês, Lúcius, estou sempre só. Minha cama continua vazia, creio que sou visto pelas mulheres como algo repelente, que não é digno de ser visto ou de ser sentido. Tenho um caso com uma jovem judia, todavia não consigo completar-me plenamente. Preciso de uma esposa, alguém que compartilhe comigo de meu lar, que me ajude a criar os meus filhos, alguém que me entenda. A jovem judia é uma mulher mundana e não preenche os requisitos de que necessito. Gláucius pouco liga para mim; visa, outrossim, a meus bens materiais, que se eu os deixasse, iriam escorrer-lhe por entre os dedos. Fabiana é um ser angelical, porém, seu amor não me basta. Tu ouviste esse rapaz e viste a diferença dele com meu filho. Se pelo menos eu tivesse um filho dessa forma, como eu seria feliz!

Lúcius soltou um ligeiro sorriso, apenas entreabrindo os lábios, lembrando-se de Lígia, do parto, do que ela sofreu pelo grande amor que tinha e tem por Gláucius, tanto que teve de ser retirada para o plano espiritual, a fim de que não perturbasse a vida do senador Gláucius.

Então disse a Gláucius:

– Senador Gláucius, sabes perfeitamente do grande amor que Lígia nutria por ti; por que então não aceitas esse rapaz como sendo teu filho? Terei de partir para a ilha de Patmos, a fim de cumprir uma missão. Dá amor a esse rapaz, como se ele fosse teu filho, e que Fabiana e Gláucius nutram pelo rapaz o amor fraternal, tão necessário para todos, porém, que esse amor não ultrapasse isso. Tem fé em Deus; somente esperarei o desprendimento do cônsul

Marcus para o plano espiritual; depois partirei, mas não te esqueças de minhas recomendações. Ama o rapaz, pois ele merece ser amado por ti e pelos teus; assim pagarás parte da dívida que tens, por ter tirado a vida da mãe dele. Não te sintas culpado pela morte de Lígia; foste um instrumento usado para o desencarne dela. Esta, há muito, perdoou-te, pois o amor não guarda ressentimentos, não guarda rancores, tudo esquece. E vê na pessoa amada e querida o ser mais perfeito do mundo, esquecendo-se das imperfeições, dos defeitos do ser amado. O amor coloca o ser amado em grande pedestal, orlado de flores e, embora sejamos macerados, e nossas carnes rasgadas por espinhos, esquecemos nossas dores, a fim de proporcionar a felicidade do ser querido e amado. O amor é destituído de egoísmo, de vaidade, não tem barreiras. Como podes ver, no amor material, quem é mãe sofre, aniquila-se em prol do filho amado, chega a perder-se, podando as raias da razão, do raciocínio. Quantas mães levam seus filhos à perdição, procurando esconder os defeitos deles, desculpando-os. Quantas são cegas, pois não querem ver os defeitos dos filhos, e nem os querem aceitar, apesar das evidências de seus erros. Sacrificam-se, tirando até mesmo o pão da boca faminta, para encobrir os maus atos praticados pelos filhos. Quantas noites maldormidas uma mãe passa; quantas orações lançadas, entre soluços, ao Alto! Às vezes, em altos brados, reclamando clemência por um filho julgado puro, imaculado, e que, no entanto, não passa de um pária para a sociedade e para os que, com ele, convivem. Por pior que esse seja, é considerado, pelo amor maternal, um ser angelical, isento de pecados, e quando a mãe reconhece os defeitos, atribui a terceiros sua origem, procurando sempre um bode expiatório, a quem possa lançar a culpa do filho amado e querido. Isto é considerado normal perante Deus; porém quando ultrapassa os limites, a mãe terá de responder quando inquirida. "Mãe, pai, o que fizestes do ser a vós confiado?" Portanto, Gláucius, orienta teus filhos na senda certa que os levará ao Pai. Procura dar o exemplo necessário, dando como modelo a ti próprio. Não sejas como o imprudente que diz:"Faze o que eu mando, porém não faças o que eu faço", pois isso não dará resultado; serás obedecido, porém serás detestado e, à revelia, poderão revoltar-se proporcionando aos pais inquietudes, devido os desvarios praticados. Se possuíres vícios não podes exigir que teus filhos reprimam os vícios. Se mentires não poderás exigir a verdade deles. Se roubares não poderás que possuam uma atitude correta. Lembra-te sempre de que serás o exemplo; és a música inspiradora dos músicos, és o molde do escultor, és o modelo do pintor perante teus filhos. Se adotares uma posição errada, verás, no futuro, em teus filhos a expressão, às vezes distorcida, de teus próprios atos. Se queres ter filhos bons, sê tu o exemplo. Se, no entanto, pesar dos esforços, estes teimarem em se enveredar por maus caminhos, estarás isento de culpa, e somente a eles serão atribuídas as inúmeras falhas.

Lúcius, após pequena pausa, dirige-se a Gláucius, dizendo-lhe:

– Gláucius, vamos entrar. Fábius e Marcus devem ter terminado a palestra, ou melhor, o colóquio, em que puderam expandir-se, trocando confidências e ponderações sobre o aprendizado dos homens do Caminho. Creio que, amanhã, Marcus partirá para uma vida melhor, a verdadeira vida.

– Lúcius, tu falas de uma maneira assustadora; Marcus está bem, lúcido, andando, conversando; no entanto, quando te referes a ele é como se ele estivesse às portas da morte. O cônsul Marcus tem coração fraco, mas nada denuncia que irá partir logo.

– Ah, Gláucius! Muito terás que aprender; tempo virá em que sentirás o fio prateado que liga o espírito à matéria; e verás, então, este adelgaçado, fino, algumas vezes roto, como uma corda desfiada, prestes a partir, e obterás então, discernimento. Não te esqueças das palavras de Jesus: "Não te maravilhes de eu te dizer que importa é nascer de novo". Este é um pequenino trecho do que Jesus explanou a Nicodemos. Portanto, Gláucius, não te assustes. Marcus retornará para a verdadeira vida, que é a espiritual, onde estarão aguardando por ele entidades que lhe são afins, rejubilantes, por ver que ele cumpriu a missão a ele confiada, bem ou mal, segundo seu livre-arbítrio. Hermógenes empenhou-se em ajudá-lo a ultrapassar os momentos difíceis e o espera, a fim de saudá-lo. Lígia e Fúlvia esperam-no ansiosas e ávidas para transmitir as experiências entre ambas. Enquanto os seres encarnados choram a partida dos entes queridos, os espirituais regozijam-se com a presença deles no plano astral.

– Vamos entrar no recinto em que se encontram, e verás com que afinidade esses dois irmãos entabulam a conversa, destituída por completo de frases frívolas, de palavreado grosseiro tão comum à época em que vivemos, em que o luxo e a vaidade campeiam.

De fato, Marcus e Fábius conversavam, trocando idéias do aprendizado que tiveram entre os adeptos de Jesus, os homens do Caminho.

Dizia Marcus:

– Querido Fábius, apesar das atribulações sofridas pela perda de minha filha, tenho tido muitas alegrias com Fabiana; é um anjo celestial e me traz alegria imensa; parece um colibri em tarde primaveril, sempre batendo suas asinhas em torno de nós, como o colibri o faz em torno das flores; beija-nos e, ao invés de nos tirar o néctar do amor, existente em nossas almas sofridas, dá-nos cada vez mais alegrias intensas, provenientes de sua alma jovial, encantadora. Embora em seu coraçãozinho permeie a dor, procura demonstrar sempre a alegria. Meu genro, o senador Gláucius, encontra nela o ânimo de viver, pois seu filho, ao contrário, introvertido, egocêntrico, somente pensa em si mesmo.

– Eu, por mim, Marcus, encontro em Marcus Július o mesmo que tu dizes encontrar em Fabiana. Ele tem os arrebatamentos próprios da juventude, no entanto, é rapaz probo, inteligente, que me dá mais alegrias do que tristezas.

Enquanto as vozes dos amigos chegavam até a ante-sala, onde se encontravam Lúcius e Gláucius, este inquiriu Lúcius:

– Marcus é bom, nada praticou de mal, por que então, Lúcius, ele deverá retornar à terra, a fim de expiar? Expiar o quê? Nada de mal fez!

– Não fez nesta encarnação, Gláucius, porém o fez nas outras; nesta, ele está pagando os erros da última encarnação; foi preparado e auxiliado para tal. Na próxima virá, a fim de resgatar os inúmeros erros de um passado delituoso. Talvez não queira ter tanta assistência espiritual como a que teve na presente encarnação, a fim de que, se conseguir sair-se bem, mais depressa tinha a ascensão espiritual almejada, pois quanto maior for o amparo espiritual procurando levá-lo ao bom caminho, menores serão os méritos do reencarnante. É nessas reencarnações que almas ávidas para ter uma ascensão mais rápida estacionam, pois seus erros são gravíssimos.

Nesta encarnação, vós tivestes um amparo espiritual muito grande; se houve méritos, estes foram pequenos, no entanto, mesmo assim transgrediram a lei de Deus "Não matarás", apezar do amparo espiritual que tiveram. Se este não houvesse, teriam transgredido a todos os mandamentos e se teriam estacionado e endividado ainda mais. Portanto, não reclames quando te digo que deverão retornar milhares de vezes, se necessário for, a fim de burilarem os seus débitos.

– Por que esses espíritos benfazejos não nos impediram de cometer tamanha iniqüidade, já que nos estavam assistindo?

– Gláucius, Gláucius, ainda não aprendeste que os espíritos desencarnados somente podem elucidar, orientar, mas sem interferir no livre-arbítrio de cada um?!

A voz do cônsul Marcus fez-se ouvir novamente:

– A misericórdia divina é tal que me enviou Lúcius, por intermédio de Gláucius. É um homem de bem. Gláucius libertou-o, porém convive conosco, procurando sempre trabalhar, ajudando-nos sempre no que estiver em sua alçada, desde os serviços caseiros, próprios de escravos, ora no jardim dando-lhe o toque de suas mãos maravilhosas, que em tudo que toca dá uma harmonia fora do comum; ajuda-nos nas compras, dirige nosso lar como o mais fiel governante; é o mordomo, é nosso guia, sempre orientando-nos no caminho certo; velou por Fúlvia, como ninguém o fez; é um porto seguro para nós, os náufragos, em nossos mares de tormenta e, sobretudo, traz-nos a paz, a que muito aspiramos.

Gláucius e Lúcius entraram no salão e Lúcius disse a sorrir:

– Cuidado, cônsul Marcus, atribuis-me tantos méritos, que talvez o orgulho pode apossar-se de mim, e este é um mal pernicioso a todos.

– Creio que esse mal nunca irá atingir-te, Lúcius, pois és por demais humilde e bom.

– Não tenhas certeza e nunca elogies por demais os homens, pois nenhum encarnado é isento de pecados, caso contrário não estaria no orbe terráqueo e sim nas cidades crísticas. Elogios saem facilmente dos lábios dos insensatos, dos imaturos, que não sabem que estão semeando sementes da vaidade e do orgulho. Sei que estás falando com o coração, e não pensaste que eu estava ouvindo."Porém, quero dizer-vos que vossos verdadeiros amigos nunca os estarão elogiando à vossa frente; pelo contrário, procuram outrossim fazer-vos ver vossos defeitos, embora o amor, por eles a vós devotado, tolde quase por completo esses defeitos. No entanto, lembrai-vos que os hipócritas, os fariseus elogiavam pela frente e criticavam por trás. Quanto à paz que dizes que transmito, isso é efêmero, e, se estamos aprendendo os ensinamentos de Jesus, devemos sobretudo cuidar em praticar, e não vos esqueçais das palavras do Mestre: Paz seja convosco: assim como o Pai me enviou, também envio a vós". Portanto, meus amigos, vamos executar e pôr em prática os ensinamentos de Jesus.

Posso sugerir, meu querido Marcus, que o senador Fábius vá buscar sua esposa Lígia Alexandra, a fim de pernoitarem aqui esta noite?

– Boa idéia, Lúcius; vai buscá-la, Fábius, teremos uma bela ceia, não pelo conteúdo dos alimentos, mas sim pela presença de tão estimados amigos.

– Recomendo, ainda, uma refeição frugal, livre de álcool e carne, abundante em leite, mel. leguminosas: alguns peixes, e o que o cônsul recomendar.

– Por que, Lúcius, vamos privar nossos amigos de iguarias requintadas?

Lúcius olhou para Gláucius e Fábius e notou que imploravam algo. Então disse:

– A carne e o álcool embrutecem o espírito; o senador Fábius merece uma lauta refeição, de rei; no entanto, creio que para uma palestra boa, equilibrada, e para discutir e expor melhor as teorias de Jesus, seria melhor nos abster de tais iguarias; lembrai-vos da palavra do Mestre:"Respondeu Jesus: – Tu dizes que eu sou rei. Eu não nasci, nem vim a este mundo senão para dar testemunho da verdade: Todo aquele que é da verdade, ouve a minha voz". Ele mesmo não queria ser denominado rei; queria outrossim pregar a verdade; façamos pois a vontade do Mestre. Vamos discutir sobre sua doutrina sincera impregnada de amor, e banquetear nossos espíritos com os ensinamentos d'Ele, ao invés de impregnar nossos estômagos de fluidos deletérios, provenientes de animais abatidos e das emanações do álcool; assim, seguiremos à risca as palavras do Mestre:"Conheça a verdade e a verdade vos libertará".

Gláucius e Fábius entenderam Lúcius, que queria proporcionar ao cônsul Marcus o final derradeiro cheio de paz e livre de impurezas. Fábius respondeu:

– Tem razão, Lúcius, em teus critérios; quando vamos às catacumbas, geralmente vamos com o estômago vazio.

Gláucius, rindo, falou:

– Quem vai reclamar é meu filho, por não ver vinho na mesa, ele que é apreciador e conhecedor dos melhores buquês; não só conhece os vinhos pelo paladar, mas principalmente pelo aroma. Porém, se ele quiser, que vá se provisionar em nossa adega, pois em nossa mesa hoje não estará sequer uma pequena ânfora com bebida alcoólica. Providencia e dá ordens para a nossa ceia.

Eu irei com o senador Fábius buscar sua esposa, já que Marcus Július está trocando com Fabiana elogios mútuos, próprios de jovens enamorados. Parecem pombos a arrulhar.

Marcus trocou com Lúcius significativo olhar.

Gláucius e Fábius saíram, após breve saudação, para buscar Lígia Alexandra.

O velho Marcus, olhando para Lúcius, disse:

– Pelo amor de Deus, Lúcius, embora em nossa época o relacionamento sexual entre familiares consangüíneos seja normal e que temos exemplo em Cleópatra, que teve relacionamento com seu irmão, Nero, que era amante de sua mãe e posteriormente a matou, porém eram considerados cleptomaníacos, e, segundo os ensinamentos cristãos, isso perante Deus é ignomínia. Não o podemos isso, Lúcius; no entanto, estamos presos ao juramento feito a Lígia. Que faremos? Marcus Július e Fabiana são irmãos pelo lado paterno; que Jesus nos oriente.

– Meu amigo, acaso não tens confiança na justiça divina? Ambos são cristãos praticantes; ambos são possuidores de boa índole; portanto, não te inquietes.

– Porém, são jovens, e o ardor da juventude pode provocar algo de funesto; não te esqueças de Gláucius e Lígia, de Gláucius e Fúlvia.

– Naquela época, eles não eram cristãos, não fiques a tisnar antes do tempo. Amigos espirituais velam por ambos.

– Se o dizes com esta calma, naturalmente já previste algo e eu creio em ti.

– Em mim não, Marcus, deves crer em Jesus; vou dar as ordens para a ceia.

Lúcius saiu para dar ordens para os preparativos.

Tiveram uma noite feliz e calma, conversando muito sobre a vida de Jesus, principalmente sobre o Sermão da Montanha.

A ceia, realmente, não era portadora de carne ou álcool, porém denotava a fartura existente naquela casa.

Frutas exóticas foram servidas, peixes saborosíssimos; toda a espécie de leguminosas e vegetais, de origem estrangeira, foram servidos.

Manjares diferentes para todos os paladares. O único a se sentir deslocado pela falta, principalmente, do vinho, foi o jovem Gláucius, que, convidando Marcus Július, disse:

– Aqui, Lúcius é a lei; se ele achou que a refeição deveria ser tão pobre, devemos abaixar a cabeça e nos ver reprimidos de nossos prazeres.

– Gláucius – falou-lhe o senador Gláucius – proíbo-te de te expressares dessa forma; fui eu que ordenei para que a ceia fosse desse jeito, pois pretendemos estudar as leis de Jesus. Se queres empanturrar-te com vinhos, desce à adega e faça-o; porém, deves escolher se queres ou não participar de nossa palestra. Se preferes a companhia do deus Baco, vá embebedar-te, porém não venhas toldar o ambiente com as elucubrações emanadas pelo álcool.

Gláucius convidou Marcus Július para que o acompanhasse.

Este, entretanto, respondeu-lhe:

– Interesso-me mais pelos assuntos que aqui serão abordados, do que conhecer a adega. Isto eu te agradeço e o farei em outra ocasião.

– Preferes ficar ao lado de minha querida irmãzinha Fabiana, pois esta parece-me que te conquistou o coração com a sua singular beleza; o que não fazem as mulheres conosco, pobres homens? Somos marionetes em suas mãos, que nos manipulam ao seu bel-prazer. Eu, no entanto, não cairei nessas teias facilmente; poderá ser a mulher mais bela do mundo, que não me tirará os prazeres da vida.

– O que me prende a Fabiana não é somente a beleza física, porém a beleza espiritual, a inteligência de que é portadora – respondeu Marcus Július, osculando a destra de Fabiana. Ao mesmo tempo, dirigindo-se ao senador Gláucius, pediu-lhe desculpas por tal ousadia.

O jovem Gláucius dirigiu-se à adega, de onde não voltou.

Os assuntos foram dirigidos para a vida de Jesus, desde o seu nascimento, e se debateram por longo tempo; discutiram por que

Jesus quis nascer em meio humilde, quando poderia ter nascido em berço de ouro. Falaram sobre a estrela que guiou os Reis Magos do oriente.

Lúcius, inspirado por Hermógenes, falou sobre a infância, a meninice de Jesus, até as pregações do Tiberíades, do Sermão da Montanha: falaram sobre o senador Públio Lêntulus Cornélius, sobre Lívia, a sua morte na arena devorada pelos leões, cujos restos mortais foram trazidos pelo ancião Hermógenes, que os entregou à família, com pedaços da roupa estraçalhada pelas feras, roupas estas que pertenciam à escrava com a qual Lívia havia trocado de roupa[7].

A conversa propiciava um ambiente terno de luz, que muito ajudava aos mentores que ali estavam preparando o desenlace de Marcus.

Já passava da meia-noite e Marcus começou a sentir um estranho formigamento nos membros inferiores: porém, a conversa estava tão interessante que não deu ao fato a mínima importância.

Daí uma hora, sentiu os braços ficarem fracos, entorpecidos, e uma leve pontada no peito; notou Lúcius a olhar firmemente para ele.

Pequenos clarões amarelos toldavam-lhe os olhos.

Lúcius acercou-se de Marcus, segurou-lhe a destra e trocando significativo olhar com Fábius e Gláucius, disse:

–Vamos relembrar-nos do Sermão da Montanha:

"Bem-aventurados os aflitos, porque serão consolados.

"Bem-aventurados os que têm fome, porque terão a mesa farta.

"Bem-aventurados os que padecem perseguição, por amor da justiça, pois deles é o reino dos céus".

Lúcius notou que a mão de Marcus estremecia e novamente falou:

–Vamos orar a oração que o Mestre nos ensinou, formando um só pensamento harmonioso, para que nossos amigos espirituais concretizem o que estão iniciando.

---

7. Ana, escrava amiga de Lívia. In Há 2000 Mil Anos, obra ditada pelo espírito Emmanuel.

Juntos oraram e, ao terminar as últimas palavras do pai-nosso, o cordão que ligava o corpo espiritual ao corpo material de Marcus foi rompido e este desencarnou. Dos olhos de todos os presentes rolaram grossas lágrimas de despedida pelo ser tão querido de todos. No entanto, naqueles corações, emoldurados de luzes fulgurantes, não havia revolta, somente saudade, saudade pela despedida daquele ser querido; porém, sabiam que, talvez brevemente, iriam encontrá-la no plano espiritual.

Capítulo XX

O desencarne de Marcus

"Da vida nada se leva,
Somente os bons atos praticados na terra,
Pois os maus atos praticados
Teremos de saldá-los na mesma terra onde foram executados."

O cônsul Marcus desencarnou diante das palavras balsâmicas de Lúcius e os eflúvios maravilhosos vindos do Alto...

Marcus ouvia as palavras de conforto de Lúcius; e ouvia também as palavras de um ser espiritual que o aguardava com esperança e carinho: eram as de Hermógenes que, alegre, o abraçava.

Lúcius o enaltecia sob os eflúvios de Hermógenes: no entanto, o amor que nutria por Marcus e a admiração que lhe tinha faziam com que as palavras que afluíam de seus lábios saíssem diretas de seu coração.

Quando, na hora da morte, Marcus levou a mão ao peito, via, diante de si, Hermógenes e Lúcius, ouvindo ambos, também.

Enquanto Lúcius despedia-se do cônsul Marcus, com o amor e a brandura existentes em seu coração, augurando uma vida melhor, cheia de venturas, que é a verdadeira vida espiritual, Hermógenes estendia-lhe as mãos, dizendo:

– Vem, Longínus, querido amigo, estamos aqui a esperar-te. Empenhaste-te em propalar o bem ao teu redor, não transgrediste a qualquer lei do Alto, portanto, não terás de permanecer, desta vez, no crivo triste do umbral. Serás adormecido, querido amigo; a dor que sentes em teu peito será amenizada; acordarás numa cidade astral, onde serás amparado, medicado, teu corpo restaurado aos poucos, gradativamente. Devido aos teus conhecimentos e méritos, após breve estada na cidade astral, talvez logo possas retornar à Terra abençoada, para ajudares os que te são afins.

Fabiana agarrou-se ao avô, por quem nutria grande amor, dizendo:

– Não morras, avozinho, não partas; já que não tenho mãe, agora ficarei sem ti! Se papai um dia me faltar, o que será de mim? Será que estarei predestinada a ficar só nesta vida? Meu irmão Gláucius, sempre atarefado com seus vícios, com seus problemas, não se lembra de que existo; não faz conta de mim; que farei se ficar só? Tu, avozinho, incutiste em meu ser os ensinamentos de Jesus renovado; tu me ensinaste a crer num Deus Uno, pois é a este que rogo agora; se existes realmente, não permitas que me deixem só, não permitas que parta meu avozinho!

Marcus Július adiantou-se e disse:

– Nunca ficarás só; eu te protegerei de tudo e de todos, creia-me.

Fabiana, num gesto de gratidão, abraçou Marcus Július, com ênfase, dizendo-lhe:

– Sei que posso contar contigo, pois sinto estranhos elos a nos prenderem; mas, amo meu avô e não quero perdê-lo; sei que existe uma outra vida após esta, porém, quanto tempo ficaremos separados? Não, avozinho, não partas, não te vás, por Deus! Não me deixes!

Nos olhos de todos os presentes, enevoados pelas lágrimas que afluíam abundantemente, percebia-se a dor que campeava aqueles corações machucados, tristes e doloridos.

Lúcius acarinhava aquela menina que vira nascer e lhe dizia:

– Filhinha querida, teu avozinho tem o corpo cansado, dolorido pela dor que lhe avassala, não pode agüentar por mais tempo. Não ficarás só, garanto-te.

– Tu também irás abandonar-me, relegando-me à própria sorte, irás para Patmos eu o sei, e, talvez, não regresses.

– Regressarei quando necessitares de mim estarei ao teu lado nos maus momentos que a vida te apresentar. Serei a bengala que te ajudará nesta vida, a bengala de amor que te ampará na justiça divina, que terás de enfrentar. Marcus Július é um irmão fiel; ao teu lado, no entanto, não confundas o amor fraternal com o carnal. Lembra-te também do que disse Jesus: "Há muitas moradas na casa de meu pai", e teu avozinho somente irá preparar-te essa nova morada; espero que te faças digna de receber essa dádiva. Vai, Fabiana, ampara-te nos braços fortes de teu irmão Marcus Július, a quem, como Semirâmines, muito fizeste sofrer na encarnação passada, devido aos desvarios do sexo que dominava-te a alma. Ambos transgrediram a lei e, na presente encarnação, deverão respeitar-se mutuamente, com amor puro e fraternal, sendo a renúncia para ti mais penosa do que para ele, pois és mais dominadora. No passado o prendias com teus encantos em troca de dinheiro, de ouro, de jóias, tirando-o da vida, do lar, da companheira, dos filhos. A renúncia terá de vir de ti.

Fabiana pouco entendia o que Lúcius queria dizer naquela hora tão amarga para todos.

Marcus Július levou-a para fora e o cônsul Marcus pôde, finalmente, desprender-se para a vida espiritual.

Enquanto isso ocorria, Gláucius filho, irmão de Fabiana, retornava da adega meio vacilante, devido aos eflúvios do álcool a enevoar-lhe a mente. Ao ver os seus chorando ao lado do avô, a quem queria bem no seu modo de ser, um tanto desprendido de tudo e de todos, tendo como meta em sua vida o seu próprio eu, esquecendo-se das pessoas que o rodeavam, carente ao extremo, achava que todos deviam girar ao seu redor. Possuidor de bom coração, deixava-se levar pelos amigos doidivanas que o incitavam às tendências alcoólicas, ao jogo, aos prazeres de um modo geral.

Debruçou-se alcoolizado sobre o corpo inerte do avô e chorou e até soluçava, devido às evoluções alcoólicas.

O senador Gláucius, ao deparar com tal cena, falou encolerizado:

– Bebeste, estás alcoolizado e não respeitas teu avô mesmo nesta hora suprema?

– Não digas isso, papai; bebi, mas, não em demasia, senão não saberia que meu avô está morto; bebi somente um caneco e já estás a acusar-me?

Lúcius adiantou-se, dizendo:

– Respeitai a memória de Marcus, cujo corpo ainda está quente. E tu, meu pequeno Gláucius, não bebeste somente um caneco; teu modo de falar denuncia-te; porém, lembra-te sempre de que a semente que gera todo o mal é a predisposição que o homem tem para mentir e falsear. Haja o que houver, nunca fujas da verdade, porque realmente tolo é aquele que mente. Fere a si mesmo com suas mentiras e iniqüidades; nenhum tesouro é mais valioso do que a honestidade. Não seja fraco, tem forças para vencer teus vícios; caso não puderes, pede a Deus e Ele te ajudará. Homem forte é aquele que, esquecendo-se de si mesmo, percorre o caminho correto. Lembra-te sempre que Deus emprestou-te um corpo pelo qual terás de zelar, e se te colocares em atitudes profícuas e danificares esse corpo, terás de responder pelo que fizeres. Prostra-te de joelhos e dize agradecendo: – Meu Deus, cada vez que me ajoelho diante de ti, lágrimas escorrem de meus olhos, pela vida nova que me deste, pelo corpo perfeito que possuo, não tenho mutilações; possuo olhos para ver, mãos para tatear, língua para falar, ouvidos para ouvir, enquanto outros, Senhor, mendigam uma casca de pão, por não enxergar, por não conseguirem locomover-se; e eu que tudo possuo, estrago este corpo que me deste em meus desvarios; perdoa-me, Senhor, e dá-me forças para renunciar e reparar meus erros, que vêm de há muito, de um passado culposo.

O senador Gláucius dirigiu-se a Lúcius:

– Não perca tempo. Gláucius Júnior já está cansado de ouvir as minhas e as tuas palavras no intento de conduzi-lo ao bom caminho; no entanto, não procura emendar-se.

– Gláucius senador, Gláucius filhinho querido, permita-me chamar-te dessa forma. Não julgues, para não seres julgado. Se tens tempo para julgar os outros, olha para o interior de ti mesmo, julga-te e procura aprimorar-te dos defeitos que encontrar. Na Terra, nenhum ser está isento de defeitos, nenhum ser é perfeito. O mais perfeito que aqui veio nasceu numa pobre manjedoura; foi imolado e crucificado, para demonstrar-nos a humildade, a pureza de espírito, o amor ao próximo, e ensinou-nos dizendo: "Aquele que estiver isento de pecados, que atire a primeira pedra". Queres que teu filho se modifique? Então, ora e tem fé, pois com a bengala da fé poderemos caminhar até mesmo nas trevas, num mundo cheio de preocupações e sofrimentos; e seja este sofrimento pesado, duro, que enverga as costas, se caminharmos baseados na fé, jamais vacilaremos. A dor burila nossos espíritos, encaminhando-nos para o verdadeiro caminho, que nos levará ao meigo Cordeiro de Deus. Senador, ao falar com teu filho, peço-te que sejas hábil, procura pronunciar as palavras com fé e amor, e elas terão o poder de mover montanhas, pois, iluminados pela luz do meigo Cordeiro de Deus, poderemos viver sem dificuldades, mesmo num mundo de eternas trevas. E envolvido pela aura de Deus serás feliz.

É como se estivesses divertindo-te no campo durante a primavera. Procura isolar-te da ira que, às vezes, avassala-te a alma; não recrimines, pois não sabes as causas que levaram as pessoas a tais procedimentos; procura cultivar sempre bons sentimentos, e um dia a soma desses sentimentos fará de ti um virtuoso, e terás de ser o exemplo para aqueles que desviaste da rota e, envolvido pela luz do meigo Cordeiro de Deus, esquecerás o vendaval que assola o mundo, e procurarás encaminhar as pessoas na via certa, e serás então a estrela-guia; porém, dependerá de ti, de ti somente, a escolha da trilha que irás percorrer com um espírito enorme atrás de ti, que te acompanhará, não somente por tuas pregações, porém pelos bons exemplos que deres. Lembra-te de que o homem livre de todas as limitações somente é nobre quando vive de acordo com a sua vontade, sem ultrapassar essas limitações. Amigos meus, estamos a falar, enquanto Marcus aí está estendido no sofá e devemos prepararlhe o corpo para o funeral, pois o espírito já está cuidado.

Jesus disse: "Deixem os mortos enterrar seus mortos", porém, filhinhos, estamos ainda um tanto arraigados a formalismos e devemos cumprir nossa missão.

A ti, meu pequeno Gláucius, peço-te que me ajudas a preparar teu avô, a quem tanto amas, mas a quem não soubeste transmitir esse amor. Nunca soubeste extravasar teus sentimentos e, talvez, passem milênios e ainda não saberás.

E a ti, cônsul Marcus, para os que ficaram e lamentam tua partida, é lastimável, pois estás bem sob os cuidados de nosso amigo Hermógenes, com o qual tens afinidades, precedido por tua filha querida Fúlvia, e por aquela a quem querias como filha, Lígia. Partiste para o mundo espiritual, porém, continuarás recebendo os benefícios dos céus, a mesma proteção que recebias no mundo material.

Fábius estava encantado com as palavras de Lúcius; se quando Lígia desencarnou, fechado em sua própria dor, não ouvira as palavras de Lúcius, agora, sentindo também grande dor, mas possuidor de maior conhecimento, ouvia atentamente suas esclarecedoras e reconfortantes palavras.

Pegaram a mais fina túnica de alvo linho e colocaram-na sobre o corpo inerte de Marcus.

Enquanto isso, o plano espiritual regozijava-se com a vinda de Marcus. Fúlvia estava feliz, pois iria rever o pai; Lígia estava radiante por ver o amigo querido, todavia, pensava em Gláucius e nos filhos dele. Sabia que o cônsul Marcus era o pulso firme daquela casa e, preocupada com isso, já havia feito o pedido de trabalhar na crosta, no vale dos imundos, onde teria a oportunidade, nas horas vagas, de rever seus pais, seu filho amado, Gláucius e os entes queridos.

Marcus (ou Hércules), cujo verdadeiro nome era Alexandre, intercedeu por ela, comprometendo-se a não deixar Lígia interferir mais no livre-arbítrio de Gláucius; conseguiu também idêntica permissão para Fúlvia.

Somente estavam aguardando que o cônsul Marcus despertasse completamente, para dar-lhe as boas-vindas.

Revezavam-se à cabeceira do recém-vindo, sempre sob o controle de Hermógenes. O cônsul Marcus acordou justamente no turno de Lígia, que limpava o suco que saiu em profusão de sua boca, detritos esses dos alimentos que ingerira.

– Estou tendo um belo sonho com a filha de Fábius, pois a vejo sã, livre da moléstia que a acometera – disse Marcus.

– Não estás sonhando, querido amigo das horas difíceis e das horas felizes – disse Lígia, a sorrir. – Depois de desencarnados, nossos espíritos não trazem as marcas das doenças da Terra. Verás que tu, também, logo estarás rejuvenescido.

Marcus se engasgou e novo líquido viscoso saía-lhe das entranhas, que Lígia limpava, com carinho, apesar do odor fétido.

– Estás procurando dizer-me que desencarnei? Porém, até há pouco estava ceando na companhia de teus pais, de teu filho, de meus netos queridos e de Gláucius!

– Sim, estavas, disseste bem, pois isso se deu há três meses.

– Há três meses, Lígia? E como ainda, há pouco, vomitei o que ingeri?

– Isso é normal, querido amigo; nossos corpos espirituais, quando vêm para cá, vêm impregnados dos excessos praticados na matéria. Teu defeito sempre foi a gula, sempre comeste em demasia, e isto está, aos poucos, depurando-se. Deves dar graças aos céus e a Lúcius, que ouviu os apelos de Hermógenes e pediu uma refeição mais frugal, livre da carne de nossos irmãos menores, livre das elucubrações do álcool, o que proporcionou-te um despertar mais sereno, lúcido e, devido aos teus conhecimentos, sem dores, por teres deixado um corpo já cansado.

– E se eu tivesse ingerido carne e álcool?

Hermógenes, que vinha entrando, respondeu:

– Ah, meu amigo! Se tivesses ingerido carne, estarias sentindo o que o animal sentiu ao desencarnar: medo, pressentimento da morte, tremores, enfim, nossos irmãozinhos menores pressentem a morte e sua carne fica impregnada de fluidos deletérios, que inevitavelmente transmitiriam a ti; e agora, ao despertar, senti-los-ia mais pronunciados.

As evoluções do álcool iriam deixar-te, por maior tempo, num torpor enorme.

Já observaste que os apreciadores de carne são mais nervosos do que as pessoas vegetarianas? Se não, quando for permitido retornares à Terra, procura observar!

Porém, isto não mais interessa perante a justiça divina, a balança que não erra nunca; tens mais méritos do que débitos; portanto, aqui estás livre, desperto e saudável. Essas viscosidades que saíram agora de teu corpo espiritual foram os últimos resíduos; então, anima-te, Longínus.

– Longínus? – pergunta o cônsul Marcus.

– Sim, Longínus, e eu sou Hermógenes, o rapazote que ia à oficina, ou melhor, à ferraria de Simeão, lembra-te?

– Não, não me lembro – respondeu o cônsul Marcus.

– Logo irás para um compartimento, ou melhor, a uma sala de um dos inúmeros pavilhões de nossa cidade astral, onde irás lembrar-te de tudo. No entanto, vou ajudar-te a lembrar da penúltima encarnação. Na última tiveste o posto de cônsul e o nome de Marcus; na penúltima, foste Longínus, vê por ti mesmo.

Hermógenes colocou a mão direita sobre os lóbulos frontais de Marcus e este reviveu toda a encarnação de Longínus, desde o nascimento até a morte, ocorrida por queimaduras, quando tentava salvar Simeão.

O senador Marcus abraçou então Hermógenes com carinho e desvelo.

– Marcus – disse Hermógenes – , tiveste como meta em tua vida a honestidade, o amor ao próximo, o desprendimento; perdeste a esposa ainda jovem; no entanto, não te entregaste aos desvarios do sexo.

Foste um bom pai, sob todos os aspectos. Perdoaste Lídia pelo que fez ao teu filho, embora esta paire ainda no umbral pelos feitos elaborados na Terra.

Perdoaste e pediste perdão para tua filha e tiveste a coragem de ser o primeiro a contar a Fábius o que se passou com Fúlvia, Lígia e Gláucius. Fábius perdoou-te, pois também desconfiava do que Lídia tinha feito.

Sempre procuraste fazer o bem a quem quer que fosse.

O único pormenor que tinhas era um pouco de gula. No entanto, de todos os males este é o menor, pois, se eras guloso, não o eras em demasia, e nunca negaste alimentar a quem em tua porta batia.

Por isso, terás um prêmio agora: vê o jovem que tinha teu nome e que assim foi apelidado por Lígia. Marcus, também conhecido por Hércules, cujo nome real é Alexandre, vê quem é esse jovem, acossado pela lepra própria dos suicidas; vê por que eras afeiçoado a ele. – Era Simeão, meu querido Simeão, agora o estou reconhecendo, Lígia era a minha irmã que se suicidou, ateando fogo ao corpo, e Simeão, corroído pelo remorso, atirou-se na fogueira, por ter sido o causador da derrocada de nossa enorme família. Plínio, Plínio era também nosso irmão; por esse motivo nunca consegui sentir raiva dele. Somente Lídia não fazia parte de nossa família.

Nisso entra Fúlvia sorrindo, com o rosto limpo, sem as deformações que a lepra produzira.

– Filha querida, amada, estás linda! E meu filho, onde está?

– Encarnado, numa curta encarnação, pois foi suicida e, como tal, teve de retornar. Reencarnou cego, surdo e mudo, porém, viverá pouco tempo. Tudo estamos fazendo, pois tem ímpetos de suicida.

– Fúlvia, Fúlvia querida, que saudade tenho de ti! Como estou feliz ao ver-te! Sei quem tu foste na outra encarnação; eras esposa de Gláucius, e Lígia roubou-te o marido e, por isso, te suicidaste; tal fato foi-me revelado por Alexandre, o médico, e confirmado por Lúcius; tu te suicidaste atirando-te no rio.

– Paizinho querido, talvez ainda fique contigo por mais uns dois dias, para matarmos as saudades de uma longa separação; porém, paizinho, tenho de ir trabalhar na Terra, e lá poderei velar pelos meus filhos e por Gláucius, e trabalharei ajudando a todos no vale dos imundos; ajudarei Lígia e Marcus. Sabe, ela perdoou-me; somos agora boas amigas. Diga-me, como estão meus filhos e Gláucius? Espero que não se tenha casado.

– Nossa, tantas perguntas – disse Hermógenes – que é melhor nos retirarmos, não achas, Marcus? Que me dizes, Lígia?

Lígia olhou para Marcus e Hermógenes, como se implorasse.

Hermógenes disse a Marcus:

– Ela quase não é curiosa; devíamos levá-la conosco, assim aprenderia que tudo tem o seu tempo; só falta chorar para saber notícias dos seus e, principalmente, de Gláucius. Que achas, Fúlvia, devemos levá-la ou deixá-la?

Perguntava, piscando um dos olhos para Fúlvia, que, sorrindo, respondeu:

– Agora não tem perigo de ela roubar-me o marido, portanto, vou ser boazinha; podes deixá-la, afinal ajudou-me tanto no desencarne!

Lígia suspirou com os olhos marejados de lágrimas.

Marcus falou-lhe:

– Lígia, Fúlvia está brincando; ela te quer como a uma irmã; vou deixá-las em companhia do cônsul Marcus (no plano espiritual não se adotam títulos nobres; se aqui continuamos a usá-los é apenas para diferenciar os personagens).

E saiu.

Lígia e Fúlvia aproveitaram a oportunidade e crivaram o cônsul Marcus de perguntas. Este contou tudo o que acontecera após o desenlace de Fúlvia. Lígia e Fúlvia depois se retiraram.

Hermógenes ficou à cabeceira de Marcus; o cônsul não se conformava com os espasmos que o acometiam, juntamente com os vômitos que, de vez em quando, expelia, exalando forte odor.

– Hermógenes – falou o cônsul Marcus, – disseste-me que talvez fosse o último espasmo que eu teria, no entanto, ainda continuo com isso desde ontem à tarde.

– Ficaste impressionado ao saber que pecaste pela gula, e teu próprio espírito procura lançar para fora o que existe de fluidos nocivos em teu corpo espiritual, proporcionados pelo excesso de alimentos e, principalmente, pelos ruídos dos animais que ingeriste. Gostava por demais de carne e, por que não dizer, dos bons vinhos que tinhas em tua adega.

No entanto, sob outros aspectos, foste o exemplo para muitos; enviuvaste cedo, e procuraste abolir os pensamentos de sexo existentes em tua mente.

Quantas mulheres procuravam insinuar-se em tua vida, mas, ao constatares que elas tinham como meta usufruir de tua posição, de teu dinheiro, talvez procurando tirar de teus próprios filhos o que lhes pertencia por direito, renunciavas aos desejos próprios para não prejudicar a outrem. Observei-te, várias vezes, e pude constatar a sinceridade de teu coração.

Pude observar-te certa vez em relação a Lídia, que queria conquistar teu filho, o que o fez posteriormente, porém ela não tinha certeza de o conseguir e, para isso, lançou mão de ti.

Sabendo-te conhecedor das pregações dos homens do Caminho, inventou uma dor inexistente nos seios e nas pernas, pedindo-te que impusesses as mãos nesses locais. Ao colocares, sentiste o sexo que emanava dessa pobre e infeliz, e das teias que ela procurava lançar-te, apesar de seres já um homem maduro, e ela ainda uma criança perante ti.

Lídia procurava, de todos os meios, encostar o corpo em ti, conseguindo-o. Eras homem e viril, podias aproveitar-te disso. No entanto, procuraste sanar o mal pela raiz, e renunciaste. Quantas e quantas vezes, depois disso, Lídia, envolvida por entidades que a assediavam, pediu-te que impusesses novamente as mãos; porém, sensato como eras, deixavas esse encargo a Fábius, alegando que ele, sendo pai e tendo mais atributos do que tu, fá-lo-ia melhor, e que o ajudarias no que fosse possível, colocando a mão direita no ombro de Fábius, quando ele fizesse a imposição das mãos sobre Lídia.

Desde essa época, Lídia sentia por ti enorme aversão; por esse motivo, quando, com o ódio que sempre lhe invadia o coração, ela emitia contra ti pensamentos negativos, tu sempre o ressentias.

Lembras-te de que, quando nervosa, ela sempre mencionava: tenho ódio disto ou daquilo?

Pois bem, ela exprimia o que realmente sentia.

– Mas, por que tudo isso? Por que Jesus permite que as pessoas exalem, sobre outras, pensamentos nefastos, atingindo-as? – perguntou o cônsul Marcus.

– Todos nós temos o nosso livre-arbítrio, pelo qual teremos de responder mais cedo ou mais tarde; para isso existe a justiça divina que nunca falha.

– Soube que Lídia sempre tentou insinuar-se para Gláucius.

– Sim, sempre, mas, graças aos céus, naquela época, ele não era conhecedor dos ensinamentos dos homens do Caminho, e ela não pôde usar essa tática, pois Gláucius cairia facilmente nas teias preparadas por ela; e já estava predestinado que Gláucius teria de terminar a união iniciada com Fúlvia, em encarnação anterior. Lídia procurava atiçar todos os homens desse modo, buscando, com isso, angariar a simpatia e o carinho. Até mesmo com um criado teu, mudo de nascença, ela tentou, a fim de angariar-lhe a confiança e conseguir maior acesso sobre teu filho; este, porém, não se deixou influenciar e, apesar de não poder expressar-se verbalmente, chamava-a, em pensamento, de mundana. E dizia para si próprio: – Tu me provocas em teu lar, que eu respeito; no entanto, se me provocares fora dele, receberás o que desejas.

Portanto, como vês, Marcus, é necessário que venha o escândalo para que os homens em expiação na Terra se punam a si mesmos, pelos contatos com seus próprios vícios, dos quais são as próprias vítimas, que cedo ou tarde terão de compreender o quanto estão errados. Depois que fixarem seus instintos, procurarão o remédio do bem. Os vícios e a reação a eles servem de castigo para uns e provas para outros.

Exulta-te, portanto, por teres somente o vício da gula. Tempo chegará em que os homens se amarão, e nenhum procurará fazer o mal ao seu semelhante; isto acontecerá quando a Terra houver progredido suficientemente e, quando isto suceder, os que não se aprimorarem, os que não se fixarem passarão a residir em mundos primitivos, ainda em formação. Serão exilados e rejeitados pelos mundos adiantados e chorarão, tardiamente, a perda do Éden, tão aspirado por todos, como nós nos perdemos no passado, sendo exilados do planeta Capela. Como vês, até a pedra preciosa, se não for fixada, não passará de mero cascalho.

– Lídia ainda sofre as conseqüências de seus erros? – perguntou Marcus.

– Ainda, meu amigo, é uma ovelha desgarrada do redil que, no plano espiritual, é manipulada por entidades com ela afins, que se comprazem juntamente com ela em praticar o mal; não depende de nós, mas somente dela, sair do lamaçal em que se encontra. Possui uma mente tão forte que, quando aspira algo, sempre o consegue. Quando encarnada, abusava disso para conseguir seu intento, e agora, desencarnada, assim o faz incutindo nas mentes encarnadas idéias funestas, procurando encaminhar para o mal os invigilantes.

– Então somos manipulados, à revelia, por essas mentes insanas? – perguntou o cônsul Marcus.

– Não, todos têm seu livre-arbítrio; depende exclusivamente de nós tecer o nosso futuro, trilhar o caminho do bem ou do mal. Espíritos inferiores procuram enveredar-nos para o caminho do mal, enquanto os espíritos mais esclarecidos orientam-nos na trilha certa.

Se tivermos amor, como diz Lúcius, teremos tudo o que podemos desejar na Terra, pois teremos em nossas mãos a pérola sublime, e nenhum malefício dos que nos odeiam e perseguem poderá nos arrastar; e mesmo que isto faça parte de nosso carma, poderá ser amenizado ou mesmo abolido. O amor, segundo Lúcius, é um tesouro, que qual a traça não rói nem a ferrugem corrói, e verás desaparecer do espírito toda a mácula, todas as impurezas. Com o amor, poderemos ser como a ave que se desprende do cativeiro e alça altos vôos, esquecendo-se do fardo carnal pesado, e torna-se mais leve, permitindo a ascensão ao seio de Senhor.

Portanto se Lúcius menciona sempre o amor, eu vos menciono sempre a justiça divina, a balança inexorável de Deus, onde tudo é pesado e registrado; nada, nem uma vírgula, nem um til passará despercebido.

Nisso entram no quarto do cônsul Marcus Lígia e Fúlvia sorrindo:

– Surpresa! – diz Lígia, a sorrir. – Não vais crer, cônsul Marcus, quem vem visitar-te.

– Marcus, teu companheiro do vale dos leprosos; aquele que foi, em outra encarnação, meu irmão Simeão?

– Não, Marcus. Vim trazer-te um amigo que te queria muito bem, na crosta terrestre.

– Quem? – perguntou o cônsul Marcus.

–Vê por ti mesmo – respondeu Fúlvia. Acariciando a veneranda cabeça do pai, e depositando um beijo em sua fronte.

– Acaricias-me, no entanto vais deixar-me e voltar para o orbe terreno.

– Ah, paizinho, vamos cumprir uma missão, porém virei sempre visitar-te: no entanto, olha quem vem junto com o nosso amigo Marcus.

Abrindo a porta, entrou um jovem alto, moreno, de testa ampla e sorriso largo.

– Senador Cornélius Pompeu! – balbuciou o cônsul Marcus.

– Como estás rejuvenescido, e pareces outro, eis que o mal que te causou, levando-te à morte, a peste, como a denominamos, a que tinhas no corpo, deixando tuas mãos e o rosto em borbulhas purulentas, desapareceu, como por encanto.

– De que te admiras? Se viste tua própria filha com o rosto reconstituído e são? Se viste Lígia, com a pele e o rosto também reconstituídos?

– Faz pouco tempo que desencarnaste, talvez três anos – retrucou o cônsul Marcus.

– Sim - confirmou Cornélius –, porém tive o consentimento dos céus que me ajudaram.

– "A cada um será dado segundo suas obras" – observou Hermógenes.

O cônsul Marcus, emocionado, teve uma convulsão, engasgando-se com o próprio líquido viscoso, que emanava de sua boca.

Hermógenes colocou a mão direita em sua fronte, pedindo ao Alto que o ajudasse.

Lígia, temperamento agitado, queria resolver as coisas de imediato; Fúlvia, atônita, não sabia o que fazer.

O cônsul Marcus debatia-se em aflição.

Lígia não teve dúvida: debruçou-se sobre o velho amigo de outrora, que tanto a amparara, procurando sempre aconselhá-la da melhor maneira possível, e com uma das mãos entreabria lhe os lábios, colocando sua boca sobre a do cônsul e aspirando, retendo o líquido nauseante em sua própria boca e, posteriormente, lançando-o fora.

Cornélius Pompeu replicou:

– Lígia, peço-te, deixe essa incumbência para mim.

E fez o mesmo que Lígia, aspirando o líquido e soltando-o em seguida, até que o cônsul Marcus se sentisse bem.

Hermógenes sorriu, balançando negativamente a cabeça e dizendo:

– Que pensas, Lígia? Que o cônsul Marcus irá desencarnar asfixiado? Se ele está desencarnado, por que tanto medo, tanta pressa? É um débito que ele tem a saldar!

– Sei que ele é um desencarnado, porém quis aliviá-lo desse sofrimento – respondeu Lígia.

– E tu, o que me dizes? – perguntou Hermógenes a Cornélius.

– Tive uma idéia, Hermógenes. Numa encarnação anterior fui um maníaco, um assassino atroz, e me comprazia em colocar na boca das pessoas certos ácidos criados por mim, corrosivos e maléficos, e ficava aguardando os resultados de minhas experiências. A fim de expurgar esse meu passado delituoso, vendo o proceder de Lígia, ocorreu-me a idéia de ajudar a encarnados e desencarnados desse modo. Assim, poderei, mais depressa, esses débitos saldar, pois cheguei a semear várias aldeias dessa forma.

Talvez leve milênios para pagar tal atrocidade; espero que não me censures. E que o Alto permita-me tal procedimento, e se caso esquecer-me algum dia de o fazer, espero que meus companheiros, que aqui estão, me ajudem a relembrar. Peço, orando a Jesus, a necessária permissão para que tal aconteça.

– O que estás a pedir é algo um tanto difícil para ti, pois é repugnante; todavia, se o queres e Jesus o permitir, que seja feita a tua vontade e a vontade do Mestre.

O cônsul Marcus respondeu:

– Benditos sejais vós todos, pois sinto-me outro; parece-me que me tiraram tudo o que tinha de pernicioso em minhas entranhas.

Lígia falou:

– Estás vendo, Hermógenes? Tu achas que sou apressada; meu pai chamava-me de potranca selvagem, e irritou-se comigo porque um dia eu mencionei que, sendo potranca, iria acasalar-me com Gláucius, e não me casar. No entanto, às vezes a selvageria nos proporciona algum bem, apesar de eu não me considerar uma potranca selvagem.

– Quem disse que não o és? És sim; se não o fosses, poderias ter permanecido na Terra auxiliando Gláucius, sem interferires em seu livre-arbítrio. Se não o fosses, terias esperado por um casamento; no entanto, preferiste o acasalamento como o dizes – retrucou Hermógenes a sorrir.

Lígia corou, abaixou a cabeça e disse:

– Tens razão de assim o dizer, porém, o amor que nutria por Gláucius era grande, e entorpeceu-me o cérebro, tirando-me a razão; mas, não sinto remorsos, pois vi que meu filho Marcus Július é um alento para meus pais, que sofreram tanto na vida; ele é a menina de meus olhos; ainda trago na retina a beleza de seu rosto, a beleza de seus olhos, que é uma estampa dos olhos de seu pai, meu querido Gláucius.

– Ei – mencionou Fúlvia, – parece que esqueceram que eu estou aqui e que Gláucius foi meu esposo.

Lígia abraçou Fúlvia e disse:

– Tu sabes muito bem que o amor que nos une, a mim, a ti e a Gláucius, remonta de longo tempo; portanto, não há razão de ciúme; o que nutrimos um pelo outro é um grande amor fraternal, que nada tem a ver com sexo. Se pertenci a Gláucius, renunciei a ele; quando portadora da doença, encaminhei-o para ti e muito orei a Deus, para que fossem felizes.

– Eu sei, Lígia. No entanto, estava brincando, a fim de desviar essa conversa de animais selvagens, de potrancas, de acasalamento, pois eu também me sinto como tal, já que preferi um acasalamento antes do casamento.

Todos riram, e o cônsul Marcus ficou feliz de ver que a filha, enfim, livrara-se do trauma que teve, pois sempre Fúlvia achava que Gláucius casara com ela forçado, por causa do o ato praticado.

Cornélius despediu-se do cônsul Marcus, prometendo-lhe visitá-lo sempre que possível.

Fúlvia acarinhou o pai, dizendo-lhe:

– Paizinho, terei de retornar à Terra espiritualmente, a fim de trabalhar no vale dos leprosos, com Marcus, cujo nome verdadeiro é Alexandre, e com Lígia, porém logo eu virei visitá-lo, se Jesus assim aprouver!

– Tenho medo, Fúlvia, que te deixes arrastar por teu amor excessivo por Gláucius, e pelos teus filhos; estás tão bem equilibrada aqui, que eu não gostaria de ver-te soçobrar de precipitação.

– Não tenhas receio, cônsul – respondeu Marcus (ou Alexandre). – Estarei sempre por perto. E se necessário for, domarei essas potrancas selvagens. Se não der conta, pois são duas e bem rebeldes, recorrerei a Fábius, e ele, como é perito conhecedor de cavalos árabes, saberá manejar o chicote e me ajudará a domá-las, creia-me!

Fúlvia fez um muxoxo, demonstrando, no semblante, que não gostara da comparação. Lígia, no entanto, não deixou por menos e respondeu:

– Cuidado, Marcus, papai é perito em domar não somente potrancas, mas também garanhões selvagens, e não custará nada, se tu te impuseres muito sobre mim, domar-te também, pois ele pensa que és meu consorte e, como me ama, acha-se com o direito de somente ele domar-me; e, se interferires, talvez ele dome a ti primeiro.

Lígia disse isso, dando um abraço em Marcus, o ser que sempre a protegeu no vale dos imundos e, em seguida, beijou-lhe a mão direita, demonstrando que estava brincando e que queria muito bem a ele.

Nesse clima de alegria geral, todos saíram, deixando o cônsul com Hermógenes.

Capítulo XXI

A fé

"A alma na fé apoiada segue em seu regaço,
Entende os burilamentos, trabalha e avança;
Mesmo quando depara com o fracasso,
Encontra novas forças na esperança."

Lígia, Fúlvia, Marcus (ou Hércules), acompanhados de Cornélius, descem à crosta terrestre, a fim de ajudar os que trabalham no vale dos leprosos, ou seja, as entidades benfazejas que procuram insuflar amor naqueles corações revoltados pela doença que lhes castiga os corpos, mutilando-os, e perante a sociedade são considerados como classes inferiores e banidos dos próprios lares.

Marcus vê-se desanimado; eis que seu trabalho, juntamente com o de Lígia, naquele vale, foi infrutífero; as criaturas continuam hostis; os novos habitantes digladiam-se, não procurando ir ao encontro da fé, garantindo assim um apoio para a vida dura que levavam.

Chegaram ambos num momento em que os homens se debatiam no intuito de se aproveitar de uma jovem indefesa que acabara de chegar ao vale.

Lígia lembrou-se do que ocorreu com ela e procurou transmitir à jovem forças e fé, para que não desmaiasse ante o povo animalesco que combatia para se apossar da pequena presa.

Qual pássaro ferido, a menina, quase mulher, tentava esconder com as mãos determinadas partes de seu corpo desnudo.

Marcus inquiriu de uma das entidades que se dispunham a ajudar inutilmente aqueles seres infelizes.

– Como te chamas? – perguntou ao jovem que também apresentava pouca idade. Estás desencarnado há pouco tempo?

– Aristides, meu nome. Fui irmão da jovenzinha de quinze anos, de quem estes homens querem aproveitar-se; desencarnei há cinco anos neste mesmo vale e aqui permaneci no intuito de ajudar; freqüentei as reuniões dos homens do Caminho; agora, minha irmãzinha, acometida do mesmo mal, aqui se encontra; é uma menina pura e virgem, que servirá de pasto para esses homens que perderam a noção da civilidade e agem como se fossem animais vorazes e selvagens. Nada posso fazer; já perdi as esperanças de poder ajudar minha irmã Rosaura.

– Não tens fé, Aristides? Jesus não nos ensinou que, se tivermos fé do tamanho de um grão de mostarda, diremos a um monte, passa daqui para acolá e ele obedecerá? Vamos mentalmente nos unir a Jesus e, diga-me, existe alguém forte, viril, que possua idoneidade moral, de que nos possamos utilizar, para que nos auxilie a salvar a jovem?

– Existe um jovem muito bom, no entanto, é fraco e franzino; vê, ele vem vindo nesta direção; o nome dele é Antunes.

– Pois bem. Fúlvia, ora e pede a colaboração de Hermógenes, que ele nos virá ajudar, nem que seja por momentos. Cornélius, ajude-a nessa tarefa; vou aproximar-me de Antunes, como um dia Hermógenes aproximou-se de mim, e utilizou-se de minha força descomunal no sentido de socorrer Lígia; tentarei, por intermédio de Antunes, usar a palavra, a fim de acalmar esse povo enfurecido. Orai, para auxiliar-me, pois a jovem merece nossa ajuda, eis que ela sempre trabalhou em prol dos necessitados, e, como sabem, é dando que se recebe, é perdoando que somos perdoados. Assim nos ensinou o doce e divino Mestre. Se Rosaura ficasse prostrada, de braços cruzados, perante a infelicidade de terceiros, não teria, agora, méritos de receber a indispensável proteção do Alto. Porém, é uma alma desprendida, que muito fez em prol dos outros; não percamos a fé nem a esperança de ajudá-la!

Marcus aproximou-se de Antunes, limpou-lhe alguns fluidos maléficos e procurou ligar-se à mente do rapaz, a fim de manipular-lhe as cordas vocais, no que encontrou enorme facilidade, pois Antunes era um médium em potencial.

– Tem confiança, Aristides, que conseguirei o que pretendo, pois o jovem possui coração terno e amoroso, e é um fácil refúgio.

Logo, começou a falar com veemência tal que o povo parou para escutá-lo:

– Sofremos sim, mas não é tanto; a dor mais dura e feroz é a dor do orgulho ferido, por termos sido perfeitos em tempos idos, que vivem ainda dentro de nós.

Amigos, quero que lembrais que tivemos irmãs, esposas, mães e não somos ferozes animais. Por que tanta aspereza, provocarmos, com nosso ódio, tortura a uma menina?

Vós não quereis ouvir os homens do Caminho que pregam o amor, procurando destruir a dor, e teimosamente percorrem veredas insanas, onde, trôpegos, cairão no poço da desventura, sozinhos. Em nome de um Deus único, ou dos deuses eu vos imploro, sem distinção, que esses homens encontrem um lugar para empregar o amor. Que, ao invés de provocar a dor, encontrem em seus pobres corações alguma coisa para dar. Vós, que fostes filhos e honrastes pai e mãe, lembrai-vos que honrar pequenas coisas é o processo que vos engrena, que vos ensina que para fazer grandes coisas é necessário começar pelas menores.

Soubemos que, neste vale, onde impera a podridão de nossos corpos restaurados, há uma grande oportunidade de ascensão devido ao amor existente no coração de piedosos amigos encarnados e desencarnados. Meus queridos e amados irmãos, se agirdes dessa forma, como animais selvagens, que nada de bem fazem, se sois egoístas, e pensais somente em receber, sem nada de bom oferecer, deveis estar conformados com as penas, com a dor em vossos caminhos, como senha; não espereis a cura se nada de bom tendes a oferecer com candura. Creiam-me, não adianta outros labutarem por vós, para as dores amenizar, para os débitos saldar, porque isso cabe somente a vós. De que adianta ficardes de braços cruzados, inertes, somente pedindo ajuda e reclamando que o fardo é triste, pesado, se nada fazeis para amenizá-lo? Arregaçai as mangas, esquecei de vossa dor, procurando semear amor. Recebei, sem revolta, sem amargura, as agruras, o insucesso, pois se não houvessem os espinhos, as arestas em vossas almas, não haveria progresso!

Os ensinamentos, os sofrimentos que nos apresenta a vida são para que possamos sacudir-nos, para que procuremos trabalhar com amor, sem disfarce; não procureis vos prender à dor, no entanto, com o trabalho em prol dos outros, procurai vos libertar da mentira. Se vós disserdes: Fulano ou sicrano trabalham, todavia, a vida para eles é falha; porém, não sabeis explicar a razão de tal acontecimento e tampouco se eles não trabalhassem se a vida não lhes seria mais penosa e talvez eles cometessem mais enganos!... Por que de braços cruzados permaneceis, quando tanto temos para oferecer? Alegar que não temos saúde, que não podemos fazer isso ou aquilo é falso pretexto de quem não tem fé e não quer trabalhar, e por isso se agrada com a dor e com os débitos que há de saldar. Lutai, queridos amigos, não temais os perigos, porque amigos tendes ao vosso lado, esperando por uma oportunidade, juntos; mas é necessário trabalhar, e com afinco procurar modificar-vos, se quiserdes de saúde também melhorar. Não vos esqueçais que para mente sã deve haver corpo limpo e são e, para isso, é necessário amor no coração. Entretanto, se não tiverdes a fé indispensável, deveis abandonar a empreitada e deixar esta levar tudo de sobressalto, e resignar o vosso pobre coração! E quando chegar a hora, quando, sem forças, pedirdes e vossa alma chorar, Jesus perguntará: "Não quisestes trabalhar, e não pudestes sentar?!" Portanto, meus amigos queridos e amados, não vos esqueçais dos mandamentos de Jesus: "Amai a Deus sobre todas as coisas e ao próximo como a vós mesmos!". Não queirais submeter essa criança a um mal do qual vós vos arrependereis depois. Vede nela uma mãe, uma irmã querida, que há muito não viam, que estava esquecida de longa data... Talvez agora, quem sabe, nesta hora alguém, cujo amor tocou-lhe o coração, ver-se-á livre desta doença, desta maldição!

Um rapaz, de nome Pompeu, que estava entre os que disputavam a pequena presa, prostrou-se de joelhos e começou a orar, e, para o espanto dos que ali se encontravam, sua face, que estava em princípio de decomposição, começou a refazer-se, e o olho que era cego já há algum tempo recomeçou aos poucos a ter visão. Pompeu, então, começou a gritar:

– Estou vendo, estou vendo... pedi perdão a Jesus pelo que estava fazendo e Ele me premiou com a visão, e observai meu rosto, minha pele, está ficando lisa, restaurada...

Marcus, emocionado, largou Antunes, que, estupefato com o que dissera, prostrou-se de joelhos e, chorando, agradecia aos céus por aquela demonstração de que somente o amor constrói, que somente dando é que se recebe, pois seu braço, entumecido pela dor, começara a movimentar-se, eis que a doença ainda não se manifestara de todo em seu corpo, apenas enrijecera os nervos, atrofiando-os. Antunes sentia-se curado, são. Saltitante de alegria, começou a clamar:

– Estou curado, meu Deus, estou curado, porém, te prometo aqui ficar, a fim de estes irmãos ajudar!

Lígia, Fúlvia, Cornélius, Marcus, Aristides, Hermógenes e outros trabalhadores espirituais daquele vale prostraram-se de joelhos e agradeceram aos céus por tal consentimento.

Hermógenes viera em socorro ao pedido de Marcus, seu antigo amigo de outra encarnação, quando respondia pelo nome Simeão.

Lígia e Fúlvia aconchegaram-se a Hermógenes emocionadas, beijando ambas as mãos dele. Este, conhecendo-as, já sabia o que elas iriam pedir-lhe de antemão:

– Já sei, quereis permissão para visitar Fábius e Gláucius, não é mesmo?

Lígia, com ar matreiro, respondeu-lhe:

– Sabes que, quando reencarnares, deverias ter por missão a de ser um profeta, ou um mágico, ou adivinho, pois estavas ciente, previamente, do que pretendíamos!...

– Não tens jeito, Lígia! Enquanto Fúlvia fica quieta, procuras dar teu aparte. Tomaste a iniciativa de ajudar a jovem, e isto fez-me ficar contente e feliz por demonstrares força de vontade de trabalhar e, por isso, recebi do Alto intuição de que poderás ir, hoje mesmo, ao encontro dos teus entes queridos.

– E eu, Hermógenes? – perguntou Fúlvia.

– Tu, Fúlvia, tens de aprender que é necessário dar para receber; se queres realmente alguma coisa, deves não somente pedir, porém, trabalhar, esquecer de teus problemas e trabalhar pelo bem dos outros, a fim dc posteriormente receber.

– Nada faço de mal, ajudo nas preces; por que me dizes isso?

– Depende de ti, Fúlvia, conseguires um lenitivo, um bálsamo para os teus, pois deves trabalhar em prol dos outros, para receberes, pois é dando que se recebe... Deves perdoar, se quiseres que teus entes queridos sejam perdoados. Como podes pedir uma coisa que tu mesma não queres dar? Lígia perdoou-te os atos praticados contra ela; deves, portanto, perdoar os desvarios de teus entes queridos, e não acusares teu esposo de responsável pelo que vieres a saber, ou que tomares conhecimento – recomendou Hermógenes, com firme, mas serena entonação de voz.

– Mas, o que está acontecendo com meus entes queridos? – indagou Fúlvia apreensiva.

– Calma, Fúlvia, calma, estou somente antecipando-te o que irás encontrar; terás a tarde e a noite inteiras para pensar. Marcus e Lígia irão à residência de Fábius e, amanhã, virão buscar-te, para ires ao encontro de Gláucius.

Lígia, antes de partir ao encontro dos seus, tentou convencer Hermógenes para que deixasse Fúlvia ir também, pois sabia que ela estava ansiosa, assim como ela própria, para ver seus entes queridos.

– Hermógenes – disse Lígia, – perdoa-me se eu estiver errada: acho que estás sendo injusto com Fúlvia; eu corri em socorro à jovem, pois vi nela o que eu precisamente sofrera em encarnação anterior. Fúlvia, porém, não presenciara nada igual; por esse motivo, não demonstrou a iniciativa que tive. Contudo, ela orou conosco para que tudo desse certo.

–Fúlvia orou, Lígia; todavia, seus lábios articulavam a oração maquinalmente; seu pensamento desviava-se em direção aos seus, antegozando os momentos que, em companhia deles, iria encontrar. Se fosse menos egoísta, um tanto mais altruísta, conseguiria o seu intento de rever o mais breve possível os entes amados. Se houvesse entre todos os encarnados e desencarnados um sincero espírito de união, no sentido de orar do âmago do coração pelo bem do mundo, todos os infortúnios desapareceriam ou se amenizariam.

– Mas, Hermógenes, não existe um carma a saldar? E o que tivermos de passar, passaremos... – inquiriu Lígia.

– Sim, todos os infortúnios que ocorrem têm razão de ser pela lei de ação e reação, dependendo exclusivamente das pessoas, do desprendimento pelo que fazem, sem premeditar retribuição, somente impelidas pelo amor existente em seus corações; essa reação poderá ser amenizada e mesmo afastada. É necessário esquecer os fatos desagradáveis que já ocorreram, pois eles são causados pela ignorância de não se saber interpretar a lei de ação e reação: de que o que fizeres hoje, receberás amanhã, inexoravelmente. Já estudaste bastante, Lígia, não queiras ser um amblíope em país de cegos. Se até agora não aprendeste, és deficiente visual, e não poderás guiar Fúlvia se és deficiente e ela ainda for cega!...

– Hermógenes, sei que existe a lei de ação e reação e sofro demasiado por isso, pois senti muitas vezes que Gláucius tinha aversão por mim, respondia-me, em certas ocasiões, com ódio; sei que no passado o matei e, se pudesse voltar atrás, preferia sobretudo morrer a matá-lo; sinto isto em seu olhar, sinto que procurava evitar-me por inúmeras causas, preferindo quantas e quantas vezes olhar Lídia, que insinuava-se, e isto magoava-me, pois eu tudo fazia para vê-lo feliz e sorrir e, no entanto, somente me via em seu olhar como seu eu fosse um objeto de prazer, que, depois de usado, joga-se fora. Não quero fazer-me de mártir, como o fiz numa oportunidade com Marcus (ou Hércules) fazendo-o sofrer, repito, sem o sentir, porém deve existir um porquê para tudo isso.

– Sim, Lígia; foste expulsa do planeta Capela, por disseminares o amor promíscuo, o amor paixão e, por ora, serás sempre manipulada como objeto de prazer, sendo difícil ser amada como desejas. Tu tinhas e tens por Gláucius um amor verdadeiro, aquele que se agrada em ver o ser amado feliz; porém, Gláucius não sente por ti o mesmo amor e te fez infeliz como fizeste a Marcus, embora sem o perceber. Tu irás encontrar Gláucius. Entretanto, peço-te que não procures transmitir, em demasia, o teu amor; lembras-te de que és desencarnada, e não deves interferir no livre-arbítrio dele. Cuidado, pois és tão sensível quanto Fúlvia, contudo, mais ativa; procura, portanto, em nada interferir.

– Hermógenes, deixa Fúlvia ir logo ao encontro dos seus, pois espero localizar meu filho e meus pais, todos em boa disposição e, em seguida, avistar-me com Gláucius; mas tenho medo de o fazer sozinha, de ser impulsionada pelo grande amor que me assola a alma. Estando Fúlvia por perto, sinto-me mais segura, e melhor poderei conter meus impulsos. Quero ver Gláucius feliz, sorrindo sempre, e, se o ver entristecido, isso abaterá bastante meu coração; daí, creio que farei de tudo para vê-lo alegre e sorrindo, mesmo que isso seja em meu prejuízo.

– Não há meios de modificar-te! Tudo fazes para ver os outros sorrindo, enquanto teu coração sangra torrencialmente. Lembra-te de que a todos podes enganar, menos ao plano espiritual... És rebelde, quando achas que tens razão; quando te fazem uma brincadeira, queres retribuir de imediato; chegaste a matar e a roubar em prol do amor. Embora teu coração tivesse sangrado de dor, não procuraste demonstrar tal fato a Gláucius; renunciaste, para que este fosse feliz em companhia de Fúlvia; tu te mostraste forte no vale dos imundos, exibindo uma força que não possuías. Quantas vezes te vi mirando ervas venenosas, por ti conhecidas, com vontade de ingeri-las, e somente não o fizeste pelo filho que trazias no ventre; porém, lembro-me de ter evitado que entrasses sorrateiramente em tua casa, para surrupiar as ervas que teu pai trazia guardada e que provinha de seus ancestrais, e tens medo agora de como tudo se passou. Reclamas, agora, do carinho que não te foi dado? Sofres ainda, e agora que tudo se passou, será que Gláucius não tinha receio de, ao se aproximar mais de ti, causar-te maiores danos do que já causou?

– Não, Hermógenes, quem nos quer bem procura estar sempre ao nosso lado, amparando-nos, ouvindo-nos a voz, sentindo-se satisfeito com a nossa presença e não fugindo sempre, evitando-nos, como se ainda fôssemos portadores de moléstia contagiosa; creio que até mesmo tu não me compreendes, somente Lúcius é que, às vezes, entendia-me. Mesmo desencarnada, por quantas oportunidades senti Gláucius repudiar-me como a um objeto; ao sair do corpo, parecia ter medo de tocar-me, como se eu fosse ainda portadora de lepra. Um toque de mão, um abraço mais apertado, em determinados momentos, reergue-nos o ânimo e aplaca-nos os sofrimentos. Viver ou morrer, quando não sentimos o amor da pessoa amada, mesmo fraternal, tanto faz, porque o amparo carinhoso é de vital importância para nossas almas carentes, ávidas de ternura e atenção. Se um dia eu renascer ao lado de Gláucius, e este desprezar-me, peço ao Alto que me tire do mundo, caso contrário, tornar-me-ei suicida em potencial.

– Ah, Lígia! Lígia! Quando irás emendar-te? Quando é que aprenderás que o suicídio nos atrasa a evolução? Vai ao encontro de teu pai; quem sabe ele poderá domar a potranca selvagem que és?!

– Até tu, Hermógenes? Ó Deus! Dai-me paciência senão me verei munida do chicote do amor, que lançarei sobre ti – disse Lígia a sorrir.

– Se tu te munires do chicote do amor, não será necessário domar-te, pois o amor é a essência divina. Todos nós o possuímos em maior ou menor escala. Desde o rico ao humilde, todos possuem essa centelha sagrada, esse fogo que é necessário reativar dentro de nossos corações. Mesmo os seres mais vis possuem essa centelha, e precisam reativá-la, a fim de poderem alcançar alturas sublimes. O amor não deve se restringir a um círculo estreito de parentes, porém deve ser destribuído, a mãos cheias, a todos os que se acercarem de nós; nesse sentido, devemos pesar tudo na balança da justiça divina, que não falha, que nunca erra, que não pesa somente os atos praticados, mas pesa igualmente os pensamentos de ira, de ódio, que dos encarnados emanam. A regra principal do amor, baseado na justiça divina, é: "Não façais aos outros o que não quereis que os outros vos façam, mas, pelo contrário, pagai com o bem, o mal que vos fizerem."

– Hermógenes, tu estás parecendo Lúcius, um amigo meu encarnado; já estás falando como ele, somente com uma diferença: Lúcius fala mais brandamente, com o coração nas mãos, e tu, Hermógenes, falas diretamente, atingindo o ponto almejado sem rodeios; em alguns momentos, tu nos fere, todavia, é uma ferida superficial que logo se restaura e cicatriza, pois o que dizes cala-nos profundamente e conscientiza-nos dos pontos em que estamos errados. Lúcius nos faz ver o quanto estamos enganados, entretanto, chama-nos a atenção de maneira sutil, de um modo geral, sem atingir-nos diretamente.

– É que Lúcius é um espírito muito mais elevado, com ampla ascensão espiritual, no qual o amor predomina; eu, porém, sou indeciso, mas tenho por base a justiça divina. Em todas as encarnações que tive, sempre agi em prol da justiça, às vezes incorretamente, ainda assim nunca de modo proposital; mas, Lígia, perdes tempo, já podias estar junto dos teus, no entanto, aqui te encontras a ouvir-me – falou Hermógenes com justeza.

– É que estamos num aprendizado e, quanto mais ouvir, mais aprenderemos; estou satisfeita por ouvir-te; quem sabe tuas palavras ajudarão a domar a potranca de que tanto falam, cujo espécime desconheço? Tanto a ti, quanto a Gláucius e a Lúcius poderei ouvir dias e anos inteiros e não me cansarei, jamais...

– Pronto, tinhas de pôr Gláucius nesse meio – observou Hermógenes a sorrir. – Agora vá até os teus.

– Como o farei? A caminhada até lá é longa!

– Lígia, ainda não aprendeste, mas vou ajudar-te, levando-te até lá. Cerra os olhos e imagine-te no lar de teus pais.

Lígia assim o fez e, ao entreabrir os olhos, viu-se na casa de seus genitores, ao lado de Hermógenes, que lhe disse:

– Pronto, aqui estás, isto chama-se levitação; ao pensares estar em determinado lugar, para lá serás conduzida imediatamente. Vou deixar-te; mais tarde, Marcus virá ter contigo; vou voltar para a companhia de Fúlvia, a fim de prepará-la melhor para o que ela irá deparar.

– Ah, então foi proposital o que fizeste em relação a Fúlvia? Creia-me, ainda acho que foste injusto com a ela; pensar nos seus é uma atitude normal; eu mesma, apesar de ajudar a moça e orar, esquecendo momentaneamente dos meus, quando a vi fora de perigo, agradeci a Deus e voltei a pensar e a antegozar os instantes que irei passar junto aos meus entes queridos.

– Tudo tem uma razão de ser, Lígia; não julgues, para não seres julgada. Mas, vou deixar-te a sós, pois veja que belo rapagão entrou pelo portão e vem pela alameda, nesta direção. Tenho a impressão, Lígia, que irá deitar-se no sofá, embaixo do caramanchão, e vai começar a pensar; entre em sintonia com o rapaz e procure induzir nele bons pensamentos.

– Mas, é Marcus Július?

– Sim, é teu filho, e ele agora é todo teu, deixo-te a sós com ele.

Hermógenes retirou-se.

Marcus Július chegou até o caramanchão florido, olhou para o sofá e sentiu um enorme desejo de descansar. Deitou-se, e Lígia pensou: "Como é belo o meu filho! Possui feições muito finas, lindas demais para um homem. Os olhos são de Gláucius, o porte, de um deus grego; também os cabelos, um pouco mais claros do que os dele. Gláucius possui os cabelos cor de amêndoa e Marcus Julius, um loiro dourado; a boca pequena, o nariz, também as covinhas no rosto, o jeito brejeiro de quem esboça sempre um sorriso. Como és belo, meu filho! Adônis, ao teu lado, sairia perdedor", e passou a mão direita sobre seus cabelos ondulados. Marcus Július sentiu um arrepio a percorrer-lhe o corpo todo e pensou, enquanto Lígia captava-lhe os pensamentos:"Fabiana disse-me que sou belo, que possuo a cor dos olhos do pai dela; talvez meu pai os possuísse dessa forma, contudo, ao ver o busto esculpido de minha genitora, mirei-me no espelho perto da imagem e pude constatar que possuo o formato do rosto de mamãe, suas covinhas, a boca e o nariz pequenos, este meio arrebitado, denunciando uma altivez que não possuo, c creio que ela também não a possuía. Teve muita força de vontade minha querida mãezinha, que nunca pude abraçar ao separar-se de mim. Oh! Minha mãezinha querida, que têmpera tiveste! Saíste de casa só, enfrentaste o vale dos imundos, que hoje quis conhecer, e fiquei apavorado ao ver pessoas se digladiarem, a fim de possuir uma jovem acossada do mesmo mal, porém, ainda não deformada!... Assisti um homem de porte não muito grande falar com o povo, enlouquecido pelo sexo, e os vi se acalmarem finalmente. Tive ímpetos de descer ao vale e salvar a jovem; pensei em minha mãe; pensei que não fui fruto da sanha de homens desalmados; orei, pedi a Deus que me elucidasse; se o povo não atendesse ao jovem que falava. Que me ajudasse a salvar aquela moça. Deus, porém, apiedou-se dela e o povo acalmou-se. Pensei em Fabiana que, como eu, teve a mãe com lepra, que, como eu, não disputou do carinho maternal. Eu contava com a ternura de minha avó, mas creio que em nada poderá suplantar o carinho de mãe."

"Lígia estava emocionada por ouvir o filho amado e lhe dizia mentalmente: não, meu filho, tu não és descendente de uma sanha de homens animalescos; tu és fruto de um amor, de um amor grande e profundo."

Marcus Július captou o que a mãe procurava transmitir-lhe."Não, mãezinha, creio que não fui resultado de uma sanha animalesca, porém, devo ter sido obra de um grande amor, caso contrário procurarias livrar-te de mim; ao contrário, nutrias por este rebento um grande amor. Babucha sempre me conta que vinhas, às escondidas, ver-me e nunca procuraste te acercar de mim, a fim de não me transmitir a doença. Ela contou-me como choraste quando eu nasci, e não podias sequer estreitar-me em teus braços! Mas, eu te amo, mãezinha, e, se eu pudesse, cobrir-te-ia de beijos. Creio que te amo mais do que a Fabiana."

– Eu estou aqui, Marcus Július, e te amo também, filho adorado! Não quero que vais ao vale dos imundos; tudo fiz, de tudo privei-me, a fim de não te contaminar; e tu querias descer para salvar a jovem... És nobre, querido meu, e eu, que lá estava amparando espiritualmente a jovem, não te vi, não te pressenti. Agora entendo Hermógenes; naquela hora esqueci-me de mim mesma, para doar-me a alguém que não conhecia, e tu que és alma de minha alma, fruto de meu ventre, estavas tão perto e não te vi; também se o visse, teria de repartir-me ajudando a jovem e procurando impedir-te de te acercares do vale. Porém, Deus é bom e misericordioso, pois enquanto velamos os filhos dos outros, Deus vela os nossos, por nós. Mas, dize-me, Marcus Július, quem é Fabiana, é uma moça prendada, de família cristã?

Marcus Július começou, incitado pela mãe, a pensar em Fabiana: Fabiana – imaginava –, como és bela, pura, formosa! Tens aprimoramento cultural não muito comum às moças de hoje. Possuis corpo esbelto, perfeito, talvez por ser dotada de sangue grego. Dois grandes e maravilhosos olhos azuis, que vovô diz serem iguais aos meus, e diz ser ainda difícil de se encontrar essa cor de azul-violeta, que somente havia visto em Gláucius, em mim, e em ti própria, Fabiana!

Lígia estremeceu: Gláucius? Fabiana? Sim, Gláucius tinha uma filha de nome Fabiana.

– O senador Gláucius, pai de Fabiana, tem realmente os olhos iguais aos da filha; agora dizer-se que eu também possuo os mesmos olhos, isso é inconcebível; sei que mamãe, antes de ficar doente, amava Gláucius, mas a isso proporcionar-me a mesma coloração dos olhos, o mesmo formato, creio não ser possível tal afirmação. Geneticamente, teria de parecer-me com meu pai e minha mãe. Babucha contou-me que meu pai era um belo homem, nada mais. De mamãe, tenho o busto esculpido, e se ela era semelhante ao busto, realmente era linda. Vovô contou-me que meu pai era um rapaz forte, de origem grega, possuidor de olhos azuis, porte atlético, porém, a cor diferia dos meus olhos: diz vovô que ele se chamava Marcus, nome dado por mamãe, e era também conhecido pelo nome Hércules, por parte de outros freqüentadores do vale.

Lígia, aflita, falava-lhe:

– Não, meu filho, tu és filho de Gláucius, e não podes casar com tua própria irmã por parte de pai. Por Deus, Marcus Július, ouve-me, querido!

Devido ao nervosismo e à aflição de Lígia, o intercâmbio entre ela e Marcus Július rompera-se...

Marcus Július levantou-se e foi até o salão, onde sua avó bordava, calmamente.

– Estiveste com Fabiana novamente, meu filho? – inquiriu a progenitora Lígia Alexandra.

– Estive por pouco tempo; logo depois, senti saudade de minha mãe e estive no vale dos imundos, onde presenciei um fato horrível. E Marcus Július descreveu-lhe o que vira... Lígia Alexandra ficou com os olhos marejados de lágrimas.

– Será que tua mãe passou por isso também, Marcus Július?

– Pensei a mesma coisa, porém, logo tirei tal idéia da cabeça.

– Tua mãe Lígia era formosa, meu filho; tirando-te os olhos azuis, o porte atlético, ao olhares no espelho, verás o rosto de tua mãe; os olhos de Lígia eram de cor indefinível, às vezes pareciam-nos cor de mel, dóceis; outras ocasiões, ao compor árias para Gláucius, eles se tornavam quase azuis; quando irada, eles tomavam a coloração verde-esmeraldina. A pele muito fina, como a tua, parecia feita de porcelana; possuis a coloração e a textura da epiderme de tua mãe. Ao ver-te, tenho a impressão de divisar Lígia em minha frente. Tu és másculo, possuis corpo atlético... Ela era de estatura mediana, corpo adelgaçado, cintura fina, quadris regulares, mas o que realçava-lhe o porte era o seu busto moderado, porém firme; não usava de artifícios que a maioria das jovens da atualidade usa, como o passar de fitas ao redor dos seios, prendendo-as ao pescoço, a fim de erguê-los a uma desejada posição.

– Vovó – disse Marcus Július –Fabiana, creio, também não usa de artifícios, tem ela um belo corpo!...

– Contudo, tua mãe possuía corpo mais perfeito; já viste a imagem esculpida de Diana, a caçadora?

– Sim, é muito bonita – responde Marcus Július.

– Pois bem, o corpo de tua mãe era mais perfeito; Lígia era portadora de belas pernas; embora as duas fossem minhas filhas, a mais formosa era Lígia e, juntamente com Gláucius, formava um par que provocava admiração, onde se apresentasse.

Lígia, nervosa, acercava-se da mãe, e procurava transmitir-lhe que Marcus Július era filho de Gláucius e, portanto, irmão de Fabiana; entretanto, nada conseguia, eis que sua mãe prosseguia em suas divagações de conteúdo puramente superficial.

– Eu não soube, meu filho, compreender Lígia, tua mãe; eu tinha um misto de amor e ciúme dela. Tinha ciúme, porque Fábius dedicava-se muito a ela; eu não compreendia por que isso acontecia, considerando ser ela doente.

Lígia, desesperada, sai à procura de seu pai; sim, talvez ele a pressentisse, a ouvisse?! Encontrou-o em meio a cavalos árabes, onde tentava domar alguns potros e potrancas. Laçou uma potranca pelo pescoço e quis amansá-la, pois pretendia dá-la de presente a Fabiana; todavia, queria que a potranca já estivesse dócil, a ser montada pela primeira vez. Tudo fez, deu torrões de açúcar que o animal rejeitava, escoiceava, pulava até conseguir livrar-se do laço que lhe prendia o pescoço. Fábius disse, então:

– És teimosa, vou dar-te o nome Lígia, entretanto, não esqueças: vou domar-te, custe o que custar, como um dia ainda domarei a minha Lígia...

Lígia, ao lado, afirmava-lhe:

– Sabes que não sou animal e insistes; vim até ti no intuito de ajudar a todos e vejo-te, papai, dando meu nome a uma potranca, quando temos tantas coisas para fazer, tantas responsabilidades para cumprir!...

Fábius pensou:

– Parece-me que estou ouvindo Lígia reclamando que não é animal; tenho a impressão de vê-la irada, com os olhos de um verde intenso a censurar-me. No entanto, filha querida, não consegui domar-te nesta encarnação, porém, um dia o conseguirei. Vou dar um potro mais calmo a Fabiana.

Lígia reclamava:

– Papai, ouve-me, por favor, temos assuntos importantes a tratar. Marcus Július é filho de Gláucius.

Fábius falava consigo mesmo: "Lígia, que saudades, minha potranca selvagem, parece-me que estás a meu lado, a reclamar."

– Eu estou aqui, papai; ouve-me, se queres falar de animal, talvez assim me entendas. A tua potranca indomável encontrou o potro dela e houve o acasalamento e dele nasceu o potrinho Marcus Július, entendeste-me?

Fábius dizia:

– Parece-me ouvi-la falar que não é animal, e se o fosse, haveria acasalamento entre ela e Gláucius e teriam potrinhos; Lígia, estou divagando e retornando ao passado; parece-me ouvir-te falar como outrora.

– Meu Deus – Lígia prostrou-se de joelhos a chorar, – ajude-me! O que procuro transmitir captam somente pela metade. Senhor, tende piedade! Quando estamos encarnados e não encontramos nossos propósitos, não conseguimos incutir na mentalidade de nossos entes queridos o que é certo, o que é melhor para eles; queremos desencarnar, para melhor os ajudar e pensamos que assim iremos sofrer menos... Quanta ignorância, Deus meu!

Quando estamos encarnados ainda podemos nos comunicar com nossos entes queridos, podemos falar, nos expressar, porém, quando desencarnados, se conseguirmos algum receptáculo, este tem condições de transmitir somente a metade do que queremos.

Jesus amado, vou tentar com Gláucius; ajude-me, Senhor, ou me indica alguém que consiga registrar, pelo menos, o que for de maior importância. Eu fui a culpada, Senhor, pois, por vergonha, quis omitir o meu erro; Pai amoroso, não permitas que irmãos, por parte de pai, se liguem em casamento. Permite, outrossim, Senhor, que alguém consiga transmitir os meus sentimentos de culpa; que alguém consiga chegar a uma conclusão que a semelhança dos olhos de Gláucius e Marcus Július não pode ser uma mera coincidência; se pelo menos Marcus, meu querido Hércules, aqui estivesse para orientar-me; ao que sei, se ele ainda não veio é porque, onde está, seus serviços sejam mais preciosos para a comunidade, do que estar aqui ao meu lado...

Capítulo XXII

Ajuda a Gláucius

"O engodo, a mentira.
Tudo é descoberto nesta vida
E a verdade sempre prevalecerá
E eternamente viverá."

Lígia cerrou os olhos e pensou fervorosamente em Gláucius e na casa que pertenceu ao cônsul Marcus e Fúlvia. Imediatamente, viu-se transportada para o lado de Gláucius. Este conversava amistosamente com uma jovem muito bela, de tez amorenada, romana de nascimento, que atendia pelo nome Pércia. Notou que a jovem, embora possuísse voz maviosa e calma, era cercada de entidades inferiores, propensas ao sexo. Viu, de imediato, que a jovem estava grávida, pois era evidente o fio prateado que ligava a jovem ao espírito reencarnante.

Aproximou-se e ouviu a seguinte conversa:

– Pércia, minha querida – dizia Gláucius, – aceitas ser minha esposa? Faço este pedido a ti, pois sei que és descendente de família boa, honrada e de renome, e o que mais admiro em ti é a tua pureza, o teu caráter, diante desta sociedade corrupta e decadente.

– Agradeço-te e aceito o pedido, Gláucius, pois te quero bem; mas, não quero mentir-te, minha família, apesar de honrada, decaiu financeiramente e não quero que te iludas, mas não possuo dotes.

– Pércia, admiro a tua sinceridade, porém, não me interessa o teu dote, tenho o bastante para sobreviver. O que eu tenho, acrescido ao dote de minha primeira esposa, dos bens deixados pelo cônsul Marcus, julgo ser mais do que suficiente. Admiram-me sim o teu caráter e a tua pureza, pois nunca ouvi na corte qualquer comentário que desabonasse teu nome.

Pércia sorriu, sarcasticamente.

Lígia, então, pensou: – Essa criança não é de Gláucius; logo essa moça não pode ser tão pura; meu Deus, por esse motivo Fúlvia teve de ficar no vale dos imundos! Perda-me, Senhor, porque às vezes me revolto, sem saber que sempre que algum empecilho nos tolda a vontade, é porque tu estás preparando um caminho melhor para nós. Preciso ajudá-lo. Deus meu, porém, não posso interferir novamente em seu livre-arbítrio. Orienta-me, Deus meu, quero auxiliá-lo, entretanto, sem interferir... Se Fúlvia estivesse aqui, talvez me socorresse; vou seguir Pércia e procurar saber dos verdadeiros motivos que a movem a este casamento. Não devemos julgar sem prévia averiguação; se julgarmos, seremos julgados; o caso de Marcus Július poderá ficar para mais tarde, porque ele ainda não fez o pedido de casamento.

Lígia seguiu Pércia até a sua morada, que, apesar do requinte, evidenciava a falta de muitos objetos valiosos, por certo vendidos no intuito de suprir as necessidades da família. Pércia vinha sorrindo e seu irmão perguntou-lhe:

– Como é, Pércia, conseguiste?...

– Sim Pompeu, o senador Gláucius me tem na conta de jovem pura e honesta.

Ao narrar tal evento, deixou escapar uma estridente gargalhada.

– Assim que estiver casada com ele, procurarei, com meus argumentos, fazer com que ele passe tudo para o meu nome, e no nome desta criança que irá nascer, e que eu o farei crer que seja filho dele. Tirarei até mesmo os dotes dos seus filhos, que não devem ser poucos. Vê o anel que ele me deu e procura avaliar seu preço. Depois de lhe tirarmos tudo, fugiremos com a sua fortuna, e deixaremos para ele, como recompensa, o filho que trago no ventre.

– Achas que ele aceitará? – pergunta Pompeu.

– Claro! Ele quer casar logo, e há tantas crianças que nascem antes do tempo!

– Não sabes, realmente, de quem é esta criança?

– Não, Pompeu; pelas minhas contas, naquela noite estive com três homens. A idéia de Verona, de usarmos máscaras, para satisfazer nossos apetites sexuais, foi uma ótima coisa, pois não nos conhecem, e pagam uma bela soma para estar conosco.

– Cuidado, Pércia! Não te excedas – alertou Pompeu.

– Olha quem fala! Tu gastas fortunas no jogo e com mulheres, terminaste com a nossa riqueza...

– E tu gastas grandes somas, Pércia, com sais aromáticos, banhos de leite de camelo, vestidos caríssimos e jóias raras...

– Então, um não pode falar do outro, querido Pompeu. Ainda bem que apareceu esse tonto do Gláucius, pois fiz de tudo para abortar essa criança, sem nada conseguir; as outras foram tão fáceis, porém esta peste insiste em ficar. Amanhã Verona vai comigo visitar o meu amado Gláucius, pois sabes que, para uma jovem pura, não fica bem visitar constantemente o seu noivo, sozinha; assim, ela reforçará para que nos casemos o quanto antes...

– É verdade que pretendias ir ao Coliseu e aí participar das uniões sexuais, mascarada, para veres a reação pública? – perguntou Pompeu.

– Sim, desconheces que destes conglomerados participam todas as classes sociais e não somente escravos, como dizem? A única diferença é que vamos mascaradas, e com a cabeça envolta num pano, para não sermos reconhecidas; atribuem os participantes que pertencemos a uma seita. Ainda não experimentei, porém irei conhecer a sensação de fazer sexo em público.

Lígia, horrorizada com a conversa de baixa estirpe moral, começava a ter náuseas. Sentia-se mal no ambiente repleto de entidades ávidas pelas sensações grosseiras do sexo, pela bebida e pelo jogo. Não compreendia aqueles seres que apenas pensavam em prazeres e na vida material, sem de modo algum meditar na vida espiritual. A atenção voltada aos cuidados da vida material é digna de méritos, até enquanto não envolva o espírito humano, arrastando-o para o desnível das ambições desmedidas e para o egoísmo, secando os corações e levando-o aos excessos do sexo, do álcool, do fumo, do jogo, enganando os seres encarnados; contudo, não conseguem iludir o plano espiritual e a justiça divina.

Quanto mais se embrenham nas trevas da vida material, tanto mais erram, e, ao enveredar pelos caminhos incertos da terra, mais se afastam do céu. Quanto maiores forem os gozos materiais adversos aos preceitos de Deus, maiores serão os débitos na vida espiritual, pois existe uma lei de ação e reação que afere os mais simples atos da humanidade.

Ao voltar ao lado de Gláucius, Lígia via-o feliz, pois, enfim, encontrara uma esposa. Sentiu uma imensa pena de Gláucius, pois era um homem viril, tivera a ela, mas a doença os afastara; tivera Fúlvia por alguns parcos anos; no entanto, a mesma doença a tirara do leito do esposo.

Ao ver Marcus, o espírito amigo, Lígia suspirou de alívio, e contou-lhe tudo o que se passara, e perguntou-lhe como poderia abrir os olhos de Gláucius sem interferir no seu livre-arbítrio... Marcus respondeu a Lígia que não constava do carma de Gláucius o casamento com Pércia, coisa esta revelada por Hermógenes, e que poderiam, apenas, notificá-lo de que estava errado; todavia, a decisão teria de ser dele, Gláucius, e não dos outros, porque isso interferiria em sua própria vontade. Iriam trabalhar, à noite, com os espíritos de todos.

Marcus lembrou-se de Babucha que, apesar da idade, poderia auxiliar Marcus Július, devido sua mediunidade.

Iriam preparar Gláucius para o evento que iria presenciar eLígia ficou incumbida disso.

Foram ver o filho de Gláucius, o jovem Gláucius, e encontraram-no envolto de emanações alcoólicas; foram ver Fabiana, e Lígia sentiu que a jovem era portadora de enorme coração, e sonhava com Marcus Július na condição de seu futuro marido.

Lígia começou a chorar; Marcus disse-lhe:

– Da jovem e do teu filho, eu me incumbo; sei que a jovem não viverá muito. Soube, também, que na vida de teu filho está predestinada uma jovem, filha de uma amiga querida tua e de um ser que anteriormente foi teu inimigo.

– Quem? – perguntou Lígia. – Quem são eles?

– Raquel e Animal. Casaram-se e possuem uma bela filha, que tem afinidade com teu filho – afirmou Marcus.

– Vê, Marcus, Gláucius desprendeu-se espiritualmente; está dormindo e seu espírito vai à procura de Pércia; vou tentar interceptá-lo.

– Vá e veja o que consegues – ressaltou Marcus.

– Gláucius, espere-me, querido, não fujas de mim, sou Lígia, estou curada.

– Lígia, és tu mesma?

– Sim, querido, quero ir passear contigo até o lago, a fim de conversarmos.

– Eu tenho pressa, Lígia; vou encontrar-me com minha futura esposa, Pércia; se quiseres, vens comigo que eu a apresentarei.

– Conheço Pércia, e ela me disse que tem de conversar com o pai desencarnado; depois, irá encontrar-se conosco, no lago.

– Vamos esperá-la no lago, enquanto isso conversaremos.

Num instante, Gláucius e Lígia estavam no lago, de cujo local sentiam recordações alegres e pitorescas.

Gláucius começou a rir, ao que Lígia perguntou-lhe:

– De que estás rindo?

– De ti – respondeu Gláucius. – Lembras-te quando foste tomar banho no lago?

– Sim.

– E quando começou a chegar gente, tu saíste, escondendo-me a túnica, e depois de meus rogos, tu ma devolveste?

– Sim, lembro-me!

– Pois bem, estavas tão afoita e apressada, que puseste a tua túnica com o corpo molhado, e depois, quando tivemos de engatinhar por detrás das moitas, a tua túnica estava tão molhada que te agregou ao corpo e tornou-se transparente.

– Tu és um tratante de primeira; por esse motivo, querias que eu fosse engatinhando na tua frente; tu não perdes uma sequer!

– Porém, diverti-me bastante, tinhas tanto pudor... Do ângulo em que eu estava, observava-te, e vi o quanto meus olhos podiam alcançar.

– És realmente um conquistador de primeira; pensas que não sei o que aprontaste com Fúlvia? Eu estava escondida, observando-os; se comigo tudo aconteceu por causa de um grilo, com Fúlvia o motivo foi uma pequenina rã...

Gláucius riu-se, fartamente.

– Amavas-me? – perguntou Lígia.

– Sim, e bastante; no entanto, tive medo da doença.

– Nunca te passou pela cabeça que, do encontro amoroso que tivemos, houvesse conseqüências?!

– Que conseqüências? – indagou Gláucius.

– Marcus Július é fruto de nosso amor.

– Marcus Július? Estás brincando! Ele não é teu filho com aquele leproso?...

– Não, Gláucius, não; faze as contas e verás que dará certo com o nascimento de meu filho, aliás, do nosso filho! Ele e Fabiana são irmãos, e não podem casar. Fúlvia, também, irá esclarecer-te quanto a isso. E por falar em Fúlvia, a amavas?

– Claro, por isso casei com ela.

– Então fala isso para ela, pois Fúlvia pensa que casaste obrigado pelas circunstâncias; ela precisa sentir teu amor e teu carinho, para poder evoluir espiritualmente. Não a critiques, como é de teu hábito; todos nós temos nossos defeitos, porém é fácil vermos os dos outros, mas não os nossos próprios. Eu amo Fúlvia como irmã; por isso, peço-te, não a faças sofrer; e amo-te também, por isso não quero que tu sofras, nem a outrem faças sofrer.

– Se é verdade o que me dizes, terei de fazer Fabiana sofrer, e é a pessoa que mais amo. Amo Gláucius, pois também é meu filho, mas ele é introvertido, pouco fala, só vive entorpecido pelo álcool, e o que fala, são conversas frívolas do passado, de mulheres... Ele não tem assunto. Fabiana é alegre e distrai-me com as suas peraltices; sabes de uma coisa? Fabiana faz-me lembrar de ti.

– Por quê?

– Jamais se entretém com alguma coisa; sempre sorri, mesmo sofrendo, procura brincar...

– Será que não é uma fuga? Pois eu sou assim. Procuro preocupar-me com os outros, a fim de esquecer minhas próprias preocupações. Será que Gláucius não é carente de amor e, como Fabiana, procura refugiar-se numa alegria falsa? Será que Gláucius, por falta de amor materno, não procura refugiar-se na bebida?

Raciocina, meu querido, e coloque na balança os prós e os contras.

Gláucius, querendo fugir da conversa, pergunta:

– E Pércia, por que demora?

– Pércia talvez não virá. E se eu te disser que ela não é tão pura quanto parece, que ela está atrás de tua fortuna e procura apoderar-se do que é de teus filhos!...

– Estás é com ciúme. Pércia é pura e fiel, não pensa na fortuna e já me adiantou que não possui dotes. Estou farto de ouvir-te, não queres que eu me case novamente, talvez rogaste alguma praga para que Fúlvia ficasse doente. Lembro-me como ficavas furiosa quando eu me punha a observar Lídia; sim, estás com ciúme e não queres admitir. Estás morta e vens das profundezas do inferno a fim de me atormentar. Sai de perto de mim, espírito do mal!

Lígia chorava ante a revolta de Gláucius. Prostrou-se de joelhos e orou, para que Gláucius retornasse ao corpo, e somente se lembrasse das coisas boas, outrora acontecidas.

Marcus apareceu, encontrando Lígia chorosa e triste.

– Ouvi teus rogos e tuas orações; encontraste dificuldade em conversar com Gláucius?

– Sim, Marcus, e muitas; no entanto, quando abordei o assunto da Pércia, Gláucius acusou-me de espírito do mal, dizendo que eu dava a impressão de ter vindo das profundezas do inferno, eu que tento ajudá-lo, eu que o amo e quero vê-lo feliz; talvez, como sempre, Marcus, eu não soube me expressar, e Gláucius interpretou as minhas palavras pelo lado do mal, acaso afirmando que ele deveria dizer a Fúlvia o quanto a ama, e não criticá-la como o fazia, quando ela estava encarnada. Quis facilitar o reencontro dos dois e estraguei tudo...

– Tu contaste a ele o que passaste, o que fizeste para protegê-lo? Que perambulaste anos no umbral, que roubaste, a fim de defendê-lo? Que eu matei sem querer, para ajudar-te? Que tu mataste no sentido de proteger teu pai?

– Não, Marcus, para quê? Aí, então, ele teria razão de chamar-me de espírito do mal, de demônio, ao saber de maus atos praticados. Ninguém obrigou-me a nada, Marcus; se eu fiz, sou responsável pelas minhas ações, mesmo que fosse impulsionada por amor; o amor não destrói, edifica. Não tive coragem, tampouco, de contar-lhe que se eu ia espiá-lo, às escondidas, é porque muito o amava; contentava-me até com pequeninas gotículas emanadas de sua boca a cair no meu rosto, no meu braço, como se fossem beijos de amor; porque, ao recordar disso, ele iria se lembrar, também, que fui, às ocultas, vê-lo em sua casa e que, com isso, ele me proporcionou a morte, e que tu morreste tentando salvar-me, querido Marcus. Agora sei o quanto sofreste e o que fizeste por mim; por que, Marcus, amamos sempre a pessoa errada? Por que sofremos sempre represálias e humilhações, quando nosso intuito é ajudar?

– Lígia, lembra-te da fábula da fonte, que quanto mais se humilha e desce às profundezas da Terra, mais fios de água recebe, transformando-se posteriormente num grande rio?...

– E quantos milênios serão necessários para humilhar-me, se o que fizermos hoje, amanhã colheremos?... Eu amei e sofri, porém, roubei, matei por esse mesmo amor. Lúcius falava-me sempre, e senti a falta dele aqui, que a semeadura é livre, porém a colheita é obrigatória; como vês, terei frutos amargos a colher, no campo fértil da vida! Se Lúcius aqui estivesse, auxiliar-nos-ia, fazendo Gláucius ver o quanto está errado; soube que foi para Patmos.

– Sim, também soube da partida de Lúcius, que foi a uma missão; contudo, Lígia querida, a dor e o sofrimento representaram um instrumento de luz para o espírito devedor. Ainda há pouco, estive com teu pai, a fim de prepará-lo para as novas revelações, lembrando-o que auxiliasse Marcus Július na prova que iria enfrentar; ele respondeu-me:"Intimamente, isso eu já sabia, embora não quisesse conceber tal idéia; quanto a Marcus Július e Fabiana, estes terão de compreender e conformar-se; a dor é triste, mas para conseguirmos a mais bela gema, esta também terá de passar pelo burilamento da lapidação; tudo farei por esses dois, e ainda quero ver Lígia, esplendorosa, a sorrir no ápice do firmamento."

– Pobre papai. Como todo pai, acha que seus filhos são anjos, querubins, isentos de pecados; no entanto, mal sabe ele que fui criminosa...

– Quanto a isto te enganas, Lígia. Fábius sabe, e sabe que mataste para defendê-lo.

– Como, Marcus? Como ele soube?

– Pelos homens do Caminho; ele sempre pergunta sobre ti e Lídia.

– Pobre papai, Marcus, como deve sofrer, sabendo que Lídia ainda perambula no espaço; já tentei ir até ela, entretanto, Lídia me repeliu.

–Vamos, Lígia, alegre-se, pois Fúlvia está para chegar; demonstre na face o otimismo que sempre revelaste – ponderou Marcus.

– As palavras de Gláucius me magoaram; sinto-me triste, arrasada, porque o amo, e nunca, se estivesse no lugar dele, iria supor que um ser que ama pode ser considerado o demônio personificado.

– Lígia, és sensível, e teu amor é"amor e renúncia", pois estás sempre renunciando, ora em prol de um, ora em prol de outro!...

– E tu não renuncias? – disse Lígia, a sorrir.

– Sim, o verdadeiro amor é feito de renúncia; todavia, observa, Fúlvia vem chegando com Hermógenes.

Lígia abraçou a amiga, rogando aos céus que a orientasse, para transmitir-lhe os últimos acontecimentos, enquanto Marcus narrava a Hermógenes, na íntegra, o acontecido.

Nesse ínterim, com rodeios, Lígia punha Fúlvia a par do amor de Marcus Július e Fabiana, e que ambas teriam de trabalhar para de afastar, porém sem proporcionar-lhes muita dor. Com cuidado, pôs Fúlvia a par do amor de Gláucius por Pércia e o que esta pretendia. Fúlvia revoltou-se, dizendo:

– Gláucius nunca me amou; quando eu estava viva, já namoricava outras mulheres; agora já procura alguém para trazer a desgraça em nosso lar.

– Calma, Fúlvia – disse Lígia. – Gláucius te ama; tu verás e ouvirás dele mesmo; entretanto, a solidão é triste. Achas que Gláucius não te ama? Que casou contigo obrigado? Então, o que eu deveria dizer? Gláucius, ao cientificar-se de que eu era portadora de lepra, nem procurou saber onde eu estava, desconhecia o fato de que eu esperava um filho dele, é certo; assim mesmo, nem se interessou de indagar sobre o meu destino. No entanto, procurou colocar-te em bons aposentos.

– Foi meu pai, Lígia, e não Gláucius.

– Que seja, Fúlvia, mas estava informada que eras bem amparada e te foi visitar, não foi?

– No princípio, pouquíssimas vezes; depois, passou uma longa temporada sem ver-me, porém quando desencarnei, estava ao meu lado; isso eu agradeço a Deus; e tu, no entanto, Lígia, desencarnaste no fundo de um poço, onde perdeste a mão, foste picada por insetos, e dizem que havia até répteis e escorpião onde te achavas; estavas lambuzada de sangue, contudo em teu rosto pairava uma serenidade fora do comum e, com teus lábios entreabertos, parecias sorrir; perdoa-me, Lígia, eu, devido ao grande amor que sentia pelo meu filho, induzi e auxiliei Gláucius a matar-te.

– Esqueça disso; eu, por amor, roubei, e, por amor, matei; portanto, não fiques a reprovar-te.

Hermógenes e Marcus se aproximaram das duas e disseram:

– Lígia, tu ficas incumbida de levar Gláucius a um banco do jardim encoberto por uma moita frondosa, enquanto Marcus, eu e Fúlvia nos encarregaremos de levar Pércia eVerona até às proximidades desse banco e de forçá-las a falar.

– Terás de ser forte, Lígia, e procura segurar Gláucius, para que ele não interrompa o colóquio das duas.

Assim o fizeram. Lígia conseguiu levar Gláucius até o banco de jardim mencionado. Gláucius começou a lembrar que sonhara com Lígia, que estivera com ela no lago, e revivera a cena amorosa entre os dois quando a vira com a túnica colada ao corpo; e o mais engraçado, vislumbrava Marcus Július, Gláucius e Fabiana, os três, como seus filhos. Que sonho estranho pensava Gláucius, Marcus Július seu filho?...

Lígia procurava, por emanações fluídicas, fazer Gláucius notar a semelhança de Marcus Július e Fabiana, e imaginar que os olhos dos dois eram iguais aos seus. Gláucius refletia: será que aquele encontro amoroso, no lago, tivera tão grandes conseqüências? Precisava verificar a data do nascimento de Marcus Július...

Lígia viu, ao longe, as silhuetas de Pércia e Verona, acompanhadas pelo trio espiritual Hermógenes, Marcus e Fúlvia.

Gláucius sentiu a aproximação de Pércia, tentando erguer-se do banco, porém, Lígia aplicava-lhe passes reconfortadores, que agiam como calmante poderosíssimo. Lígia orava e pedia ao Alto que Gláucius não sofresse demais; ninguém pensou que irás sofrer, meu querido; decepção, dor, isso tudo é inevitável, a fim de não padeceres mais no futuro. Querido meu, ouve esta ária de amor que te dedico:

Irmã de minha alma; alma boa e querida
Que, como eu, muito sofreu na vida.
Não te esqueças, alma minha,
Que apesar da trajetória sofrida,

Da estrada, com espinhos, percorrida,
Alcançarás a meta esperada, querida.
Tiveste, nesta vida, inúmeros golpes, um após o outro...
Às vezes, um corte profundo de outro corte se aproxima!
Mas a pedra pura se transforma numa gema, num puro ouro,
E, envolto em luz, o espírito se transforma em obra-prima.

Se alguém te ferir, entende e perdoa,
Se te afastarem de males piores, agradeça e abençoa,
As dores, as angústias, os espinhos são a prova
De uma lei de ação e reação,
E o burilamento que nos renova
É a prova que nossos espíritos estão em ascensão.

Amo-te e espero-te com amor no coração,
Crendo em Deus, sabedoria divina,
Que irá unir-nos um dia,
Nossos espíritos em elevação.

E, então, sentiremos a glória
De termos vencido a luta, com vitória.
E, juntos, de joelhos, agradeceremos o ápice da amargura,
Que vencemos e que ultrapassamos a desventura.

E a ti agradeceremos, Jesus,
Por nos teres envolvido, com tua luz,
E seres a estrela-guia,
A emoldurar nossas noites, nossos dias.

Gláucius, ainda envolto pela ária e pela voz harmoniosa de Lígia, tinha a impressão de ouvir os acordes maviosos de sua harpa ressonarem em seus ouvidos, quando começou a escutar as vozes de Pércia e Verona; quis levantar-se, mas não pôde, e se pôs a prestar atenção na conversa...

Pércia mantinha conversação com Verona, e lhe vinha dizendo:

– Eu não te disse, Verona, que iria conseguir conquistar o senador Gláucius? Como vês, serei dona de uma fortuna e, ao mesmo tempo, arrumarei um pai para o filho que eu não queria, e que irá nascer; portanto, tudo irá encaixar-se conforme premeditamos. Como percebes, tudo irá dar certo, até mesmo me apossarei da fortuna dos filhos do senador Gláucius, e o coitado está tão apaixonado que não irá desconfiar de nada.

– Será que não desconfiará, pois a criança nascerá antes do tempo determinado por uma natural gestação?

– Não tem perigo, estou no início da gravidez, e quantas crianças não nascem antes do tempo? Como poderá então ele desconfiar? Tratá-lo-ei com tanto carinho que ele se sentirá o homem mais feliz sob a face da Terra. O difícil será contentar-me somente com a presença de Gláucius, acostumada que estou com as orgias que fazemos!... Sentirei falta de nossa casinha no campo, onde, mascaradas, recebemos inúmeros homens... Porém, esta maldita gestação de todo modo virá impedir os meus prazeres e, como vês, terei de contentar-me somente com Gláucius; espero que ele seja pelo menos bastante viril.

– Este teu casamento, Pércia, irá atrapalhar nossos planos de freqüentar o Coliseu; talvez, com todas as pessoas olhando para o nosso corpo, sentiríamos maior prazer – disse Verona.

– Não faltará oportunidade, tu verás, Verona...

Gláucius ficou primeiramente branco, ao constatar que a Pércia que ele julgava possuir uma enorme pureza, era a mais infame das mulheres.

Porém, Lígia procurava emitir fluidos benéficos e salutares no plexo cardíaco de Gláucius, proporcionando-lhe uma grande calma.

De branco, começou a ficar vermelho de raiva, e esta estava crescendo de uma forma desproporcional, já não conseguia conter-se sentado. Sentia ímpetos de ir ao encontro de Pércia e esbofeteá-la; Lígia não tinha forças para impedi-lo por mais tempo. Hermógenes acercou-se de Lígia e disse-lhe:

– Agora depende unicamente do livre-arbítrio de Gláucius; de forma alguma procure interceder!

– Deixe-o Lígia – murmurou Fúlvia – essa coisinha à-toa deverá pagar, pois queria reduzir meus filhos a nada. Se possível fosse, ela se utilizaria até mesmo da cicuta para exterminar com meus filhos, com o intuito de se apoderar dos seus dotes. Portanto, deixe Gláucius, vamos ver que reação ele terá.

Lígia cessou de emitir-lhe eflúvios calmantes.

Gláucius levantou-se num ímpeto; Pércia, ao vê-lo, ficou lívida; Verona não sabia se continuava ali ou se retirava do local, a fim de deixá-los a sós, e discutirem os problemas que lhes eram próprios.

Gláucius foi logo falando:

– Pércia, como fui tolo acreditando que eras pura; porém, és corrompida, tanto material como espiritualmente. Se tivesses sido sincera, dizendo-me que esperavas um filho, pode ser até que o reconhecesse como meu; isto, porém, se não fosses a mundana que te mostraste ser. Além disso, querer apoderar-te de minha fortuna... Tu achas que eu seria tão tolo a ponto de te permitir tal coisa? E mesmo que queiras apropriar-te dos bens de meus filhos, achas que eu consentiria em semelhante maquinação?

Pércia soltou uma gargalhada, e percebendo que tudo havia sido descoberto, resolveu pôr as cartas na mesa, dizendo:

– Sei que não concordarias em que eu me apossasse da fortuna de teus filhos; contudo, se preciso fosse, eu os mataria.

– És louca, mulher, e mais louco fui eu te aceitando em minha casa!... Põe-te daqui para fora, antes que eu perca a paciência e te esbofeteie, como bem mereces. Vai-te embora e, graças aos céus, eu descobri em tempo a loucura que estava prestes a fazer.

De porte arrogante, Pércia olhou Gláucius da cabeça aos pés e deu um sorriso sarcástico.

– Tu ficarás só, como mereces, senador Gláucius; louca fui eu, pensando em casar-me contigo. Talvez sejas portador ou transmissor da mesma doença de tua esposa. Pobre daquela que se casar contigo! De minha parte, avisarei a todas que de ti se aproximarem... Morrerás só, garanto-te, a menos que queiras unir-te à rameira judia com quem andas, ou por acaso não sabes que estou a par de teus romances? Acautela-te com o que disseres a meu respeito, pois te desmentirei e direi que te repudiei porque alguns médicos disseram que és transmissor de lepra!... Cuidado comigo, senador! Eu te colocarei abaixo de zero, e te tirarei do pedestal em que te encontras.

E saiu em companhia de Verona, toda empertigada...

Hermógenes e Marcus foram acompanhar as damas. Fúlvia suspirou aliviada, e disse a Lígia:

– Graças aos céus, tudo saiu bem; espero agora ir ver meus filhos, tenho saudades de Gláucius, de Fabiana; finalmente, posso abraçá-los sem medo de contaminá-los. Vens comigo, Lígia?

– Não, Fúlvia, ficarei mais um pouco com Gláucius, a fim de ajudá-lo a refazer-se.

– Gláucius, graças a Deus, deve estar dando pulinhos por livrar-se de tal pessoa; não te incomodes, Lígia.

– Se não te opões, prefiro ficar.

– Fica, então, pois morro de saudades de meus filhos.

– Tens razão, Fúlvia, tens razão, pois já faz tempo que não os vês. Já vi e falei com Marcus Július, com meus pais e tu ainda não viste teus filhos – disse Lígia olhando para Gláucius, que estava de cabeça baixa, semblante triste e olhos marejados de lágrimas.

Lígia colocou a mão direita na fronte de Gláucius, enquanto Fúlvia se retirava, contente; compreendia aquela alma, sentia que Gláucius, apesar de agradecer, por ver a cilada em que iria cair, sentia-se desiludido e triste, por compreender que seria impossível encontrar alguém de alma sincera, que lhe servisse de esposa; sentia saudade de Fúlvia, e arrependia-se por não tê-la visitado mais; se o cônsul, seu pai, mais idoso, mais fraco o fazia, por que ele, Gláucius, iria contaminar-se? Sentia saudade também de Lígia, duas almas puras que tivera ao seu lado e não soubera aquilatar... Gláucius chorou, amparado espiritualmente por Lígia, que procurava emanar-lhe fluidos benéficos e, ao mesmo tempo, lhe beijava a fronte.

Capítulo XXIII

Esclarecimentos

"Embora, não nos conscientizamos",
Não temas certeza, tampouco imaginamos
O quanto o plano espiritual nos ampara,
Mitigando dores, afastando-nos do perigo, orientando nossas almas,
Ajudando-nos a carregar a cruz.
E encaminhando-nos ao regaço de Jesus."

Naquela noite, quando foi dormir, Gláucius, estava triste, acabrunhado e, ao desprender-se do corpo, deparou com Lígia e Fúlvia, sorridentes e de mãos dadas. Espantou-se com aquela cena, perguntando:

– Acho que estou sonhando, não é possível!... Fúlvia e Lígia juntas, como no início de meu namoro com Lígia?! Depois, quando Lígia ficou doente e comecei a namorar Fúlvia, esta tinha um ciúme imenso de Lígia, e agora estão juntas?... Após o nascimento de meu filho Gláucius, Fúlvia, com medo de que Lígia transmitisse o mal ao menino, e deparando com Lígia que rondava nossa casa, induziu-me a escorraçá-la e, sem que soubéssemos como, encurralamos Lígia à beira de um poço, a empurramos para dentro, a matamos... E agora, eu as estou vendo uma ao lado da outra?!

– Gláucius – contemporizou Lígia – não te tortures mais, eu escolhi a morte dessa maneira; tu e Fúlvia foram somente os veículos que me ajudaram a concretizar o que já havia sido elaborado no Alto. Eu os perdoei e muito os amo. Para que nutrir ódio?... Quanto a ciúme, meu querido, isso somente existe na Terra, ou no plano espiritual, quando os desencarnados ainda não possuem conhecimento. O ciúme se reduz ao sexo, e isto não existe na esfera em que vivemos. Tal se dá apenas no plano astral inferior, onde os espíritos, na maioria vampirizadores, estagnados nos próprios vícios, utilizam-se dos suicidas, que possuem ainda o fluido vital, para se satisfazerem, aprisionando muitas vezes almas indefesas que cometeram o maior delito perante Deus, o de tirarem suas vidas com as próprias mãos.

– Meu Deus! – replicou Gláucius. – Quantas coisas existem entre o céu e a Terra, que não entendemos ainda! Estou triste, desiludido, e pedindo a Deus para partir, pois meus filhos estão crescidos e já não necessitam tanto de mim.

– Não faças isso – rebateu Fúlvia, – caso contrário terás de agüentar as conseqüências que dos teus atos advirão.

– Estou cansado, Fúlvia! Pensa que é fácil viver todos esses anos sem uma companheira ao lado, com quem possamos conversar, exprimir nossos planos, trocar idéias, não é fácil...

– Achavas melhor então casar-te com Pércia, perderes tua fortuna, perderes o dote de nossos filhos, seres ludibriado?

– Não, de forma alguma, porém, sinto falta de pessoas como tu, como Lígia; não sei o que fazer. Logo Fabiana se casará, talvez com Marcus Július, e eu ficarei novamente sozinho, sem minha filha; Gláucius pouco conversa comigo; necessito de uma companhia.

– Não! – exclamou Fúlvia. – Nem penses no casamento de Fabiana com Marcus Július, pois eles são irmãos, e nós, cristãos!

– Tive a impressão de que sonhei que Lígia me havia falado sobre isso.

– Sobre isso e muito mais; mas não me deste crédito, chamando-me de espírito do mal, saído das profundezas do inferno – disse Lígia a sorrir.

– Perdoa-me se te ofendi, não o fiz por mal, não me lembro o que me disseste; no entanto, creio que foi um aviso sobre Pércia!

– Foi mais que isso, não importa; tu sabes que nunca ficarei ofendida contigo; fico magoada na hora, depois passa.

– Mas bem que te vingaste aquela vez, jogando um grilo dentro da minha túnica.

– Achas vingança uma brincadeira? Não me conheces, Gláucius; procuro sempre um motivo para brincar com as pessoas, e não para uma vingança. Vingança é desejar mal, é emitir um mau pensamento a outrem, é trabalhar na surdina, sorrindo pela frente, porém atacando pelas costas, é agir em represália, prejudicando os outros com ódio e raiva; o que fiz contigo, foi apenas brincar. Agora, se me quisesses verdadeiramente bem, devias apanhar o grilo e guardá-lo como lembrança!

– Um grilo! Estás louca, Lígia?

– Pois bem, lembras-te do vaga-lume que um dia apanhaste e me deste?

– Sim, lembro-me.

– Eu o coloquei numa caixinha; pus diversas folhinhas, um dedal com água, pois ele estava machucado, coitadinho, com o forte tapa que lhe deste, tirando-lhe até mesmo uma asinha. Mas o pobrezinho morreu; então eu o guardei numa caixa, juntamente com as flores que me deste, com os bilhetinhos, enfim, tudo o que vinha de ti guardei com carinho. E quando sentia saudades de ti, no vale dos leprosos, pegava coisa por coisa, e lembrava-me das horas agradáveis que passei ao teu lado. Creio que tu não guardaste nada do que te dei e, quando morri, não querias sequer lembrar-te de mim. Porém, sou diferente, Gláucius, até mesmo a pequenina cereja em que deste uma mordida, dizendo em tom de brincadeira, guarde-a, pois aqui tem as marcas de meus dentes, eu a deixei secar e a guardei. Por quantas vezes a peguei e a beijei com saudades de ti, no vale dos leprosos?

– Chi! Vamos deixar os dramas de lado e vamos tratar de coisas sérias, pois caso contrário, me esquecerei que possuo conhecimentos e ficarei com ciúme – disse Fúlvia a sorrir. –Vou buscar Fabiana. Marcus disse-me que irá buscar Marcus Július, para elucidá-los convenientemente.

–Vai, então, que ficarei com Gláucius – disse Lígia.

– Coitados dos dois – replicou Gláucius. – Parecem ser feitos um para o outro.

– Porque são irmãos!

– Que será de mim, Lígia? Deverei permanecer sempre só, sem companheira?

–Tens duas, Gláucius, Fúlvia e eu. Não te bastamos?...

– O que me faz falta é uma esposa encarnada, Lígia.

– Eu sei, estou brincando! Talvez ainda apareça alguma que te faça feliz... Enquanto isso, querido Gláucius, colocarei onde dormires as mais aromáticas fragrâncias do almíscar, da alfazema, do jasmim; adornarei teu leito com as mais belas flores: a rosa, da qual tirarei os espinhos; o lírio, símbolo da pureza, a violeta, a gardênia... Adornarei tua fronte com a coroa de louros, denunciando que serás sempre o rei de minha alma, pois, estejas onde estiveres, habitando o corpo que habitares, seja branco, negro ou amarelo, sempre te reconhecerei, e te amarei pelo que fores. Estejas onde estiveres, embalar-te-ei com cânticos sonoros saídos do âmago de minh'alma; proteger-te-ei com meu corpo ou com minha alma, se preciso for; nunca me esquecerei de ti, Gláucius querido...

Marcus Július veio acompanhado de Alexandre e Hermógenes, enquanto Fabiana acabava de chegar com Fúlvia. Daqui para frente chamaremos de Alexandre, sempre que possível, aquele que até aqui fora identificado como Marcus, Hércules e Simeão.

Ambos, ao se ver, desprenderam-se dos companheiros que lhes haviam trazido e se abraçaram efusivamente, com o amor próprio das almas gêmeas. Eram iguais no amor, no intelecto, na firmeza de caráter, nos rostos finos e requintados... Ao ver aquele espetáculo de demonstração de amor, Lígia ficou com os olhos rasos d'água e, não agüentando, chorou copiosamente. Amavam-se profundamente, porém, não podiam, de forma alguma, casar. Lígia pensava no sacrifício de ambos, em ter de renunciar um ao outro. Sabia avaliar por si própria o que significava tal abdicação; sabia o que sofrera, a têmpera que tivera de possuir, a férrea força de vontade, pois o que havia passado não era fácil de suportar; será que teriam fibra suficiente para enfrentar tais amarguras? Deus meu! – dizia mentalmente – de forma alguma quero que saibam que errei, que o filho era de Gláucius!... Senhor, sou a única responsável por tudo, portanto, se houver castigo, que este recaia sobre mim e não sobre os meus... Permita-me, Senhor, que eu sirva de escudo para os meus entes queridos; que nada os atinja; o que tiver de acertá-los, que suceda primeiramente comigo. Pecadora que sou.

Hermógenes, que captava os pensamentos de Lígia, disse:

–"A cada um será dado segundo suas obras"; por isso, Lígia, não tentes ser a pessoa que deseja carregar o mundo nas costas. Não és a única culpada; para um ente ser concebido, é necessária a colaboração de dois encarnados de diferentes sexos. Se fores culpada neste ponto, Gláucius também o é...

– Não, Hermógenes, sou mulher e deveria ter melhor senso; deveria possuir maior comedimento, ser mais responsável, fazer jus aos ensinamentos que tive no seio de meu lar, reneguei tudo por uns instantes de devaneio, de prazer... Gláucius é homem e de nada deverá ser culpado, não o acuses de forma alguma; ele é bom, ele é homem e, portanto, é menos responsável do que eu.

– Não te incrimines inutilmente, todos estavam errados; pára de te censurares. Omitiste que eras mãe de Marcus Julius e orientaste Babucha para dizer que o menino fora encontrado na porta da casa de teus pais, porque tinhas medo de Lídia, com certa razão; ocultaste que Gláucius era o pai de teu filho, pois estimavas Fúlvia, Gláucius e o cônsul Marcus, e não querias que teu pai, pela grande afinidade que sempre mantivera contigo, procurasse destratá-los ou afastar-se deles, apesar da grande amizade existente entre Marcus e Fábius; portanto, isto também é colocado na balança. Se Marcus Július e Fabiana se encontraram e se amaram, estes eventos pertencem ao carma deles; não te culpes! Deves responsabilizar-te, isto sim, da morte de Ananias, do furto que praticaste contra Demóstenes, concitando Alexandre a segurar uma faca, e quando Demóstenes procurou afastar-se de ti, no intuito de melhor acuar-te, foi involuntariamente morto. Tudo, como disse, é colocado na balança da justiça divina. Estás te censurando de coisas errôneas, do que é viável! Tudo está gravado no espaço etéreo, desde os teus atos ao mais débil dos teus pensamentos. Como assassina e ladra, já pagaste os teus débitos no umbral sofredor. Por isso, cara amiga, não te perturbes; penses em Jesus, que precisamos da colaboração de todos, agora que vamos esclarecer esses dois seres que muito necessitam da ajuda de todos nós.

Fabiana e Marcus Július, de mãos dadas, entreolhavam-se embevecidos.

Hermógenes dizia o seguinte:

– Meus caros jovens, nunca vos perguntastes o porquê da coincidência de gostos, de preferências, de aparência física, dos intelectos altamente dotados? Nunca pensastes que talvez esses predicados são geneticamente iguais, provenientes de um mesmo ser?

– Como pode ser isso? – perguntaram simultaneamente Fabiana e Marcus Július.

– Sou filha de Gláucius e Fúlvia – afirmou Fabiana.

– E eu sou filho de Lígia, que se parece em demasia com essa jovem que aí está, e de Marcus, leproso que era, como minha mãe... Fabiana nasceu em residência fina; eu nasci numa furna cavada na rocha e, como disse meu avô, entre leprosos.

– Não estou falando da mãe de vocês e sim do pai, que é um só, e ele é conhecido pelo nome de Gláucius.

– Esse homem é maluco – disse Gláucius. – O que ele está dizendo não é admissível; estamos sonhando, pois tudo nos parece inacreditável. Peço-te, Fabiana, não dês crédito a esse ser que aí está.

– Meus amigos queridos – disse Hermógenes, – por que estais abismados com o que está acontecendo? A mulher que aí está, e que tu dizes parecer com tua mãe, e de quem possuis um busto esculpido, é de fato tua mãe. Observacomo chora, como se sente culpada pelo que está acontecendo!... Ambos são irmãos por via paterna e de forma alguma poderão casar; são cristãos e como tais não é permitido o matrimônio nessas condições. Cuidado, pois, meus queridos; somente lamento ser o portador de tão más notícias. Contudo, não fiqueis deprimidos, é um carma que tereis de debelar. O amor sexual deverá transformar-se em amor fraternal e puro. Assim, aquietai-vos, que o plano espiritual vos ajudará, proporcionando-lhes forças renovadoras.

– Essa é minha mãe? Mas ela está morta, como podemos entender isso?!

– Lígia é tua mãe e está morta, e tu estás dormindo; teu espírito está fora do corpo, assim como o de Fabiana, que também está dormindo. Eu e Alexandre somos também espíritos; estamos falando contigo e com Fabiana, de espírito para espírito. Ao acordardes, lembrareis somente de poucas coisas; porém, ao depalardes com a verdade que os encarnados vos irão proporcionar, não vos sentireis tão abatidos. Sois jovens, possuís o futuro pela frente, e encontrareis o ser ideal para cada qual.

Marcus Július olhou para sua mãe, depois olhou para Gláucius, correu para o lado de Lígia, abraçando-a ternamente.

– Por que vieste visitar-me, somente para dar-me más notícias?

– Filho amado, quisera eu que tal nunca acontecesse; quisera trazer-te apenas alegrias, e não estamos autorizados a visitar o ente querido quando queremos, pois poderemos nos desequilibrar emocionalmente. Temos de obedecer ordens e trabalhar, para obter os méritos de tais visitas. Entretanto, amo-te, e nunca deixei de orar por ti...

Fabiana olhou para Fúlvia e também correu ao encontro dela, dizendo:

– Mãezinha, estás comigo! Não me deixavam ver-te, pois diziam que estavas deformada, mas te vejo bela e jovem. Onde estão as deformidades, mãezinha?...

– As deformidades, minha filha, são do corpo, pois o espírito não possui anomalias; quando morremos ou desencarnamos e nossos espíritos são elucidados, desaparecem as seqüelas que trazemos quando encarnados.

Marcus Július e Fabiana olharam ao mesmo tempo para Gláucius, miraram-se mutuamente e balbuciaram, em uníssono:

– Os mesmos olhos?!...

Gláucius ergueu a cabeça e estendeu os braços; com grossas lágrimas a escorrer do seu rosto, pronunciou com dificuldade:

– Meus filhos amados, creio que eu sou culpado de tudo isso, pois eu vos fecundei, Perdoai-me! E a vós, Fúlvia e Lígia, peço-vos perdão pelos meus erros, pelos erros de uma mocidade desvairada. Marcus Július e Fabiana, chorando, atiraram-se nos braços de Gláucius. Lígia e Fúlvia, pelo lado espiritual, também abraçaram os filhos e Gláucius.

– Todos têm uma parte de culpa, porém o que estava designado a passar, passaram... Está na hora de retornardes aos vossos corpos, meus filhos, e tu, também, Gláucius; despedi-vose acompanhai-nos. Fabiana irá com Fúlvia, como veio, sem saber que era sua mãe; Marcus Július retornará comigo e com Marcus (ou Hércules), cujo nome real é Alexandre, e este, Marcus Július, era o que consideravas teu pai. Ele realmente o foi em muitas ocasiões; ficou do lado de fora da cabana, incrustada na caverna ou furna da montanha que circundava o vale dos leprosos, ansioso por ouvir teu primeiro choro; chorou quando te ouviu, chorou com Lígia, quando tiveram de te separar de tua mãe. Envolveu-te com amor, somente com o olhar, pois nem ele e nem tua mãe poderiam tocar-te. És privilegiado, possuis dois pais que te amam!

Marcus Július abraçou-se a Alexandre e chorou, dizendo-lhe:

– Quem me dera se realmente fosses meu pai, pois assim não teria de separar-me de Fabiana.

Abraçou Fabiana, dizendo:

– Minha irmã!...

Retornaram a seus corpos. Lígia acompanhou Gláucius, calada. Quando este estava próximo ao seu corpo, despediu-se dela e falou-lhe:

– Tu não sabes, porém, guardo até hoje um graveto que estava em teus cabelos, quando estivemos no lago. Ao tomá-lo nas mãos, lembro-me das peraltices que fizemos e rio-me sozinho. Terás oportunidade de vê-lo ainda.

Lígia, embora com os olhos lacrimosos, sorriu e beijou as mãos de Gláucius, e este retornou ao corpo.

Após deixar Gláucius, Lígia encaminhou-se ao encontro de Marcus Julius, a fim de ver como estava o filho querido e amado. Lá chegando, Alexandre e Hermógenes já não mais estavam no seu quarto de dormir; entretanto, encontrou Marcus Július acordado, meditando: "Incrível! Sonhei com minha mãe, amparando-me; depois vi a eleita do meu pobre coração, e algo como uma barreira... parecia que alguma coisa me impedia de abraçá-la, de acercar-me dela... Oh, tristeza! Que sonho horrível; se não tivesse nítida impressão de haver visto minha mãe, diria tratar-se de um pesadelo, não de um sonho!... Deus de infinita misericórdia, que barreira é essa que me impede de aproximar-me de Fabiana?"

Lígia ficou estupefata ao ouvi-lo; não era possível, após tanto trabalho, Marcus Július ficara preso somente naquele ponto, na visão da mãe, e no obstáculo que o impedia de ver, de abraçar Fabiana. Isso realmente era inaceitável: ver apenas pequenos detalhes de tudo aquilo que lhe fora mostrado?

Marcus Július sentia uma dor tremenda, pois em espírito estava a par de tudo; entretanto, no corpo carnal de nada se lembrava; como poderia acontecer tal coisa? Isto estava acima da compreensão de Lígia. Esta transmitiu alguns passes magnéticos a Marcus Julius, visando adormecê-lo. Não demorou muito tempo e ele desprendeu-se do corpo pelo sono físico e, logo em seguida, viu-se prostrado no colo de sua mãe; Lígia acarinhava-o e lhe dizia:

– Marcus Julius, não te lembras do que ocorreu há pouco?

– Claro que me lembro, mamãe, porém, sofro tenazmente.

– Renuncia, meu filho, renuncia, que talvez te sentirás melhor; está certo de que o que sentes por Fabiana é um amor fraternal, e o mesmo é o que ela sente por ti: todavia, confundistes esse sentimento com amor carnal, o amor sexo, e estais completamente enganados... Tu foste filho de um grande, um enorme amor, não o amor sexo que pensas. Achas, por acaso, que não me foi difícil renunciar a tão grande e belo amor? Achas que não sofri? Não era o amor fraternal que sentes em relação à Fabiana, mas o amor real, o amor feito de renúncia, o amor em que se é feliz só ao saber que o ser por nós amado está feliz e contente, tão-somente com a nossa presença. É deste amor que te falo; este é o verdadeiro amor; o sexo é apenas a conseqüência desse amor. Tu encontrarás ainda alguém que te satisfará, uma pequena e humilde jovem judia que te satisfará plenamente; possui, como tu, um intelecto elevado; possui, como tu, uma alma pura, cristã; tu ainda serás feliz! Fabiana foi suicida em outra encarnação e terá de pagar pelo que fez. Era, na vida anterior, uma jovenzinha bela, pura, porém foi conduzida aos prazeres do sexo, e deixou de lado a pureza de seu coração maravilhoso, para se enveredar por caminhos primários e pecaminosos. Meu querido, cada um terá de colher o que semeou; eu também fui suicidae tive de pagar meus débitos do passado. Queimei meu corpo na outra encarnação e, nesta, vim com um corpo deformado pela lepra, principalmente as áreas mais afetadas pelo fogo: o rosto, do lado direito, e o braço e a mão direitos; metade da minha face era bela, a outra, horrenda. Vim para pagar meus débitos; no entanto, paguei alguns e angariei outros tantos: matei, roubei por amor, a fim de que aqueles que amava, os seres queridos meus, não fossem atingidos; não tive a fé suficiente em Deus para não cometer tais atrocidades: o meu amor por Gláucius vem de há muito tempo; não é cercado pelo sexo, e sim do desprendimento e da renúncia. Minha alma tem sede dele. E, quando encontrares a eleita de teu coração, peço-te que recordes de minhas palavras; que elas fiquem gravadas em tua mente: ela irá mencionar-te o salmo 63-1, e a reconhecerás imediatamente.

– Salmo 63-1? Mas o que diz esse salmo, minha querida mãe?

–"Minha alma tem sede de ti", portanto, filho amado, repousas agora, que estou indo ao encontro de Gláucius e de Fabiana paraver como vão vivendo, e quais as recordações que trazem.

Marcus Július adormeceu de pronto, e Lígia dirigiu-se ao lar de Gláucius. Ao chegar, foi direto ao quarto de Gláucius e o viu preocupado, pensativo; então, procurou captar também os pensamentos dele, escutando: "Senhor Onipotente, sonhei com Lígia, com Fúlvia, com Fabiana, com Marcus Július: era tamanha confusão que nada compreendi. Somente vi Lígia entrepondo-se a Fabiana e Marcus Július, do que fiquei apreensivo; talvez, Lígia não quisesse que Fabiana casasse com Marcus Július, devido ao ódio que deve sentir por mim, pois casei com a sua melhor amiga".

Lígia prostrou-se de joelhos, orando e pedindo clemência ao Alto, para que orientasse Gláucius.

– Meu Deus – dizia, – dai-me forças para que eu consiga iluminá-lo; para que ele não pense dessa forma.

Começou a aplicar-lhe passes magnéticos com muito amor e carinho, e Gláucius, antes de pegar no sono, ainda murmurava:

– Lembro-me de Lígia, sim; ela trazia talvez um vaga-lume nas mãos; não sei por quê; o que representa o vaga-lume, uma luz, porventura? Um vaga-lume, sim... Certa vez peguei um vaga-lume, tirei-lhe uma das asas e o dei a Lígia para que ela visse como o pequeno inseto funcionava. Ela ficou entusiasmada com o inseto, e o levou para dentro de casa, depositou-o numa pequena caixa, colocou algumas ervas e um pequeno recipiente de água para o animalzinho. Pobre Lígia, tão ingênua... Não queria que o inseto morresse, no entanto, agora, quem sabe, sinta ódio de mim, porque nunca mais a procurei.

Lígia, todavia, conseguiu adormecê-lo. Logo que Gláucius afastou-se do corpo, mudou de atitude e Lígia lhe perguntou:

– Achas que te odeio?

– Não, deste-me muitas provas.

– Porém, quando estás no corpo, pensas de forma diversa, de nada te lembras, inclusive não te recordas que Fabiana e Marcus Július são ambos teus filhos. Gláucius, amo-te com amor puro e belo, e não quero que aches que eu te devoto alguma aversão. Gláucius, Gláucius querido, não é o sexo que me atrai a ti, e sim um amor puro, que poucos seres no mundo poderão entender. Amo-te, minha alma é sedenta de ti, nada confundas, por favor; não me faças sofrer. Somente necessito de tua presença; fico feliz somente ao tocar-te, ao sentir-te ao meu lado. Não deturpes as coisas, não penses em amor sexo, somente em amor fraternal e puro, em amor amizade. Não me negues tua presença, tua amizade. Não leves apenas a impressão do vaga-lume, que é efêmera, e sim leves a impressão primordial de que Fabiana e Marcus Július são irmãos. Agora, querido meu, durma e sossegue tua alma cansada e sofredora, que logo estarás ao nosso lado. Não te esqueças de minhas palavras, querido meu; eu vou, agora, ao encontro de Fabiana.

Lígia, ao deixar Gláucius, vai ao encontro de Fúlvia e Fabiana, e encontra Fúlvia desanimada, ouvindo mentalmente os pensamentos de Fabiana, pois esta estava revoltada e cogitava: "Que sonho sem nexo. Sonhei com minha mãe, e esperava vê-la deformada, com os olhos ressaltados fora das órbitas, pela doença, no entanto, vi-a bem bonita e dizia-me que eu não podia casar com Marcus Július; deparei com uma outra mulher a dizer-me que, após a morte, nos refazemos; que a doença está no corpo de carne; é que, talvez, eu também seja portadora de lepra como minha mãe e, por isso, não querem que Marcus Július case comigo, para não sofrer como ocorreu com meu pai. Mas não é justo, ele também é filho de uma leprosa; nasceu no vale dos imundos, por que eu é que serei contaminada?" E ao dizer isso, chorava desesperada. Embora Fúlvia tentasse adormecê-la, Lígia, por seu turno, igualmente tudo fizera, sem nada conseguir. Como que chamados pelo Alto, Hermógenes e Alexandre vieram até elas. Fúlvia e Lígia narraram o que havia acontecido. Lígia contou como acalmara Marcus Július, com a promessa de uma nova noiva. Hermógenes falou-lhe:

– Tiveste o pressentimento sobre a filha de Raquel e Animal. Esse pressentimento nada mais é que a realidade. Sabes que eles deram à filha o teu nome, Lígia?

– Não, não o sabia, embora muitas vezes as orações de Raquel e Animal chegavam até a mim, principalmente quando eu estava no umbral, e isso era um bálsamo para o meu coração; depois, quando eu estava na Terra, por diversas vezes fui visitá-los e ouvia-os cantando o salmo 63-1, e dizendo que iriam transmitir esse salmo à pequenita que dormitava em seu berço, mas nunca os ouvi mencionar o nome da criança; chamavam-na de anjo, de amor, mas nunca pelo nome.

– Estás enganada, Lígia, o salmo que cantavam era o salmo de Davi, no deserto de Judá, e que se refere ao desejo de sentir Deus.

– É esse mesmo, Hermógenes.

– Esses são os salmos 63 e 64. Referem-se ao juízo de Deus sobre os inimigos.

– Hermógenes, o número do salmo não sei, porém, de tanto ouvir Raquel cantar, muitas vezes oferecendo-o ao meu espírito sofredor, consegui memorizar a primeira estrofe; já que Alexandre está obtendo êxito em fazer Fabiana adormecer, vou procurar reproduzi-la, talvez assim ajude Alexandre; e com voz maviosa começou a cantar:

Deus, és o meu Deus,
Desde o raiar da aurora a ti procuro,
De ti tem sede minha alma,
Por ti desfalece minha carne,
Como a terra árida, esgotada e sem água.
Assim te contemplo no lugar santo,
Para ver o teu poder e a tua glória,
Porque, melhor que a vida, é a tua graça.
Meus lábios hão de louvar-te.

– Porém, Hermógenes, tenho um pressentimento, talvez uma visão: que ao encontrar Marcus Július, a filha de Raquel dirá: A minha alma tem sede de ti...

– Como disseste para Gláucius há pouco, não é?

– Sim, não o nego, e Fúlvia sabe disso...

Nisto, Fabiana, desprendendo-se do corpo, vê Fúlvia, Lígia e os demais, e diz:

– Então é verdade, terei de separar-me de Marcus Július?

– Sim, Fabiana – respondeu Alexandre, – Tu, em outra encarnação, foste minha irmãzinha querida; chamavas-te Semirâmines; eras linda, mais parecias um raio de sol, ao romper da aurora. Lígia também era minha irmã. Devido à minha ambição desvairada, incentivei todas minhas irmãs a procurarem altos partidos, a fim de que pudesse tirar-lhes os proventos.

Lígia, naquela época, apaixonou-se pelo que é teu pai; ele era casado com a que atualmente é tua mãe, incentivando-a ao suicídio, aliás, um suicídio e um homicídio, pois ela estava grávida; por esse motivo, teve de vir como leprosa e agüentar tudo o que passou, até a separação do filho amado. Tua mãe, também, teve de resgatar a dívida, como o teu pai também o terá. Se na anterior encarnação teve duas mulheres, provocando o suicídio em ambas, atualmente também as teve, porém, por pouco tempo e foi obrigado a ficar só. E tu, minha irmãzinha querida, muito cedo cedeste à prostituição; não querias filhos e abortaste-os, infringindo a lei; desdenhavas dos homens devido à tua beleza. Somente amaste realmente a um, que hoje é Marcus Július; ele te adorava, mas, ao engravidar-te, não querias que um filho viesse interferir no amor dos dois, pois tinhas um amor possessivo pelo Marcus Július, e achavas que essa criança seria um obstáculo; que não poderias acompanhá-lo a festas, a que ele estava acostumado, e tentaste, sozinha, abortá-la, ocasião em que perdeste a vida juntamente com a de teu filho. Ainda o amas, contudo, terás de separar-te dele, pois ele é teu irmão; terás de vê-lo com amor singelo e fraternal. Eu te ajudarei, prometo-te; estarei ao teu lado, sempre nos momentos difíceis, eis que sou culpado de tudo.

– Se não fosse por ti, meu querido Alexandre, tenho certeza de que não suportaria o que passei; eu te amo e sempre te amarei, irmão querido, minha alma também tem sede de ti... – desabafou Fabiana, com amargura.

– Deixemos Fabiana descansar; amanhã, as duas famílias irão reunir-se. Fábius trará Babucha, e esta contará sobre ti, Lígia, e sobre teu filho, dizendo quem é o pai de Marcus Július; e, para que tudo corra bem, Lúcius atendeu nosso apelo, e já está a caminho; sua sensibilidade captou o drama, e talvez aqui chegue à noitinha.

– Graças a Deus! – murmuraram ao mesmo tempo Fúlvia e Lígia, pois para ambas Lúcius era o bálsamo esperado para cicatrizar todas as feridas.

– Por que, Hermógenes, eles não se lembram do que procuramos transmitir-lhes esta noite? Marcus Július lembrava-se de mim, no sonho, e de uma barreira separando-o de Fabiana. Gláucius trazia mais na recordação o vaga-lume que eu tinha mencionado, antes da chegada de todos. Fabiana achava que ficaria leprosa e que a mãe a forçaria a separar-se de Marcus Július. Por que tudo isso? – indagou Lígia.

– Os encarnados encaram tais acontecimentos como sonhos, e agarram-se aos símbolos, às coisas que mais os impressionaram.

Lembro-me de, certa feita, procurar elucidar uma alma afim, e tentei fazê-la ver que o empreendimento que iria realizar era por demais perigoso: que se, no entanto, tivesse o cuidado de tirar as pessoas que poderiam ocasionar-lhe a queda moral, esse empreendimento seria tão inofensivo como uma mimosa flor; que antes teria de tirar do caminho o veneno de cobras asquerosas. Pois bem, ao acordar, ele somente lembrou-se de que estava tirando o veneno de uma cobra, que se havia enrolado na haste da flor. Todavia, os ensinamentos ficaram gravados em seu espírito e, no momento oportuno, ao ver os fatos consumados, teria a impressão de já ter passado por tudo aquilo, como se fosse repetição daqueles fatos. Vamos mudar de assunto: amanhã à noite, uma missão teremos de cumprir; depois que todo este assunto for resolvido, tu, Lígia e Alexandre tereis de ir ao umbral e de lá tirar o empregado do cônsul Marcus, aquele que procurou impedir o suicídio de Flávius e, se possível for, tirar também Flávius, que, ainda cego e surdo, tateia naquele vale de dor... Enquanto isso, eu e Fúlvia tentaremos tirar Lídia e Plínio.

– Por que não posso libertar minha irmã, e Fúlvia, o seu irmão? – perguntou Lígia.

– Fúlvia poderia remover o irmão, mas tu não podes agora sacar Lídia.

– Mas por que, Hermógenes? Ela é minha irmã querida.

– Pode ser querida tua, porém, não és querida dela. Lídia te odeia!

– Por que, Hermógenes, se eu fui a única prejudicada, e já a perdoei, e muito tenho orado por ela?...

– Isso vem de longe, Lígia; é possível que leve milênios para que ela te perdoe. Tu a perdoaste, mas ela não. Vamos descansar e ver como nossos queridos irão portar-se amanhã.

Descansaram. Amanheceu uma bela manhã primaveril. Gláucius e Fabiana, que iam oferecer um almoço a Marcus Július e sua família, a fim de que o rapaz expusesse aos avós a pretensão de casar com Fabiana, acordaram mal-humorados, apáticos, com a sensação de que algo não iria dar certo. Finas iguarias haviam sido preparadas; o filho de Gláucius incumbiu-se de selecionar os vinhos. Fabiana, pessoalmente, preparou o peixe de que Marcus Július gostava; Gláucius fez questão que preparassem olhos de águia embebidos em mel, do qual era apreciador, e carneiro em néctar de ervas.

Os convidados chegaram e desta vez trouxeram Babucha, que ajudara a criar Marcus Julius, porém, nada haviam contado a ela, esperando fazer-lhe uma surpresa; Babucha tratava Marcus Július como se fosse ainda uma pequena criança.

No meio da alegria geral, foram servidos os comensais.

Babucha observava Fabiana e Marcus Július e pensava: "Não nega que são irmãos; mas, o meu pequeno Marcus Július é mais bonito. Só ao ver o seu sorriso, as covinhas que possui, a boca pequenina, a pele de pêssego de sua mãe, o formato do rosto, ah! Como é belo meu menino; além da beleza, possui o gênio da mãe, gosta de brincar, ama a tudo e a todos. Ah, pequenina Lígia! Só não possui as convulsões que tiveste, graças a Deus, senão Lígia Alexandra não iria gostar tanto dele".

Lígia, espiritualmente ao lado de Babucha, dizia:"Bá, não fica calada; na hora certa, revele o que te pedi, ainda que fosse meu segredo. Pelo amor de Deus, Bá, remedeie o que eu estraguei; não importa que tenhas jurado; pior pecado é aquele que querem que se concretize".

No final do almoço, Gláucius saúda os comensais e, ao erguer uma taça de puro ouro, fala:

–Vamos brindar ao enlace destes nossos queridos filhos, Fábius.

Babucha olha para um e para outro, com os olhos estatelados, engasgando-se com um naco de pão. Todos sorriam, e Fábius disse-lhe:

– Como vês, Babucha, Marcus Július já não é o bebezinho que pensas que é; ele nem pode sair que tu já vens com uma enorme lista de recomendações; ele já é um homem e irá casar com Fabiana, esta bela moça, filha do senador Gláucius.

– Mas, não pode!...Vocês estão cegos... Olhem bem para o rosto da moça, para o rosto de Marcus Július, e para o senador Gláucius, e digam-me o que vêem?...

Fábius respondeu:

– Os três possuem olhos azuis. Que tem isso?

– Mas, senador Fábius, olhe para o formato dos olhos, a cor azul-violeta, a pigmentação ao redor da pupila... Olhe para o porte do senador Gláucius, o tórax, os bíceps, e o que vês, senador Fábius?

– É, Babucha, tens razão, Marcus Július possui o mesmo corpo atlético do senador Gláucius, e os mesmos olhos de Fabiana e Gláucius, porém, o que tem tudo isso?

– O que tem – disse Babucha, de sopetão, – que a minha pequena Lígia me perdoe por faltar a um juramento que fiz a ela, mas tenho a revelar que Marcus Július é filho do senador Gláucius.

Houve um assombro geral. Entretanto, Marcus Július, Fabiana e Gláucius tinham a impressão de estar revivendo tais circunstâncias. Babucha começou a contar tudo o que sabia sobre Lígia: o passeio que dera no lago, onde pertencera de corpo e alma a Gláucius. A gravidez escondida por vergonha dos pais, o princípio da lepra. Lígia Alexandra e Fábius choravam copiosamente ao saber o que a filha passara sozinha. Babucha, que soube o que aconteceu com Lígia, por intermédio de Raquel, que, após ficar curada, foi um dia ver o pequeno Marcus Július e narrou o que Animal, seu esposo, agora convertido, e outros homens pretendiam fazer com Lígia após tirarem sua túnica. Contava como foi o nascimento de Marcus Július, o sofrimento de Lígia a separar se do filho, a dedicação de Alexandre em relação à Lígia, sem exigir nada em troca, e que ele sempre a protegera e perdera a vida tentando salvá-la.

Gláucius sentia-se pequenino, um verdadeiro carrasco, o culpado de tudo e chorava nervosamente.

Lígia, ao seu lado, transmitia eflúvios balsamificantes, enquanto Fúlvia procurava atenuar o sofrimento de Fabiana e Marcus Július. Lígia sussurrava no ouvido de Gláucius:"Os momentos que passei ao teu lado sobrepujaram quaisquer dores que senti, meu querido; não te recrimines. Se tivesse de passar por tudo de novo, eu o faria, contanto que eu o tivesse um pouco ao meu lado, pois minha alma tem sede de ti."Gláucius respondia-lhe:"Lígia, perdoe-me o quanto te fiz sofrer, eis que nunca irei esquecer-me do dia em que te vi toda de rosa, em contraste com tua pele alva e faces coradas; nunca irei esquecer-te!"

Marcus Július e Fabiana, abraçados, choravam. Fabiana dizia:

– Alma de minha alma, não poderei ser tua esposa, pois sou tua irmã e somos cristãos; contudo, não sei se o amor fraternal irá contentar-me; como sofro. Deus meu! Por isso somos parecidos: por isso temos os mesmos gostos!...

Lígia e Fúlvia, no plano espiritual, choravam, abraçadas. Por seus filhos, porém, no coração de ambas existia uma esperança enorme: Lúcius. Lúcius logo estaria ali, provavelmente quando todos estivessem ainda juntos. Gláucius saiu com Fábius, para contar-lhe tudo o que sucedera. Fabiana e Marcus Július saíram abraçados para o jardim, onde tanta promessa de amor ouvira. O jovem Gláucius, com os olhos marejados de lágrimas, ao ver o sofrimento da irmã, retirou-se para seus aposentos. Babucha e Lígia Alexandra ficaram conversando. Lígia Alexandra sentia-se culpada de tudo, por ouvir Lídia e ter abandonado Lígia. Babucha expunha tudo o que sabia, mas Lígia Alexandra queria saber nos mínimos detalhes; assim, cada vez mais, inquiria Babucha. Hermógenes notificara Lígia e Fúlvia que Lúcius estava próximo; esta informação renovou o alento das duas, que viam em Lúcius o salvador de tudo, de tudo que consideravam perdido.

Fúlvia e Lígia prostraram-se de joelhos, agradecendo a Deus o consentimento do Alto, por permitir que Lúcius viesse ao encontro delas. Ficaram, ainda, algum tempo observando o modo pelo qual Gláucius, Fabiana e Marcus Július encaravam as coisas reveladas. Hermógenes penetrou no recinto, sorrindo, e disse:

– Lúcius está chegando; isto é muito bom, pois à noite teremos o trabalho que já lhes mencionei.

Lúcius, de fato, vinha chegando numa biga puxada por dois fogosos cavalos. Marcus Július e Fabiana foram os primeiros a vê-lo aproximar-se da esfera dos encarnados; no entanto, o plano espiritual estava a postos para recepcioná-lo. Lúcius, médium clarividente, viu os amigos desencarnados e disse em voz alta:

– Benditos sejais, meus irmãos, meus filhinhos queridos, como estou contente em rever-vos tão próximos! Pois eu sempre vos via no plano espiritual; e não tinha oportunidade de conversar com os meus filhinhos tão queridos de mais perto.

Marcus Július e Fabiana estavam próximos ao local em que Lúcius se encontrava; entreolharam-se perplexos e Fabiana disse a Marcus Július:

– Lúcius deve estar ficando velho, eis que está a conversar sozinho, e tampouco notou nossa presença.

Lúcius, além de clarividente, era telepata por excelência, e passou a responder em voz audível para que ambos escutassem, pois Fabiana havia feito aquela observação quase como um sussurro.

– Não, Fabiana, não estou ficando velho, tampouco estou falando sozinho. Vejo o que tu e Marcus Július não vedes; estou falando com vossas mães, meus queridos. Lígia está bela, esplendorosa, mais jovem, nem parece que foi tua mãe, Marcus Július. Fúlvia está com o semblante refeito, está alegre e feliz, por se achar perto de ti e de teu irmão. Ambas estão aqui para ampará-los de uma notícia nada agradável para os dois.

Aproximando-se, Marcus Július perguntou:

– Como soubeste, se mal acabaste de chegar, e não tiveste tempo de conversar com qualquer de nós?

– Marcus Július, achas, por acaso, que o plano espiritual fica parado, esperando que tudo aconteça? Não, meu amigo, o plano espiritual tudo faz para ajudar os seres encarnados, no que estiver ao seu alcance, sem interferir no livre-arbítrio de cada um. Meus queridos, antes de saberdes, eu já estava a par das revelações efetuadas, hoje, por Babucha. Tudo que se passava convosco, que são pessoas muito queridas ao meu coração, com as quais tenho afinidade, eu tomava ciência. Portanto, meus queridos, o que tenho a dizer-vos, meus filhinhos, é que vos amo muito. Sei que sofrestes um abalo muito grande, no entanto, o que nutriam um pelo outro era o verdadeiro amor, o amor fraternal; pensastes, todavia, meus filhinhos, que esse amor tinha um fundo sexual; queríeis, então, casar, mas o amor que os unia era o amor fraternal, livre de todos os males que assediam os seres encarnados. O amor é uma coisa bela e santa, que deve existir no âmago de todos os corações, não importando a raça, a cor, a posição social; todo ser encarnado possui, no âmago de seu ser, um canto onde esse amor poderá se alojar. Infelizmente, as pessoas fecham o coração a esse amor puro, e procuram infiltrar o egoísmo nesses endurecidos corações. Jesus, quando aqui esteve, pregou esse amor e, ainda mais, praticou com humildade bons atos, ensinando-nos a ser modestos, ensinando-nos a não fazer ao próximo o que não quiséssemos para nós mesmos. Ensinou-nos, ainda, a amar o próximo como a nós próprios. Será que o próximo é o que está em nosso lar? Ou o próximo são todos os seres habitantes do globo terrestre, e os seres habitantes de outros planos, planetas, galáxias. Pois Ele ainda nos ensinou que:"Na casa de meu pai existem muitas moradas." Marcus Július e Fabiana, vocês nascestes como irmãos por parte de Pai. Deveis dar graças a Deus por Ele voss proporcionar tal dádiva, ou seja, a de reencarnardes juntos e poderdes juntos trabalhar em prol do bem, do amor, da caridade. O amor é o antagonismo do ódio, do orgulho, da vaidade. O amor a tudo suplanta, e o verdadeiro amor é feito de renúncia, em favor do ser amado. Filhinhos sei que estais com o coração machucado, contristados pelo que soubestes hoje. No entanto, fostes preparados espiritualmente para tal evento. As vossas mãezinhas prostraram-se de joelhos, a fim de pedir em proveito de seus filhos amados. Ah! Queridos filhos, se todos possuíssem no âmago de seus corações o amor puro como o amor de mãe, que bom seria; o mundo seria bem melhor, pois estaria repleto de renúncia; ficaria isento da vaidade, do orgulho, da prepotência; se soubessem como o amor materno é santificante, todos queriam ter esse amor no coração. Eu poderia citar o amor sagrado de Jesus, que serviria de exemplo para todos vós. Porém, nenhum de vós iria sacrificar-se em favor do próximo. Entretanto, Jesus fez isto; deixou-se crucificar em defesa da humanidade, em favor de todos nós; e estou ciente de que vós não poderíeis fazer, e não terieis forças para tal.

Marcus Július perguntou a Lúcius:

– Lúcius, tu nos disseste, há pouco, que nossas mães estão aqui presentes, e que elas estão recuperadas, como pode ser isso?

– Marcus Július, a doença existe somente no corpo carnal; quando o espírito vê-se liberto desse fardo carnal, pesado, e possui o esclarecimento necessário, vê-se também despojado da doença que o aflıgia e, na maioria das vezes, conforme esteja trabalhando, produzindo para o bem de todos, vai aos poucos rejuvenescendo.

Marcus Július abraçou Lúcius e de seus olhos jorravam grossas lágrimas; Fabiana soluçava e pediu a Lúcius:

– Ajuda-nos, querido amigo, a tirar tudo o que tínhamos em mente, o plano de constituir uma família, enfim, de ser felizes, pois não contamos com ânimo para tanto.

– Fabiana, querias constituir uma família, mas, a família já está constituída; tens dois irmãos, tens um pai que te ama, terás também avós, já que perdeste teu avozinho Marcus, pois ganharás Fábius e Lígia Alexandra, nessa linha de parentesco.

Fabiana abraçou Lúcius e ficou feliz com o esclarecimento por ele prestado. Tinha a esperança de encontrar posteriormente um ser que pudesse preencher o vácuo existente em seu coração. Marcus Július lembrou-se do que sua mãe lhe havia dito. Recordou-se de que sua genitora tinha mencionado que a moça cantaria um salmo, e que lhe diria:"Minha alma tem sede de ti..."Lúcius sorriu ao captar o pensamento de Marcus Július; aquilo somente poderia advir de Lígia, de sua pequena Lígia, de modificar até mesmo o salmo de Davi. Olhou para Lígia e lhe afirmou:

– Somente tu poderias ter tal idéia, Lígia; sei que tu induzirás a moça a modificar o salmo, porém, também o sei, que não estás interferindo no livre-arbítrio de teu filho, pois ele realmente tem por finalidade encontrar tal pessoa.

Marcus Július entendeu o que Lúcius queria dizer, mas Fabiana, que somente ouvira a resposta do pensamento de Marcus Július, nada entendera do que Lúcius dissera. Gláucius e Fábius avistaram Lúcius e vieram, a toda pressa, ao seu encontro. Lígia e Fúlvia abraçaram-se contentes, por verem o amigo trazer a paz tão almejada.

Logo após, Gláucius e Fábius acercaram-se de Lúcius o filho de Gláucius, Lígia Alexandra e Babucha. Gláucius falou para Lúcius.

–Vamos sentar-nos no alpendre, onde ficaremos melhor acomodados.

Para lá se dirigiram Marcus Július, Fabiana, Gláucius, seu filho, Fábius, Lígia Alexandra e Babucha.

– Lúcius – disse Gláucius, – Babucha revelou-nos uma coisa de suma importância e eu queria saber de ti se...

– Já sei, queres que eu confirme ou não se Fabiana e Marcus Július são teus filhos e, naturalmente, irmãos?

– Fabiana contou-te? – indagou Gláucius.

– Não, vim a chamado, a pedido de Lígia e Fúlvia.

– Mas elas estão mortas – observou Gláucius.

– Materialmente sim; espiritualmente estão mais vivas e ativas do que tu. Já mencionei a teus filhos que elas estão em perfeitas condições espirituais, livres de quaisquer males ou doenças deformadoras, pois a salvação do corpo é restrita, enquanto a salvação do espírito não tem limites. Quanto a Marcus Július, eu confirmo, ele é teu filho e Lígia sabia disso antes de sair de casa, antes de manifestar-se a doença, e foste tu Marcus Július que deste alento à tua mãe para que ela continuasse a viver; foi por esse motivo que Lígia saiu de casa, pois ela te amava muito, Gláucius, e não queria obrigar-te a uma união imposta; todavia, tinha esperanças de que irias procurá-la, pelo menos, que fosses de longe para vê-la; ao mesmo tempo, não queria que guardasse a sua imagem deformada.

Lígia tinha os olhos espirituais marejados de lágrimas, pois Lúcius sabia expressar o que ela passou melhor do que ela própria. Lúcius continuava:

– Lígia saiu de casa por ti, Lígia Alexandra, por ti Fábius, pois não queria vê-los entristecidos com a desonra; preferia que todos soubessem que era leprosa, do que tomarem conhecimento de sua decadência moral. E tu, Marcus Július, e tu, Fabiana, ambos são jovens, e confundistes o amor fraternal com o espiritual, mas logo aprendereis que o amor é renúncia em prol do ente amado. Lígia amou e renunciou; Alexandre, no vale dos leprosos, também amou e renunciou. Ambos tereis de se amar e se renunciar reciprocamente, e transformar esse amor em amor puro e fraternal.

– Mas, é um grande sofrimento para os dois! – replicou Gláucius.

– Quem, porventura, passou na terra e não teve sofrimentos? – disse Lúcius.

"Quem tem fé em Deus não deve lamentar o passado, nem preocupar-se com o futuro; observai as avezitas no firmamento, não possuem moradia fixa, às vezes seus ninhos são depredados, não amealham proventos para os dias futuros, no entanto Deus, Pai Magnânimo, as provê. Deveis esmerar-vos, meus filhinhos, pois, sem esse esmero, pedra preciosa não passa de um pobre e feio cascalho. Vamos ter, Gláucius, Deus como força, e o amor ao próximo, como bengala, e nada temeremos. Quando todos os corações se religarem a Deus, num amor uníssono, a Terra deixará de ser planeta de provas e expiações e será o início da paz terráquea. Todo ser humano possui um caminho a percorrer, uma meta a ser realizada: é necessário acautelar-vos para não serdes levados por falsas ilusões, pelo orgulho, pela vaidade que podem prejudicar o próximo, e, se enveredarem por tais caminhos, deveis clamar pela luz divina de Deus, e poderemos perceber as coisas que foram distorcidas pelo mal, e perceber as dádivas de Deus a envolver-nos, e termos o meigo Cordeiro para nos dar o exemplo e nos ensinar. Se pregamos o amor, a misericórdia, o perdão, a benevolência e não os praticamos, nossas palavras serão de menor intensidade que a branda e amena aragem, que às vezes passa e não é sentida. Não vagueeis pelas trevas, pois podeis encontrar à vossa frente um abismo. São vis as pessoas que não se envergonham de causar conflitos; clamai, portanto, em situações difíceis, à misericórdia divina, pois ignorantes são os que semeiam o mal, eis que colherão sofrimento; mesmo que consigam se ocultar dos olhos dos outros, não poderão fazê-lo com Deus. A causa da doença de vossas mãezinhas, meus filhinhos queridos – falou Lúcius dirigindo-se a Fabiana e Marcus Július – são máculas do espírito que tiveram de expurgar para polir".

"Meus filhinhos, não vos deixeis arrastar pela ambição desmedida, pois essa, bem depressa, vos deixa fugir das mãos a felicidade eterna. Quando o ser humano procura a felicidade somente na matéria, esta escorrega de suas mãos, e perdeis a felicidade do espírito, que é eterna. Portanto, deveis amar a vida e o que de belo ela vos oferecer; se ajudardes o próximo, estareis poupando felicidade espiritual, pois nobre é aquele que coloca a ventura do próximo em primeiro lugar, permanecendo-se em plano secundário, A única coisa que constrói e edifica é o amor, principalmente o amor sincero, o amor renúncia. Amor, fé, sinceridade e esperança são os votos que desejo a vós, unindo a isso tudo a justiça divina. Eu acompanhei Babucha ao vale dos leprosos; ouvi os lamentos de Lígia; ouvi os primeiros choros de Marcus Július; via a dor da separação da mãe e a do filho, no qual nem podia tocar. Lígia e Fúlvia muito sofreram, porém, saldaram algumas dívidas e adquiriram outras, e agora vão ter de reencarnar, para pagar os débitos que ficaram para trás; prezam os céus que consigam saldar tudo antes da Nova Era".

Prostrando-se de joelhos, Lúcius implorava ao Alto:

– Senhor, Deus meu, protege os teus filhos! Afasta-os do mau caminho em que, às vezes, se enveredam sozinhos. Deus de clara beleza, contamos com a tua presença. Sem ela, Senhor, nada somos, nada fazemos, nem mesmo ultrapassamos os sonhos. Infiltra nesses corações condoídos o amor, a ternura, a bondade, a pureza, a esperança e a honestidade. Graças te dou, Senhor, por teres permitido que eu reencarnasse, para aplacar a dor destes irmãos. Incumbiste-me, Deus meu, de orientar estes teus filhos na longa estrada da vida, durante a meta percorrida, para que eles não trilhassem por caminhos incertos, que os levariam ao mal, às trevas! Jesus amado, por todos idolatrado, quando vieste à Terra, que todos os ensinamentos encerra, viste estes nossos irmãos em uma outra encarnação; apontando-os, disseste-me:"Vês aqueles irmãos? Reencarnarás e os protegerás com todo amor que possuíres no coração". Pois bem, Jesus, creio que os estou iluminando, para que não sigam errando. Conto, porém, com tua luz, Senhor, e com o teu imenso amor. Que a natureza em flor transmita muito amor nesta tarde primaveril, em coração juvenil. Que ao iniciarem a jornada de sua longa estrada, os espinhos mais ferinos sejam acobertados, que sejam por múltiplos motivos amenizados e que sejam afastados os seus entraves. Que teus aromas, Senhor, pairem sobre estas pessoas com amor e, se possível, tirando-lhes a lancinante dor. Que os encarnados e desencarnados por ti sejam amparados e que os teus aromas os mantenham cada vez mais irmanados. São almas afins, Senhor, que, juntas, burilam-se na dor; cumpriram alguns a sua missão, com grande dor no coração.

Emanações benéficas vinham do Alto e todos sentiram um arrepio. Se entre eles houvesse um médium vidente, ficaria maravilhado, pois o espetáculo era surpreendente.

Querubins entoavam hinos de amor, pondo na voz clara, transparente, todo o ardor. Os que ali presentes estavam sentiam o coração leve, reconfortado. E, assim, mais uma vez Lúcius deu uma lição de pureza, de grandeza d'alma, de amor, àqueles que foram postos sob seu comando, pelo Senhor. Quem passasse por ali, veria um alpendre, além de florido, todo colorido pelas mais variadas nuanças, e extasiados ficariam por alguns instantes!...

Capítulo XXIV

No umbral

"O trabalho, na Terra,
Coadjuvado com o plano espiritual, tudo encerra,
Porém, os que pensavam que desencarnar
É parar de sofrer, de trabalhar, é descansar,
Ficarão desiludidos,
E com o ritmo de trabalho, aturdidos."

Após a prece, Lúcius entrou e lhe foi servida uma farta refeição. Durante o almoço, contava aos presentes as peripécias por que passava. Os corações, que antes estavam tristes, abatidos, sentiam-se agora aliviados, e uma paz renovadora pairava ao redor de todos. Tinha-se a impressão de que somente com a presença de Lúcius emanava-se a paz tão necessitada por todos. Hermógenes chamou Lígia, Fúlvia e Alexandre e lhes disse:

– Aqui reina a paz e a harmonia; por hoje, o nosso trabalho terminou na casa de Gláucius; sei que os amigos gostariam de aqui ficar e desfrutar da conversa amena; no entanto, temos de cumprir nossas tarefas. Tu, Lígia, juntamente com Alexandre, irás ao vale dos suicidas para ensinar Flávius, e, dependendo da situação em que ele estiver, tirá-lo de lá; porém, o principal é remover o serviçal que é surdo e mudo, que está agregado a Flávius, pois era um fiel servidor do cônsul Marcus, e somente tem em mente a ordem que o cônsul lhe dera, de tomar conta do filho, determinação esta que o serviçal lera nos lábios do próprio cônsul. Eu e Fúlvia, também, iremos até lá; mas depois, tomaremos caminhos diversos à procura de Lídia e Plínio, que se divertem em trabalhar na senda do mal. Sei que tu querias ir, Lígia, mas como te expliquei é difícil, pois Lídia te odeia... Veremos o que se pode fazer! Peço-vos, por favor, ao passarem pelo umbral, que permaneçais em silêncio. Vamos nos comunicar por meio de sinais. Ao entrardes no vale dos suicidas, apresentai-vos com as vestes rotas aos carrascos, assim eles nos tomarão também por suicidas. Toda cautela é pouca, vamos com o pensamento firme em Jesus.

Lúcius, que estava conversando e, ao mesmo tempo, acompanhando o movimento do plano espiritual, interrompeu a narrativa orientadora e disse:

– Que Jesus vos acompanhe!

– Com quem estás falando? – perguntou Gláucius.

– Com tua esposa, com Lígia, com Alexandre, que serviu de pai para teu filho, e com Hermógenes, amigo espiritual, que partem em uma missão.

Assim foram os quatro em direção ao vale dos suicidas; contudo, antes teriam de passar pelo umbral... O quarteto ia em silêncio, imerso apenas em seus próprios pensamentos. Hermógenes, o mais evoluído do grupo, captava todos os pensamentos dos demais; Alexandre conseguia interpretar alguns pensamentos de Hermógenes; este, por sua vez, tentava emitir as idéias aos poucos, para que Alexandre pudesse entendê-lo. Hermógenes parou de repente, fazendo sinal de silêncio; aproximou-se de Lígia e colocou a mão direita sobre sua fronte, pois esta tiritava de medo, recordava-se daquele caminho e arrepiava-se; recordava-se do umbral tenebroso, lembrava-se do vale dos suicidas, onde, após diversas encarnações em que falhara e abreviara a vida por diversas formas, permanecera como marionete nas mãos de carrascos implacáveis. Hermógenes, com a mão direita em sua fronte, orava, pedia clemência ao Alto, em prol de Lígia, rogando ajuda e que fossem afastados de sua mente tais pensamentos, os quais poderiam destruir o plano de serviços que tinham a incumbência de executar. Nisso, Fúlvia virou-se para Hermógenes e o inquiriu:

– Mas, o que estás fazendo?

A voz de Fúlvia parecia ter eco; houve uma retumbância no local, em razão do que começaram, então, a ouvir gritos, gemidos como ranger de dentes, impropérios, brados clamando por socorro; a pequena e estreita estrada, pela qual transitavam, era ladeada por um lodaçal, de onde emergiam mãos pedindo clemência e ajuda... Eram mãos encarquilhadas, que pediam com sofreguidão que as ajudassem a sair daquele pântano malcheiroso. Fúlvia, embora tivesse passado pelo umbral e pelo horrível e tétrico vale dos que tiraram a própria vida, o vale dos suicidas, nunca houvera observado aquele espetáculo tenebroso do lado de fora. Hermógenes fez sinal para que ficassem parados e em silêncio. No entanto, uma mão encarquilhada de um senhor idoso agarrara a perna de Fúlvia e a puxava; Fúlvia ia gritar, quando Hermógenes tapou-lhe a boca. Ficaram alguns minutos parados silentes, e o tumulto das entidades também cessou imediatamente. Eles, ao ouvir a voz dos transeuntes, agiam dessa forma horripilante. O lugar era medonho, interpenetrado de grossa e sufocante névoa, o sol, em formato de grande e vermelho-pálido disco, parecia não transmitir nem luz nem calor. Algumas árvores retorcidas e ressequidas apareciam de espaço a espaço, sem folhagem, e davam ainda um aspecto mais fúnebre ao local. Fúlvia estava apavorada com a cena aterrorizante que lhe era dado observar. Não se lembrava de coisa alguma que já houvesse passado; tinha a impressão de ver aquilo tudo pela primeira vez. Hermógenes acenou para que continuassem e, em sigilo, foram para o vale dos suicidas. Este era profundo em relação às altas montanhas que o rodeavam; a comitiva enveredou-se por um caminho tortuoso, numa descida violenta; Hermógenes facilmente levitaria, porém, não só pensava no quanto os outros teriam de andar como qualquer ser encarnado, como também, por espírito de legítima fraternidade, acompanhava-os a pé. E, trôpegos, desciam, escorregando pela mesma estrada íngreme. Chegando ao vale, apresentavam suas túnicas sujas, rotas, completamente diversas das que estavam usando. Hermógenes mostrava-se claudicante, meio corcunda; parecia um ser deformado, na aparência. Lígia apresentava a face tal qual era quando encarnada, o lado direito todo repuxado; Fúlvia, com o rosto também deformado, com os olhos ressaltados, revelava um aspecto horripilante. Alexandre exibia as mãos corroídas e encarquilhadas. Assim prosseguiam a jornada sem que ninguém os parasse; em certo ponto, Hermógenes sussurrou para os demais:

– Eu e Fúlvia iremos pelo lado esquerdo, e vós tomareis o caminho do lado direito; nas grutas ali existentes, prisioneiro, encontra-se Flávius, em companhia dos demais suicidas; ao lado dele, encontra-se o serviçal a quem já me referi. Pensai em Jesus com fé, para que consigais entrar sem que ninguém vos impeça de fazê-lo. Ide com Jesus e que Ele vos ampare, se necessitardes de ajuda, Alexandre, pensa firmemente em mim, que eu me comunicarei com outros irmãos que auxiliam neste local e, em poucos segundos, eles vos estarão auxiliando. Que Deus vos ampare, portanto.

– Que ampare a ti também e a Fúlvia igualmente – murmurou Alexandre.

– Daqui para frente, não pronuncieis o nome de Jesus, mas somente o fazei com a mente e mantendo a imagem Dele em vosso coração.

Lígia e Alexandre seguiram o caminho que os levava às grutas; lá chegando, encontraram a caverna onde estava Flávius, adormecido; de seu peito jorrava sangue em abundância, espetáculo que Lígia e Alexandre assistiam tomados de enorme pavor. Espíritos vampirizadores o rodeavam, tentando sugar-lhe o fluido vital que lhe emanava do corpo. Lígia sentia-se no lugar de Flávius, com a sensação de que era ela própria que ali estava; tremia toda, experimentava um calor gigantesco a percorrer-lhe o corpo; lembraram-se então das palavras de Hermógenes: que pensassem em Jesus, que lhes permitiria se tornassem invisíveis aos entes que serviam de guardas naqueles sítios umbralinos. Dessa forma, ultrapassaram as grades que cercavam a gruta onde Flávius estava. Acercaram-se dele e, mentalmente, conversavam com ele. Tal modalidade de diálogo era obtida pelo fato de Flávius estar em campo vibratório de menor freqüência do já conquistado por Lígia e Alexandre.

– Flávius – dizia Lígia, – olha, estou aqui perto de ti, vê se me reconheces?

– Não te posso ver, estou cego!

– Estás cego? Recordo-me que eras surdo também, no entanto, me ouves! Como se explica isso? – perguntou Lígia.

– Estou sonhando novamente... Onde está meu pai?... Onde está minha mãe?...

– Tua mãe faleceu quando eras pequenino; teu pai igualmente faleceu; tu próprio não mais pertences ao mundo dos encarnados. Tu, também, estás morto. Vê se aceitas isso!... Tateia minha face e nota como agora ela está perfeita...

Lígia modificou então o seu rosto, tornando-o perfeito; pegou a mão direita de Flávius e a colocou por sobre a face. Flávius tocou o rosto de Lígia e sentiu sua pele perfeita, o que lhe causou vertiginoso e incontido choro. Lígia enxugou suas lágrimas, enquanto lhe dizia:

– Crê-me agora, ou precisas de mais provas? Tu és um incrédulo como teu cunhado Gláucius, que sempre quer o imediato resultado daquilo que pretende demonstrar, mas nem sempre isto é possível! Portanto, caro amigo, se me ouves, seria por tateares meus lábios ou é por que me ouves realmente? E agora, por que não procura ver-me? Por que receias descerrar os olhos para enxergar de imediato como queres? Todavia, para que não venhas ter um choque maior, vá descerrando, aos poucos, teus olhos carentes de fé no amor de Jesus e em Deus, o Supremo Criador. Abra-os, por favor, e acredita-me no que te digo.

Flávius abriu os olhos, descerrando-os devagarinho, e disse:

– Estou sonhando!... Não é possível estar acontecendo estas coisas em torno de mim; disseste-me que morri, contudo, vejo-me cercado de pessoas, todas sofredoras, padecendo de horríveis atrocidades; percebo a presença de um senhor perto de ti, Lígia, alto, forte e loiro, de olhar complacente e bondoso, e, em volta de mim, numerosas pessoas; estou numa cela, em cuja porta encontra-se um carrasco, de sentinela; o que ele está fazendo, meu Deus?... Por que pesadelo estou passando... Não é possível tal coisa... Como poderemos atravessar essas grades?

– Com o pensamento firme em Jesus e em Deus, assim, tornar-nos-emos transparentes.

– Pensa em Jesus, Flávius, pensa por um instante apenas – disse Alexandre.

– Não posso, a agonia avassala-me a alma, deixando-me prostrado pela dor.

– Tenta – replicou Lígia, – tenta...

Flávius fez um esforço enorme, distendendo excessiva cota de energia, em razão do que veio a desfalecer. Alexandre juntamente com Lígia começaram a emitir aromas sobre o modesto serviçal, que estava sentado à pequena distância da cama de Flávius, fazendo-o despertar e, logo em seguida, ajudando-o a fixar sua visão nos visitantes.

– Não te assustes – disse Lígia. – Não me conheces, nem eu te conheci anteriormente, porém, estamos aqui em teu proveito; pode falar, nada te impede; pode ouvir-me, pois é isso que estás fazendo agora; não devias estar neste vale dos suicidas, uma vez que não atentaste contra tua própria vida; entretanto, a devoção que mantinhas pelo cônsul Marcus, e ao teu querido Flávius, impeliu-te a acompanhá-lo até a este vale árido. Tem fé em Jesus, no mesmo sentido em que me ouves; poderás, também, articular o nome do meigo Cordeiro de Deus. Tem fé e pronuncia o nome Dele!

– Jesus, Jesus, ajuda-me e auxilia Flávius também! – disse a chorar.

Alexandre falou a Lígia:

–Vamos aproveitar do insólito momento e tirá-lo deste antro.

Ao que Lígia, de imediato, perguntou:

– E Flávius?

Flávius ficará mais um pouco; em seguida, voltaremos, a fim de removê-lo daqui também. Vamos, pois, aproveitar o ensejo. Vamos, com o pensamento em Jesus, os três agora nos transportar para fora destas grades.

Assim o fizeram, deixando para trás aquele vale de sofrimento. Tão logo se viram fora do vale, puseram-se a andar, o serviçal apoiado em Lígia e Alexandre. Este pensou em Hermógenes, indagando-lhe mentalmente como faria para subir o íngreme caminho transportando aquele infeliz irmão. Imediatamente, em resposta a esse pensamento, entidades maravilhosas, de aspecto sereno, embora trajadas de vestes rotas, num grupo de três pessoas, alçaram todos pelos braços e levitaram com incrível rapidez, atingindo, em reduzido espaço de tempo, uma extensa e larga estrada, cujas laterais não se conseguiam divisar, devido ao descomunal tamanho desta. Andaram em direção da cidade astral que habitavam. No meio dessa enorme estrada, segundo o plano de socorro preestabelecido, já as aguardavam bondosos irmãos portando padiolas, a fim de conduzir nosso irmão, o ex-hóspede do vale dos suicidas, à cidade astral. Alexandre e Lígia voltaram para buscar ou tentar trazer Flávius, em idênticas condições. Voltaram e repetiram fielmente todos os lances que haviam desempenhado no caso do serviçal que se achava ligado por laços afetivos ao cônsul Marcus. Novamente, entraram na cela de Flávius, que, ao vê-los, disse mais diretamente à amiga de longa data:

–Tens razão, Lígia, estou vendo, estou ouvindo!... Estás com a razão, não estou sonhando como havia pensado anteriormente. Estou feliz, tenho vontade de rir, de cantar; não sabes como e quanto estou feliz!...

Disse tais palavras gritando, com tanta emoção, que despertou a curiosidade dos carcereiros, os insensíveis carrascos daquele vale de lágrimas. Alexandre, então, disse a Lígia:

– Não te perturbes; pensa em Hermógenes e principalmente em Jesus, pois Ele será a escada que nos elevará ao plano maior; pensa, Lígia, pensa, cria em tua mente a imagem doce, meiga e excelsa de Jesus!...

Enquanto Lígia e Alexandre oravam e pediam a Jesus que os ajudasse, e rezavam com fé, apareceu um frade de vestes rotas, completamente calvo, de barbas semilongas; vestia-se com uma batina marrom, trazendo na cintura um cordão que lhe pendia da túnica; esse frade era visto somente por Lígia e Alexandre, e estes estavam transparentes, translúcidos; o frade apontou o dedo indicador em direção ao carcereiro, e logo em seguida, este, que vinha afoito ao encontro de Lígia e Alexandre, devido ao grito de espanto emitido por Flávius, aos poucos começou a ficar sonolento, a cambalear, até que adormeceu profundamente. Lígia e Alexandre disseram a Flávius:

– Por favor, acompanha-nos e não tenhas receio das grades; estas existem somente na imaginação; ultrapassaremos esses aparentes obstáculos sem dificuldades; tu verás por ti mesmo!

Assim o foi. Alexandre, Lígia e Flávius venceram as grades que ali pareciam existir. Fora da gruta, Lígia disse a Alexandre:

– Alexandre, temos de tornar às formas de outrora, para que passemos despercebidos pelos guardas desta região.

– Tens razão – concordou Alexandre. – Acho que não seria necessário, pois o carcereiro não nos viu; no entanto, toda cautela é pouca.

Assim decidido, assumiram as formas deformantes de antanho... Atravessaram o vale e, como da outra vez, pensaram no caminho íngreme da montanha a ser superado. Como ocorrera na ocasião anterior, amigos espirituais os ampararam e os levaram até o ápice da referida montanha. Utilizaram-se novamente da estrada larga em direção à cidade astral, e, em idênticas condições ao da vez precedente, encontraram os irmãos os esperando com a padiola. Retornaram ao vale dos suicidas, mas, ficaram no topo da elevação, observando o movimento do povo. Avistaram Fúlvia e

Hermógenes, que vinham trazendo Plínio claudicante, de aspecto funesto, magro, entristecido... Hermógenes logo conseguiu alçar-se ao topo da montanha com o auxílio de apenas um irmão, eis que possuía a vantagem de levitar, faculdade esta a que os outros não estavam habilitados.

Logo que se acercaram de Lígia, esta perguntou:

– E Lídia, não trouxeram Lídia?... Minha irmãzinha não veio por quê, Hermógenes? Por quê?

– Não foi possível. Lídia estava muito arraigada às coisas inferiores. Está consciente de seu estado, está trabalhando com falanges tenebrosas; procura mostrar-se como Lívia, pois supõe-se uma santa.

– Lídia, então, quer passar-se por Lívia? Que estás a dizer-me, Hermógenes, não é possível!

– Como não é possível, se isso precisamente está acontecendo? Ela se compraz em trabalhar em proveito dos que lhe pagam, dos que lhes retribuem os favores.

– Pagam de que maneira? – perguntou Lígia. – Os encarnados ou desencarnados?

– Os encarnados, naturalmente!

– Mas como? Se trabalhamos em nossa cidade astral, temos o bônus-hora, que nos compensa o trabalho nobre em prol da felicidade alheia! Porém, como o encarnado pode pagar aos desencarnados?

– Como Lídia está muito agregada ainda ao corpo carnal, e sente as mesmas vontades que sentia como quando estava encarnada: fome, sede, as outras necessidades do corpo físico, os mesmos vícios de outrora, os encarnados pagam com alimentos, manjares finos, e ela dá comunicações como se fosse Lívia.

– Comunicações? Que queres dizer com isso, Hermógenes? – pergunta Lígia.

– Encosta em seres encarnados sensitivos, como Lúcius, como Alexandre, o médico, de campo vibratório muito baixo, e transmite a tais seres as idéias que lhe passam pela mente, usurpando o nome de Lívia e dizendo que morreu na arena devorada pelos leões famintos; descreve tão bem a cena dolorosa, que consegue influenciar e convencer os que ali estão presentes.

– Porém, se dizes que eles são como Lúcius, eles não vêem as pessoas, eles não vêem que ela não é Lívia, mas Lídia?

– Sim, Lígia, tens razão, mas, como são portadores de baixa vibração espiritual, não conseguem discernir quais as entidades possuidoras ou não de luz; Lídia toma a forma de Lívia...

– Será possível fazê-la ver o quanto está errada?

– Por enquanto não, pois ela não aceita conselho de quem quer que seja, e sente-se bem do jeito que está; sente-se feliz e contente; pois ela possui o livre-arbítrio; assim, vamos deixá-la como ela quer, como deseja exercitar sua vontade.

– Hermógenes, ela é minha irmã, e estou muito triste por ela estar nesse estado; vou fazer um pedido ao Ministério do Auxílio para ver se sou digna de tal pretensão.

– Tu não deves manifestar-te desse modo. A dignidade deve pertencer a Lídia e não a ti. Se ela tiver méritos, teu pedido será atendido. Do Ministério do Auxílio o pedido será encaminhado ao Ministério do Esclarecimento, para aquilatar se o pedido terá condições de ser atendido. Portanto, Lígia, não é tão fácil como admites que o seja. Tudo dependerá exclusivamente de tua irmã e dos créditos que ela possa oferecer, e não dos teus méritos.

– E Plínio? Parece-me que ele está meio adormecido.

– Plínio, apesar de muito culpado, não se ligou a entidades trevosas ou, que devo dizer, maquiavélicas. Estava sofrendo; contudo, após uma breve palestra, convencemo-lo a acompanhar-nos; ele está verdadeiramente arrependido dos males praticados; por isso, foi-nos fácil tirá-lo daquele sítio de sofrimento; ele está meio adormecido, pois sofre ainda de muitas dores, como as que padeceu ao desencarnar. Sente as facadas pontiagudas a dilacerar-lhe as carnes, sensação real por ele percebida, apesar de não possuir corpo carnal; como vês, Lígia, o plano astral não é tão simples como o julgas que seja.

– Tens razão, Hermógenes!

– Agora, vamos atravessar o umbral, pois Plínio tem necessidade de percorrer caminhos mais longos; depois, então, percorreremos a estrada que nos levará à cidade astral em que moramos.

– Vamos para lá – perguntou Alexandre – ou vamos permanecer na crosta terrestre?

– Vamos levá-lo até o local onde se acham os nossos irmãos enfermeiros e logo retornaremos; sei que estão ansiosos por saber como passam os vossos amigos encarnados; em seguida, iremos à nossa cidade, para angariar as forças indispensáveis para nosso regresso à crosta terrestre, e ajudar nossos amigos.

– Concordo, vamos fazer como dizes – opinou Alexandre, com bondade.

Diante de tal entendimento, empreenderam a longa jornada de volta, sem maiores empecilhos; chegaram à estrada, onde os esperavam os irmãos enfermeiros. Após o descanso para restauração de forças na cidade astral, retornaram direto à casa de Gláucius. Lá chegando, encontraram-no a divagar sobre sua vida e a chorar, por concluir o quanto sua filha estava sofrendo. Lígia e Fúlvia acercaram-se de Gláucius, e com aromas benéficos, salutares, conseguiram aplacar-lhe a amargura, pois ele sentia saudades delas; estas direcionaram-lhe maiores emanações de eflúvios, resultando num conforto benfazejo, edificante, da forma e na medida em que estava necessitando. Lígia acercou-se de Gláucius, dizendo-lhe:

– Meu querido, não te aflijas, nem te incrimines; de tudo, se houve culpa, a responsabilidade não foi somente tua, foi minha e, por que não dizer, de Fúlvia também. Vamos, Gláucius, reergue-te; torna ereta tua cabeça; nada deves, pois não mataste, não roubaste... Se houve demasia de sexo, é porque o compartilhamos contigo; se ficasses só, se não houvesse participação nossa, não haveria tal excesso. Acalma-te então!

– Lígia tem razão – disse Fúlvia. – Nós fomos as culpadas, pois a nada nos forçaste. Fabiana é minha filha também; entretanto, tenho fé que ela, sendo jovem, rapidamente se reabilitará e estará em condições de enfrentar novamente a realidade. Fabiana tem fé em Deus e muito amor em seu coração; portanto, irá recompor-se e superar as adversidades do momento.

Gláucius não ouvia o que Lígia e Fúlvia diziam, mas pressentia o que se passava ao seu redor. Lígia continuava a falar:

– Gláucius, Marcus Július ama sinceramente Fabiana; todavia, ele, em breve, readquirirá sua antiga disposição de vontade e alegria, e já vi uma jovem por quem sentirá um profundo amor, não o amor amizade, o amor fraternal, que sente por Fabiana, que é amor sincero e verdadeiro; sentirá por essa jovem um amor carnal, um amor paixão; esse sentimento divino e vigoroso, que devota a Fabiana, é amor e renúncia.

Logo em seguida, os quatro se encaminharam ao quarto de Fabiana, encontrando-a calma e até mesmo conformada com aquele estado de coisas. Renderam graças ao Alto, uma vez que Fabiana fora levada a planos mais elevados e auxiliada espiritualmente; procuraram tirar-lhe a angústia existente em seu pequeno coração. A jovem, apesar da pouca idade, possuía um vasto cabedal de conhecimento e uma irrestrita fé em Deus; por isso, encontrava-se de certa forma equilibrada. O quarteto dirigiu-se então à casa de Fábius, a fim de examinar a situação de Marcus Július. Ao chegarem, encontraram Marcus Július entristecido, amargurado, pois via em Fabiana o ente querido, o ser ideal que ambicionava por companheira. Tivera a impressão, o pressentimento de que iria encontrar alguém que lhe preenchesse os dias vazios; porém, uma pessoa que substituísse Fabiana à altura seria impossível...

O filho de Gláucius, que se levantara cedo, tentava dissipar a tristeza do pai e de Fabiana, sem o conseguir; em razão disso, resolveu visitar um amigo, quem sabe com ele seria mais fácil um diálogo descontraído. O jovem Gláucius era introvertido; parecia sempre preocupado com os seus próprios problemas, às voltas com o álcool prejudicial, contudo, possuía um grande coração e apesar de não saber se expressar sofreu muito ao ver a irmãzinha e o pai abatidos, nada conseguindo modificar em ambos; recomendou a

Lúcius que conversasse com os dois entes queridos, para que estes recobrassem o bom ânimo; de sua parte, faria tudo para obter o mesmo resultado com Marcus Július. Com firme decisão, deslocou-se para lá utilizando-se de sua biga como meio de transporte, chegando ao destino logo após os nossos amigos desencarnados. Marcus Július estava divagando, ao mesmo tempo em que recebia benefícios de nossos irmãos espirituais.

– Bom dia, Marcus Július.

– Bom dia, Gláucius. Que bons ventos te trazem até aqui?

– Vim buscar-te para um passeio aos arredores da cidade. Conheces o centro principal de Roma; entretanto, os arredores, creio, tu não os conheces. Para que possas fazê-lo, pega tua biga, atrela teus mais fogosos cavalos e vamos passear. Creio que se começarmos uma corrida, não me vencerás tão facilmente, apesar de saber que possuis ótimos cavalos árabes.

– Com que empáfia dizes isso! Olhes lá, Gláucius, sei que és bom corredor, porém, não me subestimes na competição de um esporte do qual sou exímio campeão.

– Pois quero ver se realmente o és ou se tua afirmativa é somente fruto da vaidade, por possuíres cavalos árabes; creia-me, ficará feio para ti se for perdedor. Portanto, quero que dês tudo o que puder no comando de tua biga.

Lígia dirigiu-se a Hermógenes, dizendo-lhe:

– São insensatos, poderão machucar-se; se os cavalos sofrerem algum susto, poderão provocar um enorme impacto, caírem e ferirem-se!...

– Deixe-os, são jovens, e Marcus Július deve espairecer os pensamentos – respondeu Hermógenes.

– Mas Gláucius já está alcoolizado e isso é um perigo, pois, ao ingerir pequenina dose de vinho, ele já fica fora de si – disse Fúlvia com muita ênfase.

– Minhas irmãs, ainda não aprenderam a confiar na providência divina. Tudo foi programado. Procurem aquietar-se e não interferir – replicou Hermógenes, com um sorriso nos lábios.

Marcus Július atrelou os cavalos brancos na biga de idêntica cor, contrastando com os grandes e fogosos eqüinos negros, de Gláucius. Cumprimentaram-se segundo os costumes da época, em suas respectivas bigas, e partiram em desenfreada carreira açoitando os cavalos, em direção ao norte de Roma. O vento fustigava-lhes os cabelos loiros, amoldando-se-lhes as túnicas nos belos corpos atléticos. Lígia, espiritualmente, após pedir permissão a Hermógenes, subiu na biga de seu filho, abraçando-o com amor e ternura. Fúlvia fez o mesmo com o jovem Gláucius. Lígia recordava-se do passeio que dera com Gláucius, pai de Marcus Július; ao abraçar aquele corpo atlético, parecia-lhe retornar ao passado. Os mesmos cabelos loiros, que se assemelhavam ao raio de sol dourado, relegados ao vento; os grandes olhos azul-violeta, a tez clara, a pequenina pinta marrom em seu pescoço, o mesmo local em que Gláucius a possuíra; olhou para sua mão direita esguia, mas forte, notando uma verruga no dedo indicador de Marcus Július, bem próxima da unha. Eram minúcias que talvez ninguém tivesse observado, mas que comprovavam sua direta descendência de Gláucius. Lígia amava aquele filho com igual sentimento ao dedicado a Gláucius. Ouviu a voz de Hermógenes, que lhe inquiria a distância, assustando-se:

– Não te assustes, Lígia, se tivesses de reencarnar, a quem irias querer como companheiro: Gláucius ou Marcus Július? Estou me utilizando da telepatia para manter contato contigo, e assim conseguirei captar teus pensamentos aqui, da casa de teu pai... Melhor dizendo, sei que amas as três pessoas de forma diferente, mas na mesma intensidade; a quem quererias como esposo: Gláucius, Marcus Július ou teu pai? A Fúlvia nem irei perguntar, pois, de antemão, ela responderá que dará preferência ao filho, eis que este sempre foi e será a menina dos seus olhos.

– Amo os três, Hermógenes, e tu sabes que, do trio, preferirei G1áucius como companheiro, nem que tenha de sofrer ao seu lado; tu sabes melhor do que eu mesma que, em muitas encarnações, sofri e tirei minha própria vida, por não ser possível tê-lo ao meu lado; somente nesta oportunidade consegui amar e renunciar.

– Renunciarás muitas vezes, até concretizares teu sonho; agora, fixe teu pensamento em Jesus e sussurre ao ouvido de teu filho para que este faça um sinal a Gláucius, a fim de apreciarem a beleza da paisagem, pois próxima está a humilde residência de Raquel e Animal, que possuem uma gema preciosa, uma jovem judia prendada, que está destinada a teu filho, e que Raquel, em tua homenagem, deu-lhe o nome Lígia.

Lígia e Fúlvia fizeram o que Hermógenes lhes recomendara. Marcus Július parou a biga. Gláucius, que vinha atrás, parou a sua logo em seguida, dizendo-lhe a sorrir:

– Estás temeroso de perder a corrida, meu irmão?

Aquelas palavras encheram de lágrimas os belos olhos azuis de Marcus Július, e Gláucius, ao dar por si, também tinha os olhos da cor de mel escuro, rasos d'água. Desceram da biga e se abraçaram, como somente dois irmãos podiam assim fazê-lo, observados os hábitos sociais então vigentes. Eram dois belos jovens, ambos de tez clara, porém, um deles era possuidor de olhos azuis, grandes, feições delicadas, nariz e boca pequenos como os de Lígia, e duas covinhas a emoldurar-lhe o rosto. O jovem Gláucius possuía físico mais másculo: os cabelos de um loiro amendoado mais escuro, os olhos menores, da cor de mel escuro; era parecidíssimo com Fúlvia. Todavia, um e outro possuíam o porte varonil do pai: fortes, altos, ambos da mesma estatura. Lígia observou a pinta um pouco abaixo do pescoço, mais para o lado direito; eram idênticos em todas as minúcias. Marcus Július e Gláucius começaram a ouvir uns acordes de harpa, acompanhada de um instrumento de cordas que produzia sons semelhantes aos de um bandolim de nossos dias. Uma voz cristalina fez-se ouvir e vinha ao encontro de ambos. Gláucius e Marcus Július reconheceram aquela música: era o salmo de Davi! Começaram a andar e pararam a certa distância de uma casinha branca, emoldurada por trepadeiras floridas; era uma manhã primaveril; o céu muito azul, os gorjeios dos pássaros, a variedade policrômica de flores balouçantes, tudo dava um aspecto bucólico, quase irreal; porém, a voz maviosa e cristalina ali ecoava, dizendo através de sons ritmados:

Deus, és o meu Deus.
Desde o raiar da aurora a ti procuro.
De ti tem sede minha alma.

Por ti desfalece minha carne,
Como a terra árida, esgotada e sem água.
Assim te contemplo no lugar santo,
Para ver teu poder e a tua glória,
Porque melhor que a vida é a tua graça,
Meus lábios hão de louvar-te.

Assim, eu te bendigo em minha vida,
Em teu nome elevarei minhas mãos,
Como de manejar pingue suculento,
Há de fartar-se minha alma.
E, com alegria nos lábios,
Há de louvar-te minha boca,
Quando, no leito, de ti me lembro,
Nas vigílias, em ti medito.
És o meu socorro!
Regozijo-me à sombra de tuas asas,
A ti está unida minha alma,
Sustenta-me a tua destra.

Mas, os que intentam tirar-me a vida,
Despenhar-se-ão nas profundezas da Terra,
Passarão pelo fio da espada,
Pasto serão dos chacais.

O rei, porém, alegrar-se-á em Deus,
Glorificados serão os que por ele juram,
Porque serão fechadas as bocas dos mentirosos.

Quando a moça pronunciava a última estrofe, Lígia olha para Fúlvia. Ao vê-la chorando, pergunta-lhe:

– Por que estás assim?

– Tu cantavas esse salmo para Gláucius e, na última estrofe, senti-me culpada, pois te provoquei a morte e talvez tenha de passar pelo fio da espada, e ser direcionada às profundezas da Terra.

– Já passou, Fúlvia; estiveste nas profundezas da Terra, no umbral, como eu também estive, porque igualmente matei; vamos esquecer isso. Eu cantava o salmo 63 para Gláucius também. Vamos aproximar-nos, vê, nossos filhos estão boquiabertos com a formosura da mocinha. Vamos conhecê-la de perto.

A moça tocava a harpa, enquanto sua mãe acompanhava em outro instrumento de corda. A jovem ia novamente iniciar o canto, quando viu os dois mancebos a olhá-la. Encabulada, a moça ao invés de dizer: – " De ti tem sede a minha alma", cantou: –"Minha alma tem sede de ti".

Lígia ria-se, pois isso acontecia quando cantava para Gláucius.

Marcus Július adiantou-se e falou:

– Deus esteja convosco, e que Jesus abençoe este lar singelo. Minha senhora – falou, dirigindo-se a Raquel, – perdoe-me a audácia, sou Marcus Július, neto do senador Fábius e, ao passar por aqui, ouvi uma voz maravilhosa, que mais se afigurava a um rouxinol, e parei para ouvi-la: perdoa-me a audácia, repito, poderei saber o vosso nome, senhora, e o nome da jovem também?

Raquel tinha os olhos cheios de lágrimas e, fitando o belo tipo de rapaz, perguntou-lhe:

– Tu és Marcus Július, neto do senador Fábius e filho de Lígia?

– Sim. Como sabes o nome de minha mãe?

– Sou Raquel. Também estive no vale dos imundos, juntamente com meu marido, que possuía o apelido de Animal naquele vale;

tal alcunha foi atribuída por Hércules (ou Marcus), como o chamavam, pois dificilmente os homens declinavam seus verdadeiros nomes, uma vez que queriam esquecer da família a que pertenciam; eu e Animal, que faz questão de assim ser chamado até hoje, para sempre lembrar do que fizera, e não recair nos mesmos erros provenientes de sua índole forte, ficamos curados, e queríamos muito a tua mãe e a Hércules (ou Marcus), tanto que Deus nos premiou, dando-nos esta figura angelical, que é a alegria de nosso lar; em homenagem à tua mãe, colocamos-lhe o nome de Lígia. Querias saber o nome de minha jovem filha? Pois bem, possui o nome de tua mãe.

– Oh! Deus meu, como é bom dar-me notícias de minha mãe!

– Senta-te no alpendre, enquanto vou buscar alguns frutos e algumas broas para comermos; e tu, igualmente, meu filho, quem és, como te chamas?

Marcus Július adiantou-se e respondeu:

– Ele possui o nome Gláucius e é meu irmão, pelo lado paterno.

Lígia espiritualmente abraçava Raquel, aquela alma tão nobre e querida, e acompanhou-a até dentro da casa humilde, porém limpa e singela; antes, contudo, induziu a jovem Lígia no sentido de que cantasse para os jovens o salmo 45.

Marcus Július perguntou-lhe:

– Por favor, vais continuar a cantar; se quiseres, acompanho-te na harpa.

– Então cantarei o salmo 45 – disse a moça corando.

A jovem Lígia era belíssima. Possuía grandes olhos negros, pele de pêssego, nariz grego, boca pequena e carnuda, que apesar de estar sem nenhum artifício feminino, possuía os lábios vermelhos e as faces ruborizadas pela timidez. Marcus Július começou a dar uns acordes na harpa, e Lígia, a jovem Lígia, principiou a cantar:

Rompe de meu coração um discurso solene:
É a um rei que digo meu poema.

A minha língua é o estilo de um escriba veloz.
És mais formoso que os filhos dos homens,
Paira em teus lábios a graça.
Sim! Deus abençoou-te para sempre,
Cinge, herói, a espada ao flanco,
Reveste tua majestade e teu esplendor;
Sobe em teu carro, avante, em prol da verdade e da justiça,

E te ensine façanhas a tua destra,
Penetrantes são as tuas flechas, e a ti se submetem os povos.
Esmorecerão os inimigos do rei...
Subsiste para os séculos, o teu trono.
Cetro de eqüidade, o cetro real.
Tens amor à justiça e detestas a iniqüidade,
Por isto, te ungiu o Senhor teu Deus
Com o óleo de alegria, de preferência a teus companheiros.
Aroma de pêra, de aloés e de acácia exalam de tuas vestiduras,
E dos palácios de marfim te alegra o som das liras,
Saem-te ao encontro as filhas do rei,
À tua direita assiste a rainha, ornada de ouro de Ofir.

Ouve, filha, vê, escuta com atenção:
Esquece teu povo, a casa de teu pai.
De tua beleza se encantará o rei,
Ele é teu Senhor, inclina-te diante dele.
Com os seus presentes vem os de Tiro,
Procuram o teu favor os próceres do povo,
Toda formosura entra a filha do rei,
Recamada de ouro são as suas vestes,
Em roupagens multicores, apresenta-se ao rei,
Em seguida, são levadas as donzelas, tuas companheiras.
Levadas entre alegrias e regozijos
Ingressam no palácio real.

O lugar de teus pais tomarão os teus filhos,
Tu os estabelecerás, príncipes sobre a Terra,
De geração em geração, lembrarei teu nome,
E, pelos séculos afora, celebrar-te-ão os povos.

Ao final, Raquel já estava de volta com os frutos, as broas e o néctar de abacaxi. Comeram e beberam, entre alegria e risadas. Gláucius e Marcus Július, ambos estavam embevecidos com a doçura e formosura de Lígia, porém, esta deixava transparecer que pendia mais para o lado de Marcus Július. Este, brincando, dizia-lhe:

– É uma pena que eu não seja rei, pois então o salmo em referência se concretizaria.

– Se não és rei. eu também não sou filha de rei algum. mas possuis porte de rei.

– E tu possuis a formosura de uma princesa; pena que minhas vestes cheirem à poeira da estrada, e não a acácia ou a babosa – respondeu Marcus Július.

– A poeira também possui o aroma das flores; se a poeira vem da terra, as mais belas flores, igualmente, têm a mesma procedência; portanto, podes forçar a espada lateralmente – disse Lígia a sorrir.

– Espera um pouco – interveio Raquel sorrindo, – se Lígia é princesa, eu sou rainha, e não estou ornada em ouro de Ofir!...

Diante dessa manifestação de humor, todos caíram em deliciosa gargalhada. Lígia e Fúlvia, espiritualmente, renderam um agradecimento ao Alto, pois, pelo menos um havia saído da prostração. Raquel os convidou para o almoço e via em Marcus Július a Lígia personificada; adivinhava que o rapaz passara por sérias atribulações, adivinhação esta intuída por Lígia; e, para enaltecer as qualidades da filha, que eram inúmeras, pediu a ela que preparasse uma pequena refeição. Esta, feliz de haver encontrado o homem com quem sonhara, foi cuidar do lanche. Enquanto isso, Raquel inquiria Marcus Július sobre como ele havia encontrado o irmão, ao mesmo tempo narrando o comportamento de Lígia em relação a Alexandre e comentando estar ciente de que Marcus Július era filho de outro homem e não dele. Marcus Július narrou tudo o que sabia. Sentiu em Raquel uma segunda mãe e contou a odisséia que havia passado, amando a própria irmã, ressaltando que a presença de Lígia fora um bálsamo para suas feridas. E, com muita franqueza, foi logo dizendo:

– Sei que a senhora foi amiga de minha mãe e usarei de sinceridade com a senhora: amei intensamente Fabiana, porém é um amor impossível: senti por sua filha uma atração incrível, não posso dizer que é amor, pois saí agora de uma ilusão. Entretanto, gostei de Lígia, prezam os céus que eu a ame, como amei Fabiana: se isso não for possível, afastar-me-ei, pois não quero causar mal algum a Lígia. Sofri muito ao saber que sou irmão de Fabiana, mas espero que esse amor se torne o que deverá ser: amor fraternal, e que Lígia venha preencher essa vaga existente em meu coração. Senti simpatia, atração, admiração por Lígia, e peço-te que me permitas ver sempre essa jovem adorável.

– Contudo, Marcus Július, não sou romana, mas judia: somos humildes; será que o senador não irá interferir? Não quero que Lígia crie uma esperança vã...

– Pode ficar sossegada quanto a isso: vovô não liga para posições sociais e, no tocante à lei, esta permite que nobres se casem com plebeus; aliás, estamos dizendo blasfêmias, pois Jesus não nos ensinou que todos somos iguais perante a Deus?

– É verdade, meu filho, é verdade!...

Gláucius, até então quieto, disse sorrindo:

– Notei que Lígia é bem inteligente, e ao que parece vocês estão resolvendo as coisas por ela: talvez ela não goste dos olhos azuis de Marcus Július e prefira jovens que possuam olhos mais escuros, cor de mel, por exemplo. Se assim for, eu serei o primeiro da fila, de vez que gostei demais da menina. Não sou letrado como Marcus Július, e quem sabe ela prefira um varão a quem possa ensinar.

Lígia, a jovem Lígia, vinha entrando, para anunciar que a mesa estava posta: ouviu as palavras do jovem Gláucius e falou brincando:

– Colocastes-me na berlinda ou comparastes-me a um objeto, ao qual quereis dar lances?...Quero que vos lembreis freqüentemente de que sou um ser humano e que tenho direito de deliberar sobre minhas preferências.

– Puxa!... Vovô chamava minha mãe de potranca selvagem, à qual teria de domar custasse o que custasse... Será que o nome influi na personalidade de cada um?... Se influir, da próxima vez virei munido de corda e de alguns torrões de açúcar!

– Sou animal – respondeu Lígia, – no entanto, sou racional e não nasceu ainda ser humano que me irá domar. O que eu fizer será de minha livre e espontânea vontade; serei dócil como uma ovelha, se o quiser, ou serei feroz como o pior animal selvagem.

– Puxa! – exclamou Marcus Július. – Vovô precisava urgentemente conhecê-la. Creio que Lúcius também, pois aí então ele esclarecerá se não é minha mãe que está a intuí-la, pois ele tem visto muito o corpo fluídico de mamãe e o da mãe de Gláucius. Talvez mamãe esteja falando por ti.

– Estava somente brincando – retrucou a jovem Lígia, com meiguice e ternura.

O que os presentes não haviam percebido era que realmente Lígia havia intuído a jovem, a fim de aguçar mais a curiosidade do filho, pois conhecia-lhe o temperamento e sabia que ele adorava pessoas de personalidade marcante, que não se deixassem influenciar por quem quer que fosse.

Hermógenes, que havia chegado, chamou-lhe a atenção, fazendo-a ver que estava interferindo no livre-arbítrio de Marcus Július e que, se isso tornasse a acontecer, Lígia seria novamente afastada da companhia de seu filho.

– Mas, Hermógenes, fiz de propósito, para que papai demonstre interesse e venha conhecer Raquel, Lígia e Animal, e com meu ato provoquei Marcus Július para que traga Lúcius também. Lúcius esclarecerá tudo, e Marcus Július entenderá que essa situação foi instigada por mim. Fábius conhecerá a meiguice e a subordinação da jovem Lígia. Verás como tudo dará certo!

– Não te interponhas mais.

– Não, somente na presença de Lúcius, pois este com a clarividência de que é portador a tudo elucidará.

– Tu sempre pões a biga à frente dos cavalos? – censurou AlexandreTodos sorriram em face da inesperada pergunta, e aquele episódio terminou ameno...

Capítulo XXV

Na cidade espiritual

"O trabalho, no plano espiritual, é pesado,
Pois ajudamos os outros a aliviar o fardo,
Porém, apesar de estafante, fazemo-lo com convicção,
E muito amor no coração!"

Depois do encontro de Marcus Július e Lígia, filha de Raquel, o quarteto dirigiu-se para a cidade astral, no intuito de auxiliar os três desventurados irmãos que se haviam retirado do vale dos suicidas. Os amigos espirituais chegaram à referida cidade e os encontraram no hospital, no Ministério da Regeneração, pois tal era o estado daquelas sofridas almas, que impossível seria levá-las de pronto para o Ministério do Auxílio. Além disso, o Ministério da Regeneração encontra-se próximo ao da zona umbralina, e estavam internados nas câmaras de retificação[8], pois nossos amigos não agüentavam a claridade das luzes, por terem ficado longo espaço de tempo num vale tenebroso. Desceram e depararam com uma série de câmaras vastas, ligadas entre si, e repletas de verdadeiros despojos humanos. Nossos amigos estavam alojados numa

8. A cidade astral, naquela época, possuía cinco ministérios, Havia algumas com sete. A Cidade de Dois Corações possuía seis, a saber: 1. Ministério da Regeneração; 2. Ministério do Auxílio; 3. Ministério da Comunicação; 4. Ministério do Esclarecimento; 5. Ministério da Elevação; 6. Ministério da União Divina. Não possuíam naquela época o Ministério da Comunicação, e o serviço desta instituição era efetuado pelo Ministério do Esclarecimento (Nota de Longínus).

pequena câmara que possuía três leitos. Estavam sendo assistidos por um enfermeiro de nome Vinícius, que numa encarnação anterior havia sido irmão de Lígia e do cônsul Marcus, que, por sua vez, estava ajudando Vinícius no atendimento dos três. Flávius estava acometido de fortes espasmos e, quando isso ocorria, abundantes jatos de sangue saíam-lhe do peito.

As náuseas o acometiam, e o cheiro repugnante invadia o ambiente. Plínio sofria dos mesmos espasmos, e um líquido escuro, viscoso, escorria-lhe pela boca. Trazia o corpo coberto pelas chagas, que haviam sido feitas pelas facas pontiagudas no fundo do poço que Lídia havia preparado. Vinícius e o cônsul estavam tão absortos em seus trabalhos, que não notaram a chegada dos quatro no aposento. Quem apresentava melhor aspecto era o servo fiel que estava ao lado de Flávius. Este se havia recomposto quase de imediato, ao ver o cônsul Marcus. Recuperara a voz e a audição, na ânsia de contar ao cônsul o que se passara. A parte onde a faca havia trespassado estava regenerada totalmente. O cônsul Marcus estava contente com o velho fiel que, preocupado, pedia-lhe desculpas por não ter podido evitar o suicídio de Flávius. Lígia sorriu ao ver o cônsul Marcus, o velho e querido amigo, a acariciar e, com ternura, acalentar a cabeça do filho, auxiliando-o a recobrar-se. Observou o carinho que Vinícius, seu irmão de anterior encarnação, dispensava aos demais pacientes. Sentia-se feliz ao notar amigos e inimigos de outrora, reconciliados, ajudando-se mutuamente. Lígia pensava: "Ó Deus! Por que esse amor, essa dedicação é difícil de se ver entre encarnados, e, quando isso sucede, trata-se de pessoas de sexos diferentes? Não se constituem dos mesmos espíritos a simplesmente livrarem-se do fardo carnal? Aqui se perdoam mutuamente, no entanto, na Terra, retomam os velhos ódios, as aversões, os antigos hábitos... Por que, Senhor, por que, fora do corpo carnal, pesado, esquecem-se das velhas mágoas, dos ódios, do orgulho, da vaidade, da inveja, e por que não conseguem deixar isso de lado, no plano carnal?" De repente, Plínio engasgou-se.

Vinícius estava ocupado tirando a baba viscosa de Flávius, por intermédio de um aparelho, que era difícil tanto instalar quanto para remover do local afetado. O cônsul Marcus viu-se aflito, pois, por mais que fizesse, não conseguia que Plínio ficasse livre do que o assolava, chegando a sufocá-lo ainda mais. Hermógenes e Alexandre haviam saído. Lígia olhou Fúlvia e considerou:

– Teremos de aspirar todo esse muco, para desobstruir o que está parado na glote de Plínio.

– Eu não tenho coragem, Lígia; é necessário muito desprendimento. Não sentes o odor fétido que emana? Plínio somente poderá sofrer, porém morrer não poderá, pois morto ele já está.

Lígia não esperou, não teve vergonha. Abriu a boca de Plínio, colocou a sua sobre a dele e aspirou, tirando uma bola de fluidos deletérios, que provocava o engasgo. Plínio, ao dar-se por si, reconheceu Lígia e foi logo dizendo:

– Até que enfim beijaste-me; como vês, consegui meu intento; então, Lígia, não adianta fugir-me, pois um dia ainda serás minha,

– Quem sabe, Plínio, para Deus nada é impossível; chegará o dia em que o peixe grande deixará de comer os pequenos; dia virá em que o cão será amigo do gato, e, juntos, irão visitar o rato. Talvez aí chegará o dia em que, na crosta, casar-nos-emos, pois entre nós dois não existe afinidade alguma; possivelmente nós nos uniremos, a fim de apararmos as arestas necessárias. Crê em mim, Plínio, temos temperamentos adversos, contrários mesmo, desde os gostos até os defeitos, pois ambos os temos uns e outros. Detesto falsidade e mentira, mas tu és adepto de ambas. Procuras sempre distorcer as coisas a teu modo. Eu, ao contrário, mesmo que venha a ser prejudicada, prefiro a verdade nua e crua, mesmo que esta nos fira, nos atinja, levando-nos de confusão, do que a mentira vinda com invólucro maravilhoso, cintilante, desde que a verdade nos traga consolação para a alma. Portanto, se um dia quiseres que eu fique ao teu lado, procura amoldar-te, não usando subterfúgios, inverdades, nem vivendo de expedientes escusos. Procura elevar-te na vida por ti próprio, não te utilizando dos outros, porque, enquanto enganares, serás enganado, enquanto tentares ludibriar, serás ludibriado, enquanto usares de expedientes para obter o que queres, outros usarão dos mesmos artifícios para contigo. Plínio, existe uma lei, a lei cármica, a lei de ação e reação, e o que fizeres hoje, receberás amanhã. Procurei amenizar tua dor, não quis, de forma alguma, dar-te um beijo; fui movida por piedade, e não pelo amor que pretendes insinuar. Procures amoldar-te, que eu, por minha vez, o farei também. Quem sabe se um dia não voltamos à crosta unidos pelos laços do matrimônio?... Porém, Plínio, como sabes, haveremos de ter muita paciência um pelo outro, caso contrário não conseguiremos cumprir a missão então estipulada. O dia em que essa união se suceder, creio que, entre nós dois, a maior sofredora serei eu, pois fazes muitas coisas que eu não admito, não concebo, e acho que me farás sofrer. Que essa época esteja bem longe, e que meu pai consiga domar esta potranca um tanto selvagem, como ele diz...

Modificando a fisionomia, mostrando um sorriso alegre e franco, Lígia disse para si mesma: "Papai amanhã ficará desconexo; somente espero que Lúcius me proporcione o tempo suficiente para deixá-lo estupefato, atônito, ao deparar com outra potranca selvagem. Talvez ele pense que Lígia seja também minha filha, no entanto, a pobre pequena não passa de uma grande sensitiva, com a qual tenho afinidade e facilidade de transmitir o que quero." Prostrando-se de joelhos naquele quarto, orou, pedindo a Jesus que lhe permitisse fazer aquela brincadeira inocente, para que, por uns instantes, ele, seu pai, voltasse a ter a alegria que possuía outrora. Emanações do Alto, em forma cônica, desciam sobre Lígia, como se alguém lhe segredasse que o seu pedido fora atendido. O plano astral concedeu tal desejo a Lígia, não em razão da brincadeira que ela iria fazer com seu pai, porém, para que Lúcius observasse a jovem Lígia e se aquilatasse do grau de sensibilidade de que ela era portadora. O cônsul Marcus notou a luz vinda das esferas superiores e sentiu a consolação dominar-lhe a alma, ainda em recuperação. Flávius, Plínio e o fiel servo estavam adormecidos, e, naquele momento, traziam nas faces uma expressão calma e serena, própria de pessoas que sentiam a paz em seus corações.

Enquanto Lígia pedia para que os anjos tutelares lhe permitissem a feitura de tal brincadeira, Plínio, Flávius e o serviçal dormiam profundamente. Vinícius os velava à cabeceira na condição de um enfermeiro diligente e atencioso. Fúlvia havia sentado em uma poltrona e estava descansando. Lígia entabulava conversa com Vinícius:

– Não pretendes reencarnar tão já?

– Não, Lígia. Quero preparar-me bem para o novo reencarne, para evitar cair outra vez nos mesmos erros do passado. Embora em muitas oportunidades planejamos uma vida laboriosa e salutar aqui, na vida espiritual, ao reencarnarmos ou quando já estamos no corpo carnal, cativam-nos de novo o orgulho, a vaidade, a prepotência e sucumbimos em nossos ideais, fracassamos principalmente se, ao nosso lado, não tivermos almas afins. Tu tiveste de reencarnar logo, Lígia, porque eras suicida, assim como teus companheiros mais próximos. Em quantas encarnações tu, Fúlvia e Gláucius renasceis juntos? A que é tua mãe[9], na atual encarnação, foi nossa irmã na anterior; o que foi Alexandre na anterior encarnação, é nosso irmão Simeão; Fabiana, filha de Fúlvia, foi nossa irmã caçula Semirâmines. Por este motivo não sucumbiste e até venceste na atual encarnação. O amor, Lígia, é o alimento da alma; contudo, eu terei de encarnar entre os inimigos do passado, pois disseram-me que precisarei torná-los meus amigos leais ou, pelo menos, irmãos que se tolerem intrinsecamente; portanto, deverei estar bem equilibrado, porque se não o estiver perecerei em meio da jornada, pois serei um ser carente de amor e não terei uma alma irmã, uma alma afim ao meu lado. Pompeu, nosso ministro do Ministério do Auxílio, já orientou-me quanto a isso.

9. Ligia Alexandra: Meimei, ministra da União Divina, na Cidade de Dois Corações.

– Pompeu não reencarnará mais?

–Pompeu é o ministro responsável e, nesta qualidade, creio eu que, por um milênio, ficará sem reencarnar. Além do mais, é possível que reencarne em missão; não será mais como no teu caso e no meu, que teremos de reencarnar milênios consecutivos a fim de aprendermos a lição[10].

– Sabes, Vinícius, trabalhei até agora somente na Regeneração e no Auxílio, visitei os trabalhos da Comunicação e do Esclarecimento; não conheço o Ministério da Elevação e o da União Divina.

– Nem podes, eis que são estes os departamentos ou ministérios de difícil acesso, e não estás ainda capacitada para tal empreendimento. Para servir na Elevação, terás de ter muita renúncia e iluminação. Se quiseres servir no da União Divina, deves ter conhecimento, justa e sincera aplicação do amor universal; todavia, se trabalhares, se possuíres bastantes bônus-hora de serviços prestados, poderás visitar quaisquer desses departamentos.

– Hermógenes já orientou-me que nem todas as cidades espirituais são iguais; algumas possuem seis ministérios, departamentos ou seções, conforme o nome dado pelas organizações por ruas; outras possuem cinco departamentos; outras, sete, e assim por diante, segundo os esquemas e peculiaridades de cada uma. Hermógenes, assim, elucidou-me que cada cidade prima por determinado objetivo. Por exemplo: umas, pela justiça e amor; outras, pela disciplina rigorosa; outras ainda, somente pelo amor; a nossa cidade astral, segundo pude notar, destaca-se pela disciplina rigorosa, pois não vejo o nosso governador a não ser no horário das orações; afora estas ocasiões especiais, ele está sempre recluso em seus aposentos...

– Não digas isso! O nosso governador é responsável por todo o continente europeu; é homem sumamente ocupado; enquanto des-

10. Os ministros responsáveis por ministérios não reencarnam logo, como é o caso de Simeão, Pai João, Meimei, Scheilla, Fabrícius, Damião e André Luiz, antes considerado Cidadão de Nosso Lar, agora ministro da Cidade de Dois Corações. Cada ministério possui dez, doze, catorze ou mais ministros. Os acima citados somente foram nomeados ministros responsáveis após a última encarnação (nota de Hermógenes).

cansamos, ele não repousa; enquanto podemos visitar outras cidades astrais, devido à disponibilidade de nossos bônus-hora, ele não o faz, pois considera gigantesca a responsabilidade da respeitável investidura e não se permite sair da cidade. Agora, no tocante à disciplina, nossa cidade segue-lhe as regras como viste por ti mesma; trabalhaste e conseguiste bônus-hora necessário para chegares a ajudar Gláucius; no entanto, transgrediste as leis, interferiste no livre-arbítrio dele e tiveste de retornar, no intuito de trabalhares mais, de te aperfeiçoares para retornar novamente, a fim de trabalhares mais, de te aperfeiçoares para retornar novamente, agora em companhia de Hermógenes, para não ultrapassares o limite do que for permitido pelas leis. Em outras cidades astrais, os governadores se sobressaem por diversos aspectos; uns, apesar dos atributos, são mais acessíveis, não permitindo que a posição hierárquica que ocupam interfira no seu modo de ser, nem deixam transparecer sua condição de espíritos elevados, pois consideram-na como acréscimo de responsabilidade. Depende assim exclusivamente do temperamento de cada um: alguns são mais circunspectos, introvertidos; outros, mais versáteis, extrovertidos. Uns conseguem manter a disciplina, a ordem, pelo respeito que naturalmente impõem; outros, pelo amor que sentem e conseguem transmitir. Cada um tem o seu modo especial de governar; pois, toda cidade possui suas leis próprias, suas normas, suas diretrizes, porém, deve respeito às ordens do plano superior, acatando-as e executando-as integralmente, sem o mais leve deslize. Nesse ínterim, um irmão irrompe no quarto, dizendo:

–Vinícius, o Ministério da Regeneração está sendo atacado por entidades do umbral. Estão requisitando voluntários.

– Eu poderei ser um deles? – perguntou Lígia.

– Estamos arrebanhando todos os corações sinceros, prontos a trabalhar; temos de restaurar uma parte de nossa muralha, que foi derrubada por habitantes daquele sítio de sombras, manobrados por entidades trevosas; se quiseres, podes ir – respondeu o irmão Pôncio, – mas estarás adstrita à tarefa de tomar conta dos doentes. Vinícius tem mais prática nesta tarefa; agradecer-te-emos, pois temos muita luta a superar. Soltaremos nossos mastins[11]. Tu, o cônsul Marcus e essa senhora, creio eu que atende pelo nome de Fúlvia, poderíeis tomar conta dos doentes.

Fúlvia consentiu; Lígia e o cônsul Marcus também, embora Lígia gostaria de estar entre os homens, para aprender como proteger a cidade astral. Vinícius, conhecendo-a e percebendo o que lhe ia no íntimo, disse-lhe:

– Terás ainda oportunidade de ajudar-nos, porém, lembraste que és mulher, e lá é necessário homens, para serviços mais pesados. Podereis ajudar-nos: no entanto além de olhar os doentinhos, tereis a faculdade de orar para que o Alto nos auxilie em nossa tarefa.

Enquanto os recém-chegados dormitavam, Fúlvia, Lígia e o cônsul Marcus puseram-se a orar. Logo sentiram que tudo ali iria normalizar-se brevemente. A música, sem tardança, voltou a pairar no ar, como de costume, indicando que o ataque fora efêmero, e que o mal, como sempre ocorre, nunca venceria o bem...

Depois de algumas horas, Vinícius retornou, dizendo que o ataque fora enganoso nas suas proporções e que a brecha verificada na muralha havia sido pequena e imediatamente restaurada. Graças aos cães adestrados, os atacantes puseram-se em fuga, animais estes dóceis, que possuíam amor enorme à cidade que habitavam, porém para os atacantes mais pareciam lobos ferozes, prontos a atacar, com as mandíbulas abertas, babando... Vinícius disse:

– Lígia, Fúlvia, ide descansar, pois soube que devereis regressar à crosta, a fim de ajudar nossos entes queridos. Hermógenes e Alexandre, após nos prestarem auxílio, se dirigiram ao repouso, pois, dentro de poucas horas, retornarão; façam o mesmo, pois!...

Fúlvia e Lígia atenderam à sugestão de Vinícius e ambas se decidiram ao sono merecido.

---

11. Naquela época, existiam somente muralhas que protegiam as cidades astrais. Atualmente, existem cercas eletrificadas, raios do tipo laser, que garantem a segurança dessas urbes. A evolução tanto é efetuada no mundo material, quanto no espiritual, apesar de que, no segundo, estamos alguns anos na frente (nota de Hermógenes).

CAPÍTULO XXVI

Um novo amor

"Existe um arado milagroso chamado amor,
Que ceifa a Terra, tirando os espinhos da dor.
Ajuda a semear a luz, no solo dos corações,
Tirando amargas recordações."

Ao despertar da aurora, Hermógenes, Alexandre, Fúlvia e Lígia já estavam na casa de Fábius.

Marcus Július, ao retornar para casa, havia contado ao avô o encontro com Lígia e Raquel, e este estava ávido por conhecê-las.

Por seu turno, o filho do senador Gláucius também tinha contado ao pai e a Lúcius o encontro ocorrido; ambos, igualmente, estavam curiosos por conhecer aquela beldade que tanto empolgara o jovem Gláucius, que sempre tratara as mulheres com desdém, achando que elas deveriam ser submissas aos homens e que deveriam estar situadas sempre em segundo plano.

Lúcius, que conheceu Raquel e sabia o quanto ela era um espírito iluminado, ficou feliz por tomar conhecimento de que a filha deveria ser portadora dos mesmos atributos da mãe; e, naquela própria noite, Lúcius foi avisar Fábius que Gláucius, o filho, e ele iriam visitar a casa humilde de Raquel e gostariam de que Fábius, Lígia Alexandra e Marcus Július também os acompanhassem.

Tudo ocorreu como Lígia tinha previsto: todos queriam conhecer a jovem Lígia, filha de Raquel.

Fúlvia impressionou-se com a moça, e alimentava a esperança um tanto remota de que a filha de Raquel preferisse seu filho, pois esta seria a esposa ideal que possivelmente modificasse Gláucius Júnior. Ao mesmo tempo, sentia que a jovem somente tivera olhos para Marcus Július.

Assim, logo de manhã, Gláucius com o filho, Lúcius, Fábius, Lígia Alexandra e Marcus Július dirigiram-se à casa de Raquel em três bigas; e sem saber estavam transportando quatro personagens espirituais.

Gláucius não quis levar Fabiana, pois, segundo o que lhe contou o filho, percebeu que Marcus Július se havia interessado pela jovem Lígia, e isto faria Fabiana sofrer.

A casa humilde e singela de Raquel era limpa e acolhedora.

Lígia Alexandra havia levado algumas broas, frutas e manjares preparados por ela com as mais finas iguarias, e uma túnica rebordada em fios dourados e com o mais fino e alvo linho, que ela mesma havia feito para Lígia, antes de esta haver ficado doente, e que Lídia se negara a usar. Lígia Alexandra havia guardado aquela túnica com carinho, pois arrependera-se de não dar a ajuda necessária à filha quando esta mais precisava. Levava, também, dois mimos: dois cofres em ouro, um para Raquel e outro para Lígia. A túnica ofertou-a para Lígia contando-lhe que ela a havia bordado para sua filha de idêntico nome, porém, que esta não tivera oportunidade de usá-la. A jovem Lígia agradeceu e para demonstrar seu contentamento, foi correndo mudar de roupa, colocando a túnica como Lígia o fazia. Possuía o mesmo porte de Lígia, esguia e alta, e a túnica caiu-lhe como uma luva. Tal demonstração de carinho fez com que Fábius e Lígia Alexandra ficassem com os olhos marejados de lágrimas, pois lhes parecia ver a filha de cabelos escuros e tez morena... Os volteios que a moça fazia, os trejeitos, em tudo lembravam Lígia, a pequena potranca selvagem de Fábius. Este, empolgado, falava da filha e afirmava que a chamava de potranca selvagem, e que pretendia domá-la, porém, o destino a tirou de seus braços antes que pudesse fazê-lo.

Lígia, no plano espiritual, sorria e afagava seu pai; ela mais parecia uma gata a ronronar perto de seu dono.

Gláucius também começou a falar sobre o temperamento de Lígia, de como era alegre, das peripécias e das coisas que aprontava.

Marcus Július estava alegre por ouvir falar de sua mãe e, ao mesmo tempo, via a brejeirice de Lígia, filha de Raquel, e tinha a impressão de que o que falavam se adaptava à moça. Talvez fosse a influência do nome. Lúcius sorria, pois admitia que Lígia, embora no campo do espírito, continuava a mesma. Hermógenes meneava a cabeça, todavia, queria ver até onde ia Lígia; esta fazia sinal para Hermógenes e a ele suplicava que a deixasse trazer um pouco de felicidade a Fábius.

– Pelo visto – disse Fábius, dirigindo-se a Raquel e a Animal, que fazia questão de ser chamado dessa forma, – creio que nossas famílias irão se unir. Perdi uma Lígia, entretanto, creio que ganharei uma outra, e que esta não precisarei domar, pois é dócil como uma gazela.

Lígia encostou-se na jovem Lígia e conseguiu, por intermédio desta, comunicar-se, dizendo:

– Senhor Fábius, o senhor está falando de mim e de Marcus Július, num possível casamento, ou está falando de animais? Se sou uma potranca domada ou não, o senhor não sabe, ou, se sou uma gazela, estamos falando de animais, então, vamos falar de acasalamento e não de matrimônio.

Fábius e Gláucius entreolharam-se espantados. Pareciam ver Lígia reencarnada.

Marcus Július emitiu sonora gargalhada.

Raquel e Animal chamaram a atenção da filha, assustados, pois esta nunca se manifestara daquela forma.

Gláucius virou para Fábius e perguntou:

– Quase as mesmas palavras de Lígia. Será que existem pessoas tão semelhantes?

Lúcius, então, disse:

– São duas Lígias numa só; agora sei que esta é sensitiva; pode parar de brincar Lígia e deixa a jovem Lígia em paz. Estás a rir, no entanto, deixaste a jovem encabulada.

Virando-se para os demais, explicou que Lígia, a filha de Fábius, ali estava, e usou a moça para mais uma de suas brincadeiras, principalmente para deixar o pai e Gláucius abismados, e que isto fora permitido pelo Alto para que todos conhecessem a sensibilidade da moça.

Voltando-se para Lígia espírito, observou:

– Agora, contudo, deve parar, Lígia, caso contrário irão proibir-te de ficar na crosta, se aprontares mais uma das tuas. Já brincaste com teu pai, o que queres mais.

– Ah! Então é isso, pois prometo-te, minha potranca, que irei domar-te, custe o que custar, passe o tempo que passar...

Do lado astral, Lígia ria e dizia:

– Nem que me tragas torrão de açúcar conseguirás, pois já estou domada pelo amor que sinto por ti, por Gláucius, por meu filho. Não sei o que mais queres, que eu pare de brincar? Tal resultado, entretanto, não obterás, pois faz-me esquecer as tristezas.

Fábius parecia ter ouvido a voz da filha e articulou em voz alta:

– Irei domar-te, pois sei que possuis um coração enorme; entrementes, és teimosa, rebelde, e isto sempre te trará o desequilíbrio. Não possuis a paciência, queres resolver as coisas a teu modo, e quando não consegues e te sentes derrotada, queres fugir até da própria vida. Não sei como pudeste cumprir tua missão nesta existência, pois, na anterior, foste suicida. Não te esqueças, filha, que te amo; por isso quero domar-te.

Depois desse colóquio e da explicação de Lúcius, a jovem Lígia sentiu-se melhor, uma vez que o sangue se lhe aflorou às faces, tornando-a mais bela.

Marcus Július, ansioso, dirigiu-se à filha de Raquel e afirmou com muita convicção:

– Realmente, Lígia, se me quiseres, ficarei feliz em poder ser teu esposo!...

– Porém – retrucou a moça, – sou humilde, não possuo dote, e tu, Marcus Július, possuis substancial fortuna. Sei que as leis permitem o casamento de nobres com plebeus, no entanto, pensa bem na proposta que me estás fazendo!

O jovem Gláucius, sorrindo em tom de brincadeira, mas contagiado pela força de um grande amor, exprimia toda a verdade que ia em sua alma, com as seguintes palavras:

– Aqui está outro jovem que também é nobre, pronto a casar contigo, se o quiseres, não importando tua origem, teu dote ou mesmo tua casta. Portanto, não te subestimes; se Marcus Július não te fizer a proposta de casamento ou desistir de ti, tens um sobressalente!...

Todos se puseram a rir, exceto Fúlvia, que sentiu um aperto no coração, por ter previsto que seu filho se havia enamorado de Lígia.

Marcus Július reafirmou:

– Eu jamais desistirei de ti, Lígia. Agora, toca a harpa e canta o salmo que executaste com tua maviosa voz quando te conheci.

– O salmo 63 de Davi? – inquiriu Lígia.

– Sim – falou Marcus Julius, – esse mesmo.

Com voz argentina, Lígia cantou o aludido salmo. Os presentes ficaram embevecidos com o timbre e a sonoridade da voz que a jovem exibia. Gláucius lembrou-se com saudade da época em que Lígia, filha de Fábius, também tocava harpa e cantava diversas árias de amor.

Enquanto isso, Lígia, do lado espiritual, distorcia o salmo e cantava: "Minha alma tem sede de ti...".

Hermógenes virou-se para ela, dizendo:

– Teu pai tem razão, precisas ser domada!

Lúcius analisava a parte espiritual e a material e, sorrindo, observava:

– Tens razão, Hermógenes, tens razão!

Gláucius murmurou-lhe no ouvido:

– Daria tudo para conhecer esse tal de Hermógenes.

– Pois o conhecerás, e isto não está muito longe.

Quando Lígia terminou, Lúcius pediu-lhe:

– Minha querida jovem, que mais me parece um anjo dos céus, pois possuis as asas do amor e da sabedoria. Tu semeias luz no solo dos corações, conduzindo o arado milagroso e benquisto do amor. Tu possuis a nobreza de caráter, a fé, a esperança, a beleza da alma, que são dons preciosos, que são como fios, e possuis ainda um tear maravilhoso que é o tear do amor. Sem ele, os demais dotes são coisas efêmeras, sem nenhum valor, pois tecerá o tecido que vestirá a perfeição espiritual, e é somente a lei do amor que sobreviverá a tudo e a todos. Por possuíres a dádiva do amor, contagias a todos os que se acercam de ti. Tu sorris, e o teu sorriso é um sorriso fraternal, que emana de teu ser e a todos abrange. O teu afeto e o teu amor são tão cristalinos como as águas mais límpidas de um rio caudaloso e sereno. Sabedor de que tua mãe e tu sois afeiçoadas a Davi, peço-te que cantes o salmo 23.

Lígia pegou a harpa e, com um sorriso, comentou:

– É um dos que mais gosto, senhor Lúcius – e pôs-se a cantar:

Deus é meu pastor e nada me falta.
Leva-me a descansar em pastagens verdejantes.
Conduz-me às águas que refrescam.
Refocila minha alma.
Guia-me por sendas direitas,
Para a honra de seu nome.
Ainda que eu caminhe por um vale tenebroso,
Não temerei mal algum, porque estás comigo, Senhor;
Teu cajado e teu bastão
São meu conforto.

Prepara para mim uma mesa,
Diante de meus adversários,
Unges com óleo minha cabeça,
Transborda minha taça.
Acompanhar-me-ão a felicidade e a graça

Todos os dias de minha vida,
E na casa do Senhor habitarei
Por dilatados dias.

Quando Lígia, filha de Raquel, terminou o salmo, tinha-se a impressão de que era um coro que ali estava entoando o cântico. Realmente. Embora somente Lúcius visse e ouvisse claramente as vozes de Fúlvia e Lígia, que acompanhavam a pequena, os outros registravam o efeito que a voz da menina Lígia estava causando no ambiente, um eco fora do comum. Todos aplaudiram Lígia. Lúcius tomou as pequeninas mãos da moça entre as suas, dizendo-lhe:

– Bendita sejas tu que, com tua maviosa voz, nos proporcionaste tão belos enlevos; somente o amor oferece aos corações jovens o encantamento de produzir nas cordas vocais tão formosas entonações.

Lígia corou.

– Não deves ficar constrangida, filhinha; trazes nos teus olhos a sensibilidade que possuis, e a alegria que invade teu coração, inundando tua alma de felicidade. Junto de ti, exultante, está Lígia, mãe de Marcus Július, e ao seu lado também se encontra Fúlvia. Ficaste rubra, porém, de nada deves envergonhar-te; devias saber que o amor, o afeto, a confiança, a ternura são tão espontâneos quanto as águas cristalinas de um manancial. Salvo certas exceções, os olhos são o espelho da alma, e tu, minha filhinha, possuis um espelho nítido, em que transparecem todos os sentimentos que invadem teu ser. Teus grandes olhos negros não enganam nem dissimulam. Os corações endurecidos, embora queiram enganar, geram nuvens de desconfiança por onde passam, no entanto, tu geras amor, segurança e ternura. Continua assim, sê sempre a serva do Senhor; aproveita a oportunidade na construção, edificando em teu coração o altar do bem. Semeando paz, colherás harmonia; tenho certeza de que Marcus Július será feliz ao teu lado. Teu amor será florido e feliz, pois possuis na alma todos os atributos para guiares Marcus Július na senda do bem. E tu, Lígia, em nada deverás ajudar teu filho, pois ele está em boas mãos; é privilegiado, pois desde pequenino sempre teve alguém a orientá-lo, e continuará tendo...

Gláucius sussurrou a Lúcius:

– Dize-me com franqueza: Lígia e Fúlvia aqui estão?

– Sim – respondeu Lúcius.

– Vê lá o que vão aprontar-me as duas juntas; se algum ciúme for despertado, como me arranjarei? Fúlvia é mais quieta, mas Lígia habitualmente mostra-se endiabrada.

Mal acabou de falar, sentiu como se lhe tivessem dado um beliscão nas nádegas e não pôde conter o gemido.

Lúcius desatou a rir e disse:

– Cuidado, Lígia ainda está na fase de aprendizado e certos impulsos que a impeliam na matéria ainda persistem.

– Eu senti esses impulsos – concluiu Gláucius.

E os dois, Lúcius e Gláucius, riram a bem valer, enquanto no plano espiritual Lígia e Fúlvia se divertiam, e, ao mesmo tempo que Hermógenes procurava conter o riso, queria chamar a atenção de Lígia, sem o conseguir.

Hermógenes chegou a conter o riso e chamou a atenção de Lígia, pois ela não poderia portar-se da mesma forma de quando estava encarnada.

Lígia sorriu e disse:

– Não me leves a mal, Hermógenes, este é meu jeito de ser; não consigo modificar-me de forma alguma; gosto de brincar e mexer com as pessoas que me cercam.

Hermógenes ponderou:

– Sinto muito, porém não te deves portar como estás fazendo. Precisas conscientizar-te de que estás desencarnada, és um espírito em ascensão e não podes agir como ages. Portanto, querida amiga, espero que te acomodes e sejas calma, a fim de que não tumultues o empreendimento que aqui viemos praticar.

Hermógenes, com muita dificuldade, conseguia conter o riso que lhe dominava. Não se conformava com o atrevimento de Lígia, e como Gláucius era muito sensível, sentiu plenamente a pilhéria desta. Lígia, para quebrar a sisudez do ambiente e deixar Hermógenes ainda mais descontraído, prostrou-se de joelhos diante dele, pedindo-lhe:

– Perdoa-me, meu orientador, estrela-guia de meu caminho cheio de arestas, prometo-te que, quando me lembrar, não farei mais isto; entretanto, digo-te mais: se eu esquecer, podes dar-me um beliscão para que eu desperte e me recorde da promessa feita. Autorizo-te a dar-me um bem forte, até deixar arroxeado o local, para que, todas as vezes em que eu contemplar a região, possa atentar ao que queres advertir-me. Somente peço-te que seja num ponto bem visível, caso contrário, se for no mesmo lugar de que me utilizei para beliscar Gláucius, aí não dá para que eu própria observe...

Lúcius, o único encarnado que estava acompanhando a cena, começou a rir sem parar, dando motivo para todos os que estavam presentes, tanto encarnados como desencarnados, extravasarem sua alegria. Lúcius, então, disse:

– Ah! Lígia, não tomas jeito de forma alguma; és sempre a eterna garota travessa...

A filha de Raquel olhou assustada.

– Eu nada fiz!

– Não estou me referindo a ti, porém à Lígia mãe de Marcus Július, que pregou uma peça em Gláucius, sem que este visse, apenas sentisse o seu efeito. Não contente com isso, ainda prostrou-se de joelhos diante de um nosso amigo espiritual, e dirigiu para ele umas brincadeiras, deixando-o sem jeito. Portanto, como vês – dirigindo-se ao espírito, – és uma garota traquinas, que mais parece uma menina do que mãe de um rapagão. Quanto a ti, Lígia, filha de Raquel, somente tenho a dizer-te que continues como és, ou seja, uma pessoa toda feita de amor e bondade, pois em teu amor permeia a caridade! E te digo mais uma vez: se houver espinhos no caminho de Marcus Július, tu o cobrirás com flores de amor. Se mesmo assim esses espinhos dilacerarem os pés do viajante, irás pegar a foice da esperança e da justiça e ceifarás o que existir na estrada da vida de Marcus Július, tirando-lhe todas as arestas que puderes, pois, além do amor, além de seres prendada, és persistente e não desistes tão facilmente...Tu és como a boa samaritana, que traz água benfazeja ao viajante errante, sedento de amor, fraternidade, caridade. Somente posso bendizer-te, Lígia, e aos teus pais que te adoram e te deram a educação esmerada que possuis. Animal e Raquel, ambos estão de parabéns!

Lígia ficou ruborizada e agradeceu o que Lúcius lhe disse. Raquel convidou a todos para que entrassem na sala de estar, franqueando-a aos visitantes que lá se encontravam.

Raquel havia preparado uma refeição modesta, e alguns alimentos judaicos, totalmente desconhecidos do grupo que ali comparecia. Todos se alimentaram e apreciaram as iguarias oferecidas, num ambiente feliz e acolhedor. No entanto, Fúlvia olhava para o filho e via-o triste, por ter sido preterido no seu amor à moça judia. Tinha, em Lígia, a tábua de salvação para o jovem Gláucius. Sentia uma dor enorme a avassalar-lhe a alma. Os amigos espirituais estavam contentes e Hermógenes convidou os demais a acompanharem-no ao vale dos leprosos, onde serviços árduos os esperavam. Embora querendo continuar naquele ambiente doméstico, acolhedor, em cuja casa Lígia e Alexandre sentiam-se em família, Fúlvia também experimentava idêntica impressão; mas; por força das circunstâncias; lhe caberia obedecer a Hermógenes, e daí acompanhar o cortejo em direção ao vale dos leprosos. Neste sítio, grande comitiva de irmãos infelizes havia chegado, comportando assassinos, ladrões, rameiras de todos os tipos, para agravar ainda mais a revolta naquele vale já tão tumultuado pelos que ali se encontravam, em face dos mais diversificados motivos.

Os quatro se dispuseram a ir ao vale dos leprosos. Lúcius, no entanto, sabedor do trabalho dos irmãos, disse, entrecortado a copioso pranto, saído do âmago do coração:

– Meus queridos amigos, que a paz de Jesus, que a rutilante beleza de sua luz vos acompanhem no caminho que vão enfrentar e a que eu, infelizmente, não posso ajudar. É um trabalho árduo, estafante, porém, terão alegrias a todo instante, por se conduzir uma alma perdida ao encontro do meigo Cordeiro de Deus.

Raquel inquiriu, com amor:

– Com quem estás falando com tanto fervor?

– Com meus amigos que vivem na espiritualidade e têm um grande serviço sob sua responsabilidade. Contudo, vamos deixar-vos, pois vos acompanhará Jesus, que os iluminará com sua luz!...

Os quatro partiram, apesar de desejarem ali ficar. Então Lúcius falou:

– Raquel, tu e Animal concebestes uma doce flor que ainda está a florescer; ela não passa de um botão; todavia, de um botão irá nascer uma semente que encherá de alegria teu enorme coração, retirando resíduos de dor e nele colocando muito amor.

– Lúcius, o que me queres dizer? Nem noivos estais e já falas num pequenino ser?!

– Pois bem, Raquel, uma bela menina se aproxima: é um ser muito elevado e vem lá de cima...

– Já que nos contou a novidade sobre a vinda desse pequenino ser, se os pais permitirem e os anjos darem saudações, colocaremos o nome de Luciana.

– Agradeço, Raquel. Esse gesto de compreensão proporciona-me muito prazer, e Lígia, mãe de Marcus, ficará contente por ver que esse pequenino ser possuirá o nome que ela me deu, quando deste mundo eu estiver ausente...

Gláucius interrompeu a exposição e objetou:

– Lúcius, és tão jovem e falas em morrer? No entanto, digo-te, sou mais velho do que tu e quero viver.

– Não te preocupes comigo, querido e amado amigo. Somente terminarei minha jornada quando findares a tua escada também. Eu vim para ajudar e, ao mesmo tempo, pagar alguns débitos!...

Porém, os amigos que eu deveria ajudar, que me indicaram, a maioria morreu, desertou, resta tu, Gláucius, caro amigo, e, enquanto viveres, estarei contigo.

Raquel, meneando a cabeça, disse, com gentileza:

–Vamos mudar de assunto; está muito tétrico; vamos anunciar o noivado e, com alegria, participar juntamente com este belo par alegre, cheio de vida, ambos almas dóceis, queridas, e deixar de lado os assuntos sem nexo.

A alegria foi geral e, em todos, a medida era igual. E o par, repleto de amor, foi cantar e mil promessas jurar no jardim, onde se destacava a rosa em flor. Lúcius asseverou:

– Como vêem, o amor é o sustentáculo de todas as obras do Criador; com ele, amenizamos a dor! Assim, também as almas queridas neste mundo, unicamente sob a inspiração do amor, poderão amenizar a dor, realizar o que lhes cabe construir, amar a Deus e servir na sua passagem por esta vida. O amor, meus amigos, é a chama que alimenta, que cresce, que aumenta... É o calor que vivifica os seres em suas expressões, abrandando os mais empertigados corações: é a doçura que acalenta as dores, fazendonos suportar, sem horrores, os trôpegos caminhos da vida, fazendo com maior facilidade serem vividas. É o alimento que tudo sacia, e o portador dele tudo desafia. Dito isso, afirmamos de coração: Deus é amor, e amor é a base, o que sustenta toda a criação. Por esse motivo, Jesus nos ensinou com sua luz: "Amai-vos uns aos outros, como eu vos amei".

CAPÍTULO XXVII

Ensinamentos preciosos

"O trabalho, no plano espiritual,
É bem mais penoso do que encetamos no plano material.
Temos de ter fé inabalável em Deus,
E seguir os mandamentos seus."

Quando Hermógenes, Alexandre, Lígia e Fúlvia chegaram ao vale, depararam com um espetáculo depravador. Homens e mulheres, desnudos, exibiam cenas grotescas de sexo, ao ar livre, diante dos olhos estarrecidos de um grupo de irmãos que possuía esparsos conhecimentos da doutrina do Mestre. Diante daquela multidão que se comprimia no vale, de todos os leprosos, em estado avançado de enfermidade, somente um débil rapazote cruzou os dedos indicadores em frente dos lábios, demonstrando ser cristão.

Apesar de o cristianismo, na época de Trajano, vencer todos os obstáculos e se tornar, ao lado do paganismo, religião oficial do Estado Romano, o sacerdote máximo era o magistrado supremo: primeiro, o rei; depois, os cônsules. Mas, como estes sozinhos não podiam assegurar o culto, criaram-se colégios sacerdotais numerosos. Os mais importantes eram os dos pontífices, que fixavam os formulários religiosos, publicavam o calendário dos dias nefastos, isto é, o dia desagradável aos deuses; os dos sacerdotes romanos, que representavam a vontade dos deuses, consultando estrelas, a natureza; e o das sacerdotisas, que velavam pela manutenção da chama sagrada de Vesta. Assim cresceu o cristianismo ao lado do paganismo. O povo ouvia as palavras de esperança e salvação pregadas em praça pública, porém, não deixava de fazer oferendas aos deuses preferidos. Ouviram as pregações, entretanto, pouco entendiam, pois Jesus e seus adeptos falavam por parábolas. Os verdadeiros cristãos do vale, aqueles que iam ouvir as pregações transmitidas de pai para filho, nas catacumbas, pregações essas que não eram distorcidas a bel-prazer, reuniram-se num canto do vale e se puseram a orar e, posteriormente, cantar o salmo 23, que diz: "Deus é meu pastor e nada me falta..." Sob as evoluções emanadas do álcool, pois o vinho passava generosamente de mão em mão, o povo gargalhava, vendo aquela mínima quantidade de cristãos orando e cantando... Proferiam impropérios, riam estridentemente, mas, o que não sabiam é que sobre aquele pequeno grupo chuviscavam eflúvios vindos do Alto com luz intensa, azulada, emoldurando o pequeno conjunto. Entidades de singular beleza e translúcidas, quase etéreas, os cercavam, para que os fluidos negativos não os atingissem. Outro grupo de entidades, menos evoluídas, cercava as primeiras, formando dupla barreira. As mulheres faziam gestos obscenos, no intuito de tentar os homens que se mantinham prostrados em oração. Porém, estes nada viam nem ouviam, devido à fé que professavam nesse momento. Fúlvia, temerosa, perguntou a Hermógenes:

– Será que os cristãos, em número tão pequeno, não correm perigo?

– Ó mulher sem fé! Não vês que estão amparados por seres angelicais e que outra fila se forma ao redor deles, para que os fluidos pesados não atinjam os cristãos nem os seres angelicais? Aí está uma barreira que nada deixará infiltrar, pois os seguidores de Cristo que aí estão se fizeram merecedores. Eles não ficam somente a pedir e a rezar – agem. Aprenderam, com os homens do Caminho, o segredo das plantas que curam e muito trabalham nessa tarefa. Veja aquele rapaz musculoso, que atende pelo nome de Anton; ele é procurado por pessoas não portadoras de lepra; essas pessoas ficam a distância, relatando seus males; ele, então, mostra a erva que devem tomar; eles a tomam e a maioria é curada de seus males, e, ao voltar, querendo pagar, ele diz:"Não fui eu que te curei, esses conhecimentos vieram até mim de um homem que aqui vivia e era chamado de Hércules: quando vens perguntar-me, eu me lembro dele, pois aqui cheguei com menos de sete anos, e ao me inspirar nele e pedir-lhe que me oriente, sem querer minhas mãos pegam as ervas certas; portanto, é a minha e a tua fé que te curaram e, se tiveres fé, vai às catacumbas e ouve as verdadeiras pregações do meigo Cordeiro de Deus; não temas a nossa doença, e quando tiveres dores, aproxima-te mais de mim, não te tocarei, somente imporei minhas mãos um tanto encarquilhadas sobre tua cabeça, que, mesmo sem tocá-la, te farão sentir-te aliviado!..." É comum, Fúlvia, vermos Anton no meio de pessoas sãs, pregando o Evangelho e, ao mesmo tempo, impondo as mãos sobre as pessoas. Esse rapaz tem uma fé inabalável...

– Contudo, não sou eu que o ajudo a escolher as ervas certas – elucida Alexandre.

– Por acaso achas que as escolheu sem a colaboração do plano astral? As mesmas entidades que te ajudaram, ajudam agora Anton. Aquela outra senhora faz infusão de ervas, que representa verdadeiro tônico, o qual faz levantar o mais debilitado convalescente. Apesar da idade, anda léguas no sentido de conseguir as ervas, para prepará-las em profusão; um rapazote que ficou curado vem buscar certa quantidade e distribui aos necessitados. Aquela jovem ensina as pessoas do vale a confeccionar as próprias roupas. Possui um pequeno tear; colhe o linho, o algodão e tece; outras cortam; outras costuram, outras bordam. É uma comunidade que não espera recompensa pelo que faz, e o que ali é feito, o é por amor e não por obrigação. Por esse motivo, são todos amparados, pois não se limitam a pedir – oram enquanto trabalham. Não são ociosos, não possuem orgulho, vícios, não disputam qualidades nem prioridades, pois sabem que estão semeando coisas boas, para amanhã colher. Sabem que a inércia traz maus pensamentos e que estes atraem más entidades. Sabem, também, que Deus favorece os que agem mais dos que os que permanecem inertes.

– Que faremos, então, em relação a esse povo violento? perguntou Fúlvia. – Vê, Hermógenes, o escândalo que estão dando em referência ao sexo!

–Vamos orar. Teus olhos verão apenas aquilo que queres ver. Se mentalizares Jesus, se mentalizares a luz, verás as coisas de modo diferente. Se fizeres questão de ver sempre o mal ao teu redor, o verás decerto, até mesmo na menor demonstração de um carinho fraternal, numa brincadeira pura, numa palavra sem segunda intenção, no calor humano, numa amizade, e se te concentrares sempre nesse mal, atraí-lo-ás para ti; se, ao contrário, vires o lado bom das pessoas, e esqueceres a preponderância do mal, essa pessoa, aos poucos, sem saberes explicar como, tornar-se-á a pessoa que querias para tua companheira. Criticar os defeitos alheios, não procurando ver se não foste a causadora dessas imperfeições, é atraso de espírito. Todos sabemos que temos um carma a purificar, porém, vamos fazer algo para que essa expiação não seja tão pesada. A Deus cabe determinar e a nós, cumprir; e, seguindo seus ensinamentos, estaremos trilhando o caminho certo. Devemos deixar de ser orgulhosos para nos tornar humildes; devemos deixar de odiar e passar a amar. E quando sentirmos em nosso ser o calor da fraternidade, libertar-nos-emos das mesquinharias que deprimem. Se nos isolarmos, se nos fecharmos numa concha, onde exista somente o fator eu desconfiando de tudo e de todos, atrairemos pequenos seres trevosos, que se agregam a nós quais crustáceos às rochas, e seremos então marionetes deles. Devemos deixar o "euísmo" de lado; devemos deixar de pensar restritamente em nossos familiares e no bem-estar deles, para nos preocuparmos com o bem-estar de uma coletividade; então, o mundo melhorará, as coisas, para nós, se aperfeiçoarão, porque criaremos ao nosso redor uma plêiade de entidades evoluídas, que serão atraídas pelos nossos sempre corretos pensamentos. Preocupar-te com outras pessoas não é te intrometer na vida particular de cada um, e isto nunca irá acarretar maiores problemas, pois é dando que recebemos!...

Fúlvia, estarrecida, ouvia a tudo aquilo, quando Hermógenes, chamando a sua atenção e a de Lígia, disse:

– Vede, Lígia e Fúlvia, no meio dessa promiscuidade, irmãos nossos estão ajudando a uma concepção; uma vida virá aflorar desse campo, que muitos o chamam de perdição.

– Hermógenes – disse Lígia, – estou vendo o carinho e o desvelo desses irmãos; entretanto, quer explicar-nos: essa criança concebida por dois seres em estado avançado de lepra não nascerá com o mesmo mal?

– Teu filho nasceu assim...

– Quando ele foi concebido, eu não era doente, e Gláucius sempre gozou de boa saúde, mas, pelo que vejo, essa mulher faz da união sexual não um ato de amor e sim um prazer; é uma rameira.

– A criança não trará o mal em si, e será retirada de sua mãe logo que nascer, e esta sofrerá como tu, e, com a amargura da separação do filho, modificar-se-á. Quanto ao ser uma rameira, por acaso alguma de vós não o foi no passado?

Fúlvia e Lígia sentiram as palavras de Hermógenes e sabiam ser portadoras de culpas pretéritas, principalmente Lígia, que a tivera recentemente, na última encarnação.

Lígia perguntou a Hermógenes:

– Podemos ajudar esses abnegados irmãos?

– Não, eles foram escalados para isso; nós o fomos para evitar o atrito entre os moradores do vale e os novos visitantes. Vamos ajudar Anton, para que suas palavras sejam ouvidas, assim que nossos irmãos terminem de assistir à concepção desse pequenino ser, que entidades trevosas procuram interceptar. Observai como chora o espírito que está por encarnar, pois sente a interferência dessas entidades, que procuram atrapalhar a inseminação. Assim que a concepção for concluída os amigos espirituais, que vieram para essa finalidade, retirar-se-ão.

Hermógenes e os amigos se aproximaram de Anton, e este, ainda sob os eflúvios do Alto, começou a dissertar sobre o Sermão da Montanha:

Bem-aventurados os pobres de espírito, pois deles é o reino dos céus.

Bem-aventuradas os que choram, porque eles serão consolados.

Bem-aventurados os mansos, porque eles herdarão a Terra.

Bem-aventurados os que têm fome e sede de justiça, porque eles serão fartos.

Bem-aventurados os misericordiosos, porque eles alcançarão a misericórdia.

Bem-aventurados os limpos de coração, porque eles verão a Deus.

Bem-aventurados os pacificadores, pois eles serão chamados filhos de Deus.

Neste momento, um dos criminosos, um dos líderes do grupo, de nome Anacleto, vestiu-se, dirigindo-se para perto de Anton e ficou a ouvi-lo, enquanto este continuava:

Bem-aventurados os que sofrem perseguição por causa da justiça, porque deles é o reino dos céus.

Bem-aventurados sois vós quando vos injuriarem e perseguirem e, mentindo, disserem todo o mal contra vós por minha causa.

Hermógenes, Alexandre Fúlvia e Lígia acercaram-se de Anacleto, colocando-lhe a mão direita sobre sua cabeça, para que ele bem captasse as palavras de Anton.

Anacleto virou-se para os companheiros, dizendo-lhes:

– Corja de estúpidos! Por acaso não vêem que este homem fala em nome de Deus... Acabem com essa orgia, vistam-se e venham ouvi-lo!...

Pouco a pouco aquelas criaturas se recompunham e aproximaram-se de Anton para assistir sua pregação.

Anton viu-se empolgado com o que disse Anacleto e começou a cantar o salmo 57.

Piedade de mim, ó Deus, piedade,
Em ti se refugia minha alma,
À sombra de tuas asas procuro abrigo
Até que passe a calamidade.
A Deus, altíssimo, sobe meu grito,
A Deus, que tanto bem me faz,
Envie do céu, o auxílio que me salve.
Cubra de confusão os que me perseguem,
Envie, ó Senhor, tua bondade e fidelidade,
Estou deitado no meio de leões
Ávidos de devorar os filhos dos homens.
Lança e flechas são os seus dentes,
Espada afiada, as suas línguas,
Ele vai-nos, Senhor, acima dos céus,
Em toda Terra esplenda tua glória!

Ante meus passos, uma rede armaram,
Deprimiram a minha alma.
Diante de mim, cavaram uma fossa e
Nela caíram.
Firme está meu coração, ó meu Deus.
Firme está meu coração.
Entoarei cantos e salmos
Desperta, alma minha, desperta! Lira e cítara
Quero acordar na aurora
Entre os povos, Senhor, cantarei os teus louvores,
Entre as nações, entoar-te-ei salmos,
Porque aos céus se eleva a tua misericórdia
E às nuvens, a tua fidelidade.
Elevai-te, Senhor; acima dos céus
Em toda a Terra esplenda a tua glória.

O grupo de facínoras se havia aprumado e rodeou Anton, no sentido de ouvi-lo cantar o salmo, acompanhado por um grande número de adeptos.

Anton citou ao ensejo trechos do capítulo 6 de Mateus:"A candeia do corpo são os olhos; de sorte que, se os olhos forem bons, todo o teu corpo terá luz. Se, porém, os teus olhos forem maus, o teu corpo será tenebroso. Se, portanto, a luz que em ti há são as trevas, quão grandes serão tais trevas! Por isso vos digo: Não andeis cuidadosos quanto à vossa vida, pelo que haveis de vestir. Não é a vida mais do que o mantimento, e o corpo mais que a vestimenta?".

Anton continuava a falar:

– Não sou um profeta, nem pretendo sê-lo; no entanto, completando as palavras do meigo Cordeiro de Deus, Jesus de Nazaré, que veio ao mundo não para modificar as leis, porém, para acender amor em nossos corações e orientar-nos, dizendo que ninguém sairá da Terra sem pagar a última moeda, entristece-nos a incompreensão dos seres humanos que desejam a solução para o estado de coisas em que vive atualmente, não pensando o que fizeram no pretérito, em vidas passadas, e que, agora, têm de pagar. Se somos portadores de um mal e por ele somos banidos de uma sociedade; se somos considerados como escória, como um mal aos seres humanos, é porque somos devedores de um passado promíscuo e, na atual encarnação, devemos fazer de tudo para resgatá-lo, e não infringir as leis para que novos débitos sejam angariados. Se somos considerados escória de uma sociedade que, às vezes é mais imunda do que nós, devemos mostrar a essa mesma sociedade que nos baniu, que somos seres humanos; que trazemos o amor em nossos corações, e tornamo-nos cada vez melhores, para que mais tarde consigamos usufruir do consentimento dos céus, pois Jesus disse que "a cada um será dado segundo as suas obras". Não deduzes daí que haja injustiça, quando se verifica uma distribuição disforme; às vezes, achamos que um recebe mais do que parece merecer ou vice-versa; não, meus amigos, não vos deixai levar pelas aparências; a injustiça é perfeita e cada um recebe segundo a semeadura. Não queres colher flores se semeaste espinhos! Não te esqueças do Mestre, que ainda nos orientou: "que há muitas moradas na casa de meu Pai"; vamos semear em nossa passagem atual da vida o bem, o amor, a fraternidade, para depois usufruirmos desses benefícios. Somente o amor constrói e ele é o foco do bem, e aquele que não se harmonizar com o bem e com o amor apenas levará consigo a destruição, a destruição de si próprio, pois estará semeando lágrimas, dores e ranger de dentes e terá, inevitavelmente, de colher o que semeou.

Um dos mais exaltados circunstantes disse a Anton:

– Fui um nobre, possuía títulos e riquezas, e sentia-me orgulhoso de minha posição; não fiz mal a outrem; procurava, no Sinédrio, dar esmolas vultosas, no entanto, vê como me encontro; fui banido por minha família; que provas me podes dar a respeito disso?

– Talvez, em outras vidas, fizeste mal a alguém ou a ti próprio, tirando a dádiva preciosa que Deus nos legou, que é a vida.

– Talvez, o dizes, porém quero provas agora!

– Pois bem, Já que o queres... Na atual encarnação, davas esmolas vultosas, mas tão-somente para te vangloriares, para te mostrares, não por amor nem por caridade, mas por ostentação, e davas apenas o supérfluo. Quando um pobre batia à tua porta, mendigando uma casca de pão, tu a negavas, pois ali ninguém estava para observar teu gesto, para incentivar teu orgulho. Quero que procures lembrar-te das palavras do Mestre: "Os que se exaltam serão humilhados, mas os que se humilham serão exaltados."

– Anton, disseste a verdade! Nosso amigo sempre foi prepotente e orgulhoso, e assim como o conheço bem, tuas palavras foram verídicas, mesmo que ele não as queira admitir. A partir de agora, estarei a teu lado, e ai daquele que não me obedecer, pois os que não quiserem, que procurem outro local!... Daremos exemplos de amor, entretanto, não o amor paixão, e sim o amor fraternal; sempre os comandei na perdição; doravante, comandá-los-ei na salvação; os que quiserem seguir-me que fiquem, mas os que desejarem, que sumam deste vale, pois o moço cativou-me pela sinceridade. E os que vão ficar, cuidado com os modos, senão terão de ver-se comigo. Aquele que não concordar, dê um passo à frente, que se irá haver com o meu punhal.

Anton, sorrindo e meneando a cabeça, disse:

– Anacleto, quero-te bem e louvo ao Senhor por estares ao meu lado; todavia, deixa o punhal e usa a palavra impregnada de amor, se desejares servir a Jesus.

Anacleto disse a Anton, entredentes:

– Fique quieto; por enquanto deve prevalecer a força, depois o amor. Não usarei o punhal, mas os ameaçarei; eles somente atendem a esta linguagem.

E em voz alta, afirmou:

– Serei adepto de Jesus, Anton, porém, à minha maneira, pois com esta corja lido eu, e matarei a quem me desobedecer.

Alguns se retiraram para outras paragens, ali permanecendo a grande maioria; e novos adeptos de Jesus, da verdadeira doutrina, pareciam interessados em sobressair-se.

Hermógenes virou-se para os companheiros e comentou:

– Viram o que faz a fé? Sem ela, Anton nada conseguiria.

Lígia considerou:

– Apesar dos eflúvios do Alto, tiveste um papel predominante nisso, pois observei que de tua fronte emanava vigoroso foco de luz em direção a Anton, e ele veio concluir com as parábolas de Jesus o que havias acabado de dizer a Fúlvia e a nós: que tudo depende de como olhamos as coisas. E a parábola dizia: "Se os teus olhos forem bons, teu corpo terá luz, e se teus olhos forem maus, teu corpo será tenebroso". Pelo que entendi, nosso corpo tanto espiritual quanto material se ressente dos nossos pensamentos: se emitirmos ondas mentais perniciosas, receberemos coisas maléficas, como julgarmos, seremos julgados, e não devemos tirar conclusões antecipadas do que nossos olhos vêem, e sim ver sempre o lado bom das coisas, pois tudo pode escapar-nos, porém nada escapará das leis do Criador, porque a justiça divina nunca falha.

– Falaste certo. Até que enfim encaraste as coisas com sabedoria e não na brincadeira, como é de teu costume.

– Eu brinco, mas sempre encarei as situações com seriedade. Não sou como tu, que gostas somente das coisas sérias, porque isso me causa enfado. Qualquer dia, ainda, irei aprontar-te algo.

– Esquece-te que consigo ler teus pensamentos e, como tal, não cairei em engano algum?

– Puxa vida! – disse Lígia, num muxoxo.

E todos riram a valer...

Capítulo XXVIII

Felicidade e tristeza

"A vida na Terra
Com pagamentos de débitos tudo encerra.
O que fizemos na presente encarnação
Teremos de pagar na próxima com resignação."

O quarteto Hermógenes, Lígia, Fúlvia e Alexandre dirigiu-se à residência dos amigos encarnados através da casa de Fábius; ficaram pouco tempo, pois Marcus Július estava contente por ter achado Lígia, filha de Raquel, embora o amor por Fabiana se lhe avassalasse a alma, porque era um amor proibido, devido aos princípios cristãos, e Marcus Július, compreendendo a grave situação, conformara-se com a separação e procurava, nos braços de Lígia, na sua bondade, na sua inteligência, na sua humildade, o aconchego natural, conquanto preferisse a altivez de Fabiana aos méritos de Lígia. Fabiana – para se teruma clara idéia – ainda povoava os sonhos de Marcus Július.

– Quando os amigos espirituais chegaram à casa de Gláucius, considerando que Fabiana ainda não estivesse a par do noivado de Marcus Julius, esta sentia uma dor a lhe oprimir a alma, e tentava escrever uma poesia de adeus, dedicada a ele, pois pretendia pedir ao pai que a levasse a uma viagem de recreio por alguns meses, não importando o local, contanto que se afastasse de Marcus Július, para não mais sofrer.

Referidos amigos espirituais encontraram-na em vigília, escrevendo a precitada poesia. Ao aproximar-se, Hermógenes disse:

– Ela teve o pressentimento...

Lígia e Fúlvia aconchegaram-se a Fabiana, no intuito de ler a poesia, que assim se expressava:

Quando em meu peito rebentar-se a fibra.
Que liga o espírito à vida,
Que enlaça a dor vivente,
Selando o espírito, deixando-o livre, liberto a voar,
Não quero que chores, ao invés põe-te a cantar,
Pois estarei vivendo a verdadeira vida,
E não quero que sofras, alma querida,
Pois estarei esperando por ti somente.

Adeus, meus sonhos eu pranteio e morro,
Levo-te da minha existência, como saudade,
Porém, Marcus, tu não podes vivenciar em meu sonho,
Morro, portanto, pois não posso viver nesta triste mocidade.

Deixo esta vida, de horrível pesadelo,
Como no deserto se despede o caminheiro,
Levando dentro de seu coração sincero e ardente
Um amor impossível, pela estrela longínqua,
Cintilante, inacessível, possuidora de belas nuances,
Porém, que logo vai embora, ao romper do sol, no nascente.

Ó Bela Estrela que enfeitas o céu, forrado de veludo azul-marinho,
Que a noite tingiu aos pouquinhos,
Se pudesses descer das alturas do teu caminho,
E fazer-me, ao menos, um carinho!

Parto pela vida afora,
Pois não posso ficar sem minha estrela agora,
Não sei se poderei amar e renunciar,
Quando somente queria conjugar o verbo amar.

Ó Deus de infinita bondade,
De mim tenhas piedade!...
Não posso esconder, Senhor,
E de todos sufocar o amor.

Lígia e Fúlvia sentiam o que Fabiana estava passando e puseram-se a chorar. Lígia comentou com Hermógenes:

– A alma de Fabiana é sedenta por Marcus Július, como o viajante que caminha sob o sol ardente do desertosente a sofreguidão, a sede, por um oásis. Ó Deus meu, a história se repete novamente: o amor e a renúncia campeiam juntos! Pobre menina, sofro juntamente com ela; parece-me reviver uma odisséia, e o pior, Hermógenes, é que nesta eu sou culpada, pois se não tivesse escondido de Gláucius o nascimento de Marcus Július, nada disso teria acontecido. Eu sofri com a separação de Gláucius, porém, trazia em meu ventre algo que me impulsionava a viver: um filho desse amor! Entretanto, minha alma também sentia a falta de Gláucius; perdoa-me Fúlvia se falo isto na tua presença, todavia, o amor que sinto por Gláucius é diferente, não é um amor egoísta, somente quero vê-lo feliz; sei que ele nunca sentiu por mim o que sinto por ele. Porém, o amor é cego e tudo perdoa, e percebo em Fabiana o mesmo tipo de amor, estando ciente do móvel de seu sofrimento. Não é o porte físico, não é a inteligência, não são os dotes, os predicados, não sei como explicar, é o conteúdo de Gláucius que amo, a essência em si mesma...

– Eu te entendo – disse Alexandre. – Tu amas o espírito e não o seu corpo.

– Exatamente! Não sei como pudeste definir tão bem o meu próprio sentimento.

– Porque é como eu te amava; somente te via em minha frente; eras para mim a fonte inesgotável de água límpida. Apenas sentia-me feliz vendo-te alegre, descontraída; não me importavam minhas dores, unicamente as tuas é que me doíam fundo; não me importava o que dissessem de mim, que me atacassem, no entanto, que não se atrevessem a atacá-la, a melindrá-la, senão... – Tu dizes isso no pretérito; talvez não gostes mais de mim, Alexandre, e não te censuro por isso, pois fui egoísta, somente via Gláucius em minha frente e nada mais me importava...

– Estás dizendo também no passado; acaso não mais amas Gláucius?

– Claro que amo, mas ao transpormos os umbrais da morte, e quando começamos a evoluir, compreendemos que o verdadeiro amor é o fraternal; deixamos os ciúmes e as coisinhas de lado, e somos francos conosco mesmos, vendo os fatos ao nosso redor sob outro prisma. Contudo, quando encarnados, é natural sentir o ciúme avassalar-nos a alma, por melhor que sejamos. Como vês, a vida é injusta; amei e amo Gláucius e este não me correspondia; tu, Alexandre, amaste-me e eu nem o percebia, estava cega por outro amor. Por que tudo isso?...

– E achas que eu não amei Gláucius? – perguntou Fúlvia.

– Sei que amas e amaste Gláucius, Fúlvia, desde o momento que o viste; somente te omitiste por seres minha amiga; também amaste e renunciaste, porém, eras mais merecedora do que nós, eis que usufruíste da companhia e do amor de Gláucius por dois anos. "A cada um será dado segundo suas obras", nos diz Jesus, e como tinhas crédito, usufruíste alguns anos de amor e de tortura, pois estive ao lado de Gláucius e de ti antes de desencarnares, e observei o quanto sofrias, enquanto ele galanteava outras moças. Muito interferi, a fim de ajudar-te, e também por que não concebia a idéia de vê-lo com outras mulheres; somente contigo não tinha ciúme, posto que ainda não estava evoluída espiritualmente.

Hermógenes chamou a atenção de Fúlvia e Lígia, dizendo-lhes:

– Ao invés de apenas confabulardes, por que vós não vindes ajudar Fabiana? Colocai vossas mãos sob a cabeça dessa nossa irmã, porquanto está necessitada de forças e não de comentários, e lembrai-vos das palavras de Jesus, que mencionou: "Se tiverdes fé do tamanho de um grão de mostarda, direis a este monte: passa daqui para acolá e ele há de passar, e nada vos será impossível". Fabiana teve o pressentimento de seu próximo desencarne e necessita de nossas forças.

– Fabiana desencarnará logo? – perguntou Fúlvia espantada.

– Sim, isto já está previsto. Por que achais que estamos aqui? Apenas para visitar velhos amigos?... Aqui nos encontramos no sentido de receber os espíritos de Gláucius e Fabiana.

– Fabiana é tão nova, jovem ainda, não chega a ser uma mulher, é mais uma criança. Por que o desencarne prematuro? Será em razão de ela estar triste com o que aconteceu com Marcus Július, e quer sair antes do corpo? Mas ele já arrumou uma futura companheira e está feliz!... No entanto, Fabiana, minha filha, minha pobre filha, encontra-se em estado deplorável – disse Fúlvia contrafeita.

– Não sê precipitada; não tira conclusões que somente são tuas. Acaso, Fúlvia, te esqueceste que tua filha, em outra encarnação, foi uma rameira, que se utilizou do sexo a seu bel-prazer, e depois, não mais agüentando a vida, entregou-se aos excessos do álcool, não obedecendo aos eternos mandamentos de Deus? Em face de tais excessos, saiu da Terra antes do tempo; deixou-se levar por todas as arbitrariedades, por todas as idéias contrárias às leis de Deus. Roubou, cobiçou os homens de outras mulheres, usufruiu de seu corpo com o preciso objetivo de angariar dinheiro. Teve um homem que a amou sinceramente, e procurou levá-la ao bom caminho, mas ela não quis largar o ganho fácil, o luxo que predominava naquele ambiente, e deixou o pobre coitado a lamentar o amor perdido... Quando desencarnou, foi considerada uma suicida em potencial, manipulada por entidades trevosas. Fabiana reencarnou, para cumprir o restante da vida que lhe cabia fazê-lo, à vista das dívidas contraídas na existência imediatamente anterior. Reencarnou o ser que a amava intensamente, nesta oportunidade sob o nome de Marcus Július, e sentiu por ele o amor de outrora, mas com tal intensidade que se agarrou a ele como tábua de salvação, como se fora um náufrago que desesperadamente procura por algo que possa salvá-lo do perigo iminente "A cada um será dado segundo as suas obras". Deus é justo e a tudo proverá!

Ajudai, pois, esta irmãzinha a cumprir um carma que é dela somente... Ela é jovem, uma criança como dizeis, uma flor em botão. Porém, traz consigo as responsabilidades de tempos passados. Induze Fabiana a cantar o salmo 23 para se auto-reconfortar.

Atentas à ordem recebida, começaram então emitir um a um os versos do salmo indicado, na mente de Fabiana.

Fabiana sentia que aquele salmo se lhe aflorava à mente, e então passou a cantá-lo. Ao terminar, experimentou um bálsamo tonificante na alma dolorida. O sono apossou-se de seu corpo belo, esbelto, de talhe imperial. Durante o repouso físico, desprendeu-se, e Hermógenes levou-a a planos mais altos, para que reunisse as forças necessárias ao refazimento de sua alma tão sofrida. Fabiana obteve a permissão de rever seu passado, o que realmente fez, e o que poderia fazer a fim de recuperar o tempo perdido.

Tomou conhecimento do que teria de passar para pagar os débitos de seu comprometido pretérito. E, ao despertar, sentia-se mais calma; a revolta, que antes lhe aflorava à alma, foi sanada. Percebia-se mais forte perante o turbilhão de dificuldades que teria de enfrentar. Gláucius encontrou-a feliz e sorridente no desjejum, o que o levou a aproximar-se da filha, carinhosamente, e dizer-lhe:

–Vejo que estás mais equilibrada, mais feliz, e tal disposição de espírito causa-me grande contentamento.

– É, papai, parece que me conformei com as coisas determinadas por Deus, nosso Pai. Não vou me esquecer de Marcus Július tão facilmente, porém, adaptei-me à idéia de que não poderei casar com ele. No entanto, ficaremos juntos como dois irmãos abnegados!... Creio que nunca desposarei outro homem, como acho que, também, Marcus Július não casará...

Gláucius empalideceu ao ouvir referidas palavras. Como poderia contar a Fabiana que Marcus Július já arrumara outra noiva, a fim de esquecê-la? Não, não teria coragem para isso, não sabia como fazê-lo. Contudo, esta incumbência deveria ser cumprida por ele próprio e não por intermédio de outrem, para que Fabiana não viesse a sofrer ainda mais. Pensando nisso, Gláucius ponderou:

– Fabiana, que tal darmos um passeio de biga? Correr contra o vento, como dizes, ao nos utilizar deste veículo de competição? Vou atrelar os mais fogosos cavalos; iremos até o lago; faremos uma refeição modesta e mais tarde regressaremos.

Hermógenes disse:

– Lígia e Fúlvia, nesse passeio nossos irmãos desencarnarão, e aí está a razão de nosso trabalho, de nossa presença...

– Gláucius também irá desencarnar nesse passeio? – perguntou Lígia.

– Sim, embora demore mais que Fabiana, devido aos erros desta mesma encarnação; esqueceste que Gláucius foi assassino?...

– Gláucius, assassino? – recriminou Lígia.

– De que te admiras? Se foste tu que vieste a sofrer nas mãos dele?... Esqueceste de que Gláucius e Fúlvia proporcionaram-te morte prematura?

– Porém, eu não queria que isso acontecesse! Eu o perdoei plenamente. Hermógenes, se essa circunstância depende de mim, eu te peço: não o deixes sofrer, pelo amor de Deus!

– Não depende de ti nem de ninguém. A justiça de Deus é sábia e não falha, e também existe uma lei de ação e reação e o que fizerem de mal, de prejudicial, terão de pagar inevitavelmente, quer queiram ou não!...

Gláucius atrelou os dois cavalos mais fogosos na alva biga, ornada de desenhos dourados; os cavalos brancos, com um penacho na cabeça, também dourado, davam uma presença maravilhosa, algo de nobre. Lígia observou:

– Será que a alvura da biga e dos cavalos irá minorar os sofrimentos de ambos? Neste instante sinto no íntimo de minha alma uma dor intensa; que Jesus tenha misericórdia e abrevie os padecimentos de um e outra. Se Gláucius tiver de pagar pelo que fez a mim, que esses tormentos recaiam sobre meu ser, Senhor!

Gláucius e Fabiana saíram na biga, que corria ora a favor ora contra o vento, como costumava dizer Fabiana.

Gláucius não teve coragem de comentar com Fabiana a nova experiência sentimental de Marcus Július, quando ambos se dirigiam até o lago. Conversaram, riram; no entanto Fabiana não tocava no nome de Marcus Julius, e Gláucius esquivava-se de mencionar o fato de o rapaz estar prestes a casar; assim foi passando o tempo e não restou a Gláucius outra alternativa senão dizer à filha:

– Fabiana, vamos embora! Em nossa residência teremos de conversar seriamente.

– Vamos, papai, vamos cavalgar contra o vento, como sempre o fazemos.

– Sim, minha filha, iremos cavalgar contra o vento, e o faremos o mais depressa possível.

Tão logo subiram e tomaram seus lugares na biga, Gláucius chicoteou os cavalos. Espiritualmente, Lígia, Fúlvia, Hermógenes e Alexandre os acompanhavam. Lígia sentia no âmago de seu coração uma dor atroz e fulminante. Parecia-lhe que o peito ia estourar de tanta aflição e tristeza. Gláucius e Fabiana subiram na biga e ele chicoteou os cavalos, com muita força. Os animais corriam céleres, dando a impressão de que demandavam mesmo contra o vento. Naquela desabalada carreira, galoparam até as proximidades da residência de Gláucius. Quando estavam quase chegando, os cavalos tropeçaram e um deles quebrou uma das pernas. A biga tombou e, na velocidade em que trafegava, arremessou Gláucius e Fabiana para longe do local do acidente. Com o impacto, Fabiana bateu a cabeça numa pedra, fraturando gravemente o crânio e sofrendo morte instantânea. Gláucius, entretanto, quebrou a coluna, e de seu pescoço partido jorrava grande quantidade de sangue. Hermógenes, fixando sua atenção em Lígia e Fúlvia, aduziu:

– Deixo a ambas a liberdade de escolha: quem irá ajudar-me nas atividades complementares dos desencarnes de Fabiana e Gláucius?

Lígia respondeu:

– Desisto da opção em favor de Fúlvia.

Esta, por sua vez, asseverou:

– Vou ficar com Fabiana, e tu cuidas de Gláucius.

Fúlvia amparava a filha, que logo se achava desprendida do corpo físico. Gláucius, no entanto, na respiração da morte, procurava estender a mão ao encontro da filha. A dor que sentia era imensa, todavia, despendia enorme esforço, a fim de alcançar Fabiana.

– Filhinha – murmurava, – filhinha querida, estás ferida?

Por acaso estás sofrendo alguma dor? Responda-me, filhinha adorada, filha de meu coração, como te sentes?

Lígia sentou-se no chão e, com a cabeça de Gláucius pousada em seu colo, procurava acalentá-lo. O sangue continuava a jorrar; Gláucius sentia dores intensas, mas não queria largar o seu corpo, pois acreditava que a filha sobrevivia. No entanto, com os seus olhos sem brilho, ele vislumbrava o semblante de Lígia, e achava estar vivendo um sonho.

– Lígia, que estás fazendo aqui? Estou sonhando?... Fabiana, minha filha Fabiana, onde estás? Não te vejo... Porventura, mantenho suposta visão? A dor é enorme e avassala-me todo o ser. Não consigo suportar tanto sofrimento. Lígia, se és realmente tu que aí estás, ajuda-me a acordar, a despertar-me deste incrível pesadelo.

– Nada posso fazer por ti, no momento; tens de passar por este martírio de dor, meu querido; cuidado, pensa no Messias que aqui veio para nos dar um exemplo de amor, de humildade, e mesmo de nos ensinar que devemos suportar nossas dores com fé e resignação. Lembra-te do salmo 23 que cantou Lígia, filha de Raquel: "Deus é meu pastor e nada me falta..." Pois bem, Gláucius, pensa em Jesus, que ele é o pastor de almas, e ele te levará a caminhos verdejantes, cheios de águas claras e límpidas.

– Lígia, Lígia, então isto não é um sonho? Tu estás realmente ao meu lado?

– Sim, estou Gláucius...

– E Fúlvia, onde se encontra Fúlvia?

– Acha-se assistindo tua filha Fabiana, pois ela igualmente desencarnou. Tu também deverás largar esse corpo, querido meu, pois assim terminará teu sofrimento.

– Não, eu quero ver Fabiana; não vou deixar minha filha relegada à própria sorte...

– Tua filha está morta, Gláucius, morta para a matéria, porém, viva para a verdadeira vida, a do espírito.

E dirigindo o olhar para Fúlvia, Lígia disse:

– Ele precisa ter certeza de que Fabiana desencarnou; o seu sofrimento é atroz, observa-lhe a coluna partida, o seu pescoço pendido. Fúlvia, não sei o que poderei fazer em prol dele...

Hermógenes aproximou-se e colocou a mão direita sobre a cabeça de Gláucius, e ordenou a Lígia:

– Canta alguma ária ou mesmo algum salmo.

Lígia sentia no sofrimento de Gláucius o seu próprio sofrimento. Dirigiu os olhos para o Alto e implorou:

– Senhor meu Pai, tu que és o Pai dos sofredores e dos aflitos, não consigo cantar, não consigo orar, confesso. Somente te peço do âmago de meu coração: que se Gláucius está passando por isso por minha causa, de inúmeras jornadas o sofrimento lancinante que lhe domina a pobre alma, Senhor, tem piedade... Volve teus olhos a ele...

Voltando-se para Gláucius, disse-lhe:

– Minha alma tem sede de ti...

Num forte suspiro, Gláucius desligou-se do corpo tão atormentado. Lígia afagou, transmitindo-lhe todo o alento de que podia dispor e, acariciando-lhe a cabeça, fê-lo adormecer...

Após o desencarne de Fabiana e do sacrifício de Gláucius, que não queria abandonar o corpo, devido à sua preocupação com a filha, Lígia e Fúlvia, juntamente com Hermógenes e Alexandre, levaram os recém-desencarnados à beira-mar, onde ambos, abalados em razão do recente desencarne, em parte se recuperariam das forças por demais exauridas.

Lígia deitou Gláucius na areia reconfortante e macia, acomodou-lhe a cabeça em seu colo e orava fervorosamente a Deus, rogando-lhe o pronto restabelecimento daqueles dois queridos amigos desencarnados. Fúlvia fez o mesmo com Fabiana, ao mesmo tempo que a embalava com doces cantigas de ninar.

Permaneceram assim por longo período. Gláucius, com a coluna cervical partida, o pescoço pendendo ao lado, portando um grande edema no pescoço, do lado direito, de onde expelia fortes jatos de sangue, após as preces de Lígia sentia-se um pouco melhor; as dores lancinantes que emanavam do seu colopareciam-lhe, agora, um tanto menor. Fabiana estava adormecida, sentia-se pequenina no regaço de sua mãe. Tinha a impressão que havia retrocedido nos anos, e via-se ainda com poucos meses de idade acalentada por sua mãe, pois ato contínuo Fúlvia contraíra a moléstia de Hansen e parara de acariciar a pequenita. Lígia, constantemente amimando os cabelos de Gláucius, cantava em voz baixa ora o salmo 23, ora o salmo 63.

Assim, Lígia adaptou o salmo segundo as circunstâncias do momento. Hermógenes observava as duas e anotava todo o procedimento de ambas. Isto seria o registro para o bônus-hora da dupla. Alexandre ajudava uma e outra, transmitindo passes magnéticos aos dois recém-desencarnados. Assimilava as mensagens telepáticas de Hermógenes, e a elas se ajustava segundo as ordens de comando recebidas. Hermógenes anotava na ficha de Alexandre o seu progresso, o seu desprendimento de alma, a bondade existente em seu enorme coração, que não causava destruição em qualquer ser. A um pensamento de Hermógenes, Alexandre alertou Lígia e Fúlvia:

– Já está na hora de irmos, portanto, estejais prontas!

– E Fabiana e Gláucius? – perguntou Lígia. – Não vamos levá-los conosco? Alexandre olhou para Hermógenes, pois não era seu desejo desgostar Lígia de forma alguma. Hermógenes, então, respondeu:

– Nossa parte já está concluída: o restante competirá aos nossos irmãos socorristas.

Mas eles – referindo-se a Gláucius e Fabiana – ficarão aqui sozinhos? – perguntou Lígia.

– Não vês ali adiante dois irmãos nossos, munidos de uma padiola, prontos a ajudar? – retrucou Hermógenes com serena energia.

– Porém, vejo tão-somente uma padiola e temos aqui dois desencarnados; o que estás procurando ocultar-me, Hermógenes?

– Nada estou ocultando de ti, mas, do mesmo modo que outrora ocorreu contigo, Gláucius terá de passar pelo umbral.

– Pelo umbral? Não, Hermógenes, por Deus, aquilo é pavoroso.–Tu passaste, Fúlvia passou: por que achas que Gláucius ficará isento? Esqueceste, por acaso, que ele também foi homicida, também participou do crime a ti infligido?

– Hermógenes – intervém Lígia, – eu já o perdoei; por que então todos batem na mesma tecla? Por que ele terá de passar por isso, se a única prejudicada fui eu, e eu já o perdoei? Não quero que ele sofra tal experiência, não quero abandoná-lo; perdoei Fúlvia, e perdoei Gláucius; compreendo perfeitamente os motivos que os levaram a praticar aquelas atrocidades; talvez se eu estivesse no lugar de ambos, agiria da mesma forma. Que justiça é essa, então?

– A justiça divina que não falha, Lígia. Tudo o que se plantar terá de se colher, lembras-te das palavras de Jesus:"Ninguém sairá da Terra sem pagar o último ceitil."

– Como Gláucius desencarnou na condição de devedor, ele terá de passar pelo crivo do sofrimento e transitar pelo umbral por período proporcional ao débito contraído, da mesma forma que tiveste de suportar essa exigência da lei. No caso de Fúlvia, eras credora e ela teve de estagiar por algum tempo no vale das sombras. Portanto, Lígia, acata minhas ordens, pois está na hora de partirmos.

– Mas, Hermógenes, vamos deixá-lo aqui sozinho, relegado à própria sorte? Devemos sujeitar-nos a proceder dessa maneira? Porventura nossos mentores não possuem coração? Apelo a ti, Fúlvia, que me ajudes nas súplicas ao Alto; talvez os instrutores espirituais ponderem melhor, permitindo-nos que levemos Gláucius também.

– Irei ajudar-te nas súplicas – esclareceu Fúlvia. – Oremos, pois!

Hermógenes, pacientemente, permitiu que as duas orassem e formulassem seus pedidos consoante a pretensão de Lígia. No coração de ambas existia a esperança de o plano astral permitir ali a presença de novos irmãos socorristas, a fim de transportar Gláucius a um nosocômio da cidade astral a que eles pertenciam. Oraram fervorosamente, pronunciando as súplicas do âmago de suas entranhas: dos olhos espirituais de ambas vertiam grossas lágrimas. No entanto, permaneceram na atitude de rogativa por razoável lapso de tempo e ninguém se fez presente. Diante da previsível circunstância, Hermógenes falou:

– Eu já havia dito a ambas que a balança da justiça é inexorável. Portanto, queridas amigas, não queirais infringir as leis magnânimas do Supremo Criador!

– Mas tenho fé, Hermógenes. Lembras-te das palavras de Jesus, que dizem:"Se tiveres fé, como o grão de uma mostarda, direis a este monte passa daqui para acolá e ele passará, e nada vos impedirá?" Se Ele assim alertou, eu tenho fé, e me proponho seguir os ensinamentos do Mestre.

– És astuta, Lígia, entretanto, não adianta ter fé e descumprir as leis da justiça divina. Vamos embora e deixar Gláucius atento à própria sorte. Contudo, não te esqueças de que Deus é magnânimo e piedoso, e não abandona quaisquer de seus filhos, e, assim, mesmo na peregrinação de Gláucius pelo umbral, Ele o protegerá.

– Pelo amor de Deus, Hermógenes, não o deixemos: devemos ampará-lo...

– Não, Lígia, nosso tempo se esgotou. Partamos, eis que ainda teremos de comparecer ao funeral em memória de nossos queridos amigos. Para tanto, não nos atrasemos. Não sejas teimosa, não tens mais argumentos. Está certa, por conseguinte, de que essa é a vontade divina.

– Meu Deus, dai-me forças! Não quero deixá-lo dessa forma. Ajudai-me, Senhor!... Não vês, Hermógenes, que com a nossa ajuda ele se aquietou bem mais?! Todavia, se partirmos agora, sentes-te seguro de que não lhe voltarão as dores? Não queria seguir, permita-me acompanhá-lo ao umbral. Serei, talvez, a sua estrela-guia, que o orientará neste vale de sombras.

– Não queiras ser o amblíope em país de cego. Vai, acompanha-me, e não retruques mais – arrematou Hermógenes para Lígia.

Esta, por sua vez, considerou:

– Deus meu, amparai-o então; não deixes que almas malfazejas o assediem; não deixes, Senhor, que irmãos nossos, menores, se aproveitem de seus fluidos vitais! Deixo-o em tuas mãos, Pai Amado!

Hermógenes e sua comitiva partiram em direção à casa de Gláucius, no intuito de complementar os trabalhos que se propuseram fazer, pois Lúcius já havia localizado os corpos de ambos, e os tinha transportado àquela residência, com a ajuda de amigos.

O quarteto chegou à casa de Gláucius e deparou com Lúcius que estava colocando a túnica mortuária em Gláucius e Fabiana e, com carinho, arrumava-lhes os cabelos revoltos. Ao ver Lígia cabisbaixa e triste aproximar-se dele, de antemão já havia previsto o que acontecera; como estava sozinho preparando os cadáveres, podia falar com as entidades espirituais sem a curiosidade normal dos encarnados:

– Lígia, sei por que estás tão aborrecida, mas devo dizer-te, filhinha, que no altar de teu coração, invisível aos terráqueos, somente deve residir o amor sincero que tudo perdoa e que tudo esquece; deves saber, entretanto, que teremos de colher o que semearmos, pois somos o reflexo de nós mesmos e obtemos aquilo que merecemos; se retificarmos o passado com o bem, nas horas do presente o porvir nos responderá com amor, luz, paz e alegria; para que isso aconteça, devemos plantar as sementes de amor e bondade todos os dias, para colhermos os frutos posteriormente. Não ouviste, Lígia, os ensinamentos de Jesus que, por Sua Excelsa Figura, serão a ponte bendita de acesso à sublimação integral. Cada criatura, Lígia, vive na faixa de sentimentos em que se ajusta; por isso, não deves te sentir assim pesarosa.

– Mas, Lúcius – falou Lígia, – para alguém vir a ser acusado, a vítima deverá fazê-lo; eu sou vítima e de nada o denuncio; perdoei-o. Será que Deus não poderá perdoá-lo também?

– Não, Lígia, pensas bem! Se aqui, na Terra, o batráquio mora no pântano, pois aí é o seu lugar, e o seu sentimento o atrai para o mesmo local, o verme agarra-se à escuridão do subsolo, enquanto a ave alça vôos altos, ao bater das asas, e ainda canta nas alturas; cada um possui uma faixa vibratória proveniente dos próprios atos praticados e tem de evoluir, passando pelo crivo de aflições que proporcionaram a outrem, mesmo que a vítima o tenha perdoado. É uma lei da qual ninguém conseguirá escapar. O amor, Lígia, constrói a ventura e ela é dor esquecida; por esse motivo, Deus faz do amor a maior grandeza da vida.

Lígia, mesmo após a morte é que se vê em tudo o que ministramos, seja onde for, que somente perdura na vida aquilo o que se fez por amor, e sem a presença deste sublime sentimento, a felicidade não comparece, por mais que esta seja querida. O amor é prodígio eterno. No que me concerne, é uma fonte sincera e eterna do bem, eis que, quanto mais se dá, mais se recebe, quanto mais se serve, mais se tem.

Lígia e Fúlvia começaram a chorar, com fortes soluços, e não podiam estancar as lágrimas. Lúcius continuou a falar:

– A saudade de amor é a mais pura; vem da lágrima sentida de quem leva à sepultura todo o amor da própria vida. A vida nos ensina o que a gente vê face a face; que todo o amor tem o tamanho e combina com o coração com o qual nasce. O amor, quando em oração, chega aos céus e entrosa, purifica-se a contento, lembrando o perfume da rosa, em busca do firmamento.

Lígia afaga os cabelos de Gláucius, com amor e desvelo. E Lúcius responde na hora, àquela que chora:

– Lígia, pequena e querida andorinha, que sonha com o amor e um parceiro em todas as vidas, qual é a tua dúvida?

– Não terei o direito de amar? Não quero ser objeto, tampouco ser alvo somente de sexo. Aspiro um verdadeiro amor, para que eu possa me recompor.

– E tu – pergunta Lúcius a Fúlvia, – o que mais aspiras?

– Ter filhos, e ser recebida por eles com amor e ternura; embalá-los em meus braços e receber-lhes a amizade pura. Quero ser reconhecida pelo amor que devotarei; não quero ser esquecida, e somente com isso, feliz eu serei.

– Minhas queridas – responde Lúcius, – o que pedis não é nada demais, pois não reclamais por ouro ou fortuna, somente aspirais por paz. Porém, ambas são devedoras, e receberão apenas o que são merecedoras. Talvez passem milênios, séculos, anos para que consigais o que quereis, o que aspirais com amor em vossos corações. Contudo, quando chegar a hora de pôr termo a vossos sofrimentos, tereis o que ambicionais, isso eu vos prometo.

Nisso, entra nos aposentos Babucha, que soube do acidente e correu para auxiliar Lúcius a vestir Fabiana.

Mal acabara de entrar no recinto, divisou Lígia e exclamou:

– Minha menina, estás aqui! Eu te vejo e sei que estás triste: entendo que devias sentir-te mais animada, pois Gláucius partiu e vai encontrar-te.

Lígia não conseguia conter o choro convulso. Babucha a via, no entanto, não tinha como captar o que Lígia procurava transmitir-lhe, ao contrário de Lúcius que tudo percebia pelos sentidos da audição e da visão. Lúcius dirigiu-se a Babucha e recomendou-lhe:

–Temos quatro companheiros espirituais aqui. Enquanto acabo de limpar Gláucius e vesti-lo, procura fazer o mesmo com Fabiana. Já conversei com Lígia, mas esta não quer admitir que Gláucius tenha de percorrer por algum tempo o caminho do umbral; Fúlvia está mais calma, pois viu a filha ser levada e amparada por amigos de reconhecido quilate espiritual. Estão presentes Hermógenes, que tu conheces, e Alexandre. Enquanto os trocamos, vamos pronunciar frases encorajadoras para que seus espíritos possam atrair um pouco do amor que vamos transmitir aos respectivos corpos. E tu, Lígia, se queres bem a Gláucius, ajude-nos também.

Lúcius murmurava palavras que eram um alívio para o espírito de Gláucius. Dizia quase num sussurro:

– Gláucius, querido amigo, se erraste foi porque foste impelido pelo amor ao teu filho e pelo temor da lepra; todavia, pagaste com morte bem sofrida; querido amigo, não te desesperes, nem te deixes levar por almas mesquinhas; se erraste – indaga-se – quem não o fez? És considerado assassino, mas nada foi premeditado. Filhinho querido, muito devo a ti; devo-te a felicidade de sair da promiscuidade em que me encontrava; devo a ti a liberdade. Não fiques triste, nem esmoreças; irás encontrar em tua peregrinação, no umbral, alguém que, quando encarnada, procurou lançar teias sobre ti; desvencilhaste, saíste vitorioso; espero, também, que agora obtenhas o mesmo sucesso. Avante guerreiro! Não vás esmorecer; não deixes a sombra da tristeza, da intensa mágoa, estender as asas sobre ti, porque poderás ser vencido pelo desânimo. Não te esqueças que és cristão, e não olvides os ensinamentos de Jesus; acende a lâmpada dos esclarecimentos dele em teu coração e siga em frente!... Não te deixes influenciar por reminiscências amargas, senão transportarás um cesto de imundícies, que a higiene determina que sejam lançadas ao esquecimento. Ergue a cabeça e segue em frente, amigo, e quando vires que tua alma se sente combalida, e tiveres coragem de orar, não titubeies, lance uma oração ao Alto, e breve, muito breve, serás ouvido; terás a satisfação de encontrar dois corações femininos, ávidos por ter-te por perto, a esperá-lo de braços abertos.

Babucha também pronunciava palavras de ternura a Fabiana, chegando mesmo a dizer-lhe:

– Estou velha, encarquilhada... Deus poderia levar-me ao invés da menina...

Ao que Lúcius corrigiu:

– Que estás dizendo? Isto não passa de discrepância de tua parte, eis que estás ignorando as sábias leis do Pai, pois a cada um será dado de acordo com as suas obras, e ninguém sairá da Terra sem pagar a última moeda. Fabiana veio para completar os anos que faltavam em sua última encarnação.

Babucha concordou:

– Tens razão, não sei o que falo em certas ocasiões...

Terminaram de aprontar os corpos, os quais, em seguida, foram levados para o funeral. Marcus Július olhava para Fabiana, em quem a lesão fora somente interna. Ela estava bela, parecendo estar apenas dormindo e, não obstante sua resistência física e moral, chorava a perda da jovem que o tinha despertado para os mais formidáveis colóquios de amor. Fábius, seu avô, aproximou-se e lhe disse:

– A providência divina é sábia, meu filho; embora pudesses casar com Lígia, filha de Raquel, nunca irias esquecer Fabiana; esta, por seu lado, jamais se iria conformar de te ver casado com outra. A dor de ambos seria horrível... Deus escreve certo por linhas tortas. Sei que pouco tempo de vida terei, e terá sua avó também; porém, queremos ver-te casado e feliz, com teu lar constituído, e com os rebentos ao teu lado. Portanto, não te entregues ao desespero. Veja que expressão serena está no rosto de Fabiana; seus lábios, ligeiramente entreabertos, parecem que sorriem para ti, dizendo: "Sê feliz, cumpri com minha missão!..." É quase uma menina, todavia, a formosura permanece estampada em seu rosto lívido pela morte. Tenho certeza, Marcus Július, que ela está bem amparada.

– Está mesmo – respondeu Lúcius, que vinha vindo e ouviu as últimas palavras. – Ela está nos braços da mãe, e nada como uma mãe para cuidar de um filho.

– Espero que a minha mãe não me esqueça – observou Marcus Július.

– Lígia esquecer-te? – inquiriu Lúcius. – Ela está a teu lado embevecida, a mirar-te com amor. És para ela o mais belo ser existente sobre a face da Terra.

Marcus Július sorriu, enquanto Lígia o estreitava em seus braços, carinhosa e espiritualmente. Em meio às orações, foram realizados os sepultamentos de Gláucius e Fabiana.

Compareceram inúmeros senadores e amigos da família. O sepultamento foi efetuado no mesmo local onde estavam guardadas as cinzas de Lívia, os corpos de Lígia e de Alexandre, na parte subterrânea da casa de Fábius.Fábius, com isto, quis demonstrar que não mantinha quaisquer ressentimentos em relação a Gláucius, no tocante à morte de Lígia.

Após o sepultamento dos corpos, e quando quase todos os amigos se retiravam, somente ficaram no local Lúcius, Fábius, Marcus Július, Lígia Alexandra, e o filho do senador Gláucius, que chorava a perda do pai e da irmã, ao mesmo tempo. Lúcius, então, começou a falar, despedindo-se do amigo:

– Senador Gláucius, sei perfeitamente que em espírito não estás presente, porém, quero que cheguem a teus ouvidos minhas palavras. E a ti, também, Fabiana, que estás adormecida qual anjo que mal despontou para a vida, pois ao menos completaste teus quinze anos de idade: não chegaste, outrossim, a ser uma mulher, mal acabavas de ser uma menina; eras ainda uma flor em botão!... No entanto, querida menina de minha alma, tinhas sonhos maravilhosos, que em parte foram destruídos, pois amavas Marcus Julius, sem saberes que ele era teu irmão: amaste e tiveste uma grande desilusão, filha querida, e assim voltaste para a verdadeira vida... O meigo Cordeiro de Deus apiedou-se de ti; quis que não sofresses mais, vindo a saber que teu irmão, a quem tanto amavas, iria casar com outra e chamou-te para a verdadeira vida, onde serás muito querida, onde não há desilusão e, tampouco, a dor dilacera o coração, porquanto, neste sítio em que te encontras, querida amiga, quando te sentires combalida, verás correr diante de teus olhos as inúmeras encarnações por ti vividas. Amiga de minha alma, agora poderás ponderar com mais calma. Verás que não sofreste em vão, que existe uma lei de ação e reação, e que cumpriste, com galhardia, tua missão.

Marcus Július, triste pela perda da amada, chorava aos borbotões, que compungia os mais insensíveis corações. Sentia, por Lígia, filha de Raquel, um amor que mais parecia uma desvairada paixão; entretanto, por Fabiana, dedicava um puro amor, que preenchia a lacuna de seu coração. Lúcius o abraçou e o aconchegou ao seu peito, transmitindo ao jovem fluidos benéficos, que o fariam esquecer do passado. Depois, começou a falar sobre Gláucius, a comentar:

– Gláucius, querido amigo, que a paz esteja contigo, que esta serenidade te alcance onde estiveres, tanto na dor quanto no perigo. Tua vida, querido amigo, muitas vezes parecia haver perdido o sentido. Amavas e querias ter uma companheira a teu lado, alguém que te compreendesse e contigo correspondesse de imediato. Todavia, a vida, de aparente, estava sempre a negar o que almejavas, o que teu coração pretendia achar, ambicionavas somente uma coisa: ser amado e considerado com primazia; no entanto, caro amigo, a sorte dava a impressão de se incompatibilizar contigo. Agora, estás novamente sozinho; terás de levantar-te à procura de teu ninho, mas, para isso, terás de batalhar, e de irmãos menores te libertar. Os espinhos, as dificuldades e provações tornaram tua vida cheia de trabalhos e cuidados; contudo, para teu bem, para teu erguimento, foi uma escola, apesar dos dissabores, do sofrimento, sendo oportuno asseverar que nem todos tiveram o amparo que tens. No mundo em que vivemos, nem tudo é tristeza, miséria;

a vida, na Terra, com pagamentos de débitos se encerra. Na própria natureza em flor, há mensagens de esperança, de conforto, de amor. Há flores sobre os espinhos, para amenizar a dor, e sobre os espinhos estão as rosas em flor. Deus é amor, está escrito acima de cada botão que desabrocha, ao topo de cada haste de erva que brota. Vemos tal fenômeno nos pássaros que enchem de música o ar, com seus alegres trinados; as flores cobertas de matizes delicados; portanto, querido amigo, Deus estará sempre contigo, nunca desampara sequer um filho seu, pois ama a todos com igual amor, e jamais os deixa sozinhos na dor. Lembras-te de que apenas o amor constrói, e que o que com ele não sintoniza, somente arrastará consigo o que destrói. O bem é a paz, a alegria, a caridade, incluindo nesse rol a fraternidade. O amor é o supremo bem, é o fogo eterno, alimentando tudo o que existe na área do bem. Por isso, caro amigo, estejas onde estiveres, espalhe o bem, não olhando a quem. Ama, mesmo que sejas relegado por causas inevitáveis do passado. Dia virá em que o verdadeiro amor encontrarás. Então, serás feliz, eis que encontrarás o que sempre quis. Ânimo, pois, companheiro, e enfrente tudo altivo.

Logo após as palavras de Lúcius, Lígia procurou materializar-se diante dele, a fim de transmitir-lhe algo que afligia seu coração.

Lúcius perguntou a Lígia:

– Acaso queres que eu seja o veículo para te manifestares?

– Sim, claro Lúcius, preciso de ti, de papai, de Marcus Július.

– Serei o instrumento. Então, tenta emitir teu pensamento sobre mim, que nele esforçarei por transmitir o que desejas, já que estás tão desesperada, circunstância que poderá afetar tua evolução.

– Pois bem, Lúcius, assim o farei. Rogo aos céus permissão para que eu possa exprimir-me da melhor maneira possível.

Assim, Lígia conseguiu emitir os fluidos em Lúcius, e a voz dele modificou-se sensivelmente, tornando-se fina, de timbre feminino, ou seja, mais melodiosa e algo chorosa.

– Papai, sou eu, Lígia. quero implorar-te algo.

Fábius inquiriu:

– Precisas de mim, Lígia, no tocante a quê? Já pedi e implorei por tua irmã, e até agora somente soube que ela padece no umbral, vivendo estado desesperador.

– Lídia lá está porque assim o quer, por vaidade, por passar-se por quem não é; no entanto, tenho outra coisa a pedir, papai, a ti, a Marcus Július e a mamãe. Tu eras amigo e querias bem a Gláucius; à vista disso, apelo a ti. Mamãe já o perdoou, e Marcus Július é filho dele, cabendo-lhe o dever de pedir por aquele que lhe doou a própria vida; assim, o pedido que tenho a fazer é pequeno. Papai, eu passei pelo umbral e carrego no íntimo de minhas recordações o que quero esquecer, mas que agora aflora-me à mente com a morte de Gláucius; ao que sabes, outrora, eu também, ao cortar a mão, ao perder a direita, esvaí-me em sangue; fui picada por insetos asquerosos, como aranhas, escorpião e até mesmo por cobra durante o lapso de tempo que meu corpo permaneceu no poço. Pois bem, papai, como tinha débitos enormes a pagar, em espírito, após ser amparada por entes amigos, fui relegada à própria sorte; então, seres vampirizadores, já despidos do invólucro de carne, rodearam-me, a fim de usufruir de meus fluidos vitais e sugar o sangue de meu corpo astral enfermiço. Gláucius, igualmente, desencarnou por haver sofrido traumatismo da coluna cervical e do pescoço, do qual jorrava o líquido vital em abundância; peço-te, papai, que rezes para que esse período seja curto, que no mesmo sentido orarei também; e acrescento: tu podes, quando largares o corpo pelo sono reparador, ir ao encontro de Gláucius, para ajudá-lo. Lúcius, da mesma forma, poderá fazê-lo. Eu te imploro, papai querido, eu te imploro, mãe amada. eu te imploro, filho de meu ventre, que nove meses consecutivos acalentei e embalei em minhas entranhas, porque sabia que após o parto nada mais poderia executar.

– Lígia, minha querida filha, como o amas, já o perdoaste?

– Claro que o perdoei. Quem ama, perdoa sempre. Os defeitos do ser amado se nos apresentam como predicados valiosos; por isso, por que não deveria perdoá-lo?... Fúlvia está ao meu lado, reiterando este meu pedido. Dessa forma, suplicamos aos encarnados, pois não nos é concedido o direito de ajudá-lo, não nos é permitido acercarmo-nos dele. Apenas quando houver transcorrido o tempo necessário para a permanência dele no umbral, somente quando ele, consciente, clamar, pedindo aos céus que o auxiliem, nossa assistência poderá ser mais discreta. Tu me perguntaste se o amo; pois bem, respondo-te: Ele é para mim como o oásis é para o viajante cansado sob o sol inclemente do deserto árido. Se me amas, papai, fazes o que te peço, que é a maior dádiva que podes dar-me. Não me negues este pedido.

– Minha potranca selvagem, tu pedes para Gláucius, no entanto, nunca ouvi pedires para ti mesma, nem quando foste retirada, quase à força, do lado de Gláucius e de Fúlvia; sei que te desesperaste, que choraste, mas não ousaste pedir-me proteção; eu o soube por Lúcius o que te estou narrando. Por que és assim, Lígia, sempre pensando nos outros? E na tua irmã pensas e oras?

– Claro, papai, eu também a perdoei, e tudo tenho feito nesse sentido. Porém, aqui não é como imaginas, que podemos visitar e auxiliar os entes queridos. Se não tivermos permissão... Gláucius é acusado de assassinato, mas eu não o encaro como tal; acho, isto sim, que deveria ser considerado uma pessoa carinhosa que amou muito o filho e tinha medo do contágio. Eu sim, fui assassina!...

– Assim o foste por amor, querida Lígia. Se mataste Ananias, foi de igual modo para salvar-me.

– Eu induzi Marcus ou Hércules a matar também. Pesam-me na consciência duas mortes! Por favor, eu poderia falar-te durante o sono, mas infelizmente o ser encarnado, quando volta ao corpo, somente lembra-se de pequeninas coisas, às vezes de poucos símbolos, de tudo o que procuramos incutir-lhe na mente ainda destreinada. Por esse motivo, papai, implorei a Hermógenes que me concedesse essa manifestação, e depois de muito implorar, eu o consegui. Quero trabalhar em nossa cidade astral, para angariar bônus-hora e merecer a de busca de Gláucius e, se possível e permitido for, de Lídia também, uma vez que tal providência dará muitas felicidades e alegrias.

– Está bem, prometo-te cumprir o que me pedes com tanta ansiedade, filha querida; e, se depender de mim, de tua mãe ou de teu filho, podes contar conosco, adianto-te, digo-te de antemão.

– Obrigada, paizinho querido, um beijo para ti e, ao mesmo tempo, um puxãozinho de orelha, para aprenderes que sou um ser humano e não um animal, já que ousas chamar-me de potranca, e ainda por cima, selvagem; amo-te, papai, amo-te, mamãe e a Marcus Július; a Lúcius nem vale a pena falar, pois não só eu o amo, realmente eu o venero...

E transmitindo beijos com as mãos cheias, Lígia despediu-se de todos.

Hermógenes, logo após, a censurava:

– Pediste um minutinho e levaste quase um quarto de hora; por acaso ignoras que cansas Lúcius, que serviu-te de veículo, afastando-se do próprio corpo, para que pudesses falar à vontade?

– Ah! Hermógenes, depois de tanto tempo, que são quinze minutos perante a eternidade?

– És uma potranca selvagem mesmo...

– Até tu agora vens a atormentar-me, chamando-me de potranca? Todavia, eu gostei que me deste o minutinho que pedi e podes chamar-me do que quiseres, que eu não irei me incomodar.

– Vamos embora, Alexandre, e vamos levar Fúlvia e a faladeira Lígia, senão ela irá enrolar-me novamente e, desta vez, irá pedir-me o impossível: rever o espírito Gláucius – falou Hermógenes.

– Como adivinhaste o meu pensamento? – interpelou Lígia.

Todos riram a bem valer das palavras de Lígia, a eterna pedinte em prol dos outros, que nem se importava de ser chamada de faladeira.

– Podes até chamar-me de papagaio, porém, no que se refere aos meus entes queridos, não me sentirei cansada de pedir.

Assim, Hermógenes, Fúlvia, Alexandre e Lígia encaminharam-se à cidade astral, para enfrentar novos trabalhos que lhes estavam sendo destinados...

Capítulo XXIX

Novamente na cidade astral

"Lágrimas inúteis, porém sei qual a origem.
Que, em meu coração entristecido, afligem.
Brotando no coração e nos olhos vão se encontrar;
Ao reviver o passado. ao recordar;
O cristalino lago em tempos outonais,
Relembrando dias que não voltam mais."

Hermógenes disse a Lígia:

– Repito-te, temos de andar depressa, o tempo é escasso, e enormes cotas de trabalho nos esperam na cidade astral. Enfim, Lígia, conseguiste o que querias.

– Consegui uma pequena e efêmera coisa perante o que pretendia; minha vontade era ficar no orbe terráqueo e labutar em prol das pessoas queridas, e até para todos que necessitassem dos meus esforços. Viste, Hermógenes, que o filho de Gláucius recendia a álcool?

– Sim, Lígia, recendia em diversas encarnações ele vem batalhando para corrigir o mau costume, no entanto, grande quantidade de entidades o assediam, envolvendo-o de tal maneira e não querendo que ele se livre do vício.

– Ele é meu filho, e tudo farei para afastá-lo de tais entidades; lutarei ao lado dele, reencarnarei junto como esposa, como filha, como mãe, procurarei casas, como a casa dos homens do Caminho, a fim de libertá-lo desse tormento – disse Fúlvia.

Hermógenes respondeu:

– Olha, pensa bem que estás fazendo uma promessa da qual não poderás faltar; posteriormente, não deverá haver reclamações nem queixas.

– Não me importa, tudo farei: sei que terei de trabalhar muito, que dar muito de mim para conseguir tal mérito, porém, não esmorecerei; trabalharei em favor do próximo, no sentido de que ele seja favorecido; serei uma seguidora dos homens do Caminho, e nem que passem séculos, eu, com minhas obras e meu exemplo, o regenerarei.

– Prezam os céus que o consigas – respondeu Hermógenes.

– E tu, Lígia, por que estás silenciosa a chorar?

– Ah! Hermógenes, nem vontade de brincar ou conversar tenho; o meu alento ficou para trás; pudera eu estar no lugar dele, entretanto sei, por experiência própria, que não posso. Quando Fúlvia desencarnou, pedi, supliquei que me deixassem ampará-la; pedi para sofrer em lugar dela, tive uma audiência com o nosso governador, todavia, tudo em vão: ele respondeu-me que ninguém pode servir de escudo, de anteparo na lei de ação e reação; que as pessoas, ou melhor, os espíritos terão de se reerguer por si mesmos. Sei que Gláucius, quando se conscientizar e analisar os maus atos praticados e arrepender-se deveras, e volver os seus olhos ao Alto, pedindo clemência, só aí é chegada a hora de sair do lodaçal de provações.

– Se tens a sapiência e sentes que de tal modo assim ocorrerá, por que choras? – perguntou Alexandre.

– Por que choro? Porque revivo em pensamento os bons e maus momentos vividos tanto como encarnada, como em espírito... Revivo o que passei no umbral, quando trazia comigo os fluidos vitais; o meu espírito tinha a impressão de que também não possuía mão; de meu punho jorrava sangue como jorra do pescoço de Gláucius. Espectros humanos, espíritos vampirizadores acercavam-se de mim, como os abutres revoam em cima de matadouros, atraídos pelo sangue; foi horrível, violentaram-me, como acontece com os suicidas; usufruíam de meus fluidos vitais ao bel-prazer: uns sugavam meu sangue, outros manipulavam meu corpo: é uma experiência horrível, humilhante... Por isso, quando me perguntaste o que eu mais queria na próxima encarnação, eu te respondi: um amor sincero, não um amor sexo ou paixão; é porque não quero ser objeto, é porque, Hermógenes, o amor sexo irá recordar-me do que passei após inúmeras encarnações, ora no vale dos suicidas ora no umbral!

– Disseste que choras, também, pelos bons momentos e não os mencionaste – disse Hermógenes.

– Por que me perguntas, se tens facilidade de ler minha mente? Assim mesmo vou responder-te: choro, sim, por momentos felizes, por momentos cômicos que passei na crosta e que não voltam mais: as tardes outonais, os saraus, os passeios à beira do lago são recordações tão queridas que não as esquecerei nunca.

– Por isso, vou trabalhar: não terei um minuto de descanso; talvez fique alquebrada, com as mãos calejadas, porém, tenho em mente um ideal que me incitará a labutar; quero ter a primazia de buscar Gláucius no umbral, um dia, pois sempre vi o céu naqueles olhos azuis, e, agora, no céu vislumbrarei aqueles olhos a incentivarem-me a trabalhar, enquanto tivermos débitos a saldar!

– Estás, outrossim, fazendo uma promessa? – perguntou Hermógenes.

– Estou. Estou muito mais fazendo um juramento, que cumprirei, satisfeita.

Chegaram à cidade astral em que habitavam, onde os amigos desencarnados os esperavam, ávidos por saberem das novidades; eis que Fabiana, tanto quanto o cônsul Marcus e Flávius ali haviam chegado em estado de inconsciência. Hermógenes disse ao cônsul Marcus:

– Deixo a Lígia, que é eloqüente, o encargo de dar-te os detalhes.

– Perdoa-me, Hermógenes, perdoa-me querido cônsul Marcus, porém, estou triste e prefiro atirar-me no trabalho árduo para esquecer as agruras do caminho, pois não quero recordar e muito menos reviver as cenas que presenciei. Que Deus permita, como os ministros também, que eu e Fúlvia atendamos nossa pequena e bela Fabiana; ao olhá-la, lembrar-me-ei do filho querido que deixei na Terra e o espírito amado por nós duas, que deixamos relegado à própria sorte, pois, ao olhar a linda face de Fabiana, recordar-me-ei de ambos, principalmente pelos seus olhos, que são iguais; permite que eu e Fúlvia nos retiremos, Hermógenes?

– Já que te sentes assim e Fúlvia está ansiosa por ver a filha, então devem ir. Os ministros não irão impedir-te de tratá-la, porquanto, antes de partirmos, isto já estava delineado. Porém, cuidado, ela está inconsciente, e tudo o mais parece-lhe um sonho, disse Hermógenes.

Ao sair, Hermógenes disse a Alexandre:

– A afinidade que une Gláucius, Fúlvia e Lígia é grande e remonta há longo tempo; Lígia é muito sensível e sofre demais. É uma andorinha que alça altos vôos à procura de um amor sincero, mas que se cansa e se abate por não encontrá-lo; debate-se contra a murada que os separa e, muitas vezes, por julgar impossível esse encontro, atira-se voluntariamente de um despenhadeiro, vindo a ferir-se gravemente e a falecer, sendo considerada suicida. Talvez, um dia, lhe seja permitido casar com a alma afim; então os choros se transformarão em alegrias, em brincadeiras. Contudo, se essa alma afim partir antes, ela poderá querer acompanhá-la, esquecendo-se da missão que ainda tem por cumprir.

Lígia, de longe, ao ouvir a alocução de Hermógenes, replica, rindo:

– Quando chegar a hora de encontrar-me com a minha alma afim, quero ser feia, não quero ter beleza de corpo, pois quero ser amada pelo que sou, e não pela aparência exterior.

– Para isso, tua alma afim deverá estar evoluída; enquanto ela não estiver, deverás atraí-la pela beleza física – pondera Hermógenes.

– Talvez, se eu reencarnasse numa potranca selvagem, ele me amansaria, talvez se apaixonasse por mim; aí teriam razão de chamar-me assim.

E, sorrindo, pegou Fúlvia pela mão e saiu a correr. Mesmo de longe, o grupo ouviu sua voz dialogando com Fúlvia:

– Reparaste nos olhos de Fabiana? É azul-violeta e possui as mesmas pigmentações em volta da menina dos olhos, como as de Gláucius e Marcus Július. É diferente dos demais, nunca vi olhos tão belos como os deles!...

Fúlvia, extasiada, retrucou:

– Fabiana é linda.

– Marcus Julius, também – completou Lígia.

E saíram sorrindo...

* * *

Enquanto isso, no orbe terráqueo, os fatos iam aos poucos se encaixando, no afã de se buscar a justaposição com os personagens de nossa história.

– Depois que Lígia e Fúlvia se afastaram, Marcus, pai de Fúlvia, perguntou como tinha sido o desencarne de Gláucius. Hermógenes respondeu:

– Lígia não notou, porém Gláucius sofreu bastante; ficou mais de uma hora com a coluna cervical quebrada, e o pescoço, com o rompimento da artéria do lado direito, devido a um fundo corte, jorrava sangue; as costelas fraturadas, fato este que passou despercebido por Lígia, haviam perfurado o pulmão: ele arfava muito, sentia dificuldade de respirar, o sangue saía aos borbotões, e, em pouco tempo, ele estava fraquíssimo, porém, a vontade de sobreviver para poder socorrer a filha tornou-o resistente; somente pensava em Fabiana, em como dar-lhe a notícia de que Marcus Július iria casar. Tal era a força que o impelia a ficar no corpo, que ele lutava para subsistir no intuito de auxiliar Fabiana. Chegou a estender-lhe a mão, arrastando o vaso físico, para tocar a filha. Conseguiu, com vigor sobrenatural, erguer a cabeça para constatar se ela havia partido para a esfera espiritual. Somente, então, permitiu que desligássemos os último liames que o prendiam ao corpo de carne. Gláucius possuía um amor muito grande por Fabiana; por esse motivo, sofreu mais tempo, desmaiou de dor; uma forte convulsão o assolou visando levá-lo; porém ele, indiferente à dor, ali ficava ternamente. Gláucius, apesar dos defeitos que possuía, sempre exerceu sobre mim um forte fascínio; depois que começou a visitar os homens do Caminho, modificou-se plenamente. Era sincero no tocante à busca de uma companheira fiel que vivesse a seu lado. Infelizmente, teve a morte de Lígia a pesar-lhe na balança da justiça, caso contrário teríamos aqui um competente trabalhador.

O cônsul Marcus, por sua vez, comentou:

– Pensei que tu, por seres tão chegado a Lígia, tinhas aversão por ele.

– Não, uma coisa nada tem a ver com a outra; nosso trabalho não permite ter antipatia por quem quer que seja; não podemos ter repulsa pelos seres encarnados; apenas somos adeptos da justiça; e tanto pela nossa justiça quanto pela justiça divina, Gláucius é devedor; o que o moveu a pôr término na vida de Lígia era o medo de que a doença dela fosse transmitida a seu filho. Eu quero bem a Gláucius, como quero a Lígia; se assim fosse, como ousaste afirmar, cônsul Marcus, ter preferência a Lígia, que acompanhei desde tenra idade, eu teria intercedido por ela nos anos em que ela passou pelo umbral. Porém, tal não aconteceu e nunca o farei por quem quer que seja, nem mesmo que a pessoa seja um ser muito querido meu, assim como um pai ou uma mãe, igualmente eu agiria da mesma forma, pois sou adepto da verdade, da justiça, tornando- me incongruente caso viesse modificar o meu modo de ser.

– Perdoa-me, Hermógenes, se te ofendi – replicou Marcus.

– Nada tenho a perder. A nossa vida espiritual sempre será um aprendizado a mais. Confia na justiça divina, cônsul Marcus, e verás quão belo é ter fé na sublime igualdade.

Enquanto este fato ocorria no orbe terráqueo, Gláucius desceu até a adega do pai e embebedou-se; em seguida, tentou subir alguns degraus; não o conseguindo, sentou-se num deles com uma garrafa na mão, encostou a cabeça no lance superior da escada e adormeceu... Lúcius estava na casa de Fábius, acompanhando-os na ceia. Todos estavam tão pesarosos, que nem mesmo vontade de comer sentiam. O que de fato consumiram foi um caldo reconfortante. Sentiam-se desgostosos e tristes. Fábius perguntou a Lúcius:

– Não é possível tu veres como Gláucius está? Em que condições ele se encontra?

– Tentarei – respondeu Lúcius. – Pensem no meigo Cordeiro de Deus, para auxiliarem-me nesta tarefa.

Todos firmaram o pensamento em Jesus e então criaram o ambiente propício para Lúcius, que tentou focalizar a praia onde vira o espírito Gláucius. Não obstante a concentração de forças mentais, somente conseguiu observar no local uma grande mancha de sangue.

– Firmai bem o pensamento em Jesus, que tentarei ver o lugar onde está Gláucius – reiterou Lúcius.

Os amigos oraram com redobrada firmeza. Lúcius, então, divisou o espírito Gláucius estirado num catre, rodeado por entidades escuras que procuravam tirar-lhe os fluidos vitais, fato que preferiu omitir, dizendo que ele estava numa caverna deitado. Dirigiu-se a Marcus Július e disse-lhe:

– Tu foste o filho de Gláucius, concebido por um grande amor. Tua mãe amava demais o senador; tens, a obrigação de orar pelo teu pai que muito necessita de ti. E tu, Fábius, o tinhas como amigo sincero, Gláucius também depende de ti e de Lígia Alexandra. Hoje temos um grande trabalho a realizar tão logo se desvencilharem do corpo, no sono físico. Portanto, amigos, estejai prontos e com o pensamento voltado totalmente ao Senhor. Não esmoreçais e trabalhai com muito ardor!...

Mal Hermógenes tinha acabado de discorrer sobre a morte do senador Gláucius para o cônsul Marcus, na sala pertencente a um dos prédios do Ministério do Auxílio, penetra naquele compartimento o senador Fabrícius[12], que desencarnara há quinze anos, logo após o passamento de Ligia, pois na vida carnal muita amizade teve por Gláucius e pelo pai deste. Fabrícius, também senador naquela época, conhecia e nutria grande afeto e amizade ao senador Fábius e sua família. Quando encarnado, era profundo conhecedor de alquimia e muito se empenhara para achar a solução das convulsões de Lígia, quando criança: apesar de muito estudar, não conseguiu achar a causa, eis que as convulsões nada mais eram do que provas cármicas.

– Ouvi o que dizias a respeito de Gláucius – interveio Fabrícius. – Realmente foi uma morte um tanto violenta, porém sabemos que não existe efeito sem causa; a causa possui suas raízes no passado e o efeito se faz presente na atual encarnação. Gláucius, como Ligia e todos nós, somente colhemos o que semeamos; porém devo dizer-te que Lígia Alexandra já possui em seu ser o que provocou no passado, numa outra encarnação. Agora ela é uma senhora, sob todos os aspectos, de moral elevada; no entanto, em encarnação anterior, pelo poderio do sexo, conquistou Fábius e, pela ambição desmesurada pelo dinheiro, levou os seus à perdição. Hoje é honorável senhora, possui o útero totalmente destruído e já começou a sentir uma febre que a acomete sempre ao entardecer. Sinto pelo casal enorme afeição e, quando é permitida minha visita ao orbe terráqueo, procuro rever os amigos, preocupando-me sempre em indagar a respeito do estado de saúde em que eles se encontram. E o que vi, recentemente, não foi satisfatório: Fábius sofre uma forte deficiência coronária. Observa-se estreitamento do orifício de saída das coronárias, bem como deficiência na válvula bicúspide, causando-lhe bloqueio nos ventrículos. Tem sentido dores no peito, que ele atribui aos últimos acontecimentos. Tem, ainda, a porção serosa do pericárdio, em contato com o coração,

12. Fabrícius mantém atualmente o mesmo nome e; como tal é conhecido na Cidade de Dois Corações e é ministro do Ministério da Regeneração (nota de Longínus).

um pouco maior que o normal. Como vêem, amigos, Fábius fez na anterior encarnação muitos sofrerem, devido à enorme fortuna de que era detentor e agora veio com deficiência em seu pobre coração. Muitos encarnados, que não abraçaram a doutrina do meigo Nazareno, e que não acreditam que a vida continua após a morte, ficaram estupefatos diante do sofrimento desse humano, bondoso e sempre prestes a perdoar o semelhante e ampará-lo sob todos os aspectos. Nesta atual encarnação, empenhou-se em evitar qualquer deslize que o levasse à imperfeição. Se alguma vez errou, fê-lo inconscientemente; no entanto, muito padeceu com as filhas, com a doença de uma e a maldade da outra; entretanto, existe uma lei de ação e reação, que devemos respeitar, e o que fizermos hoje colheremos amanhã, invariavelmente, e ninguém, a não ser nós mesmos, poderá evitar os próprios sofrimentos, agindo e conduzindo as respectivas vidas segundo as diretrizes de Jesus.

– Porém devemos prosseguir, esquecendo os espinheiros e as pedras que assolam os nossos caminhos, a fim de que consigamos conquistar a luz da imortalidade, que está acima das atuais condições de vida dos encarnados. Lígia Alexandra, creio eu, nos meus precários conhecimentos, possui pouco tempo de vida. Fábius, com as deficiências de que é portador, se a esposa partir, pouco tempo durará. No que estiver ao meu alcance, tudo farei por tão amados amigos, como faço, procurando dar alívio a todas as almas encarnadas sofredoras, não importando suas origens e situações, sejam estas quais forem.

Hermógenes ponderou:

– Fabrícius, senti nos amigos mencionados as deficiências a que referiste. No entanto, por não ser conhecedor do corpo humano e não ter as tuas qualidades intelectuais, não sabia que eles eram portadores de enfermidades tão profundas; notamos nos órgãos referidos uma aura fora do natural, com algumas estrias escuras; entretanto, não sabíamos o grau de evolução da doença. Por esse motivo, não permitimos que Lígia ficasse muito tempo na companhia dos pais, pois, sensível como é, logo descobriria e cairia na prostração que tão bem conheces. Quando ela está preocupada, trabalha sem esmorecer, para que o cansaço a faça esquecer das vicissitudes: ajuda os outros a enxugar o pranto, para que ele não venha aflorar em seus olhos; quando quer qualquer coisa, não vê os empecilhos a barrar-lhe o caminho e tudo faz no intuito de o conseguir. Quando se vê sem saída, nada obtendo, deixa-se esmorecer e, quando encarnada, encontra no suicídio a fuga para seus males, embora isto agrave ainda mais seu carma. Quando contente, por estar em companhia de entes queridos, readquire novas forças e corre como uma gazela, saltitante e feliz, por desfrutar de uns pequeninos momentos com os que lhe são caros. Sei que, se soubesse como padecem seus pais, ficaria ainda mais frustrada do que já está. Por um lado, ficaria contente por tê-los em sua companhia e, por outro, triste, por vê-los sofrer. Optamos em poupá-la, não a deixando ficar muito tempo ao lado dos adorados genitores. Sei que ela irá trabalhar muito para obter a permissão de ficar junto a Gláucius; que não medirá esforços no sentido de ajudá-lo; todavia, se souber de seus pais, já não terá tanto ânimo, tanta disposição para fazê-lo. Peço-te, então, Fabrícius, que não transmitas estas notícias a Lígia. Vamos dar tempo ao tempo para observar os acontecimentos.

– Podes contar comigo, Hermógenes, que não irei decepcionar-te – respondeu Fabrícius. – No caso de Fábius e Lígia Alexandra, é muito bom que ambos ainda não se aperceberam do estado em que eles mesmos se encontram, pois sabes muito bem que o pensamento é força viva; em toda a parte, é uma força criadora: se um ser encarnado achar-se possuidor de determinada doença e nela ficar pensando, mesmo que ainda não a possua, no porvir poderá atrair para si tal enfermidade, com o comando de seu pensamento, carregando consigo mesmo entidades enfermiças, portadoras de tais males. O caso deles, porém, é cármico, e de nada valeria pensarem que estão sadios; nem mediante tratamento por pessoas especializadas, desconhecedoras das suas situações, livrar-se-ão de seus males. No caso de Lígia, é bom ela não saber do precário estado de saúde de seus pais, porque ela, incentivada em querer ajudar Gláucius, trabalhará com afinco para reunir-se ao ser que ama, eis que o amor é o alimento da alma; ela e Fúlvia se congregam na mesma tarefa, e suas idéias se entrelaçam, formando um núcleo de força viva. Se souber acerca de seus pais, uma nuvem toldará a mente de Lígia, impedindo a sintonia ora existente entre ela e Fúlvia, e terminará esse núcleo de força viva, através do qual cada uma receberá a parcela de alegria, na medida em que vier a concretizar os seus intentos. Cada criatura, quer desencarnada ou encarnada, viverá daquilo que cultiva. Quem plantar tristezas, nelas viverá; quem ficar pensando em enfermidades, as atrairá; quem dedicar-se à paz, viverá com ela; quem cultivar a discórdia, a maledicência, viverá no meio desses defeitos; essa é a lei!

Hermógenes aprovou as palavras de Fabrícius e endossou:

– Tens razão. Se todo ser tomasse consciência do que acabaste de expor, o planeta seria bem melhor. Se, quando encarnados, os indivíduos procurassem reformar a si próprios, teriam uma vida amena, repleta de felicidade, que não souberam usufruir; e posteriormente, quando desencarnados, iriam colher os frutos que semearam e tudo lhes pareceria mais fácil angariar. Mas, Fabrícius, tu retornaste da crosta e deves ter teus afazeres, como eu os tenho também; vamos trabalhar, que ambos muito havemos de fazer.

* * *

Assim transcorreram os dias, com Lígia e Fúlvia trabalhando nas câmaras de retificação do Ministério da Regeneração, em companhia do cônsul Marcus e de Alexandre. Os quatro procuravam amar a todos e aliviar a dor e o pranto,; semeavam, do âmago, o amor, buscando amenizar a provação dos que sofriam naquela instituição. Lígia labutava e, muitas vezes, silenciosa, orava por aquele a quem muito amava. Fúlvia tratou de Fabiana e esta se recuperara e, logo, ingressara no quadro de trabalhadores. Era mais uma batalhadora que, em prol do bem, havia sido admitida com forças renovadoras. Trabalhavam as três, com afinco, esperando um futuro promissor, tendo ao lado os seres amados e por elas idolatrados, com amor e muito fervor. Fabiana aspirava, um dia, encontrar Marcus Július, e, com ele, muitas coisas confabular; Lígia almejava, um dia, ter ao seu lado os seus pais, o filho e o ser muito amado. Fúlvia desejava ter a seu lado o filho amado, a filha e o esposo idolatrado. Alexandre almejava ver seus companheiros, que ficaram na retaguarda, reunidos todos juntos, numa só morada, num só caminho, embora isso somente fosse possível aos poucos, devagarinho. Como ave de rara beleza, queria vê-los todos no seu ninho, para então, com realeza, seguirem e trilharem um novo caminho. Em todos permeava o amor, o amor sincero e fraterno, repleto de carinho, afeto verdadeiro e amizade, que supria todas as necessidades.

Capítulo XXX

As surpresas

"Amar a todos sem distinção
De raça, de cor; independentemente das pessoas ou lugar;
É beneplácito de enobrecido coração,
Que sempre tem um pouco para a todos doar."

Assim passaram-se os dias até se formarem dois anos, quando, de repente, Lígia teve a notícia de que visitas a aguardavam no Ministério do Auxílio. Lá chegando, encontrou-se com Domênicus, que lhe disse:

– Lígia, há dois recém-desencarnados para cuidares; estão alojados num pequeno recinto. São seres boníssimos que requererão de ti redobrados cuidados.

– E o meu trabalho na Câmara de Retificação? – indagou Lígia.

– Não importa, são ordens superiores – retrucou Domênicus, com um sorriso nos lábios. – Creio que, para ti, será um trabalho ingrato.

– Seja quem for, Domênicus, aqui estamos para trabalhar, com amor...

– E se for um inimigo ferrenho teu?

– Procurarei torná-la amigo, com meu desvelo e meu carinho!

Domênicus, satisfeito pelas respostas ouvidas, completou:

– Estou contente com teu comportamento e com a forma pela qual aceitaste a tarefa que te aguarda, pois sei, de antemão, que não queres separar-te de tuas amigas Fabiana e Fúlvia, sendo, portanto, merecedora da agradável surpresa que te há de surgir.

– Alguma notícia boa de Gláucius, de meu filho, de meus pais, fale-me por Deus, Domênicus, não me deixes nesta ansiedade. Há dois anos que não tenho notícias deles. Somente soube, por Hermógenes, que meu filho Marcus Július casou e que o lar dele e de Lígia foi premiado com um lindo pimpolho que recebeu o nome Fábius; quanto ao mais, nada me revelaram. De Gláucius, ninguém me presta qualquer informação.

– Tenho permissão de informar-te sobre Gláucius. mas primeiro me acompanhe.

– Não podes, durante o percurso, dar-me a notícia?

– Não, Lígia; primeiro terás de ver a quem terás de cuidar.

Pode ser meu maior inimigo, prometo-te que o farei meu amigo; porventura, será Ananias? Se o for, asseguro-te que o tratarei com amor; mas se já tiveste permissão, por que não me contas as novidades sobre Gláucius? Prometo-te, Domênicus, que serei obediente, mas não me deixes nesta aflitiva incerteza...

– Eu te afirmo que contarei tudo o que sei; porém, aguarda o tempo certo; como és curiosa, Lígia!... Este é o teu maior defeito... Não tens jeito mesmo; vamos, que o tempo é precioso; os recém-desencarnados te esperam. Enquanto andamos, quero que ores com devoção e peças ao Alto as forças necessárias.

– Orarei sim, orarei por Gláucius também.

– Ora primeiro por ti, depois para Gláucius.

Sim, porque sinto meu coração disparar acelerado, e foste tu que o deixaste dessa forma, fazendo-me sentir essa angústia incontida.

Pararam diante de um pavilhão hospitalar do Ministério do Auxílio. Lígia orava com fervor, mas algo lhe dizia que teria um choque. Ao entrar no quarto, teve realmente um impacto emocional, verificando que os recém-desencarnados que ali estavam eram nada mais nada menos que seus próprios pais.

Lígia pensou que ia desmaiar; não sabia, sequer, que os pais estavam doentes e, de repente, encontrou-os na cidade astral, na mesma localidade em que se alojava.

– Como aconteceu, Domênicus? Como aconteceu? Logo os dois, de uma só vez, e eu não fui informada de coisa alguma, nem que eles estavam doentes.

– Tua mãe, Lígia, já se encontrava aqui, trazida por irmãos abnegados, que acompanharam o seu desenlace há dois dias; teu pai chegou hoje. Há dois anos, desde quando estiveste na crosta, teus pais já apresentavam certas deficiências. Não foi permitido que te cientificasses de tais ocorrências, pois és muito sensível e poderias descontrolar-te. Tua mãe, a estimada Lígia Alexandra, é portadora, há mais de dois anos, de infecção na parte ginecológica; seu útero quase se desfez totalmente; passou uma fase difícil; no entanto, nunca se revoltou; teu pai sofria de deficiência cardíaca, e dois dias após o desencarne de Lígia Alexandra era muito grande seu sofrimento, e ele não suportou a falta daquela querida companheira.

Lígia sentia vontade de atirar-se aos pés de seus pais e abraçá-los, entretanto, para o bem de ambos, teria de se conter.

– Domênicus, não sei se choro de alegria ou de tristeza. Estou alegre por tê-los ao meu lado e triste por pensar que talvez eles tenham sofrido muito, e amargurada igualmente por Marcus Július, que lá ficou só, abandonado.

– Lígia, Marcus Július é homem feito; já está casado, já é pai; portanto, não podes dizer que ele está desamparado, eis que possui família.

– Tens razão, Domênicus; Marcus Július conta agora com quase vinte anos; todavia, eu o vejo ainda pequeno, como quando desencarnei; para uma mãe, os filhos sempre são eternas crianças. Porém, não podes negar que ver meus pais desencarnados foi sem dúvida um grande susto.

– Não nego o que dizes, Lígia; eu, no teu lugar, ficaria do mesmo modo perplexo. Contudo, tens de te acostumar com essa idéia. Vê o semblante belo e calmo de teu pai; está dormindo sereno; em seus lábios esboça-se um terno sorriso, porque ele se localiza perto de tua mãe.

– Mas, mamãe tem espasmos; vê, Domênicus, como o corpo dela treme!...

– Isto passará com tua assistência, pois inexiste pessoa, além de ti, que seja mais recomendada para servir de enfermeira ideal a estes tão especiais doentes, ou, porventura, tens algo para recusar?

– Estás brincando comigo, se julgar que eu iria renunciar a este posto; isto é um privilégio para mim!... Mas não esqueci o que tu me prometeste: quero saber de Gláucius.

– Não aqui, que iríamos perturbar os nossos queridos doentes; vê, aí vem Fabrícius para garantir assistência necessária a teus genitores.

– Fabrícius – disse Lígia, pegando no braço do venerável ancião, – viste meus pais, os dois aqui, em nossa cidade? Isto é demais para mim. Acaso já sabias do desenlace de ambos?

– Sim, eu fui um dos irmãos, juntamente com Hermógenes, que ajudei no desencarne de ambos. Há dois anos que eu acompanho, passo a passo, a evolução da doença de um e de outro.

– E nada me disseste, nem mesmo Hermógenes, que diariamente tem contato comigo?

– Não podíamos; não nos foi permitido; se acaso o fizéssemos, terias trabalhado com tanto afinco, como o fizeste até agora? Poderias ter ficado pasmada e não terias evoluído, como se verificou daquela até a presente data, não concordas?

– Não sei, Fabrícius, não sei como me comportaria em tal caso...

– Deixo-os ao teu encargo, sei que estão em boas mãos, concluiu Fabrícius.

Saindo do quarto, Domênicus e Lígia dirigiram-se a uma saleta. Domênicus fê-la sentar-se numa cadeira e começou a relatar o que sucedera a Gláucius.

– Gláucius – disse Domênicus, – depois que o deixamos à beira da praia, foi vampirizado e levado para o umbral, lá permanecendo por algum tempo; depois, foi encontrado por elementos trevosos, que o levaram, e dele se utilizaram qual marionete. Foi agregado a várias entidades, que gostam de passar por quem não é. Quem comanda aquela corja de malfeitores, irmãos nossos menores dominados por uma mulher, é alguém que se faz passar pelos homens do Caminho, para mistificar pessoas, exibindo personalidades diferentes da sua própria. Dá comunicações, fazendo-se passar por um ser angelical! Utiliza o nome de Maria de Nazaré, a mãe de Jesus.

– Domênicus, por esta descrição que me fazes, acaso estás falando de Lídia?

– Eu não queria te mencionar isso, mas infelizmente é Lídia que está comandando essa corja de facínoras que arrebanhou Gláucius.

– Meu Deus! Por quê?... Domênicus, Lídia, sempre Lídia interferindo nos seres que eu amo?! Que fiz, Senhor, para que ela sempre se intrometa, procurando causar-me grande mal, machucando os seres que amo? Eu a quero bem, não a odeio, não sei porque ela procura fazer-me tanto mal, deliberadamente. Eu provoquei até mesmo um assassinato, mas não de forma premeditada; nada fiz intencionalmente, no entanto, Lídia sempre age dessa forma e freqüentemente visando ferir-me; ela tem consciência do estado em que se encontra, porque envolveu Gláucius para magoar-me...

– Lígia, Lígia, és um espírito em ascensão e não deves manter idêntico pensamento ao de Lídia; sabes que isso é prejudicial a ti e à tua evolução, portanto, não ajas nesse sentido!...

– Eu sei disso, Domênicus; o que me causa revolta é a maneira que ela utiliza para prejudicar-me.

– Eu sei, Lígia, mas tuas preces, juntamente com as de Fúlvia e Fabiana, e as conversas que teu pai, quando encarnado, mantinha com ele ao desprender-se do corpo, pelo sono, provocaram em Gláucius uma certa evolução, fazendo-o acordar perante determinadas coisas, que ele não via, em ocasião anterior. Nesse sentido, não te apoquentes, que logo receberás boas e belas notícias; no tocante a Gláucius, trabalha e ora com tenacidade, pois, quando teus pais despertarem, terás dois novos adeptos a colaborarem contigo.

– Disso tenho plena certeza – replicou Lígia.

– Tenho mais um recado para ti...

– Mas hoje o dia foi pleno de surpresas... Diga-me logo o que queres revelar-me...

– Lígia, passaste estes dois anos trabalhando arduamente e angariaste com isto um mérito muito grande, de tal monta que serás agraciada com um magnífico prêmio.

– Qual? Rever Gláucius?

– Acalma-te, Gláucius também terá sua hora; porventura, esqueceste de teu filho?

– Que pergunta, achas por acaso que uma mãe se esquece de um filho, principalmente se este foi tão amado, como Marcus Július? Entrementes, aconchegar-me ao orbe terráqueo não pode ser, pois me deste a incumbência de velar pelos meus pais.

– Não, Lígia, todavia há muito Marcus Július vem lançando um pedido de auxílio, registrado pelos nossos Ministérios do Auxílio e da Comunicação.

– No Ministério da Comunicação?

– Sim, o Ministério da Comunicação também recebeu o pedido de ajuda, pois Marcus Július não pede somente para si; no senado, levantou-se a hipótese de se excluir da lei das Doze Tábuas[13] o artigo que autoriza o casamento de plebeus com patrícios e aquele que garantia iguais direitos civis aos dos patrícios, em decorrência do casamento realizado entre plebeus. Marcus Július, casado com Lígia, filha de Raquel, lança ao Alto esse apelo, para que a lei seja cumprida em todo o seu contexto e a igualdade social entre os ro-

---

13. A lei das Doze Tábuas teve esse nome, porque foi escrita ou gravada em bronze. Para se redigir essa lei, elegeram-se dez magistrados extraordinários da República Romana pelos plebeus. Depois de muitas contendas com essa lei, os plebeus tinham a igualdade social com os romanos de alta estirpe, considerados, na época, como patrícios. E, devido a essa lei, os plebeus foram aceitos na magistratura, no consulado, no senado e até mesmo no sacerdócio. Antes dessa lei, o direito se baseava nos costumes, e somente os integrantes de alta estirpe social podiam interpretá-lo, em virtude de suas funções religiosas, competindo aos plebeus ficar sempre ao arbítrio de suas decisões (nota de Longínus).

manos e os plebeus possa perdurar e a todos sejam assegurados os mesmos direitos. Estás convidada, Lígia, a assistir ao pedido de teu filho, que se juntou aos homens do Caminho, para congregados, orarem e pedirem pela igualdade de direitos humanos e também outras solicitações que ele faz em teu favor, em prol do pai e dos avós. O horário que ele roga é o das 18 horas; terás permissão de vê-lo e ouvi-lo; igual autorização é concedida a Fúlvia e a Fabiana.

Às 18 horas, Lígia dirigiu-se ao Ministério da Comunicação, acompanhada de Fúlvia e Fabiana, que obtiveram idêntico mérito por se dedicarem de corpo e alma ao trabalho, angariando, com isso, inúmeros bônus-hora.

Fúlvia e Fabiana estavam interessadas em granjear alguma informação sobre Gláucius, através de seu próprio filho. Lígia absteu-se de falar o que soube, a fim de não afligi-las. Precisamente às dezoito horas, o locutor pronunciava: "Estamos falando do pronto-socorro Morada do Sol e captamos inúmeros pedidos de uma quantidade grande de encarnados, denominados homens do Caminho, cuja liderança está sob os auspícios do senador Marcus Július, e que imploram pedindo para que a lei das Doze Tábuas seja integralmente cumprida, e que tal lei não seja relegada ao esquecimento. Foi o primeiro direito romano escrito e não podemos olvidar dos artigos dessa lei que colocam os romanos patrícios e os plebeus no mesmo plano social. Vede, caros amigos, a face do líder dos pedintes; observai a aura desse ser encarnado e com que fé pede ele pelos seus semelhantes. Acho bom lembrar que os irmãos abnegados, adequados para essa tarefa, que colaborem com esse jovem". Apareceu, então, na tela o rosto amado de Marcus Július. Lígia chorava copiosamente ao ver a evolução do ser que trouxe ao mundo e que muito amava; grossas lágrimas rolavam pelo seu rosto... Após Marcus Július expor que todos os seres são iguais perante Deus e que socialmente assim deverão ser, citou as lições de amor de Jesus, e que Este abdicara de tudo, despojara-se do que possuía, no sentido de ensinar e dar exemplos de amor ao seu semelhante. Observou, ainda, que essa lei foi escrita por dez membros, escolhidos pelo senado, que eram, na época, representantes dos plebeus, e que tal texto de lei não poderia, de forma alguma, ser modificado. Frisou o que poderia acontecer às famílias de patrícios casados com plebeus; de sua parte, considerava aviltante que tal acontecesse; no entanto, se essa fosse a vontade de Deus, deixaria o caso nas mãos do meigo Cordeiro de Deus. Falava com tal ênfase, com tanta fé, que se achava aureolado por uma luz intensamente branca. Asseverou, então que queria pedir por alguns seres amados, e assim se expressou:

– Querido e meigo Jesus, aqui no globo terrestre vieste, saindo de planos elevados, talvez de cidade crística, com cuja luz, por Ti emanada, se pudéssemos mesmo de leve deparar, ofuscaria nossa pobre visão, afetando-a de modo irreversível.

"Tu és a estrela fulgurante de nosso firmamento, que desceu no orbe terráqueo, visando expandir a luz que trazes no interior de tua augusta alma. Sei que sofreste imensamente ao nascer, pois tiveste de diminuir a tua enorme grandeza, a fim de conseguires permanecer neste pequenino mundo, repleto de sombras escuras que o envolvem. Pedimos-te, neste momento, que nos oriente da melhor maneira possível, em favor dessa lei, que os orgulhosos querem abolir, tirando o direito dos plebeus; no entanto, se tivermos de passar por essa prova, Jesus, estamos ao teu inteiro dispor. E agora, Jesus Amado, quero fazer-te um pedido particular: peço-te, meu querido Jesus, pela minha mãezinha: que ela tenha um pouco de forças ao encontrar os meus adorados avós, pois sei que ela os ama muito. Não sei onde estão, querido Mestre da Galiléia, entretanto, Lúcius afiançou-me que eles estão amparados por amigos espirituais. Embora a dor traspasse meu coração, peço-te meigo Cordeiro de Deus, que meu avô e minha avó encontrem a filha amada e querida. Que Jesus os abençoe, queridos de meu coração, e que Deus, em sua infinita misericórdia, permita que um dia eu os encontre juntamente com Fúlvia e Fabiana. Ainda, Senhor, tenho mais um pedido particular a fazer-te: Gláucius, meu irmão por parte de pai, está bebendo muito, Senhor. Eu o compreendo, ele perdeu os únicos seres queridos como eu perdi os meus agora. Todavia, Senhor, eu acredito em ti e ao lado dos homens do Caminho revigoro as forças abaladas; possuo também uma fiel e boa companheira que me segue todos os passos; tenho um belo rebento, que é o meu filho Fábius. Tenho em Raquel, mãe de Lígia, uma segunda genitora, e em Animal, um segundo pai. Contudo, meu irmão, Senhor, está desprovido de tudo, nem a fé em ti possui, que é o arrimo para o espírito combalido. Ajuda-o, Senhor Amado, assim como a meu querido pai, que, soube por Lúcius, encontra-se nas mãos de entidades trevosas que o arrastam para as furnas, para o atoleiro em que vivem. Mestre Amado, perda este eterno pedinte, mas deixaste-nos como conselho: o que pedirmos, obteremos, e disseste mais:"Batei e abrir-se-vos-á"; portanto, aqui estou, Deus meu, prostrando-me de joelhos a teus pés, pedindo-te, e o que for de tua vontade, será solucionado!...

Fúlvia chorava muito ao ouvir Marcus Július pedindo por seu filho Gláucius, além de ficar ciente do imenso estado de carência suportado por ele. A paz refletia no semblante de Marcus Július que, ajoelhado, orava. Depois, começou a cantar um salmo de Davi, o de número 57: Confiança no meio das perseguições.

Piedade de mim, Ó Deus, piedade,
Em ti se refugia minha alma,
À sombra de tuas asas procuro um abrigo,
Até que passe a calamidade.
A Deus altíssimo sobe o meu grito,
A Deus que tanto bem me faz.
Envie do céu o auxilio, que me salve,

Cubra de confissão os que me perseguem,
Envia, ó Senhor, tua bondade e tua fidelidade.

Estou deitado em meio de leões,
Ávidos de devorar os filhos dos homens,
Lanças e flechas são os seus dentes,
Espada afiada a sua língua.
Eleva-te, Senhor, acima dos céus,
Em toda a Terra esplenda a tua glória.
Ante meus passos, uma rede armaram,
Deprimiram minha alma.
Diante de mim cavaram uma fossa,
Nela caíram.
Firme está meu coração, ó Deus,
Firme está meu coração!
Entoarei cantos e salmos.
Desperta! alma minha, desperta! lira e cítara.
Quero acordar a aurora
Entre os povos, Senhor, cantarei os teus louvores.
Entre nações, entoar-te-ei salmos,
Porque sobre os céus se eleva a tua misericórdia,
E, às nuvens, a tua fidelidade.

Ao terminar seu pedido, a figura de Marcus Július sumiu da tela. Lígia estava com o rosto coberto de prantos: em parte, por ver, após dois anos, o rosto do filho amado; de outra parte, por verificar que o filho estava em ascensão espiritual, pedindo em favor do próximo e por uma lei, que se desfeita, iria atingir inúmeras famílias e eliminar a igualdade dos direitos humanos.

Fúlvia estava chorosa ao obter notícias de seu filho e emocionada ao ver o interesse de Marcus Július por Gláucius, seu filho, e também ao ver que este preocupava-se com seu esposo, que naquele instante, encontrava-se no campo das trevas. Fabiana comovia-se ao ver o semblante amado do querido irmão e ex-noivo, e constatou a alma nobre que era. As três estavam impressionadas e tinham os seus rostos banhados por intenso pranto. Lígia virou se para Domênicus e perguntou:

– Será que vão atender ao pedido de Marcus Július? Será que vão permitir que o ajudemos?

– Não sei, Lígia, este pedido vai passar pelo Ministério do Auxílio e de lá para o Esclarecimento, a fim de vermos se as pessoas atingidas pela lei das Doze Tábuas possuem o merecimento de ser evitada tal catástrofe e se Marcus Július, igualmente, pelos feitos da atual encarnação, possui méritos; daí os pedidos, se aceitos, vão passar pelo Ministério da União Divina, que os lança às esferas mais altas, informando que o pedido se acha fundamentado, que é uma causa meritória, já com todos os dados, os créditos de cada pessoa envolvida, tanto por parte de encarnados como de desencarnados e, a partir daí, se o plano astral mais elevado consentir, obteremos a permissão; caso contrário as solicitações serão indeferidas.

– Tal tramitação somente será levada a efeito no que concerne ao pedido de Marcus Július sobre a manutenção dos dispositivos daquela lei humana? Quanto aos tópicos da rogativa, são necessárias todas essas providências?

– Estás enganada, Lígia, se assim pensas, que todo e qualquer pedido tem de passar pelos mesmos processos; dependemos do Ministério do Auxílio, que pede ao Ministério do Esclarecimento seja revelado se o pedinte reúne ou não méritos para obter o que pede; que é remetida ao Ministério do Auxílio uma ficha referente a todas as encarnações do solicitante, no intuito de se constatar se ele é merecedor do benefício, se não tem de passar por aquela prova cármica, se o pedido não irá atrapalhar a sua evolução. Aí, então, o pedido é passado para o Ministério da Elevação, para ver se pode ou não ser aprovado; depois de tudo aceito pelos demais ministérios, o requerimento é levado ao da União Divina, que serve de intercâmbio com o plano astral mais elevado para a resolução final. Pensa bem, Lígia: mesmo no tocante a esse pedido que Marcus Július fez, acerca da lei que querem abolir de imediato, parece-nos uma causa justa; porém, se as pessoas, cuja lei as abrange, tiverem de passar por isso, para burilamento e ascensão dos seus espíritos, se no passado, em outras encarnações, essas mesmas pessoas fizeram as leis à sua própria revelia, indiferentes aos seus objetivos, terão de passar por esse cadinho amargo, nada nos cabendo fazer no sentido de ajudar Marcus Julius!...

Quanto ao que ele pede sobre os avós, já antecipadamente foi atendido, pois teus pais aqui estão e ficarão sob tua tutela. A respeito de Gláucius, que se encontra em planos trevosos, vamos pesquisar se ele arrependeu-se totalmente e traz consigo, ainda, os ensinamentos de Jesus. Aqui, do mesmo modo, dependeremos de planos mais elevados, que constantemente mandam, juntamente com irmãos abnegados de nossa cidade astral, outros irmãos preparados para evangelizar os que lá se encontram, e emitem os mesmos fortes jatos de luz, para tirar o maior número possível de semelhantes do vale das trevas.

– Jatos de luz como, Domênicus?

– Jatos de luz emanados de entidades elevadíssimas que os emitem, transformando-os em verdadeira ponte para retirar daquele vale os que realmente se arrependeram, pois de lá, Lígia, os carrascos não querem que seus comandados sejam retirados e formam verdadeiras trincheiras para que não os tirem de seus domínios. Tu passaste por lá, e Fúlvia também, embora o tempo tenha sido pouco; tu te recusavas a servir aos carrascos e foste muito açoitada; entretanto, não tinhas coragem de agarrar-te ao facho de luz, temendo represálias; contudo, quando viste Hermógenes e Alexandre, tiveste a coragem necessária e desvencilhaste-te deles facilmente; assim mesmo, Gláucius está sob o comando de Lídia e esta exerce grande influência sobre ele, tornando-se um tanto difícil desligá-lo de seu influxo, pois o fascínio dela é muito forte.

– O meu amor por ele é imenso, inesgotável. Fúlvia e Fabiana foram ao Ministério do Auxílio, a fim de pedirem para descer à crosta no sentido de ajudar Gláucius filho. Fúlvia irá pedir para ficar ao lado do filho e procurar animar-lhe a suprimir o vício. Fabiana foi pedir para auxiliá-lo e, ao mesmo tempo, favorecer

Marcus Július no seu intento. Pois bem, Domênicus, eu irei pedir, implorar, para que permitam que eu vá junto com os irmãos que trabalham na zona das trevas, a fim de afastá-lo do julgamento, da influência de Lídia e, quem sabe, se a misericórdia divina permitir, de lá sacar Lídia também, fazendo-a ver o quanto errada ela está.

– Deus permita que o consigas, porém, não te esqueças que Lídia te odeia e deves considerar que contra ti alimenta tal cometimento. Que o Alto aprove também que Fúlvia e Fabiana, do mesmo modo, possuam merecimento para o que pediram – disse Domênicus.

Március, um jovem escravo que desencarnara muito novo, devido ao sofrimento que passara, logo após Gláucius ter-lhe concedido a liberdade almejada, disse a Lígia:

– Ouvi tua conversa, Lígia, e quero dizer-te que, pelo pouco tempo que convivi com Gláucius, sei do coração enorme que ele tem; desencarnou quase que logo após a ocasião em que fui vendido para ele e, condoído do meu estado de saúde, em razão da promiscuidade em que um escravo vive, deu-me a alforria ardentemente desejada, a qual, no entanto, não consegui desfrutar, pois, desde a mais tenra idade, desde os dois até os 17 anos de idade, servi aos meus senhores das formas mais ignóbeis, inclusive no sexo, e com essa faixa etária era um trapo humano, sofrendo de fortes hemorragias intestinais. Se o que te move, Lígia, é o amor que nutres por Gláucius, a mim sou incentivado pela gratidão, a pedir juntamente contigo por esse que admiramos. Não será somente o teu pedido. Lúcius, em seu leito de dor, também tem solicitado por Gláucius, pois tenho ido freqüentemente ao globo terrestre e muito conversado com ele.

– Meu querido Lúcius, quanto sofreu, também, desde pequeno. Ah! Deus meu, quando esta humanidade se vai conscientizar que o sexo não é o que pensam? O sexo teria de ser a conseqüência natural de um amor puro, da união de dois seres de sexos diferentes, para dar a oportunidade de um outro ente reencarnar e não ser pervertido como tem sido até agora, considerado como volúpia, paixão desenfreada, que faz dos seres meros objetos de prazer!... Lúcius, querido, tu nem nome tinhas; como queria ter-te ao meu lado, pois possuis, mesmo encarnado, uma grande luz, que abranda o mais empertigado coração, e creio que ninguém é melhor do que tu para conseguir dobrar o orgulho, a altivez de Lídia.

Quando menos se esperava, Lígia viu Lúcius ao seu lado.

– Desencarnaste, querido meu? – perguntou Lígia, com graça.

– Não, Lígia, meu corpo está dormindo no globo terrestre e aqui estou com o objetivo de pedir para que a rogativa efetuada por Marcus Július seja fortificada. Porém, Lígia, eu ouvi o teu apelo; estava no Ministério do Auxílio e aqui compareci para rever-te, pois estou com saudades de ti também; logo estarei contigo, trabalhando; pouco tempo me resta na crosta, pois minha missão era de orientar e ajudar os seres entregues à minha tutela, e todos eles já partiram para o lado de cá.

– A quem te referes, Lúcius?

– A ti, a Gláucius, a Alexandre, ao cônsul Marcus, ao senador Fábius e a Lígia Alexandra.

– E meu filho não está englobado naqueles a quem prometeste proteger?

– Marcus Július, Lígia, já possui um certo equilíbrio; unindo-se com Lígia, filha de Raquel, encontrou um alicerce seguro para a constituição de seu lar. Foi às margens do Tiberíades, que o meigo Cordeiro de Deus, o Mestre Jesus, indicou-me cortejo composto de muitos irmãos, entre os quais revelou a ti, a Fabiana, a Gláucius, a Alexandre, que naquela época possuía o nome de Simeão, e que comandava a todos; ao cônsul Marcus, a Lígia Alexandra, ao senador Fábius; disse-me: "Desencarnarás e voltarás novamente, a fim de guiares esses seres no bom caminho, procurando insuflar-lhes na alma os mandamentos de meu Pai e as leis por mim deixadas; quero que tragas essas ovelhas desgarradas ao meu lar. Vês aquela moça acolá? Está desesperada e lançará fogo às próprias vestes, pondo término à sua vida; renascerá com uma prova pesada sobre os seus ombros e não poderá cair novamente; depende de ti ampará-la, aos irmãos e ao ser que ela escolheu como companheiro. Vês aquele que é o chefe dessa enorme família! Será corroído pelo remorso; também morrerá consumido pelas chamas; ambos terão de responder e voltarão com inúmeros sofrimentos; tu serás o amparo desse cortejo". Como vês, Lígia, minha missão terminou!...

– Ó Lúcius, tu és a luz para nossas almas sofredoras. Se Deus permitir, quero estar contigo, orando pelo teu desprendimento do corpo. Sei que estás preparado para esse momento, mas é uma forma de te retribuir um pouco do muito que me deste...

– Tenho de voltar, Lígia, estou fora do corpo há muito tempo; porém, devo adiantar-te que te ajudarei nos teus pedidos.

Lúcius despediu-se de Március, Domênicus e Lígia e, voando, encaminhou-se em direção do globo terrestre. Március e Lígia despediram-se de Domênicus e se dirigiram ao Ministério do Auxílio, visando efetuar seus pedidos. Após a formulação das rogativas, Lígia perguntou a Március:

– Tu que estás há mais tempo aqui, diga-me: os pedidos correm por todos os Ministérios; entretanto, o Ministério da Regeneração não participa desses peditórios?

– O Ministério da Regeneração participa, ouvindo e anotando os pedidos e as súplicas que partem dos campos umbralinos e dos campos trevosos, pois é o ministério mais próximo desses sítios escuros e de dor; portanto, Lígia, cada um no seu setor!...

– Tens razão, Március, agora vou cuidar de meus pais queridos; até mais ver, e vamos aguardar a resposta ao nosso pedido.

– Até mais ver, e que o Alto nos contemple com o beneplácito de sermos atendidos em nossas rogativas.

Lígia, com abnegação, tratava de seus pais, que iam melhorando em seu estado geral, com o passar dos dias. Toda vez que Lígia se encontrava com Domênicus, ela perguntava:

– Alguma notícia de Gláucius? Não quero mais que omitas de mim qualquer coisa; lembras-te de que, embora traga comigo o estigma de suicida, as piores notícias não me farão suicidar, pois morta já estou, por isso, não tem perigo, certo de que esta vida que estou vivendo é a verdadeira, e desta não posso fugir – dizia, deixando escapar uma risada franca e jogando a cabeça para trás, no trejeito que lhe era peculiar.

Domênicus, acostumado com isso, quando a encontrava, respondia-lhe sorrindo antecipadamente:

– Por enquanto não obtivemos solução dos pedidos; não te vou esconder as notícias de Gláucius, pois já sei que aqui não podes cometer suicídio.

Assim se passaram os dias. Uma semana após realizados os pedidos, Domênicus veio trazer informações a Lígia.

– Lígia, o pedido de Marcus Július foi atendido; a extinção da lei das Doze Tábuas não será aprovada; entidades de alta estirpe evolutiva trabalharam em prol dessa causa, incutindo nos senadores quão prejudicial seria a revogação pura e simples desta lei, cujo ato viria a provocar revoltas de conseqüências imprevisíveis no seio da plebe.

– Sinto-me feliz com isso e peço a Deus que abençoe meu filho por ter efetuado tal pedido; e de Gláucius, tens notícias?

– Se as tivesse, viria correndo contar-te, assim terminarias com tua ladainha diária!...

– Não me deixas nem falar e já me criticas?!

– Eu sei qual é a pergunta!

– Então juras que nada irás esconder-me?

– Juro – disse Domênicus rindo, balançando a barriga.

– Precisas trabalhar mais, Domênicus; ainda não perdeste a gordurinha da terra; olha, se tu me ajudares nos meus pedidos, a fim de salvar Gláucius da zona em que se encontra, irá comigo para, com tuas preces, auxiliar-me a tirar Gláucius de lá; verás como voltarás esguio e mais jovem...

– Esta aparência tive quando em vida e quero conservá-la, para receber meus filhos; se eu quiser aparecer jovem e esguio, poderei fazê-lo; não tens mais argumentos visando arrebanhares mais entidades para retirar Gláucius de lá? Porém, se é para ver-te contente, vou dizer-te: também pedi para ajudar na libertação de Gláucius!

– Que bom, Domênicus! – disse Lígia, abraçando-o.

– A quem já conseguiste arrebanhar para tal evento?

– As pessoas que tu mais ou menos sabes: o cônsul Marcus, Flávius, Alexandre, Március, Hermógenes, Fúlvia e Fabiana.

– Fúlvia e Fabiana não!

– Por quê?

– Porque ambas obtiveram licença por dois meses para descer ao globo terrestre, e lá ficarão a fim de ajudar o filho de Gláucius a largar a bebida, sem, contudo, interferir no seu livre-arbítrio; poderão somente orientá-lo no sono, quando transmitirão os conselhos necessários e se lhe ministrarão bons pensamentos; tentarão, outrossim, colocar algumas ervas espirituais nas bebidas que ele ingere; mas, como ele é prevenido durante o sono, dele depende exclusivamente ingerir ou não a bebida, pois temos de lhe respeitar o próprio alvitre. O mérito será somente dele; se, entretanto, ele quiser percorrer a estrada da perdição, à revelia dos bons pensamentos que elas irão insuflar-lhe, nada mais poderemos fazer. Olha lá, as duas vêm vindo com o objetivo de se despedirem de ti.

Fúlvia trazia o semblante radiante de alegria.

– Domênicus contou-me, prezam os céus que consigais o que almejeis! Ficarei triste sem as vossas companhias; a nossa casa já não é a mesma sem as vossas presenças; creio que descansarei aqui mesmo no hospital, pois se voltar para a casa e não ver-vos, terei a impressão de que reencarnastes e não me conformarei de ficar sozinha, eis que vos quero do âmago do meu ser.

– Eu, também, estou magoada pela nossa transitória separação – respondeu Fúlvia. – Porém, põe-te no meu lugar; irias relegar a oportunidade de ajudar teu filho, para ficar na minha companhia?

– É claro que não, Fúlvia, e essa alegria que se irradia de ti contagia a todos; eu é que sou tola, agarrando-me assim às pessoas...

Estou contente por teres conseguido o que almejavas; somente queria exprimir o quanto ambas sois caras para mim.

– Eu te entendo, Lígia – respondeu Fabiana –, pois temos o mesmo temperamento, e mamãe também te compreende; entretanto, no momento só vê meu irmão ao lado dela... O que queres que eu transmita a teu filho: amor, carinho? Não precisas dizer-me para dar-lhe um beijo, uma vez que o cobrirei todo de beijos!...

– Fabiana – deduz Lígia, – lembras-te de que és um espírito em ascensão. Não te vás pôr a perder.

– Ah! Lígia, o amor não foi apregoado por Jesus? Ele não disse: "Ama ao teu próximo como a ti mesmo"?

– Fabiana – retrucou Fúlvia, – olha como falas!

Fabiana descontraiu o semblante num belo sorriso e disse:

– Vês, Lígia, não posso nem brincar. Mamãe ainda não se conscientizou de que Marcus Július foi meu irmão na última encarnação e, além disso, que perante Deus somos todos irmãos; um beijo, dado com amor, não representa pecado algum; pecado seria se eu incentivasse a parte sexual de Marcus Július, induzindo-o a sonhos eróticos, como fazem as entidades pervertidas no mal. Ao dizer que o cobrirei de beijos, sim, cobri-lo-ei de beijos e de amor fraternal, respeitando seu lar, sua esposa e seu filho!

Lígia abraçou aquela menina, cujos olhos azuis faziam-na lembrar de Gláucius e de seu filho ao mesmo tempo.

–Vai, querida filha, cobre-o de beijos fraternais e maternais que eu lhe envio. Que Deus vos acompanhe, queridas amigas, e tedes fé no que fizerdes; não desanimeis; lembrai-vos de que, por mais dura que seja a pedra, ela é sempre burilada pela água, que é constante.

– Como estão teus pais? Há dois dias que não consigo tempo para visitá-los; tens chegado tão tarde que, às vezes, nem te vejo.

– Estou trabalhando mais tempo do que o necessário, porque desejo ganhar alguns bônus-hora a mais, para conseguir o que tenho em mente. Meus pais, contudo, vão bem; mamãe já não experimenta tantas convulsões e papai já abriu os olhos; fitou-me, sorriu e tornou a adormecer, depois de ter ingerido um caldo reconfortante e recebido as energias vindas do Alto. Ao terminar o meu horário com eles, vou ajudar outros irmãos nas câmaras de retificação, e procuro acompanhar a evolução de Plínio, que já está bem modificado, embora não se adapte com os serviços a ele confiados; faço de tudo para incentivá-lo, porém, ele prefere entregar-se à ociosidade. Antes de ires embora, passa por nossa casa, Fabiana, porque encontrarás o que ambicionas possuir e que ainda não obtiveste em razão da pequena quantidade de teus bônus-hora.

– Estás querendo dizer-me que compraste a harpa?

– Sim, comprei para ti; tu sempre me dizes que queres recepcionar teu pai tocando harpa e cantando os salmos de Davi; bem, a harpa já está em nossa casa e eu farei coro contigo, e tocaremos a harpa a quatro ou seis mãos, se Fúlvia também o quiser; Gláucius terá a recepção que almejas dar-lhe.

– Lígia, és um amor – disse Fabiana sorrindo, rodopiando e segurando a cintura de Lígia.

– Ide, minhas queridas, o que esais esperando? Eu, em vossos lugares, estaria saltitando como uma gazela – disse Lígia.

– Gazela ou como uma potranca selvagem, como costuma te chamar o teu pai? – inquire Fabiana gargalhando.

– Até tu, Fabiana? Está bem, sou a potranca, a gazela, porém, és tu...

Fabiana deu um beijo na face de Lígia, dizendo-lhe ao despedir-se:

– Vou ver a harpa.

– Vai, gazela selvagem – retruca Lígia.

Fúlvia, estando a sós com Lígia, disse:

– Estás zangada comigo, em razão do modo como te respondi?

– Fúlvia, eu te conheço melhor do que tu conheces a mim; quero-te muito, querida amiga; és para mim a irmã que eu queria ter. No teu lugar, não ficaria parada, olhando para esta boba sentimental; já estaria correndo, indo ao encontro do filho adorado...

Abraçaram-se com os olhos enevoados de lágrimas. Eram duas almas de temperamentos diferentes, que, no entanto, se sentiam presas por fortes elos de amizade, desde longos tempos.

Lígia entregou-se ao trabalho ainda mais intenso. Preferia não voltar para casa, pois sentia falta das amigas. Seu pai, ao passar dos dias, ia cada vez melhor. Reconhecia Lígia, sabia que desencarnara e estava feliz por saber que se encontrava ao lado da companheira muito amada e da filha querida. Longos colóquios se iam estabelecendo, entre pai e filha. Ao prazo de um mês após o desencarne, Fábius já estava de pé participando das orações de fim de tarde. Ajudava Lígia a tratar da mãe, e quando esta ia trabalhar nas câmaras de retificação, cuidava ele próprio de Lígia Alexandra. Quando se apresentou um pouco mais forte, Domênicus o levou a conhecer as câmaras de regeneração, e ele ficou petrificado ao ver o trabalho estafante e o desprendimento dos enfermeiros que ali desempenhavam atividades, limpando vômitos de líquidos viscosos, de entidades que, ali se encontravam; não se conformava com as extensas escadas que se aprofundavam no solo, até as câmaras; eis que os espíritos que lá surgiam eram oriundos do umbral, razão pela qual não suportavam a luz solar; as câmaras eram quase que subterrâneas, e os seres que naquele recinto se achavam recolhidos mais pareciam mortos-vivos. A sua filha que, enquanto estivera em sua companhia, era poupada dos trabalhos mais pesados, ali estava limpando vômitos de cheiro nauseante, asseando o chão, dando ao ambiente um toque feminino de limpeza.

Abnegadas eram as mulheres que trabalhavam nessa tarefa.

Um dia, viu sua filha triste e cabisbaixa e lhe perguntou:

– Que tens, filha, estás triste?

– É, papai, sinto falta das amigas queridas, com quem, nos momentos de folga, conversava e ria. Fabiana, onde estava, deixava sempre um rastro de alegria. Fúlvia é a amiga certa, nas horas incertas.

– Mas, não é só isso! Dize-me o que tens?

Lígia começou a chorar e disse:

– Não sei, papai, oro, peço, pedi ao Ministério do Auxílio a permissão para tentar tirar Gláucius do vale das trevas; tenho batalhado em dobro, de vez que, para conseguir tal desiderato, eles vão verificar quantos bônus-hora realmente possuímos desde que aqui chegamos; não importa o que já gastamos, mas o número de horas efetivamente trabalhadas para se aquilatar os méritos que possuímos para obtenção do benefício. No entanto, papai, não recebi qualquer comunicação até agora; será que não tenho os necessários méritos? Arregimentei uma porção de amigos nossos para auxiliarem-me na retirada de Gláucius do poderio de Lídia, porquanto é ela que comanda aquela legião; todavia, paizinho, nada consigo nesse sentido! Durante o período que o teu estado e de mamãe exigiam meus cuidados, o tempo me parecia que passava depressa. Agora, estás bom, mamãe está lúcida, consciente de seu estado, mas necessitando ainda de descanso; e até agora, nada!... E Gláucius, coitado, sofrendo naquele lugar infecto, que me aflige o coração somente ao pensar; não sei o que fazer!...

– Filha, será que és tu que não tens mérito ou Gláucius que ainda não está preparado?

– Não sei, paizinho, não sei! Só o que eu sei é que amo Gláucius e não posso imaginá-lo sofrendo; se eu pudesse, ficaria em seu lugar.

– Não tens jeito, Lígia, quantas encarnações tu estás sempre atrás de Gláucius, amparando-o, procurando tê-lo perto de ti! Já tomei conhecimento de inúmeras encarnações nossas e tu sempre trazendo no âmago do coração esse amor por ele, e sofres com isso, pois sempre tens de renunciar...

– Contanto que ele seja feliz, contento-me com as sobras, que me são proporcionadas. Já me orientaram que talvez passem milênios e eu não terei nesse período um amor verdadeiro, papai, pois causei desarmonia ao equilíbrio do planeta de que somos procedentes; no tocante ao amor, portanto, tenho de me conformar, não possuindo por longo espaço de tempo um amor sincero.

– Vê, Lígia, aí vem Domênicus, talvez ele traga alguma surpresa.

Nada vou perguntar a ele, pois a melancolia, que me avassala a alma é muito grande!...

Domênicus acercou-se de ambos, sorrindo.

– Não vais dirigir-me pergunta alguma, hoje?

– Tu dás a resposta antes que eu possa formular a pergunta – asseverou Lígia, sorrindo para disfarçar a tristeza que lhe estampava na alma.

– Pois bem, Lígia, prepara-te que esta noite iremos tentar tirar Gláucius daquele vale de dor.

Lígia ria e chorava ao mesmo tempo, abraçando-se a Domênicus.

– Meu fofinho querido, nunca essa barriguinha me pareceu tão linda; nunca meus ouvidos testemunharam palavras mais belas, mais melodiosas....

Nisso, chegaram ao local Alexandre, com um sorriso enorme, exibindo a seqüência estética de alvos dentes, Március, Flávius, o cônsul Marcus e Hermógenes. e este último foi logo dizendo:

– Soubeste da novidade, Lígia? Então, que estás esperando? Vá preparar-te espiritualmente em orações. Perto das zonas umbralinas estarão esperando-te o padre Hipólito e a irmã Helena; não serás, portanto, a única dama; assim, aproveita estas poucas horas para orares e te colocares de acordo com as posturas física e mental ditadas pelos nossos Maiores e em conveniente equilíbrio emocional, a fim de podermos alcançar o nosso intento.

– Ufa! Não me dás tempo para raciocinar, nem para respirar; não estás vendo que ainda não me refiz?

De um salto, dependurou-se no pescoço do pai, dizendo:

– Paizinho, diga-me: não estou sonhando? É verdade, paizinho, é verdade? Chegou a hora de buscarmos Gláucius no vale das sombras?

– Teus amigos aí estão confirmando; é tu que estás atrasada!

– Tens razão, vou preparar-me; tenho de estar tranqüila e descansada; até logo, vou ao templo orar – e dando pulos de alegria, saiu correndo.

Hermógenes, contudo, chamou-a, dizendo-lhe:

– Lígia, um espírito em ascensão não corre, anda, e uma dama se movimenta com toda elegância.

Lígia, gargalhando e sempre correndo, respondeu-lhe:

– Um espírito elevado não corre e nem anda, levita: como não sou como tu, que alças altos vôos, contento-me apenas em correr!...

Hermógenes, abanando a cabeça, disse:

– Não tem jeito: mais parece uma gazela, pondo-se a correr e a pular contra o vento: a notícia a rejuvenesceu de pronto, vence a distância com enorme rapidez, como uma verdadeira gazela.

Fábius retrucou:

– Gazela não, Hermógenes, mais se assemelha a uma potranca selvagem, que um dia ainda domarei, pois eu, como tu, Alexandre e o cônsul Marcus ,todos somos os responsáveis pela queda de Lígia, Fabiana, Fúlvia e Gláucius e temos de reerguê-los, colocando-os no caminho certo. Tu, Lígia, que foste minha filha em várias encarnações, dia virá em que eu a domarei, tirando-te todas as seqüelas que te deixam em desequilíbrio, fazendo com que te refugies no suicídio. Domar-te-ei, potranca selvagem, custe o que custar!

Capítulo XXXI

Nas zonas umbralinas

"O amor, quando luta para salvar o ser amado.
Não respeita leis nem regras.
Digladia-se pelo ente querido, esperado.
Bate-se qual fera para salvá-lo das trevas."

Ao anoitecer, a comitiva composta do cônsul Marcus, Flávius, Március, Hermógenes, Alexandre e Lígia preparava-se para partir em direção ao vale das trevas. Próximos à zona umbralina, esperavam-nos o padre Hipólito e a irmã Helena. Era fim de tarde. Aproveitando o ensejo de, neste momento, a cidade estar unida em prece, a pequena caravana prostrou-se de joelhos no templo existente no âmbito do Ministério do Auxílio e orou para que a missão de que estava incumbida obtivesse o êxito esperado. Lígia exprimia no semblante uma alegria intensa; seu coração palpitava alegremente, eis que finalmente ia encontrar-se com Gláucius, ia revê-lo e, se Deus o permitisse, tirá-lo daquele sítio de sombras. Fábius foi despedir-se da comitiva, fazendo votos para que a missão alcançasse resultado satisfatório, ocasião em que comentou com Lígia:

– Quisera eu poder acompanhá-los, porém, se Deus o permitir, um dia eu irei, para rever minha filha, e talvez seja por meu intermédio que Lídia consiga desligar-se dessa turba do vale das trevas.

Lígia olhou para o pai; não ousou dizer-lhe que Lídia é que deveria liberar a turba de irmãos infelizes, que ela própria conseguiu reter junto de si, a mesma multidão de seres desencarnados ignorantes a que o pai havia aludido e que teria de fazer força para desligar-se de Lídia. Lígia notou que Hermógenes ia retrucar, lançando-lhe então um apelo mental: Por que fazer Fábius sofrer ainda mais?...

Hermógenes captou o pedido telepático que Lígia lhe endereçava, no entanto, era somente observar os olhos dela para que qualquer pessoa tivesse oportunidade de notar aquele apelo mudo.

Despediram-se de Fábius e se colocaram a caminho; dois irmãos do Ministério da Regeneração iam encontrá-las na manhã seguinte, munidos de padiola, perto da zona umbralina, caso dela necessitassem.

Fábius acompanhava, com o olhar, a filha que ia entre Alexandre e Hermógenes. Lígia mais parecia uma menina, um anjo loiro, no meio daqueles dois de porte avantajado, físicos exuberantes, musculosos... Lígia, de cabelos soltos ao vento como Gláucius gostava, figura adelgaçada, cintura fina, que se deixava entrever através da túnica presa por uma faixa, tagarela, de braços dados a Alexandre e Hermógenes, pois assim se sentia protegida por aqueles entes queridos.

Quando estavam próximos da zona umbralina, depararam com um frade de túnica surrada, alto, esguio, de cabeça raspada e barbicha mais do tipo cavanhaque: era o chamado padre Hipólito; ao lado deste, estava uma veneranda senhora, de porte magnífico, com os cabelos prateados, presos no alto da cabeça, num harmonioso coque: era a irmã Helena, abnegada companheira que trabalhava com Hipólito, a fim de resgatar o maior contingente de entidades que despertavam dos seus sonhos ilusórios e que habitavam as zonas umbralinas ou os sítios trevosos. Lígia observou a luz que emanava desses seres.

A irmã Helena aproximou-se, juntamente com o padre Hipólito, e ambos se apresentaram à comitiva, com exceção a Hermógenes, que os conhecia de algum tempo.

– Ouçam – disse a irmã Helena, – ouçam a prece de Lúcius: ele está orando para ajudar-nos, a fim de que nossa missão obtenha feliz resultado, assim Lúcius poderá se libertar do fardo carnal pesado.

– Por que – inquiriu Lígia – Lúcius, para desencarnar, necessita que Gláucius esteja liberto?

– Porque, na crosta, consegue atrair Gláucius, no intuito de doutriná-lo, fazendo-o ver o quanto ele está errado; é devido a essas doutrinações que Gláucius está apto para sair do vale das trevas. Lúcius recebeu a incumbência de orientá-las na senda certa, e somente desencarnará quando Gláucius – o último do grupo – também estiver protegido em sua cidade astral – respondeu Helena.

– Pobre Lúcius! Como se sacrifica por nossa causa – disse Lígia, com os olhos marejados de lágrimas.

– Atenção! – disse Hipólito. – Vamos entrar na zona umbralina; espero que possa contar com todos, pedindo o máximo de silêncio neste vale de sofrimento.

A comitiva seguiu silente. Lígia, imersa em seus pensamentos, teve a impressão de ouvir a voz de Lúcius dizendo para ela: "Vamos, Lígia, prepara-te, a fim de conseguir teu intento; ânimo, querida irmã, vá em frente!...".

O umbral sombrio, tétrico, dava arrepios às pessoas não acostumadas com aquele lugar, quer fossem encarnados ou desencarnados que tivessem a oportunidade de ali entrar. A névoa que cobria era densa; o sol, muito grande e vermelho, pairava além do horizonte, contudo, não transmitia luz nem calor. Árvores secas e retorcidas à beira dum estreito caminho, ladeado de lama, onde se encontravam as entidades para ali relegadas, que exibem semblantes tenebrosos, olhos esgazeados, imantados aos pensamentos terrificantes impostos por seres diabólicos. O piado de pássaros noturnos fazia-se ouvir lúgubre de vez em quando, lembrando os sons emitidos pelas corujas terrestres. O ar denso, sufocava. O cheiro nauseante exalava por todo caminho. O cônsul Marcus, que pela primeira vez trilhava por aquele caminho, bem como seu filho Flávius, iam receosos com a tenebrosa paisagem com que se defrontavam a cada passo. Flávius olhou para Lígia, porém, o semblante dela apresentava-se sereno e calmo. Flávius então argumentou consigo mesmo: Lígia deve estar acostumada com este tétrico lugar. No entanto, ela se havia ligado mentalmente de tal forma a Lúcius, que somente lhe ouvia a voz, dizendo:

– Ânimo, irmã, és corajosa, e agora precisas de mais força ainda. Cante contigo o salmo 23, de Davi. Lígia o acompanhava no salmo apontado.

Hermógenes apreendia mentalmente o salmo lembrado por Lúcius, ouvindo-o cantar juntamente com Lígia. Hermógenes sorria. Sim, finalmente, tivera a prova da evolução de Lígia, pois esta captara a voz de Lúcius; então, virou o rosto para trás e apercebeu-se de que Lígia estava levitando sem o sentir; seus pés não tocavam o chão, ficando um palmo mais acima. A comitiva, em fila indiana, ia percorrendo o extenso caminho. Lígia não havia notado, estando entre Hermógenes e Alexandre, que estava quase da altura deles. Hermógenes e Alexandre já levitavam, mas não o faziam naquele instante para não deixar o restante da comitiva embaraçado, pois o cônsul Marcus, Flávius e Március não possuíam tal faculdade de locomoção suficientemente adestrada. Hermógenes mostrava-se satisfeito, pois sua pupila estava levitando e o fazia longe do domínio vibratório da cidade astral que habitavam.

Irmã Helena e o padre Hipólito captaram os pensamentos de Lúcius, Lígia e Hermógenes e com este se comunicaram mentalmente, por intermédio do sacerdote:

Como vês, caro amigo, a fé e o amor são as forças motrizes do Universo. Animada pelo amor puro que Lígia nutre por Gláucius e pela fé e confiança que Lúcius transmitiu a Lígia, esta, sem se aperceber, conseguiu levilitar fora do campo vibratório da cidade que habitam. Se todos os encarnados possuíssem no âmago dos corações o amor renúncia, o amor puro de Lígia, o planeta Terra seria bem melhor; evitar-se-iam todos os transtornos, todos os ódios, todas as lutas, todas as guerras, para então dar lugar ao amor, não o amor carnal, o amor paixão, e sim ao amor puro, fraternal, em que as pessoas se olvidam para que o ser amado engrandeça. Temos fé que, um dia, o globo terrestre esteja envolto por esse amor desprendido e santificado; então, não haverá mais zonas umbralinas nem vales de trevas, nem tampouco vale de suicidas... A Terra, então, brilhará no firmamento qual estrela esplendorosa de primeira grandeza, e seu círculo de luz refulgirá tanto, que emitirá seus raios a outros planetas mais necessitados, os quais se acercarão deste astro, a fim de usufruir-lhe a luminosidade e o calor emanados da força sacrossanta do amor! Permita Deus que um dia todos os seres encarnados e desencarnados possam compreender o significado das palavras amor e renúncia, como Lígia, na presente encarnação. Infelizmente, quando reencarnam, ao invés de pagar seus débitos, angariam isso sim mais faltas, mais dívidas, esquecendo-se do que passaram e fizeram, transformando encarnações em verdadeira roda-viva, da qual não conseguem se desvencilhar; porém, acredito que o amor puro e sincero um dia forçará para um futuro risonho e feliz. O esquecimento, nas reencarnações, é dádiva de Deus, e se assim o é, é porque tal se faz necessário; de modo adverso, engrandeceria uns e humilharia outros, causaria ódio, inveja, ciúme: por esse motivo, em cada encarnação é dada nova oportunidade, ensejo este que devemos aproveitar, no intuito de não vir a ter deslizes na nova vida, na nova empreitada!...

Hermógenes fazia sinais afirmativos com a cabeça, demonstrando que estava de acordo com Hipólito. Nisto, o sacerdote pára de falar, faz uma pausa nas suas dissertações como que para verificar onde se encontravam e tornou a transmitir, ainda mentalmente, a Hermógenes:

– Estamos no fim da zona umbralina. Podes informar verbalmente à tua comitiva que se prepare, que se mantenham equilibrados, pois estamos próximos do vale das trevas; porém, procures manifestar-se em tom baixo para que não desperte lamentações dos que perambulam pela zona umbralina, lamentações estas infrutíferas, pois não estão aptos a sair e também para que os carrascos do vale das trevas não se ponham de sobreaviso.

Hermógenes fez um sinal afirmativo e em voz quase imperceptível alertou a todos. Lígia, sem sentir-se alertada por Hermógenes da cautela que haveriam de ter, desligou-se da sintonia que mantinha com Lúcius e, desse modo, deixou de levitar, colocando novamente seus pés no caminho em direção do vale das sombras. Hermógenes sorriu e pensou: é a vibração de fé de Lúcius, que é enorme, que a fez levitar. Hipólito confirmou, fazendo sinal de assentimento com a cabeça.

Curiosos abeiraram-se da borda do que denunciava ser um pequeno precipício, que possuía escavações pontiagudas. Lá embaixo, um pequeno vale, onde havia diminutas escavações como trincheiras, que serviam para os verdugos se esconderem e, ao mesmo tempo, evitar que os prisioneiros escapassem. Do lado direito do vale havia uma elevação rochosa, na qual se podia distinguir outros tipos de escavações que lhe serviam de grutas. Hipólito aproximou-se e começou a dissertar, em alta voz, sobre diversas parábolas de Jesus. Acentuava bastante e discorria sobre o Sermão da Montanha, quando uma grande multidão procurava sair daquelas valas na rocha. Nas trincheiras, começaram a se acomodar homens fortes, de grandes bíceps, munidos de chicotes; outros, com arco e flechas; outros, ainda, com dardos venenosos, cujos algozes davam um espetáculo horripilante ao vale. Lígia procurava, ardorosamente, com os olhos, a figura bela de Gláucius. Hipólito[14] continuava a pregar, quando se aproximou da trincheira da frente uma mulher vestida de branco, com manto azul na cabeça, trazendo na cintura uma faixa também azul; Lígia estremeceu, pois reconheceu aquela figura, que queria parecer angelical, porém que aos olhos da comitiva mostrava-se mais grotesca que divina: Lídia, sua irmã!... Lígia firmou a visão e notou que a alvura das vestes que Lídia desejava exibir imaculada estavam sujas, rotas quase, embora esta se esforçasse para que o vestuário a

---

14. Onde está escrito padre, deve-se ler sacerdote. Hipólito era sacerdote naquela época do templo de Minerva; atualmente, é conhecido como padre Hipólito (Nota de Longínus).

fizesse parecer bela e translúcida. Porém, não conseguia firmar a imagem que desejava ostentar. Procurava aparentar sobre a cabeça um formoso e fulgurante halo de luz translúcido; no entanto, somente conseguia emitir uma luz embaciada, densa e amarelada, que logo desaparecia e que servia apenas para enganar os incautos. Hipólito dirigiu-se a ela, falando:

– Mulher, por quem queres passar? Pela mãe do Messias, talvez? Porém, não vês que queres exteriormente uma coisa que não possuis? Onde está a pureza angelical que pretendes apresentar? Onde está a bondade e a caridade de teu coração?

Lídia respondeu:

– Eu sou Maria, toda feita de graça e beleza...

Uma grande multidão afirmava:"Sim, ela é Maria e nos comanda". Entre esses estava Gláucius, todo sujo, que trazia em sua mente a odisséia de sua desencarnação e se apresentava com o pescoço caído e o sangue a jorrar-lhe aos borbotões.

Lígia, caindo de joelhos, disse:

– Jesus, como são possíveis tais acontecimentos? Pois, pelo visto, Senhor, esses pobres coitados estão certos de seguir a Maria de Nazaré, aquela que te trouxe no ventre, Senhor; olham e nada vêem; como é possível um amblíope como Lídia comandar cegos? Senhor. tem misericórdia. Faze, Senhor, que acordem; fazeque ouçam e captem as palavras de Hipólito, pois possuem ouvidos e querem permanecer surdos.

Hipólito discorria sobre Jesus. segundo a versão de Lucas:

– Ninguém, pois, acende a tocha e a cobre com uma vasilha, ou a põe debaixo da cama; põe-na, sim, no alto, para que vejam a luz os que entram. Porque não há coisa encoberta que não acaba por saber-se e fazer-se pública.

Gláucius e alguns mais caíram de joelhos, pois vislumbraram em Lídia algo que não combinava com o que ela queria aparentar.

– Eu sou Maria, mãe de Jesus, e não necessito de sacerdote algum, pagão como tu, para dizer as parábolas de meu filho!...

Hipólito, com luz de rara, beleza aureolando-lhe a silhueta, respondeu:

– Não queirais ouvir as palavras dessa mulher, que vos profetizam e vos enganam: ela fala das visões de sua própria mente e não da boca do Senhor. Desconfiai dessa falsa profetiza; deveis estar em guarda contra essa impostora. Quando a mãe do Senhor confina sob sua guarda adeptos, aprisionando-os? Quando Maria poderia oferecer a seus adeptos uma gruta infecta e malcheirosa? Amigos meus, Maria é feita de amor e bondade; em seu ser paira a meiguice, a caridade; por onde passa, ela deixa um rastro de luz, eis que ela gerou Jesus. Onde suas mimosas mãos tocam, evolve um perfume de rosas. Não vos deixeis enganar por falsos profetas!... Conheceis o verdadeiro profeta pelas suas obras, pela sua superioridade moral, pelas suas virtudes, pela ação moralizadora de seus feitos. Comparai esta que aqui se encontra, ladeada de carrascos que vos açoitam, que impedem vossa evolução espiritual, que tapam vossos olhos e ouvidos, instigando-os a fazer coisas contra a moral e o amor ministrado por Jesus, e fazei um retrospecto da vida de Maria, do crivo da dor por que passou, da meiguice, da brandura, do amor que exalava daquele ser diáfano, da renúncia que teve de ter pelo seu filho, relegando-se ao último plano. Achais, porventura, que esta que aqui se encontra, aprisionando-os, poderá ser Maria?

Gláucius caiu de joelhos, dizendo:

– É verdade, Senhor, como pude ser ludibriado dessa forma. Maria nunca subjugaria quem quer que fosse, não faria deste ou daquele um servo seu; era ela, no entanto, a humilde serva do Senhor. Esse sacerdote está com a razão, não vos deixeis enganar, portanto...

Nisso, um carrasco se aproximou de Gláucius e açoitou-lhe as costas. Outro, atirou-lhe um pequeno dardo nas pernas. Lígia não podia agüentar por mais tempo aquela cena. Lídia continuava afirmando:

– Eu sou Maria, mãe de Jesus, e os levarei à felicidade eterna!

A multidão, em coro, repetia:

– Sim, és Maria, a que nos comanda, levando-nos ao caminho da verdadeira felicidade, ao regaço do Senhor!

Lígia pedia a Deus calma e forças; o carrasco levantou novamente o chicote em direção a Gláucius, pois este demonstrava não acreditar em Lídia; ia abaixar o braço para castigá-lo, quando Lígia desceu de pronto sobre ele, impedindo-o de açoitar Gláucius. Hermógenes clamou:

– Lígia, por que tomas sempre a dianteira? Não te muniste, sequer, de vestimentas protetoras; toma, use isso – e lançou sobre Lígia uma rede protetora. Esta, mais segura, mentalizou Jesus, e aproximou-se da irmã, dizendo-lhe:

– Lídia, por que fazes isto? Por que queres passar por quem não és? Não chegas, sequer, aos pés do modelo de mulher que julgas ser.

– Vá embora daqui, odeio-te! Vamos, meus companheiros, exterminem esta mulher...

Lígia se valeu disso, ponderando:

– Quando Maria de Nazaré pode alentar ódio? Vejam, amigos meus, a impostora deixou cair a máscara; deixou cair o disfarce.

De fato, Lídia tinha tomado a forma e vestimenta da última encarnação, mediante as palavras de Lígia; recobrou-se entretanto e tornou novamente às vestes e à forma de Maria de Nazaré.

Os carrascos atiravam flechas, setas e procuravam atingir Lígia com o chicote, porém, graças à rede que Hermógenes jogara sobre ela, Lígia ficara protegida contra as investidas. Dos lóbulos frontais de Hipólito e dos da irmã Helena partiam fachos de luz em direção a Lígia, procurando auxiliá-la e transmitindo forças para que ela pudesse retornar à beira do pequeno precipício, pois descera dessa forma impulsionada pela fé, pelo amor e pela força da proteção que queria dá-los a Gláucius. Hermógenes mentalmente a chamava, para que retornasse; estava apreensivo com sua pupila, mas não ousava comandar, eis que notava nos rostos de Hipólito e Helena a seriedade própria dos espíritos em ascensão espiritual e que possuíam conhecimentos suficientes para desincumbir-se de suas obrigações, consciente de suas responsabilidades. Lígia acercou-se de Gláucius como se o estivesse protegendo e continuou dizendo àquela que fora sua irmã na última encarnação:

– Lídia, dizes que és Maria. Se és, por que deixas teus comandados no estado em que se encontram, como mutilados, como aleijões, se são almas desencarnadas e não deveriam de forma alguma se apresentar desse jeito? Vejo que até os portadores de lepra conservam seus corpos espirituais da mesma forma como foram deixados na Terra os corpos materiais. Vejas Gláucius, ainda tem o pescoço partido; já que dizes ser Maria, por que não fazes a cura?...

E, cada vez mais, aproximava-se de Gláucius, o qual não só a reconheceu como também a Lídia e implorava aos céus auxílio para poder sair daquele lugar e desvencilhar-se das garras de Lídia. Estendia os braços na direção de Lígia e caminhava para ela qual autômato.

– Não posso contigo, uma vez que estás imunizada por essa estranha rede; no entanto, não me tirarás Gláucius, e ele sentirá a minha força; meus companheiros – disse, dirigindo-se aos carrascos, – ataquem-no, não o deixem escapar.

Lígia volveu os olhos ao Alto, rogou o consentimento do Senhor, olhou para os carrascos que se aproximavam, viu mais em cima Hipólito e Helena que emitiam focos de luz em sua direção e, de repente, num átimo cobriu com a rede a Gláucius também; enlaçou-o pela cintura, firmou o pensamento em Jesus e levitou, alçando alto vôo e, em poucos segundos, estava com Gláucius, à beira do precipício. Percebendo-se salva, juntamente com Gláucius, sentiu-se combalida pelo esforço que despendera, e com as pernas trêmulas sentou-se arquejante.

– Admiro tua força de vontade e o amor que nutres por Gláucius; porém, desobedeceste; tomaste as rédeas de comando e quase puseste tudo a perder. Hipólito e Helena tiveram de fazer um esforço extraordinário para te ajudar, quando ele poderia, com as palavras bondosas que exalam de seus lábios, salvar não somente a Gláucius, mas a inúmeras outras almas; tu pecas pela insensatez de teus impulsos; sei que Lúcius estava incutindo-te a fé necessária, entretanto, exageraste e desobedeceste, tornando-te, por conseguinte, insubordinada.

– Já sei – disse Lígia. – Sou uma potranca selvagem. Perdoe-me; contudo, uma força maior moveu-me. Tinha fé em Hipólito e em Helena, mas, ao mesmo tempo, ardia-me só de pensar: se não conseguirmos, Gláucius aí ficará à revelia de Lídia, que reforçará ainda mais a sua guarda; perdoe-me, pois, Hermógenes, não sei qual a força que me moveu em primeiro lugar.

– Recuem – disse Hipólito, – pois estão arremessando com os arcos em nossa direção. A ti, Lígia, peço-te que não sejas impulsiva; todavia, no percurso do caminho para estas paragens Helena e eu já pressentíamos que isto iria acontecer, ao vislumbrarmos o seu temperamento.

Nesse ínterim, as flechas começaram a ser atiradas e a comitiva afastou-se da borda do vale para não ser atingida; eram arremessadas pelos algozes dos campos umbralinos. Lígia tinha os olhos rasos de lágrimas e suplicava:

– Perdoem-me, por favor, nada fiz premeditado, mas uma força maior impeliu-me ao ato repentino...

Helena sorriu, abraçando-a:

– Foi a força do amor, minha querida. Essa é a força motriz que poderá modificar o globo terrestre. É uma força que nos faz esquecer de nós próprios, em prol do ser amado. É uma força que não vê barreiras, nem empecilhos a toldar-lhe os propósitos, na defesa do ser amado...

– Era necessário uma mulher para compreender-me. Agradeço-te do fundo d'alma essa intercessão – interrompeu Lígia.

– Porém – disse Helena, – existem normas e leis que devemos obedecer e serás punida por isso.

Lígia estalou os olhos suplicantes em Helena, porquanto imaginou, em fração de segundo, que teria novamente de se afastar de Gláucius e, temerosamente, perguntou-lhe:

– E meu castigo, qual será?

– És pequena e frágil, e tanto eu como Hipólito temos responsabilidade nestes trabalhos, portanto, eu vou dar-te o castigo: terás de carregar, de amparar em teus ombros frágeis o nosso irmão Gláucius, que se encontra cambaleante – disse Helena, virando para Hermógenes e piscando-lhe o olho. – Terás de fazer esse percurso a toda zona umbralina, no limiar desse sítio de sombras, onde estarão a postos nossos irmãos auxiliares, esperando-nos com a padiola. E, tu, Hermógenes, no teu relatório, só deverás mencionar que conseguimos retirar Gláucius, no entanto, é desnecessário narrares de que forma se deu a remoção e que isso sirva de lição para a mocinha!

Lígia, radiante de alegria, beijou a face da veneranda senhora e apressou-se a amparar Gláucius, pois era isso que ela mais desejava. Helena sussurrou no ouvido de Hermógenes:

– Sabíamos, por intermédio do plano astral mais elevado, que seria este o processo para Gláucius. Somente Lígia teria forças para desligá-lo de Lídia; por esse motivo, trouxemos as redes para essa forma de socorro.

Capítulo XXXII

Novo aprendizado

"A vida espiritual, na Terra.
Baseada nos princípios de amor tudo encerra.
Porém, tudo deve ter uma disciplina, uma norma.
Para evoluir, devemos utilizar-nos delas, da melhor forma!."

Ao chegarem à cidade astral, Gláucius foi logo encaminhado para o hospital do Ministério do Auxílio, no quarto ao lado de Fábius e de Lígia Alexandra. Ato contínuo, Gláucius foi adormecido para que pudesse readquirir as forças indispensáveis à recuperação. Lígia interpelava Hermógenes:

– Dize-me, por favor, Hermógenes, tu vais mencionar no teu relatório somente o que falou Helena?

– Acho que sim, não sei; deste-me um grande susto, quase puseste tudo a perder.

– Juro-te, Hermógenes, não vou desobedecer-te mais; todavia, se tu mencionares em teu relatório o que fiz, o ministro não vai autorizar-me a tomar conta de Gláucius, e tu sabes como isso é importante para mim!

– E se o ministro já souber? Por acaso, não sabes que aqui não podemos mentir, que no plano espiritual nada passa desapercebido, quanto mais uma inverdade?

– Não é mentira, não terás de mentir, somente omitir-te.

– Nem isso, Lígia. Vê, aqui está meu relatório, temos de agir com justiça e dever em tudo; nunca devemos mentir ou omitir algo em prol de alguém. Existe uma lei e cumpre-nos respeitá-la, existe uma norma e devemos observá-la.

Lígia havia retirado o relatório das mãos de Hermógenes e o lia avidamente. Ali estava escrito com pormenores tudo o que Lígia fizera. Com os olhos cheios d'água, com o semblante entristecido, ela falou a Hermógenes:

– E tu dizes que me queres bem, que és meu amigo! Eu reconheço que errei, é certo, dou minha mão à palmatória, mas não devias ser tão explícito em teu relatório. Da forma como tu o fizeste, deixa bem claro que sou insubordinada, que sou selvagem. Está bem, seja, reconheço, sou mesmo uma potranca selvagem. Não, potranca é bom demais para mim, sou jumenta mesmo; mas, que fazer? Já fiz, está feito, agora devo arcar com as conseqüências... Não sou covarde, Hermógenes, não costumo fugir às minhas responsabilidades; todavia, desta vez eu mesma queria cuidar de Gláucius, era a coisa que eu mais almejava; enfim, tu tens razão, a verdade deve sempre imperar ao lado da justiça; não vou ficar aborrecida contigo, eu te amo, tu bem o sabes, e, paciência, tanto trabalho para, no fim, perder tudo pela minha irresponsabilidade!...

– Não é justo te separarem de Gláucius; acho que vou fazer outro relatório.

– Não, Hermógenes, não devemos mentir nem omitir nada, em prol de quem quer que seja; proíbo-te de agires contra as leis; errei e pagarei pelo meu erro, assim, aprenderei a obedecer – disse Lígia, no meio de um mar de lágrimas.

– Esqueci-me de dizer-te algo.

– O quê? – perguntou Lígia chorando.

– O plano astral já tinha avisado que seria somente por ti que Gláucius deveria ser salvo, pela força motriz, que é a força do amor.

– Hermógenes, disseste que não podemos mentir e nada omitir!

– Eu não menti nem omiti, somente esqueci; as tuas lágrimas fizeram-me recordar, porém, foi muito bom, pois deste o devido valor respeito às leis e à justiça!

– Amo-te, adoro-te, Hermógenes. Aprendi a lição. Vou ver papai, mamãe e vou tomar fôlego, eis que tenho de ficar de plantão ao lado de Gláucius. Até logo, estou feliz – e saiu correndo.

– Lígia – falou Hermógenes, – um espírito em ascensão não corre, principalmente uma dama.

– Um espírito em ascensão não corre, levita, voa, e eu como não sei locomover-me dessas duas formas, vou-me adestrando, correndo.

Hermógenes, meneando a cabeça, disse:

– É uma gazela ou uma potranca a correr, não tem jeito!... Lígia, contente, começou a tratar de Gláucius com carinho e devoção. Hermógenes avisou-a que Gláucius iria ficar adormecido durante dois dias e que ela seria incumbida de reativar todos os pontos vitais do organismo espiritual daquele precioso paciente. Lígia observou o semblante adormecido do ser amado e não se conteve: depositou um beijo nos seus lábios carnudos, entreabertos. Lígia estava feliz, pois o trabalho de que se desincumbia era o que realmente almejava. Espreitava o rosto sereno e calmo de Gláucius, o ar majestoso de seus traços fisionômicos: o belo traçado e o contorno da face, o nariz grego, a boca pequena, lábios carnudos, olhos de maravilhosa tonalidade, azul-violeta: estes permaneciam fechados, porém, dava para se notar os cílios espessos e longos, as sobrancelhas grossas e um tanto arqueadas, a tez clara, os cabelos ondulados, cor de amêndoa, mas um tanto revoltos, com um pequeno cacho caindo-lhe sobre a testa. Trajava uma branca túnica que lhe cobria o corpo de atleta deitado sobre alvos lençóis de linho, proporcionando um aspecto belo e harmonioso. Já não mais jorrava sangue da veia que se lhe fora secionada. Gláucius deveria estar sentindo-se bem com as emanações de Lígia, pois o semblante, que a princípio mostrava-se ríspido, tenso, apresentava-se agora com a aparência calma: dos lábios, entreabertos, parecia prorromper-se um belo e terno sorriso. Lígia começou a reativar os pontos vitais, no entanto, o amor que ela nutria por Gláucius era maior e, ao começar a oração, passou também a beijar aqueles centros de força. No instante em que Lígia osculava o ponto vital da laringe, Hermógenes entrou no quarto e surpreendeu-se com o quadro inusitado que se lhe apresentava:

– Achaste outro método de reativar os pontos vitais, Lígia?

Admites ser este o processo eficaz para tal estímulo? Será que a forma que adotou para o caso é permitida pelo Alto?

Lígia, corada, desculpou-se, dizendo:

– Mas, Hermógenes, eu apenas beijava a garganta de Gláucius... Que mal há nisso?

Entretanto, afirmava para si mesma: ainda bem que Hermógenes chegou agora e não quando eu estava beijando a boca de Gláucius. O que Lígia não sabia era o fato de Hermógenes captar sempre seus pensamentos, por isso, em réplica, ponderou:

– Lígia, tu sabes que aqui não é permitido mentir nem omitir nada, mesmo que isso seja para acobertar alguém, pois tudo neste plano é transparente e límpido como a água mais cristalina. Até mesmo os pensamentos não podemos escondê-los; tu beijaste Gláucius, e, conforme pensaste, o quadro dos acontecimentos aqui verificados projetou-se no ar; teus movimentos e intenção eram claros para nós, mais experimentados no trato das coisas espirituais.

– Mas Hermógenes, quis usufruir um pouco de felicidade, e ele, por sua vez, está adormecido...

– Diga-me, Lígia, e se Gláucius acordasse, quando o beijavas, o que teria acontecido?

– Veria em mim uma grande amiga depositando um beijo em sua face!

– Na face não, Lígia, na boca!... Quero que me ouças e te precavenhas, a fim de não errares. No vale das trevas fizeste o que querias e só não foste embargada em teus propósitos porque a retirada de Gláucius daquela região teria de ser daquela forma.

– Ah! Hermógenes, sinto-me tão pequenina, quando me chamas a atenção! Fico envergonhada; mas estes impulsos eu não consigo evitá-los; quando dou por mim, já estou fazendo o que não devo. Perdoa-me. Creio, porém, que não sabes o que foi de minha vida; uma vida toda constituída de renúncia em prol dos outros; por esse motivo, sou acometida desses ímpetos...

– Eu sei como foi tua vida, porquanto sempre te acompanhei os passos. Sei que sofreste, que pagaste caro o teu suicídio. Se na outra encarnação tiraste tudo dos outros, nesta tiveste de renunciar em favor do próximo; é um dispositivo da lei de ação e reação. Quero que me entendas e penses bem em minhas palavras: Calcula que, ao invés de mim, entrasse Fúlvia neste quarto! Que achas que tua amiga iria pensar?... Imagina se na hora que depositasteum beijo nos lábios de Gláucius, este despertasse?... Tens de convir que ele esteve muito tempo no vale das trevas e, naturalmente, traz ainda agregado em si os fluidos danosos do sexo, dos vícios de uma forma geral; irias, com isso, despertar-lhe certos instintos; estou esclarecendo-te todos os aspectos, para que compreendas a profundidade de teu gesto que para ti nada representou, pois foi, na linguagem dos encarnados, um beijo roubado; contudo, quero que analises sob todos os ângulos o teu procedimento.

–Tens razão, Hermógenes, preciso tomar cuidado e refrear meus impulsos, pois, como disseste, se Fúlvia entrasse no quarto em teu lugar ela não iria entender que meu ato derivou-se de um impulso puro, sem qualquer indício do mal, efetuado por esta que sempre se contentou com as migalhas da mesa!... Sou uma irresponsável. Perdoe-me, Hermógenes. Tu tens tanta paciência comigo; eu te quero tanto, porém, sempre estou fazendo o que não devo; talvez, eu leve milênios para poder refrear estes meus impulsos, e, já que podes ler-me a mente, podes observar que eu não estou mentindo e que o meu arrependimento foi sincero.

Olhou para Gláucius e desabafou com espontaneidade:

–Valeu a pena, porém. Vê, Hermógenes, como Gláucius é belo!...

– E se ele não possuísse esse porte maravilhoso; se não possuísse os olhos azuis de que tanto falas; se ele fosse um débil mental, um deficiente físico, talvez sentisses repugnância?...

– Que estás a me dizer, Hermógenes? – retrucou Lígia. Eu amo o conteúdo, eu adoro o perfume, não me preocupo com o frasco. Na nossa encarnação, na Atlântida, ele foi um monge que abdicou de tudo em prol do amor, à vida melhor, mais fácil, e eu, por causa dele, ceifei minha própria vida; ele, na época, não corporificava a imagem de qualquer deus grego; assim mesmo, eu amava Charutad, como amo Gláucius, agora. Naquela encarnação, eu não me conformava com as migalhas acima da mesa. Como podes perceber, eu evoluí um pouco, exceto quanto aos impulsos, que ainda não consigo controlar. Entretanto, eu o amo, e amo-o muito. Ao mesmo tempo, peço-te que me perdoes, porque estou dando-te sempre muito trabalho e eu, que te respeito tanto, que te amo, ainda não aprendi que esse acatamento deve ser geral, abrangendo todos os pontos. Ainda não aprendi a respeitar com humildade e doçura; ainda não sou obediente e cortês como deveria ser.

– Tens razão – confirmou Hermógenes, – ainda és selvagem e não foste domesticada.

– Podes dizer de uma vez: sou uma potranca selvagem! Todavia, quero que tu observes como está Gláucius e vejas se fui aprovada, esquecendo-te, entretanto, das seqüelas dos meus impulsos; presta atenção, ele já não sangra mais, não geme e faz poucas horas que está aqui.

– Estás aprovada, Lígia, no tocante ao asseio e, como enfermeira, nada tenho que te recriminar. Deves usar teus impulsos em prol das pessoas que necessitam de ti, procurando melhorar-te no setor de enfermagem em favor dos pacientes de quaisquer origens.

– Posso usar meus impulsos, então?

– Não da forma como os usavas; que isso não se repita! Tem certeza, porém, de que te chamarei a atenção até quando for preciso, não mais. Quero que reprimas até o impossível, compreendeste?

– Tudo farei para isso, meu amo e senhor!...

Hermógenes abanou a cabeça e saiu sorrindo.

E assim que Hermógenes saiu, transcorridos poucos minutos, entrou Fúlvia. Lígia num atino pensou:

– Não é que Hermógenes tinha razão?!

Fúlvia tinha o semblante triste, pesado.

– Que tens? - perguntou Lígia.

– Estou vindo do globo terrestre e sinto-me amargurada. Somente retornei porque soube da chegada de Gláucius na nossa cidade astral e queria vê-lo. Como está ele?

– Bem, como vês, está adormecido.

Nisso, entra Fabiana, sorrindo.

– Larguei Marcus Július para ver papai. Até que enfim aqui está meu paizinho querido – disse, depositando-lhe um beijo no rosto. E, desejando saber as impressões de sua mãe, assim se manifestou:

– Como é, mamãe, matou as saudades? Já beijou muito seu amado? Não se cansava de falar dele, no entanto, vejo-a aí prostrada, sem nada fazer...

– Fabiana, não tens jeito, devias ser filha de Lígia. Quando eu estiver a sós com teu pai, darei os carinhos que pretendo, não agora. Não gosto de efusões em público.

– Ah! Mamãe, em público? Somente eu e Lígia estamos aqui. Mas vamos deixar esse assunto para lá... Sabeis, Lígia e mamãe, pedi permissão para reencarnar e o farei em breve; serei filha de Marcus Július. Vou entrar em preparação ainda hoje; por isso, aqui compareci para despedir-me de papai, da senhora e de ti, Lígia.

– Teu pai ficará adormecido durante dois dias – acrescentou Lígia.

– Então não poderei falar-lhe? Que pena! Tu despedirás dele por mim, não posso perder essa oportunidade; eu amo Marcus Julius, e já que não pude ser sua esposa, sua filha serei!

– Eu também, irei reencarnar...

– Tu, igualmente, Fúlvia? E como ficarei aqui? Sozinha?...

– Tu tens teus pais, Lígia, e agora tens Gláucius ao teu lado também. Eu o deixarei aos teus cuidados. Como encarnada, tu o deixaste para mim, agora então sei que estará em boas mãos; além do mais, sei que tu o amas.

– Sim, Fúlvia, eu o amo, mas os direitos são teus – disse Lígia, com bondade.

– Somente Deus é que poderá determinar quem possui os direitos e, nesse caso, uma das duas teria de renunciar; no momento, eu renuncio a ele, entretanto fica ciente de que o amo muito, tanto quanto tu.

– Mamãe, somente uma causa muito grande te impeliria a isso. Que aconteceu?

– Fabiana e Lígia, estou triste por deixar Gláucius, meu esposo. Sei, contudo, que não farei falta, porquanto tu aqui estarás, Ligia; nesse sentido, ao ver Gláucius, meu filho, no estado em que se encontra, faz-me ficar mais atormentada ainda. Ele se entregou completamente à bebida, justificando-se o pedido de Marcus Július, eis que ele, sangue de meu sangue, carne de minha carne, sem ninguém, órfão de pais e sem a presença de Fabiana, degradou-se completamente e está às portas de um suicídio torpe. Tem um caso com uma pobre mulher da vida, que está muito debilitada; soube, por entidades elevadas, que gerará uma filha de Gláucius e que logo em seguida desencarnará. Isso será o golpe fatal para meu filho, que, logo após, devido aos excessos, jovem ainda, ficará impotente. Tudo isso me foi relatado; então, eu pedi para ser filha dele, em companhia da qual ele terá um pouco de amor, por ele tão almejado. Se soubesse de tudo isso, Ligia, que farias em meu lugar?

– Procuraria reencarnar como tu vais fazer, para evitar que ele cometa o ato de extremo desespero. É uma vida a ser salva, tens razão. É um peso que ficaria na tua consciência, se não tentasses isso. Mas, se quiseres, eu me comprometo a pedir para reencarnar em teu lugar.

– Agradeço-te, Ligia, e sei que tudo farias em favor de meu filho; entretanto, os liames que me ligam a ele são maiores e o plano astral incentivou-me a reencarnar. Na qualidade de mãe e, futuramente, na de filha também, creio que conseguirei muito mais do que tu, não te desmerecendo num só ato sequer; e ainda existe uma outra probabilidade: a de não aceitarem teu pedido e colocarem outra em teu lugar; já pensaste nisso?... Fabiana viu o estado do irmão, é lastimável! Amanhã, entrarei em preparação e deixo para ti a incumbência de relatares para Gláucius o meu tormento. Quanto a Marcus Julius, não precisas ter cuidado; está bem equilibrado, é benquisto e afamado, eis que, em razão de sua veemência, fez com que não fosse extinta a lei das Doze Tábuas.

– Assim que eu puder, que Gláucius e meus pais estiverem bem, eu vou visitá-lo, se me permitirem, pois a saudade que avassala minha alma é grande, e desejo ardentemente conhecer minha neta, melhor dizendo, duas netas; embalar-te-ei, Fabiana, e te cantarei belas canções de ninar.

– Deves levar uma outra harpa, quando desceres à crosta, pois tu me presenteaste com a tua e ela é minha.

– Está bem, levar-te-ei uma harpa espiritual, para dedilhares com os dedos carnais – respondeu Lígia, com significativo sorriso.

– Ânimo! – continuou Lígia, a incentivar Fúlvia. – Acredita que irás conseguir teu intento. Quero ver-te sempre sorrindo.

– Não é fácil – replicou Fúlvia. – E tu, pretendes reencarnar breve?

– Eu tenho medo!...

– Medo? Tu? Por quê? – perguntou Fabiana.

– Porque sou suicida renitente. Pago numa encarnação e na outra sucumbo. Enquanto me deixarem, ficarei por aqui. Desde que os amigos rumaram para seus destinos, não mais voltei para nossa casa, eis que se encontra tão vazia, que me deixa triste; descanso aqui mesmo. Iniciei um curso no Ministério da Elevação, a fim de instruir-me um pouco.

– Não me digas que vais realizar teu velho sonho de estudar alquimia? – inquiriu Fúlvia.

– Sim, preciso elucidar-me. Depois do que passei no vale dos leprosos, comecei a dar valor para certos conhecimentos dos homens do Caminho e de Alexandre, que tantos sofrimentos aliviou pelo conhecimento que adquirira, apesar de que, ao reencarnar, existe a lei do esquecimento. Os conhecimentos aqui obtidos, e os de encarnações anteriores, ficam latentes no espírito, propiciando maior facilidade de serem aprendidos na crosta, posteriormente. Contudo, estamos falando demais e nosso doente precisa de repouso, silêncio e de muitas preces. Ninguém melhor do que tu, para isso, Fúlvia. Verei com Hermógenes se podes ficar até a hora em que tiveres de retirar-te para a preparação da nova encarnação. Deixo-te a sós com Gláucius, para expandires melhor teu amor... Vem, Fabiana, vamos falar com Hermógenes. No caminho, irás contando-me como está Marcus Július, como está sua esposa Lígia; como estão Raquel e Animal.

E lá se foram as duas tagarelando, enquanto Fúlvia beijava seu esposo e enxugava uma lágrima de tristeza, que era proporcionada por aquela transitória separação.

Hermógenes conseguiu que Fúlvia ficasse, à noite, com Gláucius, permitindo, inclusive, que parte da manhã seguinte ficasse Fabiana, já que ambas teriam de ir para o departamento de Restringimento às doze horas do dia subseqüente; absolutamente, entendeu impedir que ficassem duas ou três pessoas no quarto de Gláucius, dizendo-lhes ao ensejo:

– As três juntas fariam Gláucius recolher-se a um hospital próprio para alucinados, pelo alarido que provocariam no recinto, gritaria esta de tal ordem que despertaria uma cidade inteira!...

– Que maldade! – contestaram Lígia e Fabiana ao mesmo tempo, e apenas sorriram diante da advertência de Hermógenes.

E, assim, fizeram plantão Fúlvia e Fabiana.

Lígia, ao despedir-se das amigas, sentiu uma forte melancolia dominar-lhe a alma. Era sempre assim: ficava sempre para trás, tendo medo de reencarnar. Era sempre a última do quarteto; entretanto, se estivesse sozinha no globo terrestre, sentiria uma saudade que não saberia como explicar, devido à partida dos amigos queridos; se, outrossim, no plano espiritual ficava só, punha de lado o medo da reencarnação e rumava algumas vezes para a crosta, ansiosa de reencontrar os amigos de longas jornadas.

Capítulo XXXIII

O despertar

"Quando avassalar-te o ser; o orgulho desenfreado,
Volve o olhar para o Alto e te sentirás mais equilibrado.
Com Jesus a iluminar-te o caminho,
Sentir-te-ás feliz e nunca sozinho."

Eram seis horas da tarde. O lusco-fusco da tarde embevecia os olhos, perfume de glicínias, gardênias, rosas, cravos e jasmins impregnava o aposento hospitalar onde se encontrava Gláucius.

Lígia, como toda comunidade, orava ajoelhada, no respeitoso momento. Os raios de sol, que se iam pondo no horizonte, emolduravam o semblante de Lígia. Uma imensa nostalgia dominava-lhe o ser: a saudade das amigas, em preparação para o reencarne, a absorvia totalmente, orando por sua vez para que aquelas tivessem feliz resultado na nova oportunidade de vida, no plano físico.

Gláucius acorda, abre os olhos e vê Lígia absorta em suas orações; faz um reconhecimento em derredor e nota um pequeno quarto hospitalar, com paredes brancas, muito asseado; em seguida, constata estar numa cômoda cama, guarnecida de lençóis e túnicas alvíssimos. Olha pela janela aberta, o aroma das flores a penetrar-lhe pelas narinas; ouve os gorjeios suaves, dos pássaros, juntamente com vozes argentinas a cantar hinos sacros, acompanhadas de acordes de violinos. Através da vidraça, depara o grandioso espetáculo de luz e sombras, proporcionado pelo entardecer;

o sol não desaparecera de todo no horizonte, no entanto, no céu azul-avermelhado, a lua prateada já se fazia presente... Uma calma balsamizante toldava-lhe o ser. Que lugar seria aquele? Onde se encontrava? Ali estava Lígia. Todavia, não queria perturbá-la, pois, ela se mantinha concentrada em suas preces. Lembrava-se de Maria de Nazaré, mas essa doce figura confundia-se em sua mente com a visão de Lídia. Como era possível tal coisa? Inúmeras perguntas se lhe afloravam ao cérebro. Recordava-se de vultos grotescos, utilizando-se deles para inúmeros disparates. Deus meu! – pensava Gláucius, – onde estive e onde estou?

O som argentino das vozes e os acordes dos violinos cessaram, indicando que a hora reservada à prece diária havia terminado, na cidade astral. O sol tinha se posto totalmente no ocaso; o céu ia começando a forrar-se de veludo azul-marinho; as estrelas começaram a brilhar no firmamento, cintilando intensamente, oferecendo ao observador um espetáculo maravilhoso, extasiante. No entanto, Lígia continuava ajoelhada a orar, absorta em suas divagações. Pensava no que lhe havia recomendado Hermógenes, que usasse de energia com Gláucius, que teria de tirá-lo da inanição, que constantemente dominava-lhe o ser após o desencarne, posto que Gláucius, ao deparar com qualquer obstáculo, procurava evitá-lo, omitindo-se e, com isso, interrompia a própria evolução espiritual. Era forte, temperamento altivo; quando dizia alguma coisa, dificilmente voltava atrás; entretanto, quando deparava com algo que poderia enevoar a sua imagem, procurava isentar-se, omitir-se sob o manto de qualquer desculpa até que tudo se normalizasse; quando tudo estava calmo, aí então aparecia, após longo período de afastamento. Lígia pensava: Hermógenes não o compreendia... Gláucius sempre agiria assim, para não magoar os outros; não era o orgulho que o movia, não era o medo de enfrentar situações e sim o receio de ofender os outros, preferindo não agir, preferindo ser considerado indiferente perante as situações. Gláucius, o seu Gláucius, era um ser perfeito, e tudo o que ele dizia era sábio, correto. Como chamar-lhe a atenção de alguma coisa, em que ela não achava defeitos? Sua mente debatia-se; começou, então, a recordar os momentos felizes passados na crosta, o amor que os dois sentiram, os sonhos que possuíam e que foram por água abaixo. Lígia pensava e perguntava a si mesma: Por que, Senhor, tem de ser assim? Será que a falta cometida jamais será resgatada? Sonho com um amor puro e sincero, sem mentiras, sem falsidades e não o encontro; deparo com o amor sexo, o amor paixão. Até quando, meu Deus, até quando?... Gláucius a viu chorar e enterneceu-se; Lígia estava ajoelhada defronte da janela, e de onde Gláucius estava podia divisar-lhe o perfil puro e belo. Gláucius teve ímpetos de perguntar a Lígia qual o motivo do choro; todavia, resolveu orar a Deus, no intuito de obter as forças necessárias para apaziguá-la de seus tormentos íntimos; cerrou os olhos, firmou a mente na figura de Jesus, cuja descrição Lúcius lhe tinha feito inúmeras vezes e orou fervorosamente. Lígia, aos poucos, parecia acalmar-se, embora as lágrimas se lhe rolassem ainda sobre as belas faces. Gláucius já não lhe ouvia os soluços; então, pediu a Jesus que aplacasse a dor daquele coraçãozinho tão sofrido, a quem ele mesmo havia proporcionado tanta dor.

Lígia, agora, pensava nas amigas que iriam reencarnar, orando e pedindo para que Jesus estendesse a mão direita em direção das duas, para que as companheiras ficassem munidas de forças renovadas, para a luta que deveriam empreitar no globo terrestre, acalentando em seus regaços entes preciosos aos próprios corações.

Gláucius entreabriu os olhos e, voltando-se para o lado de Lígia, disse:

– Por que estás chorando, Lígia?

Esta, volvendo-se em direção a Gláucius, respondeu:

– Coração de minha alma, despertaste? Como estás, como te sentes?

– Bem – retrucou Gláucius. – Há tempo que estou a mirar-te e observei que estavas compenetrada em tuas orações; não quis interromper-te, porém vejo-te agora soluçando, com grossas lágrimas a rolarem pela face. Estás te sentindo bem?...

– Claro, querido meu, somente sei que sou tola por chorar assim; em vez de trazer-te alegria, vim incutir-te tristezas; sou boboca mesmo, chorava pela humanidade de um modo geral; nada existe em particular.

Ao dizer isso, Lígia pensou nas palavras de Hermógenes: será que Gláucius também não estaria vendo o quadro mental onde se lhe associavam as idéias? Pediu intimamente perdão a Jesus e forças para não demonstrar a Gláucius o que realmente sentia, pois não poderia dialogar com ele a respeito dos sentimentos que procurava dissimular, não podia contar-lhe que, num momento de fraqueza, sentiu dó de si mesma...

Gláucius, intrigado, arriscou nova pergunta:

– O que vi foi verdadeiro? Estava eu subjugado por Lídia, que se apresentava como Maria de Nazaré? Como é possível, com tantos conhecimentos que tive, deixar-me levar por tal disparidade?...

– Sim, infelizmente sim, querido meu; Lídia, ao desencarnar, ligou-se às trevas; primeiramente, fez-se passar por Lívia, a esposa de Públius Lêntulus, por saber que ela estava em plano astral mais elevado; ao ser desmascarada, tentou personificar Maria de Nazaré, e tão bem desempenhou o papel, que ela mesma crê ser a própria mãe de Jesus, e dificilmente irá desvencilhar-se de tal farsa.

– E eu caí nessa armadilha? Eu, Gláucius, que tanto aprendi com Lúcius? Eu que fui discípulo deste, como me envolvi nessa cilada, nessa arapuca armada?

– Não foste somente tu, pois uma plêiade enorme de entidades acompanhavam Lídia naquela enganosa aparição.

– Assim mesmo não me conformo, Lígia, uma vez que Lúcius já havia me advertido sobre essas entidades mistificadoras. Fui enredado, deixei-me levar, e vê como me encontro, com o pescoço partido. Estou com a cabeça torta!

– Isto depende de ti, somente de ti, Gláucius, livrar-te do peso incômodo; basta pensares positivamente, apenas crer que não possuis tal deformidade; deves pedir a Jesus que te cure, que te deixe completamente restabelecido e logo estarás são. Portanto, meu querido, precisas ter fé e pedires do fundo da alma, e te restabelecerás, vais ver...

– Eu o farei! No entanto, Lígia, sinto-me envergonhado. Porém, responda-me, como me encontraste?

– Como te encontrei? Não sabes, querido meu, que, para onde fores, procurar-te-ei? Para onde fores, encontrar-te-ei? E para onde fores, querido meu, seguir-te-ei? Porque a distância poderá trazer saudades, o esquecimento, porém, não é possível, em face do amor, prevalecer além da morte, além da sepultura. Não o amor paixão, mas o amor fraternal apregoado por Jesus.

– Depois de tudo, ainda me queres bem? – perguntou Gláucius.

– Ainda perguntas? Não tens certeza do que nutro por ti? Porventura fazes pouco caso desse sentimento sacrossanto?

– Não estou fazendo pouco; admito que estejas interpretando mal as minhas palavras.

– Não estou me referindo à última encarnação, mas às anteriores; tu não te lembras, porém eu tive o privilégio de revê-las; em suma, não estamos aqui para falar de mim, mas de ti mesmo. Já estás forte e teus amigos anseiam por ver-te; desejam estar contigo; não queres experimentar e te levantar, aos poucos? Vamos ao salão reservado para visitas, onde nossos amigos te esperam, com enorme ansiedade. Irás vê-los, procura levantar-te, devagarinho.

– Não posso, Lígia, não posso!

– Como não podes, querido meu? Será que irás repetir as mesmas cenas das encarnações anteriores, quando alguma coisa te atrapalha e não queres enfrentar, e aquieta-te, deixa-te abater, fingindo mesmo moléstia que não possuis? Ânimo, querido meu, tem coragem e enfrenta tudo com altivez.

Lígia dizia as verdades a Gláucius, porém, com o coração contristado, beijando-lhe as mãos como se lhe tivesse pedindo perdão pelas palavras a ele dirigidas.

– Perdoa-me, Gláucius, mas pediram-me para ser sincera contigo; não posso fugir das minhas responsabilidades, embora ache que, se eu estivesse no teu lugar, agiria da mesma forma! Ó Deus de infinita piedade, estou novamente pedindo perdão a Gláucius e fui instruída para não fazê-lo; tende compaixão, Senhor, e dai-me as forças necessárias para suplantar estes momentos de hesitação.

Nisso, entrou no aposento Hermógenes, e ao deparar com aquela cena, arrematou:

– Não tens jeito, Lígia! Por mais que queiras, não consegues ver os defeitos de Gláucius; falhaste novamente. Os defeitos dele são vistos por ti como predicados; até quando, Lígia, até quando?... Sabemos que Gláucius foge das responsabilidades quando vislumbra um empecilho qualquer; prefere omitir-se, ficando na retaguarda, ao invés de enfrentá-lo prontamente. Não és, Lígia, a pessoa indicada para fazê-lo ver seus erros, pois tu também não os vês. Lamentar-se, como Gláucius o faz, pelo seu suposto mau aspecto, é enfermidade da alma. Agora, Lígia, fica ciente de teus afazeres e das tuas responsabilidades, de uma vez por todas.

– Deixa, que eu consigo tirá-lo da apatia do meu jeito...

Lígia, então, sussurrou qualquer coisa no ouvido de Hermógenes, ao que este aprovou com a cabeça. Em seguida, este recomendou a Lígia:

– Tens até amanhã para conseguires teu intento!

Lígia, aproximando-se de Gláucius, insistiu:

– Vamos levantar e ir ao encontro dos nossos amigos comuns?

– Não posso, Lígia, errei ao seguir Lídia, e eles irão analisar-me e verificar minha grande fraqueza... E depois? E a minha imagem? Pensa bem, não achas que estou feio?

– Gláucius, Gláucius, não tenhas vaidade nem tampouco o orgulho que avassala a alma, impedindo-te de evoluir. Não importa que estejas de que maneira for, o importante é estares entre nós; não importa se retardaste ou não, se foste ou não iludido, o que nos interessa sobremaneira é a tua presença, sem a qual feneceremos de dor, principalmente esta humilde e pobre serva que te assiste!...

– Hoje não, não estou preparado para tal, talvez amanhã; talvez amanhã eu esteja com melhor aparência e não frustrado como agora; além do mais, não estou me sentindo muito bem!...

Lígia repetiu as palavras de Hermógenes:

– Não mintas, Gláucius, aqui não podemos mentir; a verdade transparece, sem que o queiramos. Se eu estivesse encarnada e tu usasses desse subterfúgio, a fim de te dissimulares de alguma coisa indesejável, não calculas o mal que irias proporcionar-me, pois eu te quero bem, te amo, e, somente ao levantar a hipótese de estares sofrendo, irias fazer-me padecer tremendamente; portanto, não uses das palavras impensadamente. Se não queres, sê franco e vamos deixar tudo para amanhã; tu tens o livre-arbítrio e podes usá-lo da maneira que melhor te convier. Vamos mudar de assunto. Acaso não queres saber de tua esposa, da tua filha?

– Lígia, como fui egoísta pensando somente em mim mesmo; nem sequer de Fabiana lembrei-me; Fúlvia, sei que está bem, pois, ainda em vida, soube dela por Lúcius; mas e Fabiana?

Lígia, então, comentou sobre ambas, o motivo pelo qual tiveram de reencarnar. Gláucius apenas retrucou:

– Poderiam esperar alguns dias mais...

– Não, Gláucius – rebateu Lígia. – Era esta a última oportunidade. Agora não deves pensar em coisa alguma, pois está na hora de descansares; logo mais, virão trazer-te um caldo reconfortante que eu farei questão de servir-te, e depois tu repousarás; amanhã cedo aqui estarei, novamente.

E assim aconteceu: após dar-lhe o caldo, Lígia cantou o salmo 61 de Davi, colocando minha alma tem sede de ti, o que mudou o ânimo de Gláucius, fazendo-o sorrir. Quando este adormeceu, Lígia retirou-se do recinto, para se refazer das energias despendidas, através de uma noite bem dormida. Na manhã seguinte, bem cedo, Lígia entrou no quarto onde Gláucius ainda dormitava. Com muito carinho, despertou-o, dirigindo-lhe estas palavras:

– Bom dia! Está uma linda manhã de sol, ameno e risonho; os pássaros há muito deixaram seus ninhos e voam nas alturas, em contraste com o azul do céu. Podes ouvir seus gorjeios e observares a magnificência do dia.

Descerrando as cortinas, deixou que os raios solares penetrassem no quarto pelas amplas janelas.

Gláucius ainda esfregava os olhos quando Lígia ofereceu-lhe o desjejum e, após, ordenou-lhe com bondade:

–Vamos levantar para podermos ir ao encontro de nossos amigos?

– Ainda não, Lígia, não estou em condições.

Lígia pegou um escrínio de prata, que havia deixado sobre o móvel ao entrar, dizendo a Gláucius:

– Vais levantar ou queres que eu te ponha isso dentro da tua túnica? – e estendeu os braços em direção a Gláucius.

– Que é isso?

– Ouvê o cricri dele.

– Um grilo?

– Sim, e é dos maiores que já vi; possui patas enormes, cheias de arestas e com elas vai percorrer todo o teu corpo espiritual, se não me obedeceres e não ires ao encontro de nossos amigos, Gláucius, tenho de levar-te de qualquer forma, nesta manhã, senão perderei o direito de cuidar de ti, pois não queres ouvir-me; não quero ficar privada de tua companhia, depois do que fiz para tirar-te do local onde te encontravas. Pensa bem: se não fores por mim, irás empurrado pelo grilo, que te fará saltares de imediato dessa cama. Queres ver? – disse, levantando a tampa do escrínio.

Antes de o grilo saltar sobre a cama, Gláucius já o havia feito num ímpeto, – enquanto Lígia, jogando a cabeça para trás, ria a bom rir... Gláucius, enlaçando-a, obedeceu.

– Continuas a mesma, como se com isso me fizesses retornar ao passado, querendo revivê-lo.

– Estás louco! Vamos, que meus pais e nossos amigos nos esperam.

Gláucius depositou um beijo nas mãos de Lígia e, sorrindo, abraçado a ela dirigiu-se à porta de acesso à outra dependência da casa, onde lhe aguardavam as visitas programadas, amigos de antigas encarnações. Sentia-se protegido por Lígia; sentia-se forte, amparado, embora, às vezes, o orgulho contrariasse seus passos, ao pensar que fora marionete nas mãos de Lídia, no vale das trevas. Porém, ao entrar na sala e deparar com o grande número de amigos sorridentes, a estenderem-lhe as mãos, esqueceu-se das próprias vicissitudes e aproximou-se dos diletos companheiros. Ali se encontravam Domênicus, Alexandre, Fábius, Flávius, o cônsul Marcus, Lígia Alexandra, Hermógenes e inúmeros senadores que haviam falecido antes de Gláucius. Fábius e Lígia Alexandra foram os primeiros a cumprimentá-lo com efusão e grande carinho. Fábius falava:

– Até que enfim, meu filho, até que enfim o temos conosco. Deus, que é puro amor e bondade, e Jesus, o meigo Cordeiro de Deus, que veio ao mundo para nos ensinar com o seu sublime amor, atenderam nossas preces e, graças a ambos, sentimos a alegria de tê-lo conosco, querido filho. Estás resplandecente e de aspecto feliz; és como o diamante sem jaça que necessita de burilamento como todos nós carecemos de tal aprimoramento, de uma forma ou de outra.

O cônsul Marcus aproximou-se de Gláucius e o envolveu num terno e amoroso abraço, dizendo:

– Não és meu filho, foste, isto sim, meu genro, no entanto, Gláucius, quero-te como se fosses meu direto descendente. Não faço diferença entre ti e Flávius, meu filho de sangue; se soubesses como te quero bem, querido filho de minha alma, amigo querido, se soubesses como todos nós estamos exultantes com a tua vinda... Já estamos até disputando a tua presença, a tua companhia nos serviços que te incumbirão aqui em nossa cidade astral.

– Isso não – respondeu Lígia, – Gláucius está sob os meus cuidados. Assim, tenho a preferência de tê-lo ao meu lado, trabalhando no dia-a-dia, não é mesmo, Hermógenes? – inquiriu Lígia, convergindo o seu olhar para o lugar onde este se encontrava.

– Isso eu não sei, Lígia; dependerá dos nossos dirigentes e do trabalho que Gláucius quiser efetuar.

– O trabalho que ele desejar fazê-lo, eu o acompanharei; já estou acostumada com todos os afazeres de nossa cidade astral.

– Está bem – disse Hermógenes. – Não vou discutir contigo. Deixaremos nas mãos de nossos ministros. Está bem assim, Lígia?

– Todavia, irás interceder por mim, não é, Hermógenes?

– Se tiveres mérito, tu terás esse privilégio.

– Que Deus me ajude! – murmurou Lígia.

Fábius interveio, com amor:

– Mas, juntos, será que vão trabalhar ou cantar?

– Puxa, Papai, tu estás contra mim?

– Jamais, filha querida, somente estou fazendo uma advertência. – Aqui trabalhamos mesmo! Eu posso tagarelar, posso ser teimosa, mas trabalhar, trabalho mesmo!

– Está bem, está bem, minha potranca selvagem, – apartou Fábius, sabendo que com tal tratamento fá-la-ia calar-se.

De fato, Lígia fez um gesto de amuo, um beicinho e ficou calada. Enquanto isso, os demais amigos cumprimentavam Gláucius com sadia alegria, transmitindo-lhe amplexos repletos de amor e carinho. Gláucius, atônito, pensava quão tolo fora em manter-se temeroso, quanto ao momento de reencontrar seus amigos. Quanto amor lhe fora dado! Quantos amigos ao seu redor!... Gláucius sentia-se feliz e leve. Hermógenes, após abraçá-lo, disse com muita autoridade:

– Já recebeste as manifestações de carinho e afeto de teus amigos; agora, nosso tempo é precioso e uma grande multidão de irmãos nossos, retirados em massa das zonas umbralinas, reclamam nosso concurso. O trabalho é grande, companheiros, e necessitamos da cooperação de todos. O Ministério do Auxílio está repleto e o da Regeneração também, inclusive as câmaras de retificação. Dessa forma, amigos, carecemos da ajuda incondicional daqueles que se propuserem ao trabalho. Tu, Gláucius, hoje poderás descansar; entretanto, amanhã, se estiveres em condições, poderás ajudar-nos.

– Poderei acompanhar Lígia nos trabalhos? Assim terei uma idéia do conjunto de tarefas desenvolvidas aqui nessa cidade.

Lígia ficou exultante com o inesperado pedido de Gláucius, uma por poder compartilhar da companhia dele algumas horas a mais e também por se lhe sentir alguma evolução. Nesse sentido, encaminharam-se para as câmaras de retificação, o que impressionou sobremodo a Gláucius, ao observar o desprendimento de todos no trato dispensado aos doentes, os fluidos deletérios que os pacientes expeliam pela boca em grande quantidade, o cheiro nauseante que invadia o ar, mas seus amigos pareciam nem se aperceber disso, pois alegres e contentes executavam suas tarefas. Gláucius perguntou a Lígia:

– Por que nossos irmãozinhos estão dormindo e vomitando dessa forma?

– Porque não podem ser despertos. Não estão em condições de agir com maior liberdade de consciência. Não vês, querido meu, que tivemos de descer uma escadaria enorme até atingir estas câmaras, pois esses nossos irmãos não suportam a luz intensa do dia? Além disso, estamos mais próximos do umbral; não podem, por exemplo, ser levados ao Ministério do Auxílio; têm de ficar aqui onde a luz é tênue, abrigando centenas de infelizes irmãos que aqui dormem.

Nisso, Gláucius avistou Fabrícius que auscultava um paciente adormecido, portador de convulsões. Fabrícius colocava o ouvido no peito do enfermo e ficava longo tempo quieto, sondando-lhe o corpo espiritual; de vez em quando, ministrava-lhe um líquido de cor parda e aplicava umas folhas amolecidas na água sobre a fronte do doente e este se aquietava.

– O que o senador Fabrícius está fazendo, Lígia?

– Praticando os conhecimentos de alquimia adquiridos na última encarnação.

– Mas o espírito também necessita de tratamento?

– É o corpo espiritual que precisa, querido meu, principalmente dos que estão arraigados à matéria. Essas plantas de que Fabrícius se está utilizando têm grande poder curativo. Veja como o espírito enfermo se acalma com a administração de medicamentos à base de ervas... Tu, como eu, se tivesses igualmente vindo da zona umbralina para cá, exigirias cuidados especiais; tu tiveste conhecimento de teu estado, de que estavas desencarnado no vale das trevas; mesmo assim, querido meu, estiveste dois dias dormitando e tive de reativar teus pontos vitais.

Ao dizer isso, Lígia enrubesceu, ao recordar-se do que havia feito e dos recursos utilizados para estimular-lhe os centros de força. Gláucius percebeu a rápida mudança de tonalidade no semblante de Lígia, em razão do que, perguntou-lhe:

– Ficaste corada! De repente, tratas-me com carinho e desvelo.

– Claro, sempre trato com carinho a todos os irmãos, no entanto, estou com calor, aqui está abafado; vou prender os meus cabelos.

Dito isso, puxou-os para o alto da cabeça e fez uma única trança, que se lhe caía nas costas.

– Sabes que ficas bela assim também?

– São teus olhos que me tornam bela!...

– Por que após o desencarne parecemos-nos mais novos, rejuvenescidos?

– Porque deixamos as mazelas do corpo carnal, e, ao sentir-nos bem, rejuvenescemos, e com o trabalho salutar aqui de nossa cidade parece que retornamos à plena juventude.

Enquanto falava, Lígia apenas parou de trabalhar para trançar os cabelos, pois, ao mesmo tempo em que conversava, ia limpando os doentinhos, que eram colocados em camas tão próximas umas das outras, que mal dava para uma pessoa passar entre elas. Com um balde cheio de fluidos viscosos, de cheiro nauseante, Lígia vinha ao encontro de Gláucius, arcada pelo peso.

Gláucius, atento a todos os movimentos de Lígia, asseverou-lhe:

– Espera, Lígia, eu te ajudo – e tentou auxiliá-la, tampando o nariz.

Lígia não pôde reprimir uma gargalhada, diante das caretas de Gláucius, e ouviu um psiu de um dos companheiros de serviço. Virando-se para Gláucius, falou-lhe baixinho:

– Vem comigo, vou despejar isto e trazer um desinfetante para aromatizar o ar. No caminho, Lígia continuava a tagarelar, não deixando que Gláucius a socorresse, pois notava a repugnância que ele sentia, alegando que ainda não podia fazer tanta força:

– Tu precisavas ver Fúlvia, como trabalhava a pobrezinha, procurando angariar os bônus-hora, a fim de proporcionar-te um lar digno de reis; no entanto, juntando os meus bônus-hora com os de Fabiana e Fúlvia, conseguimos somente comprar uma singela casinha. Hermógenes me havia oferecido um palácio em estilo grego, pois disse-me que aquele era fruto de meu trabalho de outras encarnações; entretanto, não o aceitei, eis que preferi morar em uma casa simples, singela, sem ostentação; acrescentei, ainda, que o esforço deveria ser considerado dos quatro, conjuntamente, quando desencarnados; se tu quiseres, aceite-o; a minha parte, eu a ofereci aos meus pais, mas eles preferiram ficar em nossa casinha, simples e humilde; não sei o porquê, Gláucius, mas aquele palácio grego me causa imenso temor. Talvez, Hermógenes poderá levar-te até lá.

De fato, depois que limparam e desinfetaram a enfermaria, acudiram os demais doentes e carentes de forças vitais com ternura e muito amor: foram rendidos por outra equipe, também laboriosa; concluído o turno de trabalho, Hermógenes levou Lígia e Gláucius ao imponente palácio grego. Gláucius admirou-o por fora e comentou:

– Realmente, Lígia, esse edifício possui uma imponência tal que mete medo a qualquer de nós. Acaso tens em tua casinha um lugar para mim? Perdoe-me, Hermógenes, mas prefiro um lugar mais simples.

– Graças ao Alto, todos passaram pelo teste – arrematou Hermógenes.

– Que teste? – indagou Lígia.

– O teste do orgulho, pois houve época em que vós queríeis somente residências luxuosas; quando desencarnados, então, para esses espíritos fazemos o teste de oferecer-lhes a vivenda principesca, no intuito de constatarmos como tais seres se comportavam perante o luxo; graças aos céus, porém, todos passaram bem por esse tipo de avaliação.

– E por que não me disseste antes, nem a mim, nem a Fúlvia, nem a Fabiana? – perguntou Lígia.

– Porque vós sois a quadra mais unida, que, provavelmente, avisaria o outro que viesse atrás. Graças aos céus, o orgulho, a prepotência não faz parte de vossas almas. Vai, Gláucius, a casa em que Lígia mora é realmente tua também; nunca a troquem pela imponência de qualquer palácio, a casa simples e singela que possuis. Foi angariada pelo suor de vossos rostos; possui três dormitórios e podereis viver juntos por longo tempo. Que Deus vos abençoe!

Fim